21 世纪中职教育规划教材

初级会计电算化实务

(用友 ERP – U8 8.61 版)

主 编 韦雁玲

副主编 蒙丽容 韦柳玲

立信会计出版社

图书在版编目(CIP)数据

初级会计电算化实务：用友 ERP-U8 8.61 版/韦雁玲主编. —上海：立信会计出版社，2010.7
21世纪中职教育规划教材
ISBN 978-7-5429-2570-1

Ⅰ.①初… Ⅱ.①韦… Ⅲ.①计算机应用—会计—专业学校—教材… Ⅳ.①F232

中国版本图书馆 CIP 数据核字(2010)第 139585 号

责任编辑　　余　榕
封面设计　　周崇文

初级会计电算化实务(用友 ERP-U8 8.61 版)

出版发行	立信会计出版社			
地　　址	上海市中山西路2230号	邮政编码	200235	
电　　话	(021)64411389	传　真	(021)64411325	
网　　址	www.lixinaph.com	电子邮箱	lxaph@sh163.net	
网上书店	www.shlx.net	电　话	(021)64411071	
经　　销	各地新华书店			
印　　刷	常熟市梅李印刷有限公司			
开　　本	787毫米×1092毫米　　1/16			
印　　张	23			
字　　数	557千字			
版　　次	2010年7月第1版			
印　　次	2013年8月第3次			
印　　数	6 101—9 200			
书　　号	ISBN 978-7-5429-2570-1/F			
定　　价	30.00元			

如有印订差错　请与本社联系调换

GENERAL PREFACE 总　序

　　我国社会主义市场经济的发展，需要大量不同层次的经济管理人才，不仅需要高层次的高级管理人才，如本科和高职高专等人才，也需要大量中职水平的适用性人才。培养结构合理的经济管理人才是社会的需要，也是教育工作者的责任和追求。近几年来，在政府的大力支持下，中等职业教育发展很快，它与高职高专相比更具有行业性和实践性，与实际工作联系更加紧密，学生毕业后能尽快地成为第一线的工人或基层管理人员，这也是我国中等职业教育的目的所在。但目前我国中等职业教育的教材滞后，或是本科教材和高职教材的"压缩饼干"，其主要原因是没有突出行业性和实践性的特点，理论论述所占的篇幅过多，这就需要改进，也需要广大教育工作者或其他有识之士完成这项工作。本规划教材正是本着这样的思想，为适应我国中等职业教育的特点而编写的。

　　本规划教材的特点在于：理论论述适中，注重操作技能的培养，与当前的有关制度和具体实践相结合，目的在于让使用本规划教材的学生在熟悉必要的理论知识的前提下，系统地掌握实际工作的业务处理技术和方法，成为经济生活中第一线的具有较强操作技能的工作人员。

　　本规划教材根据目前我国中等职业教育开设的课程进行总的设计，并组织各中等职业学校具有高级职称的教师担任各本教材的主编，由富有丰富教学经验的骨干教师参加编写。本规划教材具有较强的适用性。其编写特点是：每章前均有内容提要，起到了提纲挈领的作用，方便读者领会本章的重点、要点和难点；每章后附有思考题和练习题，以使读者通过学习掌握本章的主要内容和具体的业务处理方法;在每本教材的最后附有练习题答案,还附有模拟试题及其参考答案,以使读者能够把整本教材的内容真正地融会贯通,增强操作技能。本规划教材适用于中等职业教育的教学使用,也可以作为在职经济工作者进修和自学教材使用。

本规划教材的出版得到立信会计出版社的大力支持,尤其是余榕编辑的鼎力协助才促使本规划教材得以顺利出版,在此表示衷心的感谢。

由于编者的学识有限,加之编写时间仓促,特别是对中等职业教育的精神领会尚不够深刻,本规划教材难免会有不足之处,恳请读者批评指正,以便再次修订时补充提高。

编 者

2010 年 7 月

FOREWORD 前 言

我国《会计法》规定：会计从业人员，必须取得会计从业资格证书，要取得会计从业资格证书必须会运用财务软件处理会计账务。会计信息系统融合了会计、管理、信息技术等多门学科的相关知识，是一门典型的边缘学科。在信息技术日新月异、管理理念不断更新并层出不穷的市场形势下，只有密切地结合企业实际，才能使科学发展更具有生命力，由此对"初级会计电算化实务"课程的实践性提出了极高的要求。在现行的教育条件下，如何兼顾学科发展的前沿性、实践性、实验条件的差异性，为学习者提供一套先进、完整、可操作的实验体系成为本书创作团队的共同目标。本书选择了用友 ERP-U8 8.61 版（以下简称用友 ERP-U8）管理软件作为实训平台。根据教学与培训的需要，我们编写了本书。

本书分为理论篇和实务篇共 11 章。其中，理论篇共 5 章，包括会计电算化概述、会计电算化的工作环境、会计电算化的基本要求、计算机基本操作和系统应用基础等内容。该篇根据会计电算化初级证书考试大纲编写，有利于使用者参加会计电算化初级证书考试使用。实务篇共 6 章，每章都包括系统概述、系统业务处理和数量不等的上机实训操作等内容。首先，系统概述部分着重用来描述本章所介绍的用友 ERP-U8 8.61 版管理软件所提供的功能，该系统与其他子系统的数据传递关系、业务操作流程，使学生对该系统建立粗略的了解。其次，系统业务处理部分对子系统提供的功能做了一定程度的展开，使学生了解该系统能处理哪些类型的业务。最后，上机实训操作部分是本书的重点，每个上机实训操作都按照"实训目的"、"实训内容"、"实训准备"、"实训资料"、"实训要求"、"操作提示"等部分开展。其中,"实训目的"部分明确了通过该项实训学生应该掌握的知识及技能;"实训内容"部分简要地介绍了该项实训应完成的主要工作;"实训准备"部分指出了为了完成该项实训应该具备的知识及应该事先准备的数据环境;"实训资料"部分提供了企业真实的经济业务,作为该项实训的背景资料;"实验要求"部分对完成该项实训提出具体要求;"操作提示"部分对"实训资料"给出具体的操作方法,并借助注意事项对实训中遇到的问题给予特别提示。

本书的特色如下:

(1) 理论篇配备了多类型的思考题,涉及各个知识点,有利于自学者学习与应试使用。

(2) 独具匠心的实训设计。每个上机操作实训,都以一个核算主体的业务活动贯穿始终,反映企业不同方面的业务核算。

(3) 贴心备至的周密考虑。考虑到学校实训环境的不稳定性,每个实训结果都保留了一个标准账套,这样学生既可以通过它对照自己的实训结果,也可以在实训数据不完备的情况下,按照实训中的"实训准备"的要求,把基础数据引入系统,以开始下一个内容的实训,从而有效地利用了实训时间。

(4) 无师自通不是梦。考虑到在一定的教学条件下,很多实训在规定的教学学时内无法安排,需要由学生在课外自选完成,因此,对每个实训的方方面面都做到了周密考虑,尤其是"操作提示"部分,针对不同业务给予非常详细的操作步骤,以此为对照,学生便可以按部就班地完成全部实训,掌握管理软件的精髓。

教学建议:为了使本书适用于不同教学条件下的教学需要,根据实训内容为教师提供下表教学课时分配供参考(以每课时 40 分钟计算):

教 学 内 容	讲授课时	上机操作课时	合　计
第一章	6		6
第二章	6		6
第三章	4	2	6
第四章	4	2	6

(续表)

教 学 内 容	讲授课时	上机操作课时	合　计
第五章	2	2	4
第六章	4	4	8
第七章	4	10	14
第八章	4	8	12
第九章	4	8	12
第十章	4	8	12
第十一章	4	6	10
机动		12	12
总计	46	62	108

本书由广西银行学校韦雁玲任主编,编写第一、第二、第五章,蒙丽容编写第四、第九章,韦柳玲编写第十、第十一章,李燕编写第八章、综合实训,罗广编写第七章,黄姬编写第六章,刘智慧编写第三章,本书最后由韦雁玲修改定稿。

由于作者水平有限,书中难免存在不足之处,恳请相关专家和读者积极指正,以使本书能及时得到完善。

编　者

2010 年 7 月

CONTENTS 目 录

理 论 篇

第一章 会计电算化概述 ·· 3
   第一节 会计电算化 ·· 3
      一、会计电算化的概念 ·· 3
      二、会计电算化的作用 ·· 6
      三、会计电算化的管理体制 ·· 7
   第二节 会计电算化核算软件 ·· 10
      一、会计核算软件的概念 ·· 10
      二、会计核算软件的分类 ·· 11
      三、会计核算软件的功能与模块 ·· 11
      习题 ·· 14

第二章 会计电算化的工作环境 ·· 16
   第一节 计算机的基本知识 ·· 16
      一、计算机的种类与性能指标 ·· 16
      二、计算机的主要特点 ·· 17
      三、计算机的应用领域 ·· 18
   第二节 计算机的硬件与软件 ·· 20
      一、计算机的硬件 ·· 20
      二、计算机的软件 ·· 23
   第三节 计算机网络与计算机安全 ·· 26
      一、计算机网络的概念与功能 ·· 26
      二、计算机网络的分类 ·· 27
      三、因特网 ·· 27
      四、计算机的安全 ·· 30
      习题 ·· 35

第三章 会计电算化的基本要求 ·· 38

第一节	会计电算化核算的基本流程	38
	一、会计法律、法规对会计电算化核算的要求	38
	二、会计制度的有关规定	39
第二节	会计电算化核算的基本操作要求	42
	一、会计核算软件的基本要求	42
	二、会计电算化岗位设置的基本要求	42
	三、会计人员权限设置的基本要求	43
	四、会计电算化替代手工记账的过程	44
	五、会计电算化档案管理的基本要求	45
	习题	46

第四章 计算机的基本操作 … 48

第一节 启动和关闭计算机 … 48
一、启动计算机 … 48
二、关闭计算机 … 48

第二节 运行和退出会计核算软件 … 49
一、运行会计核算软件 … 49
二、退出会计核算软件 … 49

第三节 Windows 操作系统的基本操作 … 49
一、Windows 的桌面环境 … 49
二、常用的操作工具 … 50

第四节 常用办公软件的基本操作 … 53
一、Word 2003 的基本操作 … 53
二、Excel 的基本操作 … 62

第五节 网络的基本操作 … 69
一、互联网的登录 … 69
二、IE 浏览器的使用 … 69
三、收发电子邮件 … 70
习题 … 72

第五章 系统应用基础 … 78

第一节 用友 ERP-U8 管理软件简介 … 78
一、ERP-U8 的功能与特点 … 78
二、ERP-U8 的总体结构 … 79
三、ERP-U8 运行的顺序 … 80

第二节 会计电算化实务教学软件的安装 … 81
一、用友 ERP-U8 管理系统的构架与运行环境 … 81
二、教学系统安装与启动 … 81
习题 … 87

实 务 篇

第六章 系统管理及企业应用平台 … 91
第一节 系统管理 … 91
　　一、系统管理功能概述 … 91
　　二、建立新年度核算体系 … 92
第二节 企业应用平台 … 93
　　一、企业应用平台概述 … 93
　　二、基础设置 … 93
第三节 实务处理 … 94
　　一、系统注册 … 94
　　二、增加用户 … 95
　　三、建立账套 … 96
　　四、设置权限 … 100
　　五、账套的输出与删除 … 100
　　六、账套的修改 … 102
　　七、设置自动备份计划 … 104
　　八、企业应用平台 … 106
　　九、基本信息 … 107
　　十、基础档案 … 109
　　实训一　系统管理和基础设置 … 119

第七章 账务系统 … 123
第一节 账务系统概述 … 123
　　一、账务系统业务流程 … 123
　　二、账务系统的特点 … 125
　　三、账务系统的目标 … 125
　　四、账务系统的功能 … 126
第二节 账务系统的初始化 … 126
　　一、总账管理系统的启动 … 126
　　二、设置会计科目 … 128
　　三、设置凭证类别 … 134
　　四、设置外币种类 … 136
　　五、设置项目目录 … 136
　　六、设置操作权限 … 142
　　七、录入期初余额 … 145
　　八、设置业务处理控制参数 … 152
　　九、总账套打工具 … 155

第三节 账务系统日常业务处理 156
一、凭证处理 156
二、凭证的签字与审核 166
三、记账与取消记账 171
四、出纳管理与账表的查询 174

第四节 账务系统期末处理 177
一、转账定义 178
二、转账生成 184
三、对账 188
四、结账 189

实训二 总账管理系统及日常业务处理 192

第八章 UFO报表管理
第一节 系统概述 201
一、功能概述 201
二、UFO报表管理系统的基本概念 202
三、会计报表的种类及格式 204
四、UFO报表管理系统与其他系统的主要关系 206
五、UFO报表管理系统的业务处理流程 206

第二节 报表管理 207
一、报表定义 207
二、报表模板 215
三、报表数据处理 223

实训三 UFO报表管理 225

第九章 薪资管理 233
第一节 薪资管理系统概述 233
一、薪资管理系统功能概述 233
二、薪资管理系统与其他系统的主要关系 234
三、薪资管理系统业务处理流程 234

第二节 薪资管理系统初始化 235
一、建立工资账套 235
二、设置基础信息 239
三、指定工资类别中的基础设置 243

第三节 薪资管理系统日常业务处理 249
一、工资变动管理 249
二、工资分钱清单 252
三、扣缴个人所得税 253
四、银行代发 254

　　　　　五、工资分摊 ··· 256
　第四节　薪资管理系统的期末处理 ··· 259
　　　　　一、月末处理 ··· 259
　　　　　二、年末结转 ··· 261
　　　　　三、反结账 ·· 261
　　　　　四、统计分析 ··· 261
　　　　　实训四　薪资管理 ·· 263

第十章　固定资产管理 ··· 269
　第一节　固定资产管理系统概述 ·· 269
　　　　　一、固定资产管理系统功能概述 ··· 269
　　　　　二、固定资产管理系统与其他系统的主要关系 ························ 273
　　　　　三、固定资产管理系统与其他系统业务处理流程 ···················· 273
　第二节　固定资产管理系统初始化设置 ··· 273
　　　　　一、建立固定资产账套 ·· 273
　　　　　二、基础设置 ··· 277
　第三节　固定资产管理系统日常业务处理 ··· 280
　　　　　一、原始卡片录入 ·· 281
　　　　　二、固定资产增加 ·· 283
　　　　　三、固定资产减少 ·· 283
　　　　　四、资产变动 ··· 284
　　　　　五、资产评估 ··· 288
　　　　　六、资产盘点 ··· 290
　　　　　七、生成凭证 ··· 291
　　　　　八、账簿管理 ··· 293
　第四节　固定资产管理系统期末处理 ·· 294
　　　　　一、折旧的处理 ·· 294
　　　　　二、制单 ··· 296
　　　　　三、对账与结账 ·· 297
　　　　　实训五　固定资产管理 ··· 298

第十一章　应收/应付款管理 ··· 303
　第一节　应收款管理 ·· 303
　　　　　一、应收款管理系统初始化 ·· 304
　　　　　二、日常业务 ··· 309
　　　　　三、期末处理 ··· 317
　第二节　应付款管理 ·· 319
　　　　　一、应付款管理系统初始化 ·· 320
　　　　　二、日常业务 ··· 321

三、期末处理 …………………………………………………… 328
　　实训六　应收款管理系统和应付款管理系统 ……………………… 328

第一至第五章习题答案 ………………………………………………… 337

账务处理综合实训 ……………………………………………………… 339

理论篇

篇外望

第一章

会计电算化概述

内容提要 本章主要讲述会计电算化的发展、会计电算化在财务核算中的作用,介绍会计核算软件的功能。通过本章的学习,使学习者对会计电算化在财务中的应用有一个初步的了解。

第一节 会 计 电 算 化

一、会计电算化的概念

(一)会计电算化名称的由来

自从世界第一台计算机于 1946 年在美国诞生后,它的应用范围迅速地从科技领域进入管理领域。1954 年 10 月,美国通用电器公司首次使用计算机计算职工工资,开始了会计核算技术上的变革。这使得计算机在会计领域应用快速发展,从最初的工资计算到会计核算的各个环节,从模拟手工会计核算发展到取代手工会计核算,从而大幅度提高了会计核算的工作效率。

我国的会计电算化是从 1979 年长春第一汽车制造厂的工资系统开始起步的。1979 年,为了改变我国财会工作手工核算的落后状况,财政部拨款 560 万元在长春第一汽车制造厂开展计算机在会计工作中的应用试点。1981 年 8 月,在长春第一汽车制造厂召开的"财务、会计、成本应用电子计算机专题讨论会"上,"会计电算化"一词出现。因此,在我国,会计电算化就是计算机在会计工作中的应用的简称。

会计电算化是指把电子计算机和现代数据处理技术应用到会计工作中,用电子计算机代替人工记账、算账和报账,以及部分代替人脑完成对会计信息的分析、预测、决策的过程,其目的是提高企业财会管理水平和经济效益,从而实现会计工作的现代化。会计电算化有狭义和广义之分。狭义的会计电算化是指以电子计算机为主体的信息技术在会计工作的应用,具体而言,就是利用会计软件,指挥在各种计算机设备替代手工完成或在手工下很难完成的会计工作过程。广义的会计电算化是指与会计工作电算化有关的所有工作,包括会计电算化软件的开发与应用、会计电算化人才的培训、会计电算化的宏观规划、会计电算化制度建设、会计电算化软件市场的培育与发展等。

计算机应用于会计工作，是一个不断深化的过程。沿着应用模式这条明晰的发展脉络，我国会计电算化走过了以下五个阶段。

1. 基本核算型（1992年以前）

当时，我国正处在计划经济时期，计算机技术相对落后，在单位财务核算中并没有得到普及，存在着认识上局限性，在这种背景下，我国会计电算化的发展只处在萌芽阶段。这一时期的财务软件系统是以简单核算为主，目的是要替代手工核算，减轻会计人员的劳动强度，提高会计信息的质量，促进会计工作的规范。应用操作也只局限于日常凭证的录入、记账及相关的编制报表工作，属于低水平的账务、报表"组合甩账式"财务软件。

2. 局部管理型（1993～1997年）

为了加强会计电算化工作管理，进一步推进会计电算化事业的发展，财政部发布了一系列重要文件，如《关于大力发展我国会计电算化事业的意见》、《会计电算化管理办法》、《商品化会计核算软件评审规则》、《会计核算软件基本功能规定》等。这些文件的颁布与实施，充分调动了使用单位、管理部门、财务软件公司的积极性，我国会计电算化事业也得到了空前的发展与提高。为了普及会计电算化知识，1995年，财政部发布《会计电算化专业培训管理办法》，向全国推荐一批培训教材和教学用财务软件，掀起了会计电算化初级培训高潮，为我国财务软件的推广普及培养了大量人才。这一时期的财务软件紧跟计算机系统技术的发展步伐，从单纯的DOS应用平台向Windows升级，财务软件系统在产品模块组合和核算功能设置上更趋完善。从财务管理的角度出发，将涉及出纳的"现金银行"业务、信贷赊销的"往来款"业务、薪酬的"工资"业务、资产管理的"固定资产"业务从原有账务系统中剥离出来，并强化了"资金流"的"资金管理"等诸多以财务管理为核心的关联性应用，使广大财务人员将工作重心从单纯的核算提升到管理型核算上来。

3. 决策分析型（1998～2001年）

随着市场竞争的加剧，要求企业具有较强的财务信息反馈能力，并能及时地对内外部信息作出反应。如何整合企业的信息资源，提高管理工作效率，已成为企业间竞争的重要筹码。这就要求企业注重运用科学的理论和方法改善经营管理，尤其是财务管理。随着计算机网络技术的发展，这一时期国内财务软件开发公司相继推出了"网络财务"的全新战略，为企业适应时代要求的"数字神经系统"提供初步的"信息流"解决方案。

4. 业务整合型（2002～2005年）

我国加入WTO以后，与国际化的财务管理模式接轨成为大势所趋，国内外企业间的竞争日益加剧。谁能获取更多有价值的财务信息，并及时作出正确的反应，谁就能在竞争中占据主动地位，业务流程重组成为这一时期企业新的关注点。这一时期的财务软件在秉承以财务为核心应用的基础上，以企业内部的购、销、调、存、配等主要业务管理为主线，涵盖了企业的所有经营环节，上联供应商，下接分销商、零销终端等整条价值链。其商业模式涵盖零售连锁、分销等集团业务管理，以及涉及财务外延性的人力资源、客户关系管理、OA门户等方面，进行了财务与业务之间的协同化管理整合。融入业务管理的第四代财务软件的诞生在市场上刮起了巨大的旋风，表现强劲。在我国，由于受诸多因素的制约，整合业务的第四代财务软件虽然在理念上打开了全新的局面，但实际上在应用效果方面还与众多企业的期望存在一定的差距。

5. 财税协同型(2006年至今)

2006年,航天信息股份有限公司推出国内第一款基于服务组件架构(service component architecture,SCA)的应用平台开发 Aisino U3 系列产品,它以"财税管理一体化"的全新理念为突破点,强调业务、财务、税务的无缝整合,为企业提供了财务、税务、业务的一体化应用解决方案,它高度集成了企业日常财务核算和购销存管理工作,建立了畅通的内部财务、税务一体化流程,与单纯以财务或业务为主的软件相比,它更好地满足了企业对管理软件集成化的需求,极大地降低了客户操作多套软件带来的维护与操作成本。Aisino U3 的诞生,标志着财务软件升级到第五代——财税协同时代。

(二)会计数据与会计信息的关系

1. 数据与信息

数据是反映客观世界而记录下来的、可以识别的、有特定含义的语言符号,它不仅仅指数字,还包括文字、图表、图像、声音和特殊符号等。

信息就是指经过加工处理后的数据,它对接受者和使用者,特别是对使用者的决策或行为具有现实的或潜在的价值。

数据与信息之间的关系体现为:数据包含信息,数据处理之后产生的结果为信息,信息具有相对性、时效性,数据不具有相对性、时效性。数据是未经组织的文字、词语、声音、图像等,信息是有意义的形式加以排列和处理的数据。具体来讲,数据是基本要素,而信息是有规律的数据。

2. 会计数据与会计信息

在会计工作中,从不同的渠道取得的各种原始凭证会计资料称为会计数据,如某日生产领用材料的数量、金额,销售产品的数量、金额等,和其他数据一样,会计数据具有多种表现形式,它可以是数字数据,也可以是非数字数据。会计数据主要反映在各种凭证、账簿、报表等载体中,会计人员需要根据数据决策的目的和要求,对会计数据进行加工处理,生成对决策有用的会计信息。

会计信息是人们按一定要求,经过加工处理的会计数据。只有将会计数据进行加工,生成会计信息后才能满足管理需要,为管理者所用。会计信息主要包括资产、负债、所有者权益、收入、费用、利润实现与分配等信息。

会计信息与会计数据既有联系又有区别。会计信息是人们通过对会计数据的加工处理而生成的,会计数据只有按照使用者的要求或目的进行加工处理,变成会计信息后,才能满足管理者对经济活动进行规划、决策、控制等管理活动的需要。但会计信息与会计数据没有截然的分界,处理不同层次的管理者,对会计资料的需求是不一样的,有的管理者只需要根据简单的原始会计资料就可以作出决策,在这里,原始资料就是会计信息;有的管理者则需要依据深加工处理生成的综合性会计资料来进行决策,在这一决策过程中原始的会计资料就是会计数据,而加工生成的综合性会计资料才是会计信息。例如,企业生产车间1月份发生的车间办公费,对车间管理人员来说会计信息,因为该信息对其作出控制车间办公费用的决策是有用的;但对于企业高层管理者来说就另当别论了,他需要的是反映整个企业办公费用发生情况的会计信息,该车间的办公费资料对其而言只是会计资料。因此,会计信息与会计数据是相对而言的,在一定条件和环境下是可以相互转换的。

二、会计电算化的作用

会计电算化是会计发展史上的一次革命,它不仅仅是会计数据处理手段的变革,而且是必然对会计理论与会计实务产生深远的影响;它不仅是会计发展的需要,而且是经济和科技发展对会计工作提出的要求,更是时代发展的需求。会计领域在经济管理领域中处于应用电子计算机的领先地位,扮演着带动经济管理等领域逐步走向信息化的角色;实行会计电算化,不仅可以节省人力、时间、财务,而且在市场环境下具有提升竞争力、提高管理效力等不可替代的作用。

(一)提高会计数据处理的时效性和准确性,提高会计核算的水平和质量,减轻会计人员的劳动强度

在手工会计环境下,会计数据的处理靠的是人工操作,手工的数据处理能力远远低于计算机,各种人为的因素及个人行为的不确定性造成会计工作差错,都会影响到会计数据处理的时效性和准确性,从而影响到会计核算的质量与水平。为了保证会计核算的质量,不得不增加会计人员或增加会计人员的工作量,但也不能保证会计数据处理的时效性和准确性。

实现会计电算化后,将会极大地提高会计数据处理的时效性和准确性,提高会计核算的质量和水平,把广大会计人员从繁重的记账、算账、报账中解脱出来,极大地减轻了会计人员的劳动强度。

(二)提高经营管理水平,使财务会计管理由事后管理向事中控制、事前预测转变,为管理信息化打下基础

单位开展会计电算化不仅是为了提高工作效率,更重要的是为提升经营管理水平。在手工会计核算环境下,首先,人工核算不可避免地存在数据处理错误的可能。其次,为了保证会计核算质量,我们虽然制定了很多管理制度和规范,并且制定了监督措施,但是,由于人工核算存在不确定性,很多行之有效的管理措施并不能被有关人员严格执行,这也造成了内部会计控制存在漏洞,影响单位经营管理。而会计电算化中会计核算软件系统地把手工会计的核算方法"固化"在计算机程序中,软件系统在处理会计数据的过程中,一般不会发生算错账的现象,因此,会计数据处理能够避免差错。另外,由于可以把某些内部控制手段通过编程而"固化"在软件系统中,最大限度地避免了人工控制下可能的随意性,从而保证了管理控制严格按照规定执行,进而提升了单位的管理水平。

由于手工核算的局限性,会计人员几乎没有精力和时间来顾及其他管理工作,因此,手工会计工作主要是事后核算,会计控制很难做到事中控制,事前预测就更不用说了,实现会计电算化后,改变了手工数据处理容易出错且效率低的状况,提高会计核算的准确性和效率,对企业各方面业务进行事中控制监督与事前预测,彻底改变了原来手工会计核算主要是事后算账的状况,极大地提升了企业的管理水平。

(三)促进了会计职能的转变

在手工会计核算条件下,会计人员日常穿梭于记账、算账、报账工作中。在复杂的经济环境中,特别是在企业经济业务繁多、产品品种和种类多的情况下,许多会计信息靠手工操作已经无法满足企业经营管理的需要。实施会计电算化后,会计核算的广度、深度得到了拓展,会计工作效率得到了提高,会计人员有更多的时间和精力参与经营管理,由核算、监督为主转为预测、决策服务为主,使会计在加强经济管理、提高经济效率中发挥出更大的作用。

(四) 促进了会计队伍素质的提高

会计电算化不仅仅要求会计人员具有会计专业知识,还必须具有计算机、管理学及系统论等专业知识,这就促使广大会计从业人员进一步学习业务知识,拓宽知识面。而计算机在会计工作中的应用,又为会计人员进一步学习和发展提供更多的时间和机会,使会计人员有更多的时间精力学习和交流新知识,改善会计人员知识结构,提高自身素质和管理水平。

(五) 为整个管理工作现代化奠定基础

据统计,会计信息量占企业管理信息量的60%~70%,而且是综合性指标,具有涉及面广、辐射和渗透性强等特点。实施会计电算化后,利用计算机的功能,不仅可以对过去的经营管理活动进行详细记录,而且可以及时获得当前经济活动的最新数据,还可以预测未来各种经济活动,反映市场变化趋势,为整个管理信息系统开展分析、预测和决策提供可靠的依据。在行业、地区实现会计电算化后,大量的经济信息资源可以实现共享,通过计算机网络,可以迅速了解各种经济技术指标,极大地提高经济信息的使用价值,为整个管理工作现代化奠定基础。

(六) 推动会计技术、方法、理论创新和观念更新,促进会计工作进一步发展

与手工会计核算比较,会计电算化核算表现出数据处理速度快、计算准确、数据共享、各部分联系紧密、数据传递及时、执行指令严格及时等特点。在会计电算化核算环境下,原来手工会计核算环境下所发展起来的会计数据处理技术、方法和理论受到了影响,很多方面发生了变化,如对于会计分期,为了适应于国外一些国家会计核算的需要,一些会计软件提供了超过12个月会计期间的划分方法,这在手工会计核算环境下是不可能的。另外,在会计处理流程上,会计核算软件的处理方法与手工会计核算也有差别;在会计的内部控制上,软件系统是采用线上与线下综合控制的方法,提高了控制的有效性和时效性,这些都是手工会计核算不具备的。这种变化的最大特点就是改变了会计人员的观念和工作方式,提升了会计人员的地位,使他们有更多的时间参与单位的经营管理,使得新环境下会计工作在单位管理中的重要性进一步提高。

三、会计电算化的管理体制

我国《会计法》第七条规定:"国务院财政部门主管全国的会计工作,县级以上地方各级人民政府财政部门管理本行政区域内的会计工作。"会计电算化工作是会计工作的一个重要组成部分,是会计工作水平的迫切要求。依据我国《会计法》的有关规定,国务院财政部门是我国会计电算化工作的主管部门。因此,我国会计电算化的管理体制是:国务院财政部门管理全国的会计电算化工作,地方各级财政部门管理本地区的会计电算化工作,各单位在遵循国家统一的会计制度和财政部门会计电算化发展规划的前提下,结合本单位实际情况,具体组织实施本单位的会计电算化工作。

1994年5月,财政部发布《关于发展我国会计电算化事业的意见》,对我国会计电算化事业发展中的有关重大问题作出了明确的规定。

(一) 财政部门会计电算化管理的基本任务

1. 制定会计电算化发展规划并组织实施

要使会计电算化核算真正发挥其功能作用,必须制定出会计电算化发展的长期发展战略

规划,因此,制定会计电算化产业发展规划是政府主管部门的首要任务。在目标明确、方法得当可行、步骤合理的规划制定后,采用什么方法进行组织实施成为规划变成现实的关键。

在制定会计电算化发展规划并组织实施的工作中,财政部门起到了主导作用。财政部颁布的《关于发展我国会计电算化事业的意见》,描绘了我国会计电算化事业发展的蓝图,为我国会计电算化事业发展指明了方向,并提出了具体要求:第一,要求各级财政部门在摸清本地区会计电算化事业发展现状的基础上,结合本地区经济发展对会计电算化工作的需要,制定本地区会计电算化事业发展规划,并采取切实有效的措施组织本地区会计电算化的实施,做到有计划地推动本地区会计电算化事业的发展。第二,指出会计电算化人才缺乏是制约我国会计电算化事业进一步发展的关键环节,强调要大力培训会计电算化人才。第三,要求加强会计电算化软件的管理,推动会计核算软件开发研制的规范化,进一步引导会计核算软件市场的健康发展。

2. 制定会计电算化法规制度,对会计核算软件及生成的会计资料是否符合国家统一的会计制度情况实施监督

建立健全的会计电算化核算管理制度,是会计电算化工作顺利发展的重要保证。本地区会计电算化事业的发展规划为我们指明了方向,而要保证规划目标的实现,相配套的有关法规制度是必不可少的。相关的法规制度不仅为各单位开展会计电算化工作提供了依据和指南;同时,也对各单位涉及会计电算化的各个方面提出了要求,还为政府有关部门实施监督提供了依据。

《关于发展我国会计电算化事业的意见》这一宏观指导性文件发布后,1994年6月,财政部发布了《会计电算化管理办法》和《会计核算软件基本功能规范》;1996年,又制定了《会计电算化工作规范》,同时又相应修订了《会计基地工作规范》和《会计档案管理办法》等文件,使得我国会计电算化工作在制度、会计核算软件、计算机替代手工记账等方面进入了规范化管理阶段,极大地推动了我国会计电算化事业健康、快速发展。

3. 促进各单位逐步实现会计电算化,提高会计工作水平

我国会计电算化事业没有政府部门的正确引导和强大的政策支持,是不可能有现在这样的普及程度。在《关于发展我国会计电算化事业的意见》中,财政部提出了我国会计电算化事业发展的总体目标:"到2000年,力争达到有40%~60%的大中型企业、事业单位和县级以上国家机关在账务处理、应收应付款核算、固定资产核算、材料核算、销售核算、工资核算、会计报表生成与汇总等基本会计核算业务方面实现会计电算化;其他单位的电算化开展面应达到10%~30%。到2010年,力争使80%以上的基层单位基本实现会计电算化,从根本上扭转基层单位会计信息处理手段落后的状况。"

在财政部的敦促指导下,各级行政部门积极开展落实工作,极大地促进了会计电算化的实施应用,同时也推动了会计核算软件的发展。

4. 组织开展会计电算化人才培训

实现会计电算化,人才是关键。会计电算化人才缺乏是制约我国会计电算化事业进一步发展的关键环节。为此,财政部在《关于发展我国会计电算化事业的意见》提出了具体要求:"到2000年,力争使大中型企业单位和县级以上的国家机关的会计人员有60%~70%接受会计电算化知识的初级培训,掌握会计电算化操作基本技能;有10%~15%接受中等专业知识培训,掌握会计核算软件的维护技能;有5%能够从事程序设计和系统设计工作。"2005年1月

22日,财政部在修订后的《会计作业资格管理办法》第九条规定:"会计从业资格考试科目为:财政法规与会计职业道德、会计基础、初级会计电算化。"这些规定对我国会计电算化人才的培养、成长产生了积极的推动作用。

5. 总结、交流、推广会计电算化经验,指导基层单位开展会计电算化工作

各级财政部门要组织开展会计电算化实施经验交流,监督并指导本地区基层单位的会计电算化工作。

(二)基层单位会计电算化管理的主要任务

无论单位的大小、业务复杂程度如何,建立会计电算化信息系统的工作程序都大致相同,主要包括制定总体规划、管理软件选择、运行平台的建设、解决方案设计、人才建设、基础工作规范、新旧系统转换和管理持续改善等方面。

1. 制定本单位会计电算化建设的总体规划

单位会计电算化是一项复杂的系统工程,涉及单位的各个方面和诸多业务环节,任何一个环节都有可能影响到系统建设的成败。因此,单位在建设会计电算化系统之前,应制定会计电算化的发展战略并进行系统的总体规划。单位会计电算化建设总体规划的内容有:

(1)单位会计电算化信息系统的建设目标。包括的内容有:系统的规模和业务处理范围。能保证提高单位会计信息处理的准确性和实时性,真正做到会计的事前、事中、事后的有效控制,提高会计的辅助管理和辅助决策能力,为全面提升单位的管理水平服务。

(2)单位会计电算化信息系统建设的工作步骤。包括的内容有:建设任务的分解,分几步进行,每一步的阶段目标和任务,各阶段资源配置情况等。

(3)单位会计电算化信息系统建设的组织机构。包括的内容有:要明确会计电算化信息系统建设过程中的管理体制及组织机构,保证顺利完成系统建设任务。在系统建设过程中,还要投入大量的时间,组织专门的人员,根据本单位的具体情况建设适应新系统的工作流程、管理制度、组织形式以及绩效考核标准等。

(4)资金预算。包括的内容有:需要投入资金总额、合理统筹与安排资金,系统硬件的配置、软件的购置、人员的培训及后续支出等。

2. 建立会计电算化的管理体制

为了保证会计电算化工作的顺利开展,必须建立相应的管理体制和组织机构。主要的方式有以下几种:

(1)集中管理。单位会计电算化工作由计算机中心负责,包括硬件管理、软件开发、使用和维护等,财务部门不设专门的数据处理机构,不安装计算机设备,定期向计算机中心提供数据,由计算机中心负责处理。这种模式的优点在于:单位财务部门的组织机构变动不大,人机结合的核算方式。主要缺陷是:许多工作仍由手工来完成。这一模式主要在20世纪70年代末80年代初较为常见。目前,已经不适用。

(2)集中管理下的分散组织。这种方式是集中管理形式的发展。为了克服集中管理方式的不足,在网络技术的支持下,由计算机中心统一管理,进行总体的规划和维护等工作。同时,在财务部门设置网络终端,负责数据的收集、处理和输出,在总体规划的指导下制定会计电算化工作规划和进行分步开发工作。集中管理下的分散组织,需要对财务部门内部的组织机构进行一定的调整。

(3)分散管理。分散管理是目前会计电算化管理最普遍的形式。在这种方式下,单位财

务部门单独配备计算机硬件设备和机房设施,并配备一定的专业人员,如系统管理与开发人员、操作人员等,系统完全由财务部门负责管理、使用和维护。这种方式的优点在于:能够调动财会部门的需要确定开发步骤和项目,开发软件实用性强。主要缺陷是:一般不考虑单位其他部门对财会信息的要求,以及其他管理子系统对会计信息的影响,从全局上看,没有充分发挥计算机的作用,从发展的趋势看,这种方式有待改进。

3. 会计电算化信息系统的建立

会计软件的开发一般要经过系统调查分析,系统设计、系统实现运行和维护三个阶段。硬件、系统软件、会计软件是会计电算化信息系统的主要部分。会计电算化信息系统的建立,首先,要具备计算机硬件以及相应的系统软件;其次,还要有会计软件以便完成会计工作。会计软件可以购买,也可以自行开发,两者各有利弊,硬件、软件的配置开发过程也就是会计电算化信息系统建立的过程,是既复杂又重要的工作。

4. 制定会计电算化管理制度

实行会计电算化以后,会计核算程序、方法都发生了变化,手工记账时的相关制度难以适应这些变化,必须制定一系列的管理制度,如内部控制制度、机房管理制度和操作使用制度等,以保证会计电算化系统的正常运行。

5. 使用与维护

会计电算化系统投入使用以后,要求组织输入数据信息并完成规定的任务。由于组织机构、会计制度等随着社会环境的变化而不断变化,要求软件进行维护修改。维护工作占整个软件开发工作的很大一部分,要求专门组织进行。

6. 人员培训

单位要保证会计电算化系统正常运行,就需要有相关的专业人员作保证,需要及时培训不同层次的人员,如系统设计人员、编程人员、操作人员等,满足岗位需要。

第二节　会计电算化核算软件

一、会计核算软件的概念

计算机的软件是指使计算机正常工作的一组程序及其附属的数据及文档。软件又分为系统软件与应用软件两类。会计核算软件是应用软件的一种,应用软件是采用某种计算语言编写的,通过系统软件的支持,帮助人们解决某方面问题的计算机软件。

会计核算软件是指专门用于会计核算工作的计算机应用软件,包括采用各种计算机语言编制的用于会计核算工作的计算机程序,它是由一系列指挥计算机执行会计核算工作的程序代码和有关的文档技术资料组成的。凡是具备相对独立完成会计数据输入、处理和输出功能模块的软件,如账务处理、固定资产核算、工资核算软件等均可视为会计核算软件。大型企业中使用的企业资源计划(enterprise resources planning,ERP)软件中,用于处理会计核算软件数据部分的功能模块也属于会计核算软件的范畴。ERP系统的一个重要思想就是"集成",其中的信息集成要求数据"来源唯一、实时共享"。

二、会计核算软件的分类

按照不同的划分标准,会计核算软件可分为不同的种类。

(一) 按硬件结构划分

会计核算软件可分为单用户会计核算软件和多用户(网络)会计核算软件。

(二) 按适用范围划分

会计核算软件可分为专用会计核算软件和通用会计核算软件。专用会计核算软件也称为定点开发核算软件,一般是指由使用单位根据自身会计核算与管理的需要自行开发或委托其他单位开发,专供本单位使用的会计核算软件。通用会计核算软件一般是指由专业软件公司研制,公开在市场上销售,能适应不同行业、不同单位会计核算与管理基本需要的会计核算软件。目前,我国的通用会计核算软件以商品化软件为主。如用友 U8.X 系列、金碟 2000 系列的通用企业会计软件。它的特点是:一般会计核算软件都设有一个初始化模块,用户在第一次使用时,首先要对单位的所有会计核算基本原则和具体数据情况进行初始设置,从而使用一个通用会计核算软件转化为专用的会计核算软件,通常称之为"系统初始化"工作。它的优点是:通过商品化的会计核算软件开发以成本相对较低,使用维护起来比较方便,软件质量相对较好,后续服务有保障,具有较强的适应性。它的缺点是:会计核算软件越通用,系统初始化工作量就越大,消耗的计算机资源和人力资源也越大,一些用户的特殊要求也很难得到满足。

(三) 按照提供信息的层次不同划分

会计核算软件可分为核算型会计核算软件、管理型会计核算软件和决策支持型会计核算软件。核算型会计核算软件是指专门用于完成会计核算工作的软件。会计核算电算化是会计电算化的重要组成部分,它面向事后核算,采用一系列专业的会计方法,实现会计数据处理的电子化,提供会计核算信息。管理型会计核算软件目前尚无确定统一的定义,但可以简单地将它描述为利用会计核算信息,为用户提供预测、计划、控制、管理和辅助决策功能的会计软件。决策支持型会计核算软件是能够实理购销存业务处理、会计核算和财务监控一体化管理,为企业经营提供预测、控制和分析手段,能有效地控制企业成本和经营风险的软件。这种建立在一体化基础上的财务软件能够跨部门应用,使信息资源充分共享,数据在系统间传递流畅,企业各部门能够直接得到所需要的相关信息,从而以最快的速度作出经营决策,达到企业资金与物流的一体化管理目标。

三、会计核算软件的功能与模块

(一) 会计核算软件的基本功能模块

1. 账务处理模块

账务处理模块主要是以会计凭证为原始数据,按照会计科目,统计指标体系对记账凭证所载的经济内容,进行记录、分类、计算、加工、汇总,输出总分类账、明细分类账、日记账及其他辅助账簿、凭证和报表。账务处理模块主要包括:

(1) 账务初始(建账)。账务初始是根据程序要求和内部管理需要自定义会计科目体系、记账凭证格式、账簿体系的过程。相当于手工状态下设立一套新的账务核算体系,是用计算机建账的过程。

（2）凭证处理（输入、审核、汇总）。凭证处理包括凭证的输入、修改、审核、汇总、打印等内容。

（3）查询。查询是设定查询条件标志，灵活迅速查询某会计期间的会计凭证及有关明细分类账、总账的有关内容。如寻找特定内容的会计凭证、查找会计科目的发生额或余额等。

（4）对账。对账功能一部分是由会计核算软件在设计时由程序自动检查核对，如总账、明细账、日记账之间的账账核对；另一部分则提供给用户进行核对，如与银行对账单核对，与往来账核对、与其他辅助账核对等，并能作出调节表等相关资料。

（5）结账。结账功能由程序完成，按国家会计制度规定，按会计科目分级进行计算、汇总，结出借、贷方发生额和余额，结束当期核算，开始下一个会计核算循环。结账还包括会计信息跨年度结转，开始一个新的会计年度的特殊内容。

（6）打印输出。打印输出功能是打印记账凭证、账簿等会计信息资料，以便用户使用和归档保管。

（7）其他辅助功能。

2. 报表处理模块

报表处理模块是按国家统一的会计制度规定，根据会计资料而编制会计报表，向公司管理者和政府部门提供财务报告。会计报表按其汇编范围可分为个别报表、汇总报表以及合并报表。

报表处理模块包括：① 报表定义。② 报表计算。③ 报表汇总。④ 报表查询。⑤ 报表输出。

报表定义是依据会计软件，建立一个新的报表体系所做的工作。主要包括：定义报表名称，描述空白表格的格式，定义报表项目填写内容的数据来源和报表项目及运算关系，确定表格项目审核校验及报表间项目的勾稽关系，检查公式以及汇总报表的汇总范围等步骤。经过报表定义之后，就可以按规定计算或汇总产生所需要的会计报表，通过审核校验确认后，可以打印、复制、查询，输出会计报表。

3. 固定资产核算模块

固定资产核算模块主要是用于固定资产明细核算及管理。固定资产核算模块包括：① 建立固定资产卡片。② 建立固定资产账簿。③ 录入固定资产变动情况。④ 计提固定资产折旧。⑤ 汇总计算。⑥ 查询及打印输出。⑦ 编制转账凭证。

此模块主要是根据财务制度的规定，建立固定资产卡片，确定固定资产计提折旧的系数、方法，录入固定资产增减变动情况，汇总计算固定资产原值、累计折旧及净值。按预先设计自动编制转账分录，完成转账的记录，打印输出固定资产明细账和资料卡片，详细反映固定资产价值状况。

4. 薪资核算模块

薪资核算模块以计提发放职工个人薪酬的原始数据为基础，计算职工薪资，处理薪资核算。薪资核算模块包括：①设计薪资项目及项目计算公式。② 录入职工薪资基础资料。③ 增减变动及修改。④ 计算汇总。⑤ 查询。⑥ 打印输出。薪资核算模块，首先设计薪资的项目及项目计算公式，按项目录入职工应发、扣减、实发金额，按使用者的要求计算配发不同面值的零、整钱数。该模块应具备自行定义薪资的项目，选择分类方式，灵活修订薪资项目，调整职工个人基础资料,定义薪资计算公式(如代扣个人所得税计算公式)进行汇总计算。自动制作转账凭证,填制分录,进行薪资分配,计算工资及福利费。

5. 其他模块

其他模块主要包括:存货核算,成本核算,应收/应付款核算,销售核算和财务分析等。根据行业的特点,又有零售业进销存核算系统、批发业购销存核算系统等。根据管理的需要,又有劳资人事管理系统、国有资产管理系统等。

一个完整的会计核算软件系统如图 1-1 所示。

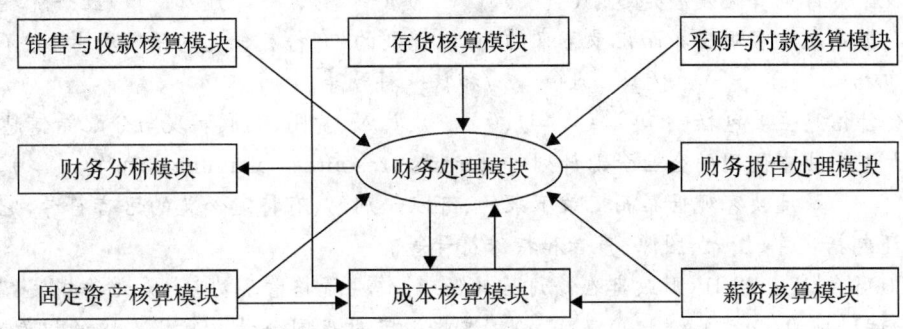

图 1-1　会计核算软件系统各功能模块之间的关系

(二) 行业会计核算软件模块构成

1. 制造业

制造业的会计核算比较复杂,包括供、产、销三个过程,为了反映和控制制造业的采购、生产和销售过程,其会计核算软件一般应该包括账务处理、薪资核算、固定资产核算、存货核算、成本核算、销售核算、应收/应付款核算、报表处理和财务分析等所有模块。

2. 商品流通企业

商品流通企业主要从事商品的购销存业务,因而商品购销存核算和管理工作量大,而固定资产、存货和成本核算较为简单,工作量也少,其会计核算软件一般应该包括账务处理、商品购、销、存核算、应收/应付款核算、报表处理等功能模块。

3. 服务业

服务业的固定资产数量少,成本核算相对简单。它的会计核算软件一般包括账务处理、报表处理等功能模块。

4. 非营利组织

非营利组织主要核算财政收支、其他收支业务,这些单位对专项资金管理比较严格,其会计核算软件一般包括账务处理、薪酬核算、预算管理和报表处理等功能模块。

【本章小结】 通过本章的教学,使学习者对会计电算化的产生、发展有一个基本的了解,明确了会计电算化核算的任务,知晓会计电算化在会计核算工作中的作用及其影响;同时,也使学习者明确目标,要做好会计电算化核算工作,不但要有会计专业技能,而且还要具备一定的计算机知识和计算机操作技能。会计电算化核算软件是进行会计电算化核算的基础,在使用会计电算化核算软件时要根据单位的业务特点及核算需求选择与本单位会计电算化核算相匹配的会计核算软件,以保证达到预期的目标。

习 题

一、填空题

1. 我国会计电算化发展走过了（　　）、（　　）、（　　）、（　　）和（　　）五个阶段。
2. 数据是反映客观世界而记录下来的、可以识别的、有特定含义的语言符号，它不仅仅指数字，还包括（　　）、（　　）、（　　）、（　　）和特殊符号等。
3. 会计信息主要包括（　　）、（　　）、（　　）、收入、费用、利润实现与分配等信息。
4. 大型企业中使用的企业资源计划（enterprise resources planning），简称（　　）。
5. （　　）是反映客观世界而记录下来的、可以识别的、有特定含义的语言符号，它不仅仅指数字，还包括文字、图表、图像、声音和特殊符号等。
6. 2005年1月22日，财政部在修订后的《会计作业资格管理办法》第九条规定："会计从业资格考试科目为（　　）、（　　）、（　　）。"这些规定对我国会计电算化人才的培养、成长产生了积极的推动作用。

二、单项选择题

1. 世界第一台计算机于1946年在（　　）诞生。
   A. 美国　　　　B. 法国　　　　C. 英国　　　　D. 德国
2. 我国会计电算化首先在（　　）使用。
   A. 金融业　　　B. 商业企业　　C. 制造业　　　D. 服务业
3. 经过加工处理后的会计数据称为（　　）。
   A. 数据　　　　B. 信息　　　　C. 会计数据　　D. 会计信息
4. 下列各项中，属于基层单位会计电算化管理主要任务的是（　　）。
   A. 组织开展会计电算化人才培养　　B. 制定会计电算化法规制度
   C. 制定会计电算化发展规划并组织实施　D. 制定会计电算化建设的总体规划
5. 以记账凭证为接口与其他功能模块有机地连接在一起，构成完整的会计核算系统的会计核算模块是（　　）。
   A. 账务处理模块　　　　　　　　B. 工资核算模块
   C. 固定资产核算模块　　　　　　D. 财务报告编制模块
6. 按照不同（　　）来划分，会计核算软件可以分为通用会计核算软件和专用会计核算软件。
   A. 适用范围　　B. 信息层次　　C. 硬件结构　　D. 用途
7. （　　）不是会计电算化信息系统的主要部分。
   A. 硬件　　　　B. 系统软件　　C. 会计软件　　D. 组织实施

三、多项选择题

1. 会计电算化是用电子计算机代替人工记账、算账和报账，以及部分代替人脑完成对会计信息的分析、预测、决策的过程,其目的是提高( )。
  A. 工作效率　　　　　　　　　B. 减轻会计人员工作量
  C. 企业财会管理水平　　　　　D. 企业经济效益
2. 下列各项中,属于会计核算软件主要模块的有( )。
  A. 总账核算模块　　　　　　　B. 薪资核算模块
  C. 报表核算模块　　　　　　　D. 固定资产核算模块
3. 按照不同的适应范围来划分,会计核算软件可分为( )。
  A. 通用会计核算软件　　　　　B. 管理型会计核算软件
  C. 专用会计核算软件　　　　　D. 核算型管理软件
4. 决策支持型会计软件能够实现( )等的一体化管理。
  A. 购销存业务处理　　　　　　B. 会计核算
  C. 财务监控　　　　　　　　　D. 辅助决策
5. 目前,会计电算化已发展成为一门融( )等为一体的边缘学科。
  A. 计算机学科　　B. 会计学　　C. 管理学　　　D. 信息学

四、判断题

1. 会计电算化信息系统的建立首先要具备一定的会计电算化人才。（　）
2. 数据不仅仅指数字,还包括文字、图表、图像、声音、特殊符号等。（　）
3. 会计信息是人们通过对会计数据加工处理而生成的,因此,原始会计资料就是会计信息。（　）
4. 会计软件必须具备系统初始化的基本功能,系统初始化是用来完成将通用会计软件转化为适合本单实际情况的专用会计软件。（　）
5. 单位会计电算化的建设就是"购置软件＋配置软件"。（　）
6. 从狭义上说,会计电算化是指以电子计算机为主体的信息技术在会计工作的应用,具体而言,就是利用会计软件,指挥在各种计算机设备替代手工完成或在手工下很难完成的会计工作过程。（　）
7. 凡具备可相对独立地完成会计数据输入、处理和输出功能模块的计算机软件,均可称之为会计核算软件。（　）
8. 企业资源计划(ERP)软件中用于处理会计核算数据部分的模块不属于会计核算软件的范畴。（　）

第二章

会计电算化的工作环境

内容提要　本章系统地介绍了计算机的基本知识,包括计算机的种类、性能、特点,计算机在经济领域中的应用;详细地阐述了计算机的软、硬件,安全使用计算机及做好安全防范工作的措施。对学习者了解计算机的功能作用,发挥计算机在会计核算领域有很大的帮助。

第一节　计算机的基本知识

一、计算机的种类与性能指标

(一) 计算机的种类

计算机(computer)是一种能够按照事先存储的程序,自动、高速地进行大量数值计算和各种信息处理的现代化智能电子设备。它由硬件和软件所组成,两者是不可分割的。人们把没有安装任何软件的计算机称为裸机。随着科学技术的发展,出现了一些新型计算机,如生物计算机、光子计算机、量子计算机等。这使计算机的应用渗透到社会的各个领域,有力地推动了信息社会的发展,成为一个国家现代化的重要标志。

1. 从应用的角度对计算机进行现实的划分

可以把计算机分为服务器、工作站、台式机、便携机、手持设备五大类。

(1) 服务器(server),它有功能强大的处理能力,容量很大的存储器以及快速的输入输出通道和联网能力。通常它的处理器也用高端微处理器芯片组成。服务器必须具有出色的可靠性,必须具备可用性和扩充性。客户机/服务器系统中的服务器具有许多不同的用途,大致可以分为以下四类:文件服务器、打印服务器、数据服务器和应用服务器。

(2) 工作站(workstation),它与高端微机的差别主要表现在工作站通常要与一个屏幕较大的显示器,以便显示设计图、工程图和控制图等。

(3) 台式机(desktop PC),它就是通常所说的微型机,由主机箱、显示器、键盘、鼠标等组成。

(4) 笔记本(notebook)又称便携机或移动 PC(mobile PC)，其功能与台式机不相上下，但体积小、重量轻，价格也已相差无几。

(5) 手持设备又称掌上电脑(handheld PC)或亚笔记本(Sub‐notebook)，它比笔记本更小更轻。如个人数字助理(PDA)、商务通、快译通以及第二代、第三代手机等。

2. 根据计算机信息的表示形式和处理方式划分

可将计算机分为数字式电子计算机、模拟式电子计算机和数字模拟混合式计算机。其中，在数字电子计算机中，信息是用"0"和"1"两个数字构成的二进制数表示的，人们通常说的电子计算机就是指这一种。

3. 根据计算机的用途划分

可将计算机分为通用计算机和专用计算机。通用计算机使用范围广，一般的数字电子计算机都属于此类。专用计算机适用于某个特殊的应用领域，是为解决某个特定问题而专门设计的计算机，如智能仪表、军用装备的自动控制等。

4. 根据计算机的规模划分

可将计算机划分为巨型计算机、大型计算机、中型计算机、小型计算机、微型计算机。一般说来，大型计算机结构复杂，运算速度快，字长大，存储容量大，指令丰富，输入/输出处理方式多种多样，信息吞吐量大，外围设备齐全，软件配置丰富，价格较高。

(二) 计算机的性能指标

计算机的性能指标是衡量计算机系统功能强弱的指标，主要有以下三个标准。

1. 计算机速度

计算机速度也称主频或时钟频率，是指计算机在单位时间里处理计算机指令的数量。它是表示计算机运算速度的主要性能指标。时钟频率越高，计算机的运算速度越快。时钟频率的单位是兆赫(MHz)，如 Pentium/133 的主频率为 133MHz，PentiumⅢ/800 的主频率为 800MHz，PentiumⅣ的主频率为 1.5GHz。通常说的"486 微机"、"586 微机"就是计算机运算速度的一种表示方式，它反映了计算机所采用的 CPU 类型，从而间接地反映了计算机的速度。

2. 字长

字长是计算机信息处理中能同时处理二进制数字的长度。一般来说，计算机在同一时间内处理的一组二进制数称为一个计算机的"字"，而这组二进制数的位数就是"字长"。字长表示计算机的精度和处理信息的能力。在其他指标相同时，字长越大，计算机的运算速度就越快，运算精度就越高，内存容量就越大，计算机的功能就越强。一般而言，个人计算机字长以 32 位、64 位为主，服务器字长在 64 位、128 位以上。

3. 存储容量

存储容量是指计算机存储器所能存储的二进制信息的总量，它反映计算机处理信息时容纳数据的能力。存储量以字节为单位，每 1024 个字节称为 1KB，每 1024KB 字节称为 1MB，每 1024MB 字节称为 1GB。存储量越大，程序运行的速度就越快，计算机的信息处理能力就越强。

二、计算机的主要特点

1. 运算速度快

电子计算机的工作基于电子脉冲电路原理，由电子线路构成其各个功能部件，其中电磁场的传播扮演主要角色。众所周知,电磁场传播的速度是很快的,现在高性能计算机每秒能进行几百亿次以上的加法运算。如果一个人在 1 秒钟内能作一次运算,那么一般的电子计算机 1 小时的工作量,一个人得做 100 多年。在很多场合下,运算速度起决定作用。例如,计算机控制导航,要求"运算速度比飞机飞的还快";气象预报要分析大量资料,如用手工计算需要 10 天半月,失去了预报的意义,而用计算机,几分钟就能算出一个地区内数天的气象预报。

2. 计算精度高

电子计算机的计算精度在理论上不受限制,一般的计算机均能达到 15 位有效数字,通过一定的技术手段,可以实现任何精度要求。历史上有个著名数学家挈依列,曾经为计算圆周率 π,整整花了 15 年时间,才算到第 707 位。现在将这件事交给计算机做,几个小时内就可计算到 10 万位。

3. 具有记忆功能和逻辑判断功能

计算机有存储器,可以存储大量的数据。随着存储容量的不断增大,可存储记忆信息量也越来越大。计算机程序加工的对象不只是数值量,还包括形式和内容十分丰富的各种信息,如语言、文字、图形、图像、音乐等。编码技术使计算机概可以进行算术运算,也可以进行逻辑运算,可以对语言、文字、符号、大小、异同等进行比较、判断、推理和证明,极大地扩大了计算机的应用范围。

4. 自动控制能力

计算机内部操作是根据人们事先编好的程序自动控制进行的。用户根据解题需要,事先设置运行步骤与程序,计算机会十分严格地按程序规定的步骤操作,整个过程不需要人工干扰。

5. 通用性强

计算机可以将任何复杂繁重的信息处理任务分解成一系列的基本算术和逻辑操作,反映在计算机指令操作中,按照执行的先后顺序,把它们编成各种不同的程序,存入存储器中,在计算机的工作过程中,利用这存储程序指挥和控制计算机自动快速处理,并十分灵活、方便、易于变更,这使计算机具有积大的通用性。

三、计算机的应用领域

计算机的应用领域已渗透到社会的各行各业,正在改变着传统的工作、学习和生活方式,推动着社会的发展。计算机的主要应用领域如下。

（一）科学计算(或数值计算)

科学计算是指利用计算机来完成科学研究和工程技术中提出的数学问题的计算。在现代科学技术工作中,科学计算问题是大量的和复杂的。利用计算机的高速计算、大存储容量和连续运算的能力,可以实现人工无法解决的各种科学计算问题。例如,在建筑设计中,为了确定构件尺寸,通过弹性力学导出一系列复杂方程,长期以来由于计算方法跟不上而一直无法求解。而计算机不但能求解这类方程,并且引起弹性理论上的一次突破,出现了有限单元法。

（二）数据处理(或信息处理)

数据处理是指对各种数据进行收集、存储、整理、分类、统计、加工、利用、传播等一系列活动的统称。据统计,80% 以上的计算机主要用于数据处理,这类工作量大、面宽,决定了计算机应用的主导方向。数据处理从简单到复杂已经历了三个发展阶段:

(1) 电子数据处理(electronic data pocessing, EDP),它是以文件系统为手段,实现一个部门内的单项管理。

(2) 管理信息系统(management information system, MIS),它是以数据库技术为工具,实现一个部门的全面管理,以提高工作效率。

(3) 决策支持系统(decision support system, DSS),它是以数据库、模型库和方法库为基础,帮助管理决策者提高决策水平,改善运营策略的正确性与有效性。

目前,数据处理已广泛地应用于办公自动化、企事业计算机辅助管理与决策、情报检索、图书管理、电影电视动画设计、会计电算化等各行各业。信息正在形成独立的产业,多媒体技术使信息展现在人们面前的不仅是数字和文字,也有声情并茂的声音和图像信息。

(三) 辅助技术(或计算机辅助设计与制造)

计算机辅助技术包括CAD、CAM和CAI等。

1. 计算机辅助设计

计算机辅助设计(computer aided design, CAD)是利用计算机系统辅助设计人员进行工程或产品设计,以实现最佳设计效果的一种技术。它已广泛地应用于飞机、汽车、机械、电子、建筑和轻工等领域。例如,在电子计算机的设计过程中,利用CAD技术进行体系结构模拟、逻辑模拟、插件划分、自动布线等,从而大大提高了设计工作的自动化程度。又如,在建筑设计过程中,可以利用CAD技术进行力学计算、结构计算、绘制建筑图纸等,这样不但提高了设计速度,而且可以大大提高设计质量。

2. 计算机辅助制造

计算机辅助制造(computer aided manufacturing, CAM)是利用计算机系统进行生产设备的管理、控制和操作的过程。例如,在产品的制造过程中,用计算机控制机器的运行,处理生产过程中所需的数据,控制和处理材料的流动以及对产品进行检测等。使用CAM技术可以提高产品质量,降低成本,缩短生产周期,提高生产率和改善劳动条件。

将CAD和CAM技术集成,实现设计生产自动化,这种技术被称为计算机集成制造系统(CIMS)。它的实现将真正做到无人化工厂(或车间)。

3. 计算机辅助教学

计算机辅助教学(computer aided instruction, CAI)是利用计算机系统使用课件来进行教学。课件可以用著作工具或高级语言来开发制作,它能引导学生循环渐进地学习,使学生轻松自如地从课件中学到所需要的知识。CAI的主要特色是交互教育、个别指导和因人施教。

(四) 过程控制(或实时控制)

过程控制是利用计算机及时采集检测数据,按最优值迅速地对控制对象进行自动调节或自动控制。采用计算机进行过程控制,不仅可以大大提高控制的自动化水平,而且可以提高控制的及时性和准确性,从而改善劳动条件、提高产品质量及合格率。因此,计算机过程控制已在机械、冶金、石油、化工、纺织、水电、航天等部门得到广泛的应用。例如,在汽车工业方面,利用计算机控制机床、控制整个装配流水线,不仅可以实现精度要求高、形状复杂的零件加工自动化,而且可以使整个车间或工厂实现自动化。

(五) 人工智能(或智能模拟)

人工智能(artificial intelligence)是计算机模拟人类的智能活动,如感知、判断、理解、学习、问题求解和图像识别等。现在人工智能的研究已取得不少成果,有些已开始走向实用阶段。例如，能模拟高水平医学专家进行疾病诊疗的专家系统，具有一定思维能力的智能机器人等。

（六）网络应用

计算机技术与现代通信技术的结合构成了计算机网络。计算机网络的建立，不仅解决了一个单位、一个地区、一个国家中计算机与计算机之间的通讯，各种软、硬件资源的共享，也大大促进了国际的文字、图像、视频和声音等各类数据的传输与处理。

第二节　计算机的硬件与软件

计算机系统由硬件和软件组成。计算机的硬件是指组成一台计算机的各种物理装置，它们由各种具体的器件组成，是计算机进行工作的物质基础。硬件是依靠软件的智慧来协调工作，只有硬件而没有软件的计算机通常称为"裸机"。计算机的软件是指在计算机硬件上运行的各种程序及相应的各种文档资料。计算机软件可分为系统软件和应用软件两大类。

微型计算机系统的组成如图 2-1 所示。

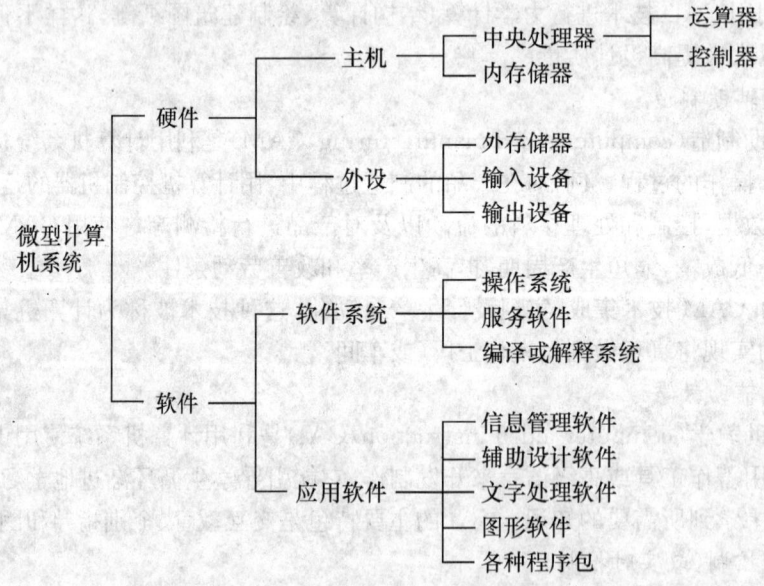

图 2-1　微型计算机系统的组成

一、计算机的硬件

按照冯·诺依曼型计算机组成原理，计算机硬件系统由输入设备、输出设备、运算器、存储器和控制器五部分组成，如图 2-2 所示。

从外观上看，微型计算机（也称微机、电脑、个人计算机或 PC 等）的硬件主要包括主机箱、显示器、常用输入/输出设备（简称 I/O 设备，如键盘、鼠标等），其中，主机箱里装有微型计算机的大部分重要硬件设备，如 CPU、主板、内存、硬盘、光驱、各种板卡、电源及各种连线等。为了特殊用途，还要配置打印机和扫描仪等常用设备。

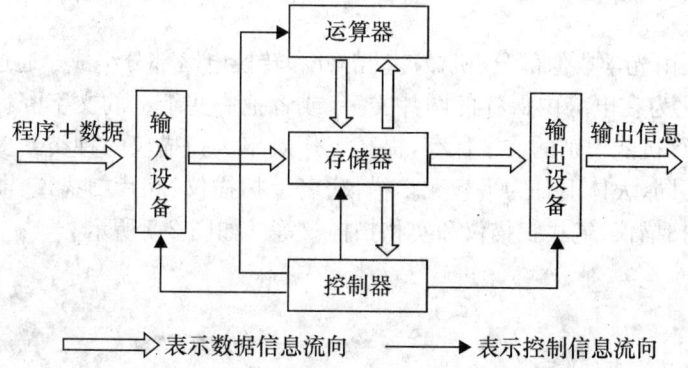

图 2-2　计算机硬件系统的组成

（一）输入设备

输入设备是指向计算机存储器输入各种信息（如程序、文字、数据、图像等）的设备。常用的输入设备有键盘、鼠标、扫描仪、条形码输入器等。在会计电算化领域，会计人员一般用键盘来完成会计数据或相关信息的输入工作。

1. 键盘

键盘是常用也是最主要的输入设备，通过键盘，可以将英文字母、数字、标点符号等输入计算机中，从而向计算机发出命令、输入数据等。键盘按应用范围可分为台式机键盘、笔记本电脑键盘、控制机键盘、双控键盘和超薄键盘等五大类。按功能划分，键盘总体可分为四个大区：打字键区、功能键区、编辑控制区和小键盘区。如图 2-3 所示。

图 2-3　键盘

2. 鼠标

鼠标（mouse）的标准名称是"鼠标器"。鼠标通过串行口或 USB 接口与主机相连。它可以与当前屏幕上的光标进行定位，并通过按键和滚轮装置对光标所经过位置的屏幕元素进行操作，使计算机的操作更加简便，代替键盘繁琐的指令。鼠标按工作原理不同划分为机械鼠标和光电鼠标；按外形划分为两键鼠标、三键鼠标、滚轴鼠标和感应鼠标；此外还有无线鼠标、蓝牙激光鼠标和 3D 鼠标等。如图 2-4 所示。

   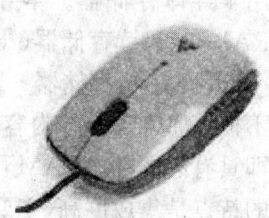

图 2-4　鼠标

3. 扫描仪

扫描仪主要是由光学成像部分、机械传动部分和转换电路部分组成。通过扫描仪，可以把一些图像资料转化为在电脑内保存的图片文字，或者把一些纸上的文字资料通过扫描仪，扫描、识别转换为计算机能识别的文字保存，提高工作效率。扫描仪的种类繁多，根据扫描仪扫描介质和用途的不同，大体上分为平板式扫描仪、名片扫描仪、底片扫描仪、馈纸式扫描仪、文件式扫描仪、鼓式扫描仪、笔式扫描仪和实物扫描仪等。如图 2-5 所示。

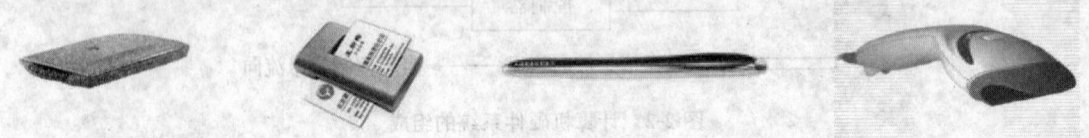

图 2-5　扫描仪

（二）输出设备

输出设备是指用来输出计算机处理结果的设备。最常用的输出设备有显示器、打印机、绘图仪等。会计报表、账簿等一般可以用打印机打印输出。

（三）运算器

运算器是指在控制器控制下完成加、减、乘、除运算和逻辑判断的计算机部件。运算器械是计算机的核心装置之一，在计算机过程中，运算器不断从存储器中获取数据，经计算后再将结果返回存储器。

（四）控制器

控制器是整个计算机的指挥中心，它负责从存储器中取出指令，并对指令进行分析判断后产生一系列的控制信号，去控制计算机各部件自动连续地工作。

运算器和控制器构成中央处理器(CPU)。CPU 可以称作主机的心脏，通常所说的计算机型号，如 486、586、联想启天 M4300、HP 惠普 4321S-WP415PA 都是指 CPU 的型号。CPU 负责接受、执行人们输入的和来自软件的命令，处理数据。CPU 还负责指挥、控制数据传输等许多工作，所以说它是最重要的部件。

（五）存储器

存储器是计算机中用来存储信息的部件，是微型计算机系统不可缺少的组成部分，是计算机中各种信息的存储和交流中心。计算机的操作，大部分是与存储器之间的交换信息，存储器的工作速度相对 CPU 的运算速度要低得多，因此存储器的工作速度是制约计算机运算速度的主要因素之一。存储器分为两大类：内存储器和外存储器，简称内存与外存。

1. 内存储器

一般常用的微型计算机的存储器有磁芯存储器和半导体存储器，目前，微型机的内存都采用半导体存储器。半导体存储器从使用功能上分，有随机存储器(random access memory, RAM)和只读存储器(read only memory, ROM)两种。

(1) 随机存储器。Ram 称读写存储器，它有以下特点：可以读出，也可以写入。读出时并不损坏原来存储的内容，只有写入时才修改原来所存储的内容。断电后，存储内容立即消失，即具有易失性。RAM 可分为动态(dynamic)RAM 和静态(static)RAM 两大类。动态 RAM 的特点是集成度高，主要用于大容量内存储器；静态 RAM 的特点是存取速度快，主要用于高速缓冲存储器。

（2）只读存储器。ROM 的特点是只能读出原有的内容，不能由用户再写入新内容。原来存储的内容是采用掩膜技术由厂家一次性写入的，并永久保存下来。它一般用来存放专用的固定的程序和数据。不会因断电而丢失。

（3）互补金属氧化物半导体内存存储器（complementary metal oxide semiconductor memory，CMOS 存储器）。COMS 存储器内存是一种只需要极少电量就能存放数据的芯片。由于耗能极低，CMOS 存储器内存可以由集成到主板上的一个小电池供电，这种电池在计算机通电时还能自动充电。因为 CMOS 存储器芯片可以持续获得电量，所以即使在关机后，也能保存有关计算机系统配置的重要数据。

衡量内存的常用指标有容量与速度。目前，微机内存容量主要有 256MB、1GB、2GB 等，微机内存的速度是指读或写一次内存所需的时间，数量级以纳秒（ns）衡量，主在有 10 纳秒、8 纳秒、7 纳秒等。

2. 外存储器

外存储器也称辅助存储器，简称外存或辅存，主要指那些容量比主存大、读取速度较慢、通常用来存放需要永久保存的或相对来说暂时不用的各种程序和数据的存储器。

外存储器设备种类很多，目前微机常用的外存储器是软磁盘存储器、硬磁盘存储器和光盘存储器和内存。

（1）软磁盘存储器。软磁盘是一种涂有磁性物质的聚酯塑料薄膜圆盘。由于盘片质地柔软，故称为软盘（flop-py）。为保护软盘不被玷污和磨损，把它封装在一个方形保护套中，构成一个整体。在微机中使用的软盘按其尺寸可分为 5.25 英寸软盘和 3.5 英寸软盘两种，5.25 英寸软盘。读、写窗口：软盘驱动器的读、写磁头通过此窗口，与软盘的记录表面接触，完成数据读、写操作。平时不可以用手触摸，否则软盘将不能够使用。写保护口：是软盘上保护数据的装置，可防止数据被误删除或防止病毒侵入。现在已很少使用。

（2）硬磁盘存储器。硬磁盘存储器是一种涂有磁性物质的金属圆盘，通常由若干片硬盘片组成盘片组与软盘不同，硬盘存储器通常与磁盘驱动器封装在一起，不能移动，由于一个硬盘往往有几个读写磁头，因此在使用的过程应注意防止剧烈震动。与软盘相比，硬盘的容量要大得多，早期的硬盘，其容量只有 10MB、20MB，目前的硬盘容量一般是 800MB、10GB、20GB。现在微机上所配置的硬盘一般在 10GB 以上。

（3）光盘存储器。随着多媒体技术的发展，光盘存储器的适用越来越普遍。光盘（compact disc，CD）是利用金属盘片表面凹凸不平的特征，通过光的反射强度来记录和识别二进制的 0、1 信息。光盘分为只读（read-only）、一次写入（write once）和可擦式（erasable）等几种。只读式光盘（CD-ROM）是用得最广泛的一种，其容量一般为 650MB。

（4）闪存。闪存是一种新型的电可擦可编程只读存储器（EEP－ROM）内存。它的历史并不长，从问世至今只有 10 年多时间。在这期间，发展出了各种各样的闪存，有市面上常用的"U"盘、有数码相机、MP3、MP4 上用的 CF（compact flash）卡、SM（smart media）卡、MMc（Multi Media card）卡等。它们携带和使用方便，容量和价格适中，一般容量有 1GB 到 8GB，存储数据可靠性强，因此普及很快，深受广大计算机使用者的欢迎。

二、计算机的软件

计算机的软件是指在计算硬件上运行的各种程序及相应的各种文档资料。计算机软件可分为系统软件与应用软件两大类。

（一）系统软件

系统软件是指用于对计算机资源的管理、监控和维护，以及对各类应用软件进行解释和运行的软件。系统软件是计算机系统必备的软件。系统软件包括操作系统、语言处理程序、支撑服务程序、数据库管理系统。如目前许多会计电算化软件采用的 Windows 操作系统即属于系统软件。

1. 操作系统

操作系统（operating system，OS）是最基本、最重要的系统软件，它负责管理计算机系统的全部软件资源和硬件资源，合理地组织计算机各部分协调工作，协调系统各部门之间、系统与使用者之间以及使用者之间的关系，为用户提供操作界面程序接口。不同操作系统的结构和内容存在很大的差别，一般都具有进程和处理机管理、作业管理、存储管理、设备管理和文件管理五大管理功能。在所有软件中，操作系统是最靠近硬件的。用户通过操作系统使用计算机。其他软件则在操作系统提供的平台上运行。

随着计算机技术的迅速发展和教育管理的广泛应用，用户对操作系统的功能、应用环境、使用方式不断提出新要求，因而形成了不同类型的操作系统。根据操作系统的功能和使用环境不同，可分为单用户单（多）处理系统、批处理操作系统、分时操作系统、实时操作系统、网络操作系统、第布式操作系统等。目前，常用的操作系统有 DOS、UNK、LINUK、Windows、Windows NT 和 Net Ware 等。

2. 语言处理程序

计算机只能执行机器语言程序，用汇编语言或高级语言编写的程序（称为源程序），计算机是不能识别和执行的。因此，必须配备一种工具，它的任务是把用汇编语言或高级语言编写的源程序翻译成机器可执行的机器语言程序，这种工具就是"语言处理程序"。语言处理程序包括汇编程序、解释程序和翻译程序等。

（1）机器语言（machine language）即是机器指令的集合。每种计算机都有自己的指令集合，计算机能直接执行用机器语言所编的程序。机器语言包括：指令系统、数字形式、通道指令、中断字、屏蔽字、控制寄存器的信息等。由于机器指令是用许多二进制数表示的，用机器语言编程必然很繁琐，非常消耗精力和时间，难记忆，易弄错，并且难以检查程序和调试程序，工作效率低。因此，现在一般不使用机器语言。

（2）汇编语言（assembly language）是面向机器的程序设计语言。汇编语言是一种功能很强的程序设计语言，也是利用计算机所有硬件特性并能直接控制硬件的语言。在汇编语言中，用助记符（mnemonic）代替操作码，用地址符号（symbol）或标号（label）代替地址码。这样用符号代替机器语言的二进制码，就把机器语言变成了汇编语言。因此，汇编语言亦称为符号语言。使用汇编语言编写的程序，机器不能直接识别，要由一种程序将汇编语言翻译成机器语言，这种起翻译作用的程序称为汇编程序，汇编程序是系统软件中语言处理系统软件。汇编语言编译器把汇编程序翻译成机器语言的过程称为汇编。

（3）高级语言（high-level programming language）是高度封装了的编程语言，是一种比较接近自然语言和数学表达式的计算机程序设计语言。一般而言，将用高级语言编写的程序称为"源程序"，不能被计算机直接识别和运行，必须通过编译方式或解释方式将其"翻译"成机器指令程序（二进制）后，计算机才能识别。常用的高级语言有 Basic 语言、Fortran 语言、Pascal

语言、C 语言和 Java 语言等。

3. 数据库管理系统

数据库管理系统(data base management system, DBMS)是一种操纵和管理数据库的大型软件,是用于建立、使用和维护数据库。

它对数据库进行统一的管理和控制,以保证数据库的安全性和完整性。用户通过 DBMS 访问数据库中的数据,数据库管理员也通过 DBMS 进行数据库的维护工作。它提供多种功能,可使多个应用程序和用户用不同的方法在同时或不同时刻去建立,修改和询问数据库。它使用户能方便地定义和操纵数据,维护数据的安全性和完整性,以及进行多用户下的并发控制和恢复数据库。

数据库管理系统是由计算机软、硬件组成的系统,它实现了有组织地、动态地存储大量关联数据,方便多用户访问;它与文件系统的重要区别是数据的充分共享、交叉访问、与应用程序分离的高度独立性。在数据库管理系统环境下,数据是一种高级组织的文件存储形式,即数据库。数据库是现代计算机系统的一个重要组成部分,是人们有效地进行数据存储、共享和处理的工具。用户不了解其文件的存储细节,可以抽象地、逻辑地使用数据,一切繁琐的存储细节由数据库管理系统软件来完成。数据库系统一般同用户、数据库管理系统软件、存储的数据和存储数据库以及计算机的硬件组成。其中,数据库系统中存储的数据具有集中性和共享性,并且数据的冗余度很小。

目前,有许多数据库产品,如 Oracle、Sybase、Informix、Microsoft SQL Server、Microsoft Access、Visual FoxPro 等,它们各以自己特有的功能,在数据库市场上占有一席之地。

4. 支撑服务程序

支撑服务程序是为其他系统软件和应用软件及用户提供某些通用支持程序,典型的实用程序有诊断程序、调试程序、编辑程序和杀毒程序等。

(二) 应用软件

应用软件是指为解决各种实际应用问题而编制的计算机应用程序及其有关资料。常见的应用软件有:文字处理软件、表格处理软件、财务软件、辅助设计软件、辅助教育软件和各种工具软件等。在众多的应用软件中,中国拥有自主知识产权的 WPS 是计算机文字处理软件中的中国名牌。

1. 文字处理软件

文字处理软件主要用于对输入、存储、修改、编辑、打印文字等进行编辑排版并能将输入的文字以多种形式、字体及格式打印出来。目前常用的文字处理软件有 WORD、WPS 等。

2. 表格处理软件

表格处理软件主要处理各式各样的表格,它可以根据用户的不同需求自动生成各种表格,管理、组织和处理各种数据,打印各种表格,完成投资决策,分形形色色的数据,把结果以各种统计图形表示出来,完成各种财务报表的制作、检索表格数据等。常用的有 Excel 和金山表格等。

3. 辅助工程应用软件

辅助工程应用软件主要有计算机辅助设计 CAD、计算机辅助制造 CAM、计算机辅助教学 CAI 和计算机辅助测试 CAT 等。CAD 是利用计算机帮助设计人员进行设计,CAM 是利用计算机进行生产设备的管理、控制和操作的过程,CAI 是利用计算机进行辅助教学,CAT 是利用计算机辅助进行产品测试。

4. 实时控制软件

在现代化的制造业里,计算机普遍用于生产过程的自动控制。用于控制的计算机,其输入信息往往是电压、温度、压力、流量等模拟量。要先将模拟量转换成数字量,计算机才能进行处理或计算。处理或计算后,以此为依据,根据预定的控制方案对生产过程进行控制。

第三节 计算机网络与计算机安全

一、计算机网络的概念与功能

(一)计算机网络的概念

计算机网络是现代计算机技术与通信技术的产物,它是指将地理位置不同的具有独立功能的多台计算机及其外部设备,通过通信线路连接起来,在网络操作系统、网络管理软件及网络通信协议的管理和协调下,实现资源共享和信息传递的计算机系统。

(二)计算机网络的功能

1. 数据通信

数据通信功能实现了服务器与工作站、工作站与工作站间的数据传输,是计算机网络的基本功能。典型的例子就是通过 Internet 收发电子邮件,可以很方便地实现异地交流。

2. 资源共享

资源共享是构建计算机网络的核心。主要资源共享有:

(1) 共享文件资源。主要包括程序共享、文件共享等,可以避免软件的重复开发与大型软件的重复购买。在局域网中客户机可以调用主机中的应用程序,调看相关的文件,单机用户一旦连入计算机网络,在操作系统的控制下,该用户可以使用网络中其他计算机资源来处理用户提交的大型复杂问题。

(2) 硬件资源共享。利用计算机网络,可以共享网络中的硬件设备,避免重复购置,提高计算机硬件的利用率。可以使用网络上的高速打印机打印文档、报表,可以使用网络中大容量的存储设备存放用户的资料。

(3) 数据共享。数据共享可以避免大型数据库的重复设置,以最大限度地降低成本、提高效率。如人才市场的人才库系统、学校的毕业生档案系统等。如果人们能够很好地利用计算机网络,做好电子注册,并将相关信息提供共享,就能够很好地解决社会上很多问题。

3. 分布式处理

分布式处理是将大型信息处理问题分散到网络中的多台计算机中协同完成,解决单机无法完成的信息处理任务。

(1) 分布式输入。将需要处理的大量数据分散到多个计算机上进行输入,以解决数据输入的"瓶颈"问题。如我国进行多次的人口普查,各地方收集到的数据由各地方进行数据输入。

(2) 分布式处理。将一些大型综合性问题分别交给不同的计算机进行处理。

(3) 分布式输出。将需要输出的大型任务,选择网络空闲输出设备进行输出。

4. 提高可靠性

在一个系统中，单个部件或计算机的暂时失效是随时都有可能发生的。建立计算机网络后，重要的资源可以通过网络在多个地点互做备份，并使用户可以通过几条路由来访问网内的资源，从而可以有效地避免单个部件、计算机等的故障影响用户的使用。

5. 综合信息服务

网络的一大发展趋势是多元化，在一套系统上提供集成的信息服务，包括来自政治、经济、生活等各个方面的资源，同时还能够提供多媒体信息。Internet 上的一些综合性的网站主要提供这种综合信息服务。

二、计算机网络的分类

从不同的角度出发，计算机网络可以有不同的分类方法。根据网络覆盖的范围，计算机网络通常可分为局域网和广域网。

（一）局域网

所谓局域网（local area network，LAN），那就是在局部地区范围内的网络，它所覆盖的地区范围较小。局域网在计算机数量配置上没有太多的限制，少的可以只有 2 台，多的可达几百台。一般来说，在企业局域网中，工作站的数量在几十到 200 台左右。在网络所涉及的地理距离上，一般来说，可以是几米至 10 千米以内。局域网一般位于一个建筑物或一个单位内，不存在路径问题，不包括网络层的应用。

这种网络的特点就是：连接范围窄、用户数少、配置容易、连接速率高。目前，局域网最快的速率要算现今的 10G 以太网（ethernet）了。IEEE 的 802 标准委员会定义了多种主要的 LAN 网：以太网、令牌环网（token ring）、光纤分布式接口网络（FDDI）、异步传输模式网（ATM）以及最新的无线局域网（WLAN），这些都将在后面详细介绍。

（二）广域网

广域网（wide area network，WAN）也称为远程网，所覆盖的范围比城域网（MAN）更广，它一般是在不同城市之间的 LAN 或者 MAN 网络互联，地理范围可从几百千米到几千千米。因为距离较远，信息衰减比较严重，所以这种网络一般是要租用专线，通过 IMP（接口信息处理）协议和线路连接起来，构成网状结构，解决循径问题。这种城域网因为所连接的用户多，总出口带宽有限，所以用户的终端连接速率一般较低，通常为 9.6Kbps～45Mbps，如邮电部的 CHINANET、CHINAPAC 和 CHINADDN 网。

另外，计算机网络的拓扑结构，可分为总线型网络、环型网络和树型网络等。拓扑是网络中设备之间的连接形式，计算机网络的拓扑结构，就是网络中各通信线路和节点的几何排列，拓扑结构影响整个网络的设计、功能、可靠性和通信费用等许多方面，是计算机网络的主要环节之一。

三、因特网

（一）因特网的概念

因特网（Internet）又称"互联网"，是指通过网络设备把不同的多个网络或网络群体连接起来形成的大网络，它是当今世界上最大的国际性计算机互联网络，是一个广域网。它的前身是美国国防部高级研究计划局（ARPA）主持研制的阿帕网（ARPA net）。当时，美国军方为了自已的计算机网络在受到袭击时,即使部分网络被摧毁,其余部分仍能保持通信联系,便由美国国防部的高级研究计划局建设了一个军用网。阿帕网于1969年正式启用,当时仅连接了4台计算机,供科学家们进行计算机联网实验用。在研究实现互联的过程中,计算机软件起了主要的作用。1974年,出现了连接分组网络的协议,其中就包括了TCP/IP——著名的网际互联协议IP和传输控制协议TCP。这两个协议相互配合,其中,IP是基本的通信协议,TCP是帮助IP实现可靠传输的协议。只要遵循TCP/IP的规范,便能在互联网上通行无阻。目前,大部分具有网络功能的计算机系统都支持TCP/IP协议。

因特网是一个集各个领域、各个学科的各种信息资源为一体的,供网上用户共享的数据资源网。这个规模宏大的网络,将分布在世界各地的成千上万的网络和计算机连接在一起。因特网的实用性主要在于它的信息资源,因特网在全球范围内提供极为丰富的信息资源。现在,因特网的应用范围早已不仅仅局限在教育和科研部门,而已被政府、医疗保健、社会团体、公司、军事和出版等各个领域采用,并进入千家万户,它对社会生活的影响越来越大。通过互联网获得所需信息,已经成为一种方便、快捷、有效的手段,因特网的普及是现代信息社会的主要标志之一。

(二)因特网的应用

因特网的主要应用领域包括电子邮件、远程登录、文字传输、新闻组、万维网、电子公告等。从使用者的角度看,因特网的主要应用领域有浏览网页信息、运行网络应用软件、收发电子邮件等。万维网可以通过简单的方法,为全球用户提供范围广泛、内容丰富的信息服务,从而有"世界最大的电子资料库"的称誉。

1. 万维网

万维网也称环球信息网(world wide web, WWW),亦可简称为Web,它是由欧洲粒子物理实验室(CERN)研制的、基于Internet的信息服务系统,是由支持特殊格式文档的服务器组成的系统。这些文档的格式由超文本标记语言(Hypertext markup Language, HTML)定义,支持指向其他文档、图像、音频或视频文件的"超链接",用户可以通过简单地点击超链接从一个文档跳转至另一个文档。这些存储在万维网站点的文档被称主网页,一个网站的起始网页被称为主页(homepage)。万维网是因特网的一部分,也是目前使用最广泛的因特服务网。

万维网中统一资源服务符(uniform resource locator, URL)作为标识文档以及其他资料的全球地址。地址的第一部分使用的协议,第二部分指定资源的IP地址或域名以及资源的文件名称。例如,http://www.sohu.com/index.html,表示的是使用超文本传输协议http,主机为www.sohu.com,文档名称为index.html。

浏览器(browser)是一个软件程序,用于与WWW建立联结,并与之进行通信。它可以在WWW系统中通过URL确定信息资源的位置,并将用户感兴趣的信息资源取回来,对HTML文件进行解释,然后将文字显示出来,或者将多媒体信息还原出来。当前,被广泛使用的浏览器有微软公司的Internet Explorer和Mozilla基金资助的Firefox。

万维网以超文本技术为基础,用面向文件的阅览方式替代通常的菜单列表方式,提供具有一定格式的文本、图形、动画和声音等。通过将位于Internet网上不同地点的相关数据信息有机地交织在一起,WWW提供一种友好的信息查询接口,用户仅需提出查询要求,而到什么地方查询及如何查询则由WWW自动完成。因此,WWW带来的是世界范围的超级文本服务,只要操纵电脑的鼠标,就可以通过Internet从全世界任何地方调来用户所希望得到的文本、图像、视频和声音等信息。

2. 电子邮件

电子邮件(electronic mail,E-mail)又称电子信箱、电子邮政,它是一种用电子手段提供信息交换的通信方式,是 Internet 应用最广的服务:通过网络的电子邮件系统,用户可以用非常低廉的价格(不管发送到哪里,都只需负担电话费和上网费即可),以非常快速的方式(几秒钟之内可以发送到世界上任何你指定的目的地),与世界上任何一个角落的网络用户联系,这些电子邮件可以是文字、图像、声音等各种方式。同时,用户可以得到大量免费的新闻、专题邮件,并实现轻松的信息搜索。

使用电子邮件首先要向 Internet 服务商(ISP)申请一个电子邮箱,这个邮箱建立在 ISP 的电子邮箱服务器磁盘上。电子邮件地址的格式是"user@server.com",由三部分组成。第一部分"user"代表用户信箱的账号,对于同一个邮件接收服务器来说,这个账号必须是唯一的;第二部分"@"是分隔符;第三部分"server.com"是用户信箱的邮件接收服务器域名,用以标志其所在的位置。

3. 文件传输

文件传输协议(file transfer protocol,FTP)是人们从因特网上获取远地主机文件的主要手段。实际上,这项功能的使用是双向的,当将文件从客户端送往远地主机时,称为文件上传(upload);反之,称为文件下载(download)。传送的文件可以是文本文件、可执行文件、声音文件、图像文件、数据压缩文件等。

4. 远程登录

远程登录(telnet)是将一台用户主机以仿真终端方式,登录到一个远程主机的分时计算机系统。登录后的本地计算机键盘、鼠标和显示器就好像与远程计算机直接相连一样,可以充分使用远程计算机系统的资源。

远程登录并不是一种非常安全的服务,虽然在登录时要求用户认证。由于其发送的信息都未加密,因此它容易被网络监测。只有当远程计算机和本地站点之间的网络通信安全时,telnet 才是安全的。

5. 专题讨论

"专题讨论"(usenet)一词来源于"用户网络"(user's network)。它是由众多网上用户组织起来的若干"专题讨论组",但是工作的实体是因特网中的服务器。任何用户都可以选择感兴趣的专题组参加交流,如阅读其中的文章,也可以写一些问题或评论发送过去。此外,还可以开设一个专题,吸引别人来参加讨论。这的确是一种很好的全球交流方式。

6. 信息查询服务

信息查询服务(gopher)的英文原意是美国西部的一种地鼠,善于建立四通八达的地下通道。它是一种交互式、菜单驱动的浏览工具,专供用访问 gopher 系统中的信息。gopher 系统将所有的信息集成在一个菜单中,每个菜单项或者对应一个文件,或者与另一个菜单相关联。当用户选择了菜单中一个的条目时,gopher 软件便自动确定该条目所驻留的计算,并与其链接,检索相应条目。此外,通过 gopher 菜单还可转入 FTP、WWW、telnet wais 等服务,从而将众多计算机所存储的信息转换成为一个集成化菜单部分。

7. 广域信息查询服务

广域信息查询服务(wais)是一个快速搜索巨大信息空间的有效工具。用户只要告诉 wais

使用什么资源、要检索的关键字，wais 就会很快按照与关键字的相关程度、依次列出文件条目，当用户确定某篇文献后，wais 才显示该文献，从而节省了查找的时间，大大减少了信息传输量。

(三) 网址

Internet 网址是因特网的重要标识，浏览网页信息、运行网络应用软件都必须输入 Internet 网址。Internet 网址主要有以下几种表示方法。

1. IP 网址

Internet 连接无数台网络服务器，为了明确区分每一台主机，就要为每一台入网主机分配一个 IP 地址。IP 地址用一个 32 位二进制数表示，为阅读方便，将其分成四组十进制数表示，组间用圆点分隔。例如，192.168.1.1 代表某单位主机服务器的 IP 地址。

2. 域名

由于 IP 地址不便记忆，因此一般采用与其相对应的域名来表示网址。域名一般用通俗易懂的缩写字表示，其格式如下：

WWW.〈用户名〉.〈二级域名〉.〈一级域名〉

例如，中华人民共和国财政部网页的域名为 www.mof.gov.cn，其中"cn"是一级域名，表示中国，每个国家都有唯一的一个域名；"gov"是二级域名，表示是政府部门的网站或网页；"mof"是用户名，是中华人民共和国财政部的英文缩写；"WWW"是 world wide web 的缩写。

域名和 IP 地址存在对应关系，当用户要与因特网中某台计算机通信时，既可以使用这台计算机的 IP 地址，也可以使用域名。由于网络通信只能标识 IP 地址，因此当使用主机域名时，网络系统中的域名服务器会自动将登记注册的域名转换为对应的 IP 地址，从而找到这台计算机。

3. 网络文件地址

网络上所有的数据信息，包括文字信息和应用软件，都视为网络文件。为了便于查找，每个网络文件都有唯一的地址，网络文件地址表示格式如下：

〈协议〉://〈服务器类型〉.〈域名〉/〈目录〉/〈文件名〉

例如，http://news.sina.com.cn/c/2010-05-01/123456789s.shtml，表示通过 http 协议，访问新浪 (sina.com.cn) 的新闻服务器 (news) 上的 "c/2010-05-01" 目录下的 "123456789s.shtml" 文件。值得注意的是，"c/2010-05-01" 只是一个相对的路径，它是相对于网站的服务器根目录而言的。

4. 电子邮件地址

每个收发电子邮件的用户都必须有一个电子邮件地址。电子邮件地址主要用于不标识电子邮件用户，以便于处理用户的电子邮件业务。电子邮件地址的一般格式如下：

〈用户名〉@〈电子邮件服务器域名〉

例如，bca@sina.com.cn 表示一个电子邮件地址，其中，bca 是电子邮件的用户名，sina.com.cn 是电子邮件服务器的地址。

四、计算机的安全

随着计算机和网络技术的发展，信息技术已经渗透到了社会生活的方方面面。日常生活所说的消息包罗了情报、知识和情况等,而信息又具有信息科学中的严格定义,是指对客观事物运动和主观思维活动的状态或者存在方式的不确定性的描述,收信人在获得信息之前,存在着一种不确定性,这种不确定性一旦确定或者否定,信息的价值也就实现和消失了。信息安全就是指信息环境管理中对信息资源的保密性、完整性、可控性等要求,该问题波及军事、政治、经济、科技、文化、信息和生态环境等诸多领域。信息技术给人们带来巨大的经济效益,但同时也带来了诸如黑客、计算机病毒、逻辑炸弹、电子欺诈、特洛伊木马、窃听等破坏因素。信息安全问题由此成为当今最棘手的全球性问题,各国纷纷立法保护信息安全。而美国联邦立法在各国立法中是最完善、最先进的,具有极高的借鉴价值。

(一)计算机安全隐患及对策

1. 影响计算机安全的主要因素

影响计算机安全的主要因素有:系统风险故障、内部人员道德风险、系统关联方道德风险、社会道德风险和计算机病毒等。

(1)系统风险故障。系统故障风险是指由于操作失误,硬件、软件、网络本身出现故障而导致系统数据丢失甚至瘫痪的风险。任何计算机系统都存在着系统故障风险,尤其在基于 Internet 的计算机系统中,由于其分布式、开放性、远程实时处理的特点,系统的一致性、可控性降低,一旦出现故障,影响面更广,数据的一致性保障更难,系统恢复处理的成本更高。

(2)内部人员道德风险。内部人员道德风险主要指单位内部人员对信息的非法访问、篡改、泄密和破坏等方面的风险。虽然外部攻击得到传媒的较多关注,但大多数与计算机安全的犯罪活动仍然是内部的。内部人员破坏造成的损失可能远远超过外部攻击。在传统的单机和局域网计算机系统中,由于系统与外界在形式上和逻辑上都是隔离的,因此系统风险除客观的故障风险外,主要来自单位内部人员的道德风险。建立网络计算机系统后,尽管系统风险的范围扩大了,但从目前应用情况看,网络安全的最大风险仍来自组织内部。据统计,将近60%的计算机安全问题仍然是系统人员引起的。

(3)系统关联方道德风险。系统关联方道德风险是指企业关联方非法侵入企业内部网,以剽窃数据、破坏数据、搅乱某项特定交易或事业等所产生的风险。系统关联方道德风险是 Internet 环境下特有的计算机安全问题。企业关联方包括银行、供应商、客户等与企业有关联的单位和个人。企业与这些关联方存在着特殊的业务和数据交换关系。特殊的联系也使相互间道德风险的发生成为可能,如开展电子商务的合作伙伴之间,由于存在数据交换和实时处理关系,需要相互之间开放一定的数据库资源,从而使系统的数据资源处于风险之中。

(4)社会道德风险。社会道德风险是指来自社会上的不法分子通过互联网对企业内部网的非法入侵和破坏。企业的内部网络不是独立存在的,它通过互联网与外界发生着大量的信息交流。目前,Internet 的社会道德风险主要来自网上信息截收、仿冒、窃听、黑客入侵、病毒破坏。尤其是黑客攻击和病毒破坏,已成为全球普遍性的问题。

(5)计算机病毒(computer virus)。计算机病毒在《中华人民共和国计算机信息系统安全保护条例》中被明确定义,病毒是指"编制或者在计算机程序中插入的破坏计算机功能或者破坏数据,影响计算机使用并且能够自我复制的一组计算机指令或者程序代码"。它具有寄生性、传染性、潜伏性、隐蔽性、破坏性和可触发性的特点。计算机病毒寄生于其他应用程序或系统的可执行部分,通过部分修改或移动别的程序,将自我复制加入其中或占据原程序的部分并隐藏起来,到一定时候或适当条件时发作,对计算机系统造成破坏。之所以称其为计算机病毒,是因为它具有生物病毒的某些特征——破坏性、传染性和潜伏性。

2. 计算机安全保障的对策

(1) 不断完善计算机安全立法。计算机安全作为一个综合性的课题,涉及面广,包含的内容丰富,单纯从技术角度只能被动地解决一个方面的问题,而不能长远、全面地规范和保障安全,因此,必须通过制定和执行法规,充分利用法律的规范性、稳定性、普遍性、强制性,才能有效地保护计算机系统安全,增加对破坏者的打击力度。我国一直很重视计算机安全的立法工作。为了保证计算机应用的安全,1994年2月18日由国务院颁布施行的《中华人民共和国计算机信息系统安全保护条例》(简称《安全条例》)、1997年12月30日由公安部发布《计算机信息网络国际联网安全保护管理办法》(简称《管理办法》)、2000年3月30日由公安部颁布实施的《计算机病毒防治管理办法》等法律、法规对侵害信息安全的计算机犯罪行为均有具体规定。这一系列计算机安全法律的颁布实施,对保障计算机信息系统的安全性起到了积极的作用。但同样存在立法偏于概括,规范对象狭窄,罪与非罪、此罪与彼罪难以认定。法律责任不规范等问题。因此,需要不断调整和完善计算机安全的立法体系。

(2) 不断创新计算机安全技术。① 防火墙技术。防火墙技术是针对Internet网络不安全因素所采取的一种保护措施,是用来阻挡外部不安全因素影响的内部网络屏障,其目的就是防止外部网络用户未经授权的访问。目前,防火墙采取的技术主要有包过滤、应用网关、子网屏蔽、代理服务等。② 信息加密技术。信息加密技术是利用数学或物理手段,对电子信息在传输过程中和存储体内进行保护,以防止泄露的技术。保密通信、计算机密钥、防复制软盘等都属于信息加密技术。通信过程中的加密主要是采用密码,在数字通信中可利用计算机加密法,改变负载信息的数码结构。计算机信息保护则以软件加密为主。目前,世界上最流行的加密体制和加密算法有RSA算法和CCEP算法等。为防止破密,加密软件还常采用硬件加密和加密软盘。一些软件商品常带有一种小的硬卡,这就是硬件加密措施。在软盘上用激光穿孔,使软件的存储区有不为人所知的局部存坏,就可以防止非法复制。这样的加密软盘可以为不掌握加密技术的人员使用,以保护软件。由于计算机软件的非法复制,解密及盗版问题日益严重,甚至引发国际争端,因此,对信息加密技术和加密手段的研究与开发,受到各国计算机界的重视,发展日新月异。③ 漏洞扫描技术。漏洞扫描主要通过以下两种方法来检查目标主机是否存在漏洞:在端口扫描后得知目标主机开启的端口以及端口上的网络服务,将这些相关信息与网络漏洞扫描系统提供的漏洞库进行匹配,查看是否有满足匹配条件的漏洞存在;通过模拟黑客的攻击手法,对目标主机系统进行攻击性的安全漏洞扫描,如测试弱势口令等。若模拟攻击成功,则表明目标主机系统存在安全漏洞。根据扫描的对象不同,可把漏洞扫描技术分为Internet扫描技术、系统扫描技术、数据库扫描技术等。④ 入侵检测技术。入侵检测技术是对计算机和网络资源的恶意使用行为进行识别和相应处理的系统。它包括系统外部的入侵和内部用户的非授权行为,是为保证计算机系统的安全而设计与配置的一种能够及时发现并报告系统中未授权或异常现象的技术,是一种用于检测计算机网络中违反安全策略行为的技术。入侵检测系统的典型代表是ISS公司(国际互联网安全系统公司)的Real Secure。它是计算机网络上自动实时的入侵检测和响应系统。它无妨碍地监控网络传输并自动检测和响应可疑的行为,在系统受到危害之前截取和响应安全漏洞和内部误用,从而最大限度地为企业网络提供安全。⑤ 病毒检测和消除技术。为了检测和消除计算机病毒,国内外研制出很多种反病毒软件。如我国公安部推出的病毒检测软件 Scan 和解毒软件 Kill,还有各种不同的杀毒软件,如江民杀毒软件、瑞星杀毒软件和 360 杀毒软件等。这些产品一般都能有效地检测和消除许多病毒,并具备在网络环境下实时监控的功能。

（二）计算机病毒的防范

计算机病毒对计算机系统有极大的破坏性,是近十多年来威胁计算机系统安全的主要因素之一。为了防止计算机病毒的蔓延和扩散,避免计算机病毒给用户造成危害,计算机用户都必须加强对计算机病毒的防范。计算机病毒的传染途径有三种:通过盘传染,使用带有病毒的盘感染机器;通过机器传染,带有病毒的机器感染干净的盘,并扩散;通过网络传染,在很短的时间内使用网络上的机器受到感染。

由于阻止病毒的侵入比病毒侵入后再去排除病毒重要得多,因此,防止计算机病毒的最有效途径是切断病毒的传播,主要有以下几方面。

1. 安装防毒软件

鉴于现今病毒无孔不入,安装一套防毒软件很有必要。首次安装时,一定要对计算机做一次彻底的病毒扫描,尽管麻烦一点,但可以确保系统尚未受过病毒感染。另外,每周至少更新一次病毒定义码或病毒引擎(引擎的更新速度比病毒定义码要慢得多),因为最新的防病毒软件才是最有效的。定期扫描计算机也是一个良好的习惯。

2. 注意软盘、光盘媒介

在使用软盘、光盘或移动硬盘等其他媒介之前,一定要对之进行扫描,不怕一万,就怕万一。

3. 下载注意点

下载一定要从比较可靠的站点进行,对于互联网上的文档与电子邮件,下载后也须不厌其烦做病毒扫描。

4. 用常识进行判断

来历不明的邮件绝不要打开,遇到形迹可疑或不是预期中的朋友来信中的附件,绝不要轻易运行,除非已经知道附件的内容。

5. 禁用 Windows Scripting Host

许多病毒,特别是蠕虫病毒正是钻了这项"空子",使得用户无需点击附件,就可自动打开一个被感染的附件。

6. 使用基于客户端的防火墙或过滤措施

借此以增强计算机对黑客和恶意代码的攻击的免疫力。或者在一些安全网站中,可对自己的计算机做病毒扫描,察看它是否存在安全漏洞与病毒。如果你经常在线,这一点很有必要,因为如果你的系统没有加设有效防护,你的个人资料很有可能会被他人窃取。

7. 警惕欺骗性或文告性的病毒

这类病毒利用了人性的弱点,以子虚乌有的说辞来打动你。记住,天下没有免费的午餐,一旦发现,尽快删除。更有病毒伪装成杀毒软件骗人。

8. 使用其他形式的文档以防止宏病毒

如办公处理换用 wps 或 pdf 文档。当然,这不是彻底避开病毒的万全之策,但不失为一个避免病毒缠绕的好方法。

(三)计算机病毒的清除

1. 使用正版杀毒软件清除病毒

杀毒软件的使用成为计算机用户日常工作中不可缺少的内容之一。一定要使用正版杀毒软件(如江民杀毒软件、360杀毒软件、瑞星杀毒软件等)。因为正版杀毒软件能确保正确、及时地升级。安装杀毒软件后,不要以为万事大吉了,要正确使用杀毒软件,设置好杀毒软件的相关功能,如开启实时监控、查杀病毒、查杀未知病毒等多种功能,才能将整个系统置于监控之下。

2. 使用防火墙隔离病毒

安装防火墙,可以有效地监控任何网络连接,过滤不安全的服务,极大地提高网络安全和减少计算机被攻击的风险,使系统具有抵抗外来非法入侵的能力,保护系统和数据的安全。开启防火墙后能自动防御大部分的恶意攻击。

3. 人工处理

在一些情况下,也可以人工清除计算机病毒,如将有病毒文件删除、对染病毒磁盘重新格式化等。

(四)计算机黑客及其防范

计算机黑客是指通过计算机网络非法进入他人系统的计算机入侵者。黑客入侵一般是先利用网络协议的一些漏洞,获取系统的口令文件;然后,对口令进行破译,再利用破译后的账号进入系统。如果进入的账号为普通用户账号,它们会利用系统现存的一些漏洞,使用许多工具获特权,修改系统记录文件,擦掉自己的活动记录,使得安全机制对其失去作用,然后就开始胡作非为。

防止黑客进入的措施主要有三种:

第一,通过制定相关法律加以约束。计算机网络是一种新生事物,面对日趋严峻的网络犯罪,必须建立相关的法律、法规,使执法机关在惩处网络犯罪行为时能够有法可依,有章可循;使非法分子慑于法律的威严,不敢轻举妄动。

第二,在网络中采用防火墙、防黑客软件等防黑产品。防火墙是在两个网络之间执行访问控制策略的一个或一组系统,包括硬件和软件,其目的是保护网络安全不被他人侵扰,防止不希望的、未经授权的通信自由进出网络,迫使单位强化自己的网络安全措施。有条件的单位应该使用防火墙。利用防火墙技术,通过周密的配置,通常能够在内外网之间提供安全的网络保护,降低网络安全风险。应该使用通过安全检测的反黑客软件来检查系统。必要时,应在系统中安装具有实时检测、拦截、查解黑客攻击程序的工具。应当注意的是,与病毒不同,黑客歼击程序不一定具有病毒传染的机制,因此,传统的防病毒工具未必能够防御黑客的程序。

第三,建立防黑客扫描和检测系统,一旦检测到被黑客攻击,迅速作出应对措施。防范黑客最好的方法是在黑客找到安全漏洞并加以利用之前找到并修补漏洞。随着计算机技术的不断发展,新的安全漏洞不断出现。所以,必须对最新发现的安全漏洞进行修补,并定期进行检测,做到永远领先黑客一步。

经过安全漏洞检测和修补后的网络和系统仍然难以完全避免黑客的攻击,应建立黑客入侵检测系统(IDS),自动不间断地实时监控网络活动,及时识别可疑的入侵迹象,分析来自网络外部和内部的入侵信号,将黑客入侵现象实时报警到安全监控中心,记录攻击源和攻击过程。

在检测到黑客攻击后,应迅速采取补救措施,最大限度地保护计算机安全。

【本章小结】 通过本章教学,使学习者对计算机的组成有一个初步的了解,基本掌握了计算机的基本常识,正确区分计算机软件与硬件,选用满足自身需要的计算机及相关的软件。能在较安全的前提下使用计算机,为获取大量的信息享受互联网给人们带来的方便与好处。

习 题

一、填空题

1. 时钟频率越高,计算机的运行速度越快。时钟频率的单位是(　　)。
2. 计算机常用的输入设备有(　　)、(　　)和(　　)条形码输入器等。
3. 存储器是计算机中用来存储信息的部件,是微型计算机系统不可缺少的组成部分,是计算机中各种信息的(　　)和(　　)中心。
4. 系统软件是指用于对计算机资源的管理、监控和维护,以及对各类(　　)进行解释和运行的软件。
5. 从不同的角度出发,计算机网络可以有不同的分类方法。根据网络覆盖的范围,计算机网络通常可分为(　　)和(　　)。
6. (　　)又称为互联网,是指通过网络设备把不同的多个网络或网络群体连接起来形成的大网络,它是当今世界上最大的国际性计算机互联网络,是一个(　　)。

二、单项选择题

1. (　　)也称为实时控制,是指计算机及时采集检测数据,按最佳值迅速对控制对象进行自动调节,从而实现有效的控制。
   A. 过程控制　　　B. 数据处理　　　C. 信息处理　　　D. 数值计算
2. 通常,将微型计算机的运算器、控制器及内存器称为(　　)。
   A. CPU　　　　　B. 微处理器　　　C. 主机　　　　　D. 微机系统
3. 主存储器有 ROM 和 RAM 之分,计算机突然断电后,存储信息就会丢失的是(　　)。
   A. 只读存储器　　B. 随机存储器　　C. 硬盘　　　　　D. 外部存储器
4. 光盘根据其制造材料和记录信息的方式不同,一般分为三类:(　　)、一次性写入型光盘和可擦写光盘。
   A. 可读光盘　　　　　　　　　　　B. 只读光盘
   C. 读写光盘　　　　　　　　　　　D. 多次性写入型光盘
5. 计算机内存储器比外存储器(　　)。
   A. 更便宜　　　B. 存储容量大　　C. 存储速度快　　D. 存储信息更多
6. 微型计算机的主存储器可分为(　　)。

A. 内存和外存　　B. 软盘与硬盘　　C. RAM 与 ROM　　D. 磁盘与磁带

7. 存储容量是指计算机存储器所能存储的二进制信息的总量,它反映了计算机处理信息时容纳数据的能力。下列存储容量中,单位最大的是(　　)。

A. KB　　B. MB　　C. GB　　D. NB

8. 下列选项中,(　　)不是防止黑客进入的主要措施。

A. 通过制定相关法律加以约束
B. 不断加强计算机系统内部控制与管理
D. 在网络中采用防火墙、防黑客软件等防黑产品
D. 建立防黑客扫描和检测系统,一旦检测到被黑客攻击,迅速作出应对措施。

三、多项选择题

1. 计算机的速度又称(　　)。

A. 主频　　B. 转速　　C. 时钟频率　　D. 频率

2. 计算机可以按多种标准分类。从用户应用的角度,一般可将计算机分为(　　)等。

A. 微型计算机　　B. 服务器　　C. 终端计算机　　D. 打印机

3. 计算机的性能指标是衡量计算机系统功能强弱的主要指标,主要有(　　)。

A. 计算机速度　　B. 体积　　C. 字长　　D. 存储容量

4. 下列各项中,属于外存储器的有(　　)。

A. 软盘　　B. 硬盘　　C. 光盘　　D. U盘

5. 下列设备中,属于输入设备的有(　　)。

A. 显示器　　B. 键盘　　C. 鼠标　　D. 扫描仪

6. 数据库管理系统与文件系统的重要区别是数据的(　　)。

A. 充分共享
B. 交叉访问
C. 应用程序分离的高度独立性
D. 运算速度快

7. 计算机的辅助系统是指利用计算机帮助人们完成相关的工作。常用的计算机辅助系统有(　　)。

A. 计算机辅助设计　　B. 计算机辅助制造　　C. 计算机辅助生产　　D. 计算机辅助教学

8. 下列选项中,防止黑客进入的主要措施有(　　)。

A. 通过制定相关法律加以约束
B. 不断加强计算机系统内部控制与管理
C. 在网络中采用防火墙、防黑客软件等防黑产品
D. 建立防黑客扫描和检测系统,一旦检测到被黑客攻击,迅速作出应对措施。

四、判断题

1. 时钟频率越高,计算机的运算速度越快。时钟频率的单位是兆赫(MHz)。　　(　　)

2. 输出设备是指用来输出计算机处理结果的设备。最常用的输出设备有显示器、打印机、绘图仪等。　　(　　)

3. 计算机存储容量以字节为单位,每 1024 个字节称为 1KB,每 1024KB 字节称为 1MB,每 1024MB 字节称为 1GB。　　(　　)

4. 计算机的软件是指在计算机硬件上运行的各种程序及相应的各种文档资料。（ ）

5. 专家系统是一种能够模仿计算机存储的知识、经验、思想,代替专家推理和判断,并作出决策处理的人工智能软件。（ ）

6. 计算机系统由输入设备、输出设备、运算器、存储器和控制器五部分组成。（ ）

7. 计算机软件系统是指组成一台计算机和各种物理装置,它们由各种具体的器件组成,是计算机进行工作的物质基础。（ ）

8. 计算机病毒的传染途径有:通过盘传染、机器传染和网络传染等。（ ）

第三章

会计电算化的基本要求

内容提要　会计法律、法规是会计核算软件的出发点和归宿点,本章根据我国《会计法》、《企业会计制度》、《企业会计准则》等规定摘录会计电算化的有关基本要求,目的是让学生从法律、法规层面上来了解企业利用会计核算软件核算经济业务时需要注意的有关事项。

第一节　会计电算化核算的基本流程

一、会计法律、法规对会计电算化核算的要求

(一) 对会计核算软件及会计资料的基本规定

1. 对会计核算软件的基本规定

(1) 会计核算软件设计应当符合我国法律、法规、规章的规定。

(2) 会计核算软件应当按照国家统一会计制度的规定划分会计期间。

(3) 会计核算软件中的文字输入、屏幕提示和打印输出必须采用中文,可以同时提供少数民族文字或者外国文字对照。

(4) 会计核算软件必须提供人员岗位及操作权限设置的功能。

(5) 会计核算软件应当符合 GB/T19581-2004《信息技术会计核算软件数据接口》国家标准的要求。

(6) 会计核算软件在设计性能允许使用范围内,不得出现由于自身原因造成死机或者非正常退出等情况。

(7) 会计核算软件应当具有在机内会计数据被破坏的情况下,利用现有数据恢复到最近状态的功能。

(8) 单位修改、升级正在使用的会计核算软件,改变会计核算软件运行环境,应当建立相应的审批手续。

(9) 会计核算软件开发销售单位必须为使用单位提供会计核算软件操作人员培训、会计

核算软件维护、版本更新等方面的服务。

2. 对会计资料的基本规定

"会计凭证、会计账簿、财务会计报告和其他会计资料,必须符合国家统一的会计制度的规定。""任何单位和个人不得伪造、变造会计凭证、会计账簿和其他会计资料,不得提供虚假的财务会计报告。"这是我国《会计法》对会计资料所作的基本要求。

(二)对会计账簿登记、更正的规定

1. 根据经过审核无误的会计凭证登记会计账簿

2. 按照记账规则登记会计账簿

(1)应将会计凭证的日期、凭证种类、编号、业务内容摘要、金额和其他有关资料逐项记入账内,做到数字准确、摘要清楚、登记及时、字迹工整。

(2)记账必须使用蓝黑墨水或者碳素墨水书写,不得用圆珠笔(银行的复写账簿除外)或者铅笔书写。

(3)账簿中的文字和数字书写要符合规范,易于辨认。

(4)记账时,必须按账户页次顺序逐页、逐行连续登记,不得跳行、隔页。

(5)每一张账页登记完毕需要结转下页继续登记时,要在该页最末一行的摘要栏内填写"过次页"字样,在借、贷方栏内登记本账页的发生额合计数,余额栏内结出余额;在下页第一行的摘要栏内填写"承前页"字样,在借、贷方栏和余额栏将上页的发生额合计数和余额过入,然后再登记新的经济业务。

(6)凡需结出余额的账户,应当定期结出余额。

(7)会计账簿记录发生错误或隔页、缺号、跳行的,不得使用刮擦、挖补、涂改、药水消除字迹等手段更改错账,也不准更换账页重抄,而应根据错误的具体情况,按照会计制度规定的方法更正,并由会计人员和会计机构负责人(会计主管人员)在更正处盖章,以明确责任等。

3. 禁止账外设账

各单位发生的各项经济业务事项应当在依法设置的会计账簿上统一登记、核算,不得私设账外账。

二、会计制度的有关规定

(一)《会计电算化管理办法》的有关规定

《会计电算化管理办法》第二条规定:"财政部管理全国的会计电算化工作。地方各级财政部门管理本地区的会计电算化工作。"

《会计电算化管理办法》第四条规定:"国务院业务主管部门按照本办法的规定,依据业务分工具体负责本部门的会计电算化管理工作。中国人民解放军总后勤财务部具体负责军队的会计电算化管理工作。"

《会计电算化管理办法》第五条规定:"各单位使用的会计核算软件及其生成的会计凭证、会计账簿、会计报表和其他会计资料,应当符合我国法律、法规、规章的规定。"

《会计电算化管理办法》第六条规定:"在我国境内销售的商品化会计核算软件应当经过评审。"

《会计电算化管理办法》第七条规定:"在国外开发研制并通过实际运行的商品化会计核算软件,应当经过财政部组织的评审,确认符合我国法律、法规、规章和其他规定后,可以在我国市场上销售。"

《会计电算化管理办法》第八条规定:"会计核算软件开发销售单位必须为使用单位提供会计核算软件操作人员培训、会计核算软件维护、版本更新等方面的服务。"

《会计电算化管理办法》第九条规定:"采用电子计算机替代手工记账的单位,应当具备以下基本条件:

1. 使用的会计核算软件达到财政部发布的《会计核算软件基本规范》的要求。

2. 配有专门或主要用于会计核算工作的电子计算机或电子计算机终端并配有熟练的专职或者兼职操作人员。

3. 用电子计算机进行会计核算与手工会计核算与手工会计核算同时运行三个月以上,取得相一致的结果。

4. 有严格的操作管理制度。主要内容包括:

(1) 操作人员的工作职责和工作权限。

(2) 预防原始凭证和记账凭证等会计数据未经审核而输入计算机的措施。

(3) 预防已输入计算机的原始凭证和记账凭证等会计数据未经核实而登记机内账簿的措施。

(4) 必要的上机操作记录制度。

5. 有严格的硬件、软件管理制度。主要内容包括:

(1) 保证机房设备安全和电子计算机正常运转的措施。

(2) 会计数据和会计核算软件安全保密的措施。

(3) 修改会计核算软件的审批和监督制度。

6. 有严格的会计档案管理制度。"

《会计电算化管理办法》第十条规定:"已经采用电子计算机替代手工记账的,其会计凭证、会计账簿、会计报表等会计档案保管期限按照《会计档案管理办法》的规定执行。"

(二)《会计核算软件基本功能规范》的主要规定

1. 会计数据的输入

《会计核算软件基本功能规范》第十条规定:"会计核算软件必须具备初始化功能。初始化功能运行结束后,会计核算软件必须提供必要的方法对初始数据进行正确性校验。"

《会计核算软件基本功能规范》第十三条规定:"会计核算软件应当提供输入记账凭证的功能,输入的记账凭证的格式和种类应当符合国家统一会计制度的规定。"

《会计核算软件基本功能规范》第十四条规定:"会计核算软件应当对记账凭证编号的连续性进行控制。"

《会计核算软件基本功能规范》第十六条规定:"会计核算软件应提供对已经输入但未登记会计账簿的机内记账凭证(不包括会计核算软件自动产生的机内记账凭证)进行修改的功能。"

《会计核算软件基本功能规范》第十七条规定:"会计核算软件应当提供对已经输入但未登账记账凭证的审核功能,审核通过后即不能再提供对机内凭证的修改。会计核算软件应当分别提供对审核功能与输入、修改功能的使用权限控制。"

《会计核算软件基本功能规范》第十八条规定:"发现已经输入并审核通过或者登账的记账凭证有错误的,可以采用红字凭证冲销或者补充凭证法进行更正;记账凭证输入时,红字可用'—'号或者其他标记表示。"

《会计核算软件基本功能规范》第二十一条规定："会计核算软件一个功能模块中所需的数据，可以根据需要从另一功能模块中取得，也可以根据另一功能模块中的数据生成。"

2. 会计数据的处理

《会计核算软件基本功能规范》第二十四条规定："会计核算软件应当提供根据审核通过的机内记账凭证及所附原始凭证登记账簿的功能。"

《会计核算软件基本功能规范》第二十五条规定："会计核算软件应当提供自动进行银行对账的功能，根据机内银行存款日记账与输入的银行对账单及适当的手工辅助，自动生成银行存款余额调节表。"

《会计核算软件基本功能规范》第二十七条规定："会计核算软件应当提供符合国家统一会计制度规定的自动编制会计报表的功能。通用会计核算软件应当提供会计报表的自定义功能，包括定义会计报表的格式、项目、各项目的数据来源、表内和表间的数据运算和核对关系等。"

《会计核算软件基本功能规范》第二十八条规定："会计核算软件应当提供机内会计数据按照规定的会计期间进行结账的功能。结账前，会计核算软件应当自动检查本期输入的会计凭证是否全部登记入账，全部登记入账后才能结账。"

3. 会计数据的输出

《会计核算软件基本功能规范》第三十条规定："会计核算软件应当提供对机内会计数据的查询功能：

（1）查询机内总分类会计科目和明细分类会计科目的名称、编号、年初余额、期初余额、累计发生额、本期发生额和余额等项目；

（2）查询本期已经输入并登账和未登账的机内记账凭证、原始凭证；

（3）查询机内本期和以前各期的总分类账和明细分类账簿；

（4）查询往来账款项目的结算情况；

（5）查询到期票据的结算情况；

（6）查询出来的机内数据如果已经结账，屏幕显示应给予提示。"

《会计核算软件基本功能规范》第三十一条规定："会计核算软件应当提供机内记账凭证打印输出的功能，打印格式和内容应当符合国家统一会计制度的规定。"

《会计核算软件基本功能规范》第三十三条规定："会计核算软件必须提供会计账簿、会计报表的打印输出功能，打印输出的会计账簿、会计报表的格式和内容应当符合国家统一会计制度的规定。"

《会计核算软件基本功能规范》第三十四条规定："对根据机内会计凭证和据以登记的相应账簿生成的各种机内会计报表数据，会计核算软件不能提供直接修改功能。"

（三）《会计电算化工作规范》的主要规定

1. 替代手工记账

采用电子计算机替代手工记账，是指应用会计软件输入会计数据，由电子计算机对会计数据进行处理，并打印输出会计账簿和报表。替代手工记账是会计电算化的目标之一。

替代手工记账的单位，应具备以下条件：

（1）配备了适用的会计软件和相应的计算机硬件设备。

（2）配备了相应的会计电算化工作人员。

(3) 建立了严格的内部管理制度。

具备条件的单位应尽快采用计算机替代手工记账。替代手工记账后,各单位应做到当天发生业务,当天登记入账,期末及时结账并打印输出会计报表;要灵活运用计算机对数据进行综合分析,定期或不定期地向单位领导报告主要财务指标和分析结果。

2. 建立会计电算化内部管理制度

(1) 建立会计电算化岗位责任制,要明确各个工作岗位的职责范围,切实做到事事有人管,人人有专责,办事有要求,工作有检查。

(2) 建立会计电算化操作管理制度。

(3) 建立计算机硬件、软件和数据管理制度。

(4) 建立电算化会计档案管理制度。

第二节 会计电算化核算的基本操作要求

一、会计核算软件的基本要求

会计核算软件的基本要求如下:

(1) 软件提供的数据输入项目符合经贸部发布或审核批准的现行会计制度的规定。

(2) 软件提供的会计科目编码符合经贸部发布或审核批准的现行会计制度中有关会计科目编码的规定。

(3) 软件具有必要的防范会计数据输入差错的功能。

(4) 软件的计算和结账功能符合经贸部发布或审核批准的现行会计制度的规定。

(5) 经计算机登账处理的系统内会计凭证及据以登记的相应账簿,软件只能提供留有痕迹的更正功能。

(6) 软件具有按规定打印输出各种账簿以及必要的查询功能,打印输出的账页连续编码。

(7) 对计算机根据已输入的会计凭证和据以登记的相应账簿生成的各种报表数据,软件无修改功能。

(8) 软件具有防止非指定人员擅自使用和对指定操作人员实行使用权限控制功能。

(9) 对存储在磁性介质或其他介质上的程序文件和相应的数据文件,软件有必要的保护措施。

(10) 软件具有在计算机发生故障或由于其他原因引起内外存会计数据破坏的情况下,利用现有数据恢复到最近状态的功能。

(11) 软件具有一定的防止账户串户的功能。

二、会计电算化岗位设置的基本要求

(一) 系统管理岗位

首先,要求系统管理员应该掌握基本的会计知识,了解会计软件的各项功能、结构及联系,尤其是网络版软件的功能设置;并且必须熟悉本单位主要业务情况,了解主要工作流程。

其次，系统管理员必须知道计算机硬件方面的基本知识，包括单机条件下和网络条件下的基本硬件知识。该岗位可以调用系统的所有功能，具有很大的权限，因此不能由系统的开发人员担任，也不能监管系统维护工作。

(二) 电算会计主管岗位

要求具备会计和计算机知识，以及相关的会计电算化组织管理的经验。电算化主管可由会计主管兼任，采用中小型计算机和计算机网络会计软件的单位，应设立此岗。

(三) 电算会计记账岗位

要求具备会计软件操作知识，达到会计电算化初级知识培训的水平；各单位应鼓励基本会计岗位的会计人员兼任软件操作岗位的工作。

(四) 审核记账岗位

此岗位要求具备会计和计算机知识，达到会计电算化初级知识培训的水平，可由主管会计兼任。

(五) 电算维护岗位

此岗位要求具备计算机和会计知识，经过会计电算化中级知识培训；采用大型、小型计算机和计算机网络会计软件的单位，应设立此岗位，此岗位在大中型企业中应由专职人员担任。

(六) 电算审查岗位

要求具备会计和计算机知识，达到会计电算化中级知识培训的水平，此岗位可由会计稽核人员兼任；采用大型、小型计算机和大型会计软件的单位，可设立此岗位。

(七) 数据分析岗位

要求具备计算机和会计知识，达到会计电算化中级知识培训的水平；采用大型、小型计算机和计算机网络会计软件的单位，可设立此岗位，由主管会计兼任。

三、会计人员权限设置的基本要求

(一) 系统管理岗位的职责

保证电算化会计系统的正常运行，负责日常管理工作；对系统运行时发生的故障，要及时组织有关人员采取必要的措施恢复系统的正常运行；严格控制管理系统的各类使用人员的人数、操作权限等，并协调各类人员之间的工作关系；负责组织和监督系统运行环境的建立，以及系统建立时的各项初始化工作；负责系统软、硬件资源及文档资料的调用、修改和更新的审批；负责计算机输出的账表、凭证数据正确性和及时性的检查和审批。

(二) 电算会计主管岗位的职责

主要负责电算化系统的日常管理工作，协调电算化系统各类人员之间的工作关系，负责数据输出的正确性，建立电算化系统各种资源的审批制度，完善企业现有管理制度。

(三) 电算会计记账岗位的职责

负责所分管业务的数据输入、数据处理、数据备份和输出会计数据的工作及安全保密工作。

(四) 审核记账岗位的职责

负责对输入计算机的会计数据(记账凭证和原始凭证等)进行审核，操作会计软件登记机内账簿，对打印输出的账簿、报表进行确认。

（五）电算维护岗位的职责

定期检查电算化系统的运行情况并对故障进行排除，负责系统升级换版的调试工作和系统的维护、改进工作。

（六）电算审查岗位的职责

负责监督计算机及会计软件系统的运行，审查电算化系统各类人员工作岗位的设置是否合理，对系统问题或隐患及时向会计主管反映并提出处理意见，防止利用计算机进行舞弊。

（七）数据分析岗位的职责

负责对计算机的会计数据进行分析，并制定适合本单位实际情况的会计数据分析方法、分析模型和分析时间。

（八）会计档案资料保管岗位的职责

负责会计资料的存档工作，并做好档案的安全保密工作，并在规定期限，向各类电算化岗位人员催交各种会计资料。

四、会计电算化替代手工记账的过程

（一）整理手工会计业务数据

（1）重新核对各类凭证和账簿，做到账证、账账、账实相符。
（2）整理各账户余额。
（3）清理往来账户和银行账户。

（二）建立会计账户体系并确定编码

（1）符合财政部和有关管理部门的规定。
（2）满足本单位会计核算与管理的要求。
（3）满足会计报表的要求，凡是报表所用数据需要从账务处理系统中取数的，必须设立相应科目。
（4）保持体系完整，不能只有下级科目而没有上级科目。
（5）保持相对稳定。
（6）要考虑与核算模块的衔接，凡是与其他核算模块有关的科目，在整理时应将各核算大类在账务处理模块中设为一级科目。

（三）规范各类账证的表格和会计核算方法的过程

在开始电算化之前，要全面考虑各类会计资料的规范性格式，分清必须修改与必须保留的内容，使重新确认的会计账、证、表的格式更适于电算化工作的特点。

在电算化方式下，会计核算过程自动化程度很高，要求会计部门预先确定各项工作的数据传递次序，以充分发挥计算机的优势。

结合计算机特点，重新确定各种会计核算方法，充分体现计算机特点，提高计算精度。

（四）会计软件初始化

会计软件初始化是确定会计软件核算规则与输入基础数据的过程，即根据使用单位的业务性质，对会计软件进行的具体限定以及输入基础数据等一系列准备工作，用来完成将通用会计软件转化为适合本单位实际情况的专用会计软件，以及从手工处理方式转换成会计电算化方式的过程。

在会计账套正式启用之前，会计核算软件必须进行初始化设置。会计核算软件必须具备以下初始功能：

（1）输入会计核算所必需的期初数据及有关资料，包括总分类会计科目和明细分类会计科目名称、编号、年初数、累计发生额及有关数量指标等。

（2）输入需要在本期进行对账的未达账项。

（3）选择会计核算方法，包括记账方法、固定资产折旧方法、存货计价方法、成本核算方法等。会计核算软件对会计核算方法的更改过程，在计算机内应当有相应的记录。

（4）定义自动转账凭证，包括会计制度允许的自动冲回凭证等。

（5）明确操作人员的岗位分工情况，包括操作人员姓名、操作权限、操作密码等。

（6）必须提供必要的方法对输入的初始数据进行正确性校验。

（7）会计核算软件中采用的总分类会计科目名称、编码方法也可以在程序中加以固定。

（五）计算机与手工并行

计算机与手工并行是指在会计软件使用的最初阶段，人工与计算机同时进行会计处理的过程。在此阶段的主要任务是：检查已建立的会计电算化核算系统是否充分满足要求，使用人员对软件的操作是否存在问题，对运行中发现的问题是否还应该进行修改，并逐步建立比较完善的电算化内部管理制度等。

在试运行阶段，人工与计算机数据要进行对比时，需进行如下工作：

（1）检验各种核算方法。

（2）检查会计科目体系的正确性和完整性。

（3）考查操作熟练程度。

（4）纠正会计软件程序错误或业务处理错误。

五、会计电算化档案管理的基本要求

（一）保存打印出的纸质会计档案

（1）库存现金日记账和银行存款日记账要求每天打印输出，做到日清月结。

（2）明细账要求每年打印一次或在需要时进行打印。

（3）进行会计电算化后，在所有记账凭证数据和明细账数据都存储在计算机内的情况下，总账一般用"总分类科目余额、发生额对照表"替代，"总分类科目余额、发生额对照表"一般要求每月打印一次。

（4）会计报表每月打印一次进行保管。

（二）系统开发资料和会计软件系统也应视同会计档案保管

（三）制定与实施会计电算化档案管理制度

（1）存档的手续。

（2）各种安全和保密措施。

（3）档案管理员的岗位责任制度。

（4）档案分类管理办法。

（5）档案使用的各种审批手续。

（6）各类文档的保管期限及销毁手续。

【本章小结】 本章通过摘录我国《会计法》、《企业会计制度》、《企业会计准则》、《会计电算化管理办法》、《会计核算软件基本功能规范》及《会计电算化工作规范》的有关规定,描述了在法律框架下会计电算化核算的基本流程和基本操作要求,学生应该从法律、法规层面上来了解企业利用会计核算软件核算经济业务时需要注意的有关事项,进而按有关要求来进行操作。

习 题

一、填空题

1. 财务人员应该根据经过审核无误的(　　)登记会计账簿。
2. 审核记账岗位可由(　　)兼任。
3. 会计核算软件应当对记账凭证编号的(　　)进行控制。
4. 根据会计软件初始化的要求,在(　　)正式启用之前,会计核算软件必须进行初始化设置。
5. 会计凭证、会计账簿、财务会计报告和其他会计资料,必须符合国家统一的(　　)的规定。

二、单项选择题

1. 我国会计核算软件中的文字必须采用(　　)。
   A. 中文　　　　　B. 外国文字　　　C. 少数民族文字　　D. 以上选项都不是
2. 库存现金日记账和银行存款日记账要求(　　)打印输出。
   A. 每月　　　　　B. 每季度　　　　C. 每天　　　　　D. 每周
3. 会计软件对已经输入但(　　)的机内记账凭证,应提供修改和审核的功能。
   A. 未编制会计报表　B. 已编制会计报表　C. 已登记会计账簿　D. 未登记会计账簿
4. 操作人员要严格遵守计算机的操作程序,并遵循(　　)的要求。
   A. 操作制度　　　　　　　　　　B. 机房管理制度
   C. 会计制度和会计准则　　　　　D. 会计电算化
5. 对根据机内会计凭证和据以登记的相应账簿生成的各种机内会计报表数据,会计核算软件(　　)提供直接修改功能。
   A. 可以　　　　　B. 不可以　　　　C. 有选择提供　　D. 满足条件可提供

三、多项选择题

1. 计算机与手工并行阶段,人工与计算机数据要进行对比时,要进行的工作有(　　)。
   A. 检验各种核算方法
   B. 检查会计科目体系的正确性和完整性
   C. 考查操作熟练程度
   D. 纠正会计软件程序错误或业务处理错误
2. 建立会计电算化内部管理制度包括(　　)。
   A. 建立会计电算化岗位责任制

B. 建立会计电算化操作管理制度
C. 建立计算机硬件、软件和数据管理制度
D. 建立电算化会计档案管理制度

3. 为了保证会计电算化工作的健康发展,财政部制定并发布了一系列制度、规范性文件,主要包括(　　)。
   A. 《会计电算化工作规范》
   B. 《会计电算化管理办法》
   C. 《会计核算软件基本功能规范》
   D. 《关于大力发展我国会计电算化事业的意见》

4. 替代手工记账的单位,应具备的条件有(　　)。
   A. 配备了适用的会计软件和相应的计算机硬件设备
   B. 配备了相应的会计电算化工作人员
   C. 建立了严格的内部管理制度
   D. 以上选项都不是

5. 下列关于电算主管责任的说法中,正确的有(　　)。
   A. 协调电算化系统各类人员之间的工作关系
   B. 建立电算化系统各种资源的调用、修改和更新的审批制度并监督执行
   C. 完善企业现有管理制度,提出单位会计工作的改进意见
   D. 每天操作结束后,应及时做好数据备份并妥善保管

四、判断题

1. 会计软件的初始化就是将所用到的数据库清空。（　　）
2. 任何单位和个人伪造、变造会计凭证、会计账簿和其他会计资料,提供虚假的财务会计报告是一种严重的违法行为。（　　）
3. 会计账簿记录发生错误允许更换账页重抄。（　　）
4. 发现凭证有误,可随时删除或修改。（　　）
5. 系统管理岗位不能由系统的开发人员担任,也不能监管系统维护工作。（　　）

第四章

计算机的基本操作

内容提要　本章节重点在计算常用操作系统和办公软件的操作技能方面。通过本章的学习,要求掌握Windows操作系统、Word和Excel应用软件的常用操作。同时了解网络的基本知识,掌握IE浏览器和收发电子邮件软件Outlook Express的使用方法。

第一节　启动和关闭计算机

一、启动计算机

计算机启动的方法主要有三种,分别是冷启动、复位启动、热启动。

1. 冷启动

所谓计算机的冷启动是指在未打开主机电源的情况下启动电脑,具体操作方法是:

(1) 依次按下显示器和机箱上的电源开关,电脑会自动启动系统并开始自检。

(2) 稍等片刻弹出欢迎界面后即可登录到Windows界面。

2. 复位启动

当计算机处于死机状态时需用到复位启动。操作方法很简单,当电脑死机时,只需按下主机电源上的"Reset"按钮(通常在电源按钮的下方)即可。

3. 热启动

在电脑的操作过程中遇到死机故障时,也可以通过热启动的方式重新启动电脑。热启动的方法也很简单,同时按下"Ctrl+Alt+Delete"组合键,弹出"Windows任务管理器"窗口,选择"关机"里的"重新启动"命令即可。

二、关闭计算机

关闭计算机分为正常关机和非正常关机两种。

1. 正常关机

(1) 单击"开始"按钮,在弹出的"开始"菜单中单击"关闭计算机"按钮。

(2) 单击"关机"按钮即可自动地保存相关信息。系统退出后,主机的电源会自动关闭,指示灯熄灭。这样电脑就安全地关机了,此时可以关闭显示器和切断电源。

2. 非正常关机

当电脑处于死机状态时不能利用"开始"菜单关闭计算机。此时需要先按下主机电源开关,待主机关闭,电源指示灯熄灭之后再关闭显示器。

第二节 运行和退出会计核算软件

一、运行会计核算软件

本书以用友 ERP-U8 8.61 版为例来介绍。

(一) 运行"系统管理"

(1) 选择"开始"→"程序"→"用友 ERP-U8"→"系统服务"→"系统管理"后打开。或直接双击桌面的快捷图标。

(2) 打开"系统管理"后,以系统管理员 Admin 的身份注册(密码为空),选中默认账套"default"。

(3) 在"系统管理"模块,增加操作员(如增加账套主管张丹,代码01,密码01)、建立账套(如账套名为理达公司,启用日期为 2010 年 1 月 1 日),设置权限,并可进行账套的输出和引入。

(二) 运行"企业应用平台"

以理达公司的账套为例,要运行企业应用平台,方法如下:

(1) 选择"开始"→"程序"→"用友 ERP-U8"→"企业应用平台"后打开。或直接双击桌面的快捷图标。

(2) 在"操作员"处输入操作员代码或名字,如上例中的代码"01";在密码处输入原设定的密码,如上例中的"01"。

(3) 在"账套"处选择"理达公司"。

(4) 在"操作日期"处输入"2010-01-01。"

(5) 点击"确定",即可启动企业应用平台。

二、退出会计核算软件

退出会计软件的方法很简单,只需点击当前窗口右上角的"关闭"按钮即可,也可以在"系统"菜单下选择"退出"命令。

第三节 Windows 操作系统的基本操作

一、Windows 的桌面环境

Windows XP 是 Microsoft 公司推出的操作系统,是目前最流行的图形界面操作系统,运行稳定、可靠、速度快,桌面风格清新明快,同时具有强大的网络功能并有很多实用工具,用户可以轻松完成各种管理和操作。

(一)"开始"按钮

在Windows XP操作系统中,用户大部分的操作都可以通过"开始"菜单完成。如启动程序、关闭程序、打开文件、查找文件等都可以通过开始菜单完成。"开始"按钮一般位于桌面左下角(也可以改变存放位置)。单击该按钮或通过"Ctrl+Esc"键,可以打开"开始"菜单。

(二)任务栏

任务栏也称任务切换器,是Windows帮助用户管理运行程序的重要工具。通过任务栏,即时获取系统当前的各种状态信息,启动应用程序或者对桌面实施管理。"开始"菜单就在任务栏上。

(三)"输入法"按钮

Windows启动后,在任务栏中有一个输入法图标,一般在任务栏的右侧,用鼠标单击输入法图标,系统会弹出已安装的语言选择菜单,输入法状态条表示当前的输入状态,可以通过单击输入法菜单选择指定的输入法。在输入法状态条上有一个软键盘,单击该按钮打开软键盘,可以输入许多键盘上没有的符号。右键单击软键盘,打开快捷菜单,可以在菜单上选择不同的软键盘,不同的软键盘提供了不同的键盘符号。

(四)相关的图标

图标是桌面上排列的小图像,它包含图形、说明文字两部分,如果用户把鼠标放在图标上停留片刻,桌面上会出现对图标所表示内容的说明或者是文件存放的路径,双击图标就可以打开相应的内容。

1."我的电脑"

双击它可以打开"我的电脑"窗口,在窗口中,可以进行磁盘、文件和文件夹的管理操作。右击该图标,弹出快捷菜单,选择"属性"命令,则可以查看计算机的一些系统配置信息。

2."网上邻居"

如果用户正在使用Internet网络,则桌面上会显示"网上邻居"图标,右击"网上邻居"图标,用于设定网络属性,双击该图标,用于访问网络中的计算机和进行资源共享。

3."回收站"

"回收站"是一个文件夹,用于暂时保存已删除的文件。对于已没有用的内容,可以从回收站中清除,清除的内容不能再恢复。从软盘或网络驱动器中删除的内容将不被送入回收站,而是永久删除。

4."我的文档"

"我的文档"显示的是系统默认保存在"C:\My Document"的文件夹。如果用户在创建文件或文件夹时不指定保存位置,系统将自动将其存放在"我的文档"里。

二、常用的操作工具

(一)窗口的基本操作

窗口是Windows XP的基本对象,屏幕上的每个窗口是与完成某种任务的一个工作程序相联系的,是运行的程序与人交换信息的界面。窗口由标题栏、菜单栏、工具栏等几部分组成。

1. 打开窗口

方法如下：

(1) 双击要打开的窗口图标。

(2) 右击要打开窗口的图标,在弹出的快捷菜单中选择"打开"命令。

2. 关闭窗口

方法如下：

(1) 单击窗口右上角的"关闭"按钮。

(2) 双击标题栏左端的"系统菜单"图标。

(3) 单击标题栏左端的"系统菜单"图标,然后选择其中的"关闭"。

(4) 使用"Alt+F4"快捷键关闭窗口。

3. 窗口最小化、最大化、还原

可以通过标题栏右上角的最大化、最小化和还原按钮实现窗口的最大化、最小化和还原。

4. 移动窗口

方法如下：

(1) 将鼠标对准窗口的"标题栏",按下左键不放,移动鼠标到所需的地方,松开鼠标。

(2) 按"Alt+空格键"打开系统菜单,用方向键选择移动菜单命令,用方向键移动窗口到指定位置后,按回车键即可。

5. 调整窗口大小

方法如下：

(1) 将鼠标指针移到窗口的边框或角上,使鼠标指针变为双向箭头。

(2) 按住鼠标左键拖动即可调整窗口。

(3) 当窗口大小合适后,释放鼠标左键。

6. 切换窗口

当用户打开多个窗口时,需要在各个窗口之间进行切换,方法如下：

(1) 单击要进行操作的窗口,该窗口即成为活动窗口。

(2) 按"Alt+Esc"键切换窗口。

(3) 按"Alt+Tab"键切换窗口。

7. 排列窗口

方法如下：

(1) 右击任务栏中的空白区域,弹出快捷菜单。

(2) 从弹出的快捷菜单中选择所需的排列方式。窗口的排列有层叠、横向平铺、纵向平铺等方式。

(二) 应用程序的启动

选用下列方法,可以启动相应的应用程序：

(1) 单击"开始"→"程序"→相应的应用程序。

(2) 双击桌面上应用程序的快捷图标。

(3) 单击"开始"→"运行",在"打开"的对话框中输入要运行的程序名。

(4) 打开"资源管理器"或"我的电脑"窗口,选择应用程序所在的盘符或文件夹,再双击要启动的应用程序。

（三）应用程序的退出

选择以下方法之一，可以退出应用程序：

(1) 选择应用程序窗口中的"文件"→"退出"。

(2) 单击应用程序右上角的"关闭"按钮。

(3) 双击窗口左上角的控制菜单。

(4) 按"Alt＋F4"组合键退出。

（四）文件的管理

1. 文件和文件夹

在计算机内可以存储大量的信息，这些信息都是以文件形式进行保存的，文件是操作系统用来存储和管理信息的基本单位，文件是所有相关信息的集合，可以是源程序、可执行程序或一张图片、一段声音等。文件名是文件的标志，文件名由主文件名和扩展名组成。

在Windows中，文件夹就是目录，它是计算机中保存和管理文件的一种结构，在文件夹中可以存放程序、文档和子文件夹等。

2. 选定文件和文件夹

选定操作是Windows XP的基本操作，选定对象后，才能进行进一步的操作，如复制、移动、删除等。

(1) 选择单个文件或文件夹时只需用鼠标单击该文件或文件夹。

(2) 选择相邻的若干个文件或文件夹的方法是：① 按住"Shift"键，用鼠标单击第一个对象，然后再单击最后一个对象。② 按住鼠标左键并拖动，直到虚线框包围所有选定的文件或文件夹。

(3) 选择不相邻的文件或文件夹。按住"Ctrl"键，再用鼠标左键逐一单击需要选择的文件或文件夹。

(4) 全部选定：选择当前文件夹中所有内容时可以单击"编辑"菜单中"全部选定"命令，或按"Ctrl＋A"组合键。

(5) 反向选定：如果整个窗口只有少数几个文件或文件夹不想选定，可以反向选定，选定不需要的文件，再选择"编辑"菜单中的"反向选择"命令。

3. 移动和复制文件或文件夹

方法如下：

(1) 直接用鼠标左键拖放。① 如果在同一个驱动器中，直接拖动是移动，按住"Ctrl"键是复制。② 如果不在同一个驱动器中，直接拖动是复制，按住"Shift"键是移动。

(2) 使用工具栏中的按钮。选定文件或文件夹，单击工具栏中的"剪切"或"复制"，找到目标位置后选择工具栏中的"粘贴"按钮。

(3) 使用菜单中的命令。选定文件或文件夹，使用编辑菜单中的"剪切"或"复制"命令，找到目标位置后选择"编辑"菜单中的"粘贴"命令。

(4) 使用快捷键。选定文件或文件夹，按快捷键"Ctrl＋X"或"Ctrl＋C"进行移动或复制，找到目标位置后，按快捷键"Ctrl＋V"粘贴。

4. 创建新文件夹

为了便于管理文件，需要建立相应的文件夹，以便储存文件。方法如下：

(1) 选定要新建文件夹的位置。
(2) 在空白处点击右键,选择新建"文件夹"命令。
5. 重命名文件或文件夹
方法如下:
(1) 选中某文件或文件夹,再选择"文件"菜单中的"重命名"。
(2) 选中文件或文件夹,右键从快捷菜单中选择"重命名"命令。
(3) 选中文件或文件夹,按 F2 键进入编辑状态,输入新名字。
6. 删除文件或文件夹
方法如下:
(1) 选定需删除的文件或文件夹。
(2) 单击工具栏上的"删除"按钮或选择"编辑"菜单中的"删除"命令。或按右键,在快捷菜单选择"删除"命令。

第四节　常用办公软件的基本操作

一、Word 2003 的基本操作

Word 2003 是 Microsoft 公司开发的文字处理软件,是 office 2003 的组件之一。Word 2003 的最大优点在于"所见即所得"功能。使用其编辑、排版文档,能满足各种文档编排打印的要求。

(一) Word 2003 的启动和退出

1. 启动 Word 2003

启动 Word 2003 有多种方法,本质上都是运行 Winword.exe 文件,常用的启动方法有:

(1) 双击桌面的"Word 2003"快捷图标。

(2) 选择"开始"菜单→"程序"→"Microsoft office"中的"Microsoft office 2003"单击打开。

(3) 单击"开始"菜单→"运行",在"打开"对话框中输入 Winword,再单击"确定"或回车键。如图 4-1 所示。

图 4-1　运行 Winword 界面

(4) 在 Word 窗口中建立空白文档：可按快捷键"Ctrl＋N"或者单击工具栏的"新建空白文档"。

2. 退出 Word 2003

退出 Word 2003 的方法主要有以下几种：

(1) 单击右上角应用程序关闭窗口"✕"。

(2) 单击"文件"菜单的"退出"命令。

(3) 双击标题栏左上角的控制菜单。

(4) 按下快捷键"Alt＋F4"退出界面。

(二) Word 2003 窗口的基本组成

学习文字处理软件 Word 2003，必须熟悉 Word 2003 窗口的基本组成内容，熟练地掌握窗口中各菜单的功能，记住工具栏中图形化的操作命令，才能提高操作效率。

Word 2003 窗口主要由标题栏、菜单栏、工具栏、标尺、编辑区、状态栏、滚动条等组成。如图 4-2 所示。

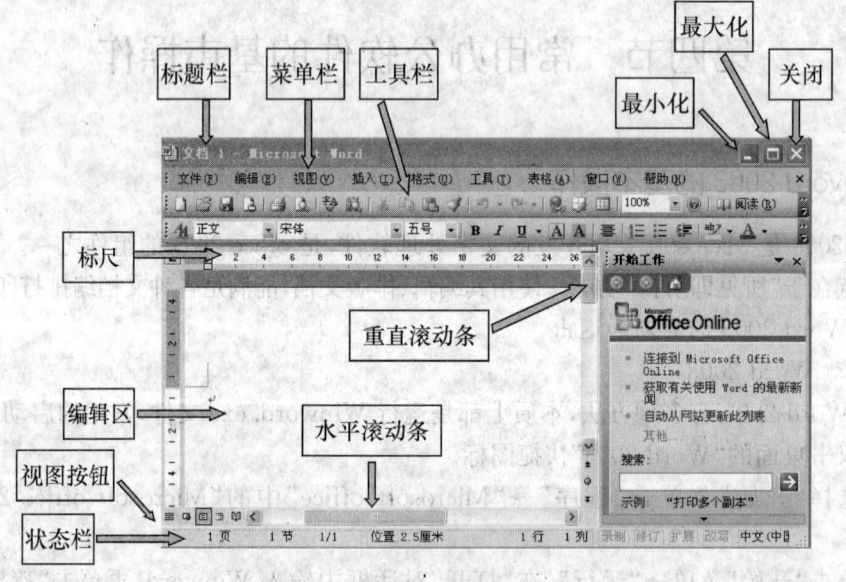

图 4-2　Word 2003 窗口的组成

1. 标题栏

标题栏显示当前正在编辑的文档文件名和 Microsoft Word 的应用程序名。标题栏右侧有三个按钮，分别是最小化、最大化/还原和关闭按钮；左侧是控制按钮。如图 4-3 所示。

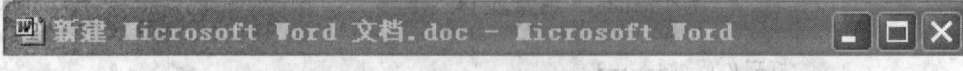

图 4-3　标题栏

2. 菜单栏

菜单栏位于标题栏下面，菜单栏将菜单命令分为九类，称为主菜单或简称菜单。如图 4-4 所示。在默认状态下，主菜单会列出常用命令，要显示某个主菜单中的所有命令，请单击菜单底端的双箭头或让鼠标在双箭头上停留片刻。

图 4-4 菜单栏

在主菜单中,若单击有快捷键提示的命令,命令会立即执行;若指向有箭头的命令,则展开子菜单,单击有"…"的命令,将打开对话框或任务窗格。

3. 工具栏

工具栏位于菜单栏下面,通常分常用工具栏和格式工具栏,在工具栏中上部分属于常用工具栏,下部分属于格式工具栏。工具栏提供了执行某个 Word 命令的工具,工具栏中的命令与主菜单中同名命令的功能相同,单击某个工具,就可以执行对应的操作。如图 4-5 所示。

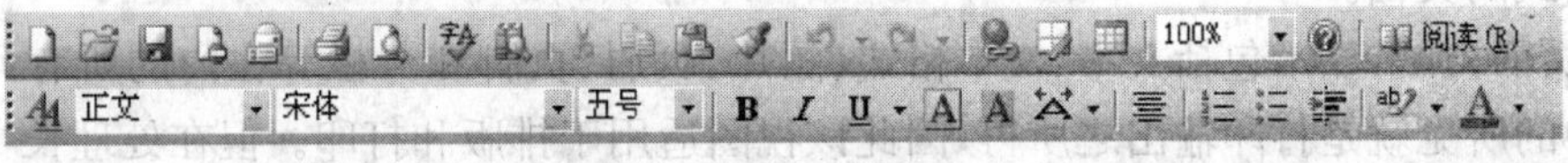

图 4-5 工具栏

在默认状态下,Word 只显示"常用"和"格式"工具栏,要打开或关闭工具栏,可以选择下列操作之一:

(1) 单击"视图"菜单,指向"工具栏"命令,在打开的子菜单中单击要显示或关闭的工具栏。

(2) 在工具栏的任何位置,点击鼠标右键,在出现的快捷菜单中单击要显示或关闭的工具栏。

(3) 打开更多的工具栏,可以单击"工具"菜单,打开"自定义"对话框,选中所需工具栏前面的复选框,相应的工具栏会自动弹出。

4. 标尺

标尺分为水平标尺和垂直标尺。用于标明文档的左右边距、段落的缩进、表格的栏宽及行高等。

5. 编辑区

在 Word 2003 窗口中间的大块空间是编辑区域。在此可对文字或图形进行输入、修改、删除、插入等操作。

6. 状态栏

状态栏在 Word 2003 窗口的底部,显示当前文档的页码、节号、当前页数/总页数、行、列等内容。

7. 滚动条

滚动条有水平滚动条和垂直滚动条两种,使用滚动条可以使文档横向纵向移动,快速显示屏幕内容。

8. 视图按钮

Word 2003 提供了显示文档的多种视图,并根据屏幕大小分辨率自动优化显示效果,视图方式有普通视图、Web 版式视图、页面视图、大纲视图、文档结构图和缩略图等视图方式。可根据工作状态选择恰当的视图。

(1) 要在不同的视图方式之间进行转换,可使用以下方法之一:

一是在水平滚动条左侧的"视图"按钮区,单击相应的按钮。如图 4-6 所示。

图4-6 视图按钮

二是单击"视图"菜单的"普通"或"Web版式"、"页面"、"大纲"、"阅读版式"、"文档结构"、"缩略图"。

(2) 各种视图的作用。

A. 普通视图:以简化格式宽频显示文档,不显示注释、分栏和页眉/页脚等元素,适用于输入文本、修改文本和设置段落格式。

B. Web版式视图:以网页格式显示文档、文本格式、图片和注释,用于修改和预览将要转成网页格式的文档。

C. 页面视图:显示包括文本、文本格式、图片、页眉、页脚和分栏等在内的所有元素,在页面视图中的所见就是打印输出之所得,因此该视图适用于排版和打印。但在处理长文档时,页面视图运行较慢。

D. 大纲视图:分级显示文档中的标题和文字,用于建立文档结构、分级显示文字和创建子文档等操作。

E. 文档结构图:以导航栏的方式显示文件,点击左侧的标题,相应的内容就会显示在右侧窗口,用于快速浏览和修改文字,要退出该视图,则再次单击"文档结构图"命令。

F. 缩略图:同时显示文档的所有元素和缩略图,用于修改文本和概览页面布局。要退出,则再次单击该命令。

(三) 文档的创建、保存与打开

1. 创建空白文档

Word 2003在启动时会自动建立一个空白文档,并将其命名为"文档1",此种方法适用于在启动Word 2003后建立一个计算机中尚未存在的新文档。用户可在空白文档的编辑区输入文本内容,当保存该文档时可对其重新命名。

建立空白文档的方法有以下几种:

(1) 启动Word 2003,选择菜单栏中的"文件"下的"新建"。

(2) 启动Word 2003,点击工具栏中的图标"□"。

(3) 在桌面点击鼠标右键,新建一个Word文档。

2. 保存文档

新建文档后,如果不指定保存类型,Word将以".doc"的默认格式保存文档。首次保存文档可选择以下几种方法之一:

(1) 单击"文件"菜单的"保存"命令。

(2) 单击工具栏中的"保存"按钮。

(3) 按快捷键"Ctrl+S"保存。

(4) 如果要将文档另存一份,可点击"文件"菜单中的"另存为"命令,在"另存为"对话框中设定文件的保存位置、文件名和文件类型,单击"保存"或回车键。

(5) 为防止断电或系统故障造成信息丢失,在工作过程中要经常进行保存操作,要再次保存文档,方法同首次保存文档中的前三种相同。

(6) Word 2003提供了自动保存文档的功能,具体操作方法为:① 选择工具菜单中的"选项"。② 在弹出的选项对话框中选择"保存"标签,选定"自动保存时间间隔"复选框,在其右侧的"分钟"框中输入或选择自动保存的时间间隔,单击"确定"。如图 4-7 所示。

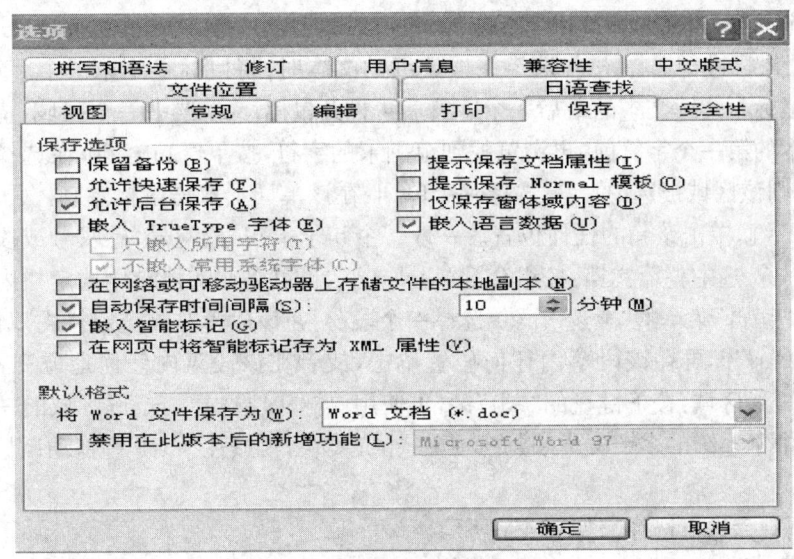

图 4-7 设置自动保存文档界面

3. 打开文档

如果知道文件的保存位置,可以使用 Windows 打开 Word 文档,也可以直接在 Word 中打开文档。要在 Word 中打开文档,可用以下几种方法之一进行操作:

(1) 单击"文件"菜单的"打开"命令。

(2) 单击工具栏中的"打开"按钮" "。

(3) 按快捷键"Ctrl+O"打开。

在"打开"的对话框(如图 4-8 所示)中执行以下操作:① 在"查找范围"列表中接受或选择驱动器、文件夹。② 打开包含所需文件的文件夹。③ 双击要找的文件名或单击文件名后,再单击"打开"按钮。

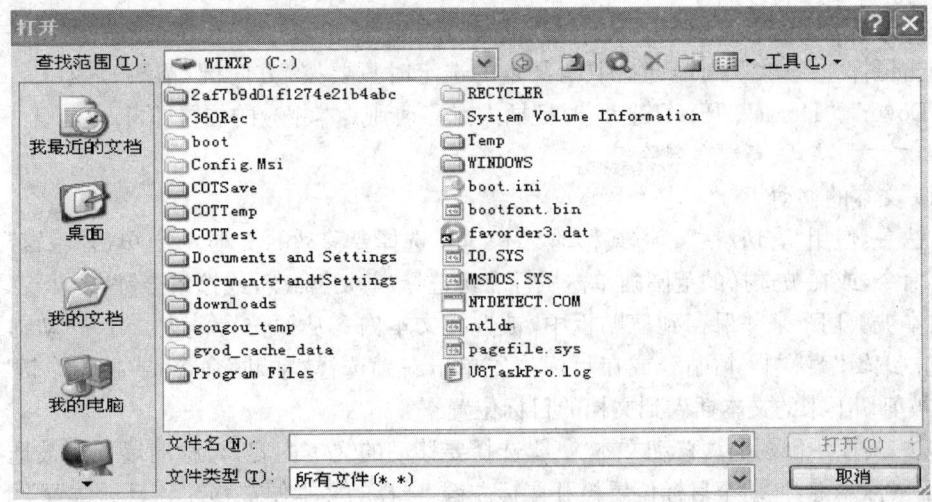

图 4-8 "打开"对话框

(四)文档的编辑

1. 文本的选定

文本选定的方法很多,可以用鼠标选择,也可以用键盘选择。

(1)使用鼠标进行选择。① 选定一段连续的文本时:将鼠标移到第一个字符前,按下鼠标左键拖动鼠标至连续文本的最后一个字符后再松开鼠标。② 选中一个区域:将插入点定位到大范围文本的第一个字符前,再浏览找到范围末的字符,按下"Shift"键,在选择范围末字符后单击鼠标,则该区域被选中。③ 选择一个单词:在该单词上双击鼠标左键。④ 选择一个句子:按住"Ctrl"键,单击该句的任何位置。一般一个句子指句号、问号、感叹号或段落标记之间的一段文本。⑤ 选中整篇文档:按组合键"Ctrl+A",也可以在文档左侧选定栏内连击鼠标三下,或者单击"编辑"菜单的"全选"。⑥ 选择一个段落:在该段落左侧选定栏内双击鼠标左键,也可以按住"Ctrl"键再在该段落内任何位置单击,或者在该段落内任何地方三击鼠标左键。⑦ 选择一个矩形区域:按下键盘的"Alt"键,再使用鼠标从要选择的矩形区域的一角拖动到对角。⑧ 要选中不连续的多个文本块:先选择一个文本块,再按住"Ctrl"键拖动鼠标选中其他文本块。

(2)使用键盘进行选择。如表 4-1 所示。

表 4-1   用键盘选择文本的办法

按　　键	选 择 功 能
Shift+→	选中插入点右边的字符
Shift+←	选中插入点左边的字符
Shift+↑	向上选中连续的行
Shift+↓	向下选中连续的行
Shift+Home	选择从插入点到该行行首的字符
Shift+End	选择从插入点到该行行尾的字符
Ctrl+A	选择整个文档

(3)文本选定的取消。若要取消对当前文本的选择,可采用以下方法之一:① 在文档窗口内单击鼠标左键。② 利用键盘取消文本的选定时只要按"方向键(箭头)"或"Page Up"、"Page Down"、"Home"、"End"键,同时把插入点移动到文本相应的位置即可。

2. 文本的移动、复制和删除

(1)文本的移动。

方法一:使用"剪切/粘贴"方式移动文本。① 选择要移动的文本。② 单击"编辑"菜单中"剪切"命令,或在被选择的范围内单击鼠标右键选择"剪切"命令,或按组合键"Ctrl+X",则被选择文本被剪切下来并保存到剪贴板中,被选择文本内容从原位置消失。③ 移动到目标位置,单击"编辑"菜单中"粘贴",或在目标位置单击右键选择"粘贴"命令,或按组合键"Ctrl+V",则被剪切下来的文本插入到文档的目标位置。

方法二:使用鼠标拖动移动文本。① 选择要移动的文本内容,再移动鼠标到被选择文本内,按下鼠标左键,拖动至目标位置松开鼠标左键,选择的文本便被移动到目标位置上。② 选择要移动的文本内容后,也可以采用鼠标右键拖动到目标位置,当松开鼠标右键时,在弹出的快捷菜单中选择"移动到此位置"命令,也能完成文本的移动操作。③ 采用鼠标拖动移动文本适合移动距离较近,一般是在当前文档窗口内移动的情况。

(2) 文本的复制。

方法一:使用"复制/粘贴"方式复制文本。① 选择要复制的文本。② 单击"编辑"菜单中的"复制"命令,或在被选择的范围内单击鼠标右键选择"复制"命令,或按组合键"Ctrl+C",则被选择文本被复制一个"副本"并保存到剪贴板中。③ 移动到目标位置,单击"编辑"菜单中的"粘贴",或在目标位置单击鼠标右键选择"粘贴",或按组合键"Ctrl+V",则被复制下来并保存到剪贴板中的文本插入到文档的目标位置。④ 一次复制到剪贴板中的文本内容可以被多次重复粘贴到多个不同位置。

方法二:使用鼠标拖动复制文本。① 使用鼠标拖动复制文本的操作方法与使用鼠标拖动移动文本操作方法类似,只是在拖动过程中要按住键盘的"Ctrl"键。② 如果采用鼠标右键拖动复制文本,到目标位置松开鼠标右键时,要在弹出的快捷菜单中选择"复制到此位置"菜单项命令。

(3) 文本的删除。① 删除单个字符:可以使用"Delete"键或"Backspace"键完成,其中按"Delete"键是删除插入点后的字符,按"Backspace"键是删除插入点前面的字符。② 删除一段文本:则可以先选择要删除的文本,再按键盘的"Delete"键或"Backspace"键对选定文本删除;也可以选择要删除的文本后,再单击"编辑"菜单中的"清除"或"剪切"菜单项命令。

3. 文本的查找与替换

利用"编辑"菜单中的"查找"和"替换"命令,可以在文档中进行文字和符号的查找或替换操作。

(1) 查找。单击"编辑"菜单中的"查找"命令,打开"查找和替换"对话框,如图4-9所示。

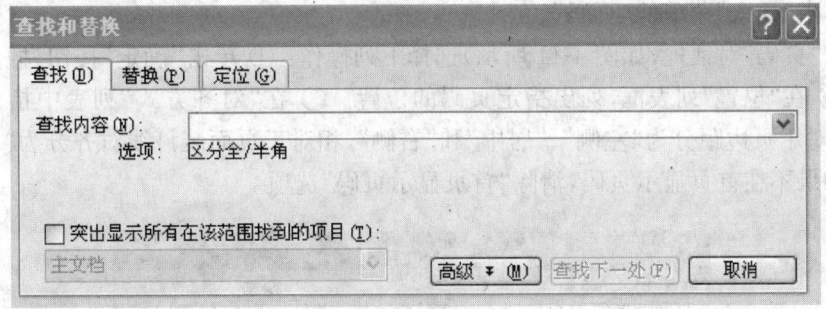

图4-9 查找选项卡

具体步骤如下:① 在"查找内容"文本框中输入要查找的文字或符号,如果选中"突出显示所有在该范围找到的项目"复选框,则可以在其下拉列表框中选择查找范围。② 单击窗口中的"查找下一处"按钮,这时Word将到文档中自动查找给定的字符串,若找不到,则给出提示信息;否则,将找到的字符串移到当前窗口中并以反白显示。③ 找到字符串后,如果要继续查找相同的字符串,可以单击"查找下一处"按钮。如果要对找到的字符串进行处理,可以在文档窗口内单击,处理完成后再在"查找和替换"对话框内单击,继续查找操作。④ 查找完成后单击"查找和替换"对话框的"关闭"按钮完成。⑤ 在"查找和替换"对话框中,用户还可以通过单击"高级"按钮对查找选项进行设置。

(2) 替换。单击"编辑"菜单中的"替换"命令,打开"查找和替换"对话框,如图4-10所示。

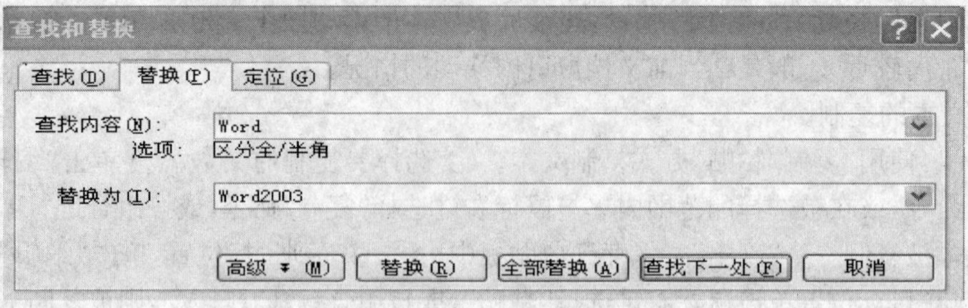

图 4-10 替换选项卡

具体步骤如下：① 在"查找内容"框中输入相应内容，如"Word"，在"替换为"框中输入要被替换为的新字符串内容，如"Word 2003"。② 如果单击"全部替换"按钮，则系统一次将指定范围内所有符合条件的文本全部替换。③ 如果单击"查找下一处"按钮，则系统开始自动查找，若找不到，则给出提示信息；否则，将找到的字符串移到当前窗口并反白显示。如果希望替换，单击"替换"按钮，则替换，且系统自动找到文档中下一处查找内容。如果不希望替换，则可以单击对话框中的"查找下一处"按钮。④ 单击对话框中的"关闭"按钮完成替换操作。

（3）撤销、恢复。① 撤销操作：能够撤销刚刚做过的操作，使文档复原为操作前的状态。可以连续多次单击"撤销"按钮。② 恢复操作：能够恢复刚被撤销的操作，恢复操作和撤销操作为用户由于不慎而产生的误操作提供了很好的改正机会。可以连续多次单击"恢复"按钮，恢复以前的多次撤销操作。

（五）文档的排版和打印

1. 插入页码

要插入页码，需要执行以下操作：

（1）单击"插入"菜单的"页码"。

（2）在"页码"对话框（如图 4-11 所示）选择下列操作：① 单击"确定"按钮，插入默认格式的页码。② 在"位置"列表框，列出指定页码的位置。③ 在"对齐方式"列表中指定页码的相对位置，相对于页边距分为"左侧"、"居中"和"右侧"，相对于页面装订线对齐分为"内侧"和"外侧"。④ 如果不在首页显示页码，清除"首页显示页码"选项。

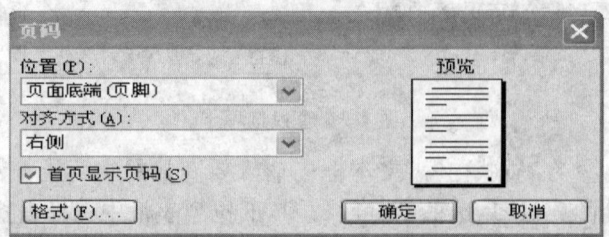

图 4-11 插入页码对话框

2. 页面设置

（1）调整页边距。页边距是页面四周的空白区，默认页边距符合标准文档的要求。通常，插入的文字和图形在页边距内，某些项目可以伸出页边距，如文本框、表格等。打开文档，单击菜单"页面设置"，在"页边距"选项卡（如图 4-12 所示）中选择以下操作：

首先，在"页边距"下，选择或输入页边距尺寸，如有需要，可选择"装订线"到页边距的距离,设置装订线的位置。

其次,在"方向"下,选择"横向"还是"纵向"。该选项不会影响文字的方向。也不需要改动打印机的送纸方式。

再次,在"页码范围"下,设置多页文档的显示及打印格式,包括"普通"、"拼页"和"对称页边距"、"书籍折页"等选项,可以使用"打印预览"查看不同设置下的输出效果。

最后,如有需要,可在"应用于"列表中选择设置的有效范围,包括"整篇文档"、"插入点之后"等内容。选择完毕单击"确定"。

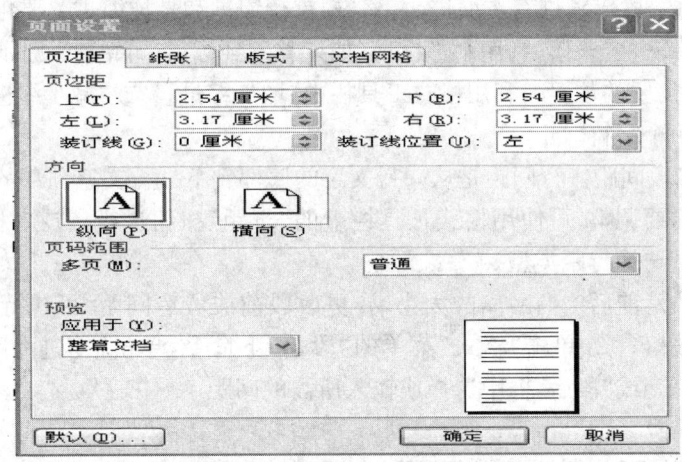

图 4-12　页面设置中页边距设置对话框

(2) 设置纸张大小。默认纸型为 A4,宽 21 厘米,高 29.7 厘米。要选择纸型或自定义纸张大小,单击"文件"菜单下的"页面设置",在"纸张"选项卡中选择下列操作:① 在"纸张大小"中选择一种纸型,或单击"自定义大小",并在"宽度"、"高度"列表中选择或输入尺寸。② 在"预览"下预览大致的设置效果,在"应用于"列表中选择设置的应用范围。③ 单击"确定"。

3. 设置字符格式

Word 2003 提供了对文档字符修饰的工具,包括字体、字形、字号、字间距、边框和底纹等内容。单击"格式"菜单下"字体",即要实现对字体进行格式设置。如图 4-13 所示。

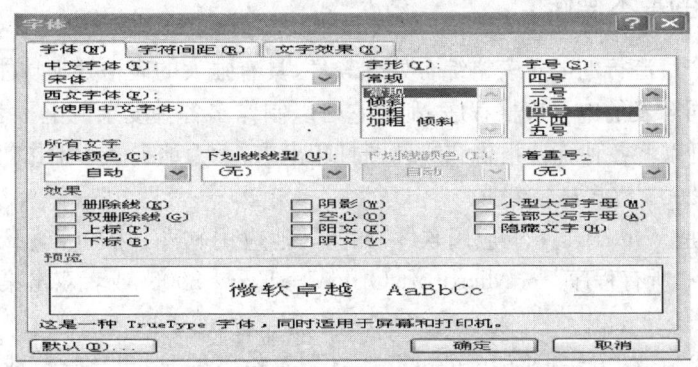

图 4-13　字体设置对话框

4. 设置段落格式

Word 提供的段落格式可以满足文档排版的基本要求,在一般情况下不需要做调整。如有特殊需要，可以人工设置段落格式。

（1）段落对齐。① 在"格式"工具栏单击选中"左对齐"或"居中对齐"、"右对齐"、"两端对齐"、"分散对齐"按钮。② 单击"格式"菜单的"段落"命令，在"段落"命令对话框中的"对齐方式"列表中选择一种对齐方式。

两端对齐是Word默认的一种文本对齐方式，它使文本均匀分布在左右页边距之间，并且使段落两侧边缘整齐，如果不满一行则靠左对齐。分散对齐则重新调整字符间距，不够一行的文本在左右页边距之间均匀分布，通常很少使用。

（2）段落缩进。段落缩进有左缩进、右缩进、首行缩进和悬挂缩进。要粗略地改变段落缩进，可以选定需要缩进的段落，利用水平标尺（如果看不到标尺，可单击"视图"菜单中的"标尺"命令）拖动游标至需要的位置。利用格式工具栏中"增加缩进量"或"减少缩进量"来调整时，每次可增加或减少一个字符。

（3）行间距和段间距。行间距是从一行文字的底部到下一行文字顶部的距离。默认值是单倍行距。如有需要调整，可使用格式工具栏上的"行距"按钮进行，或在"格式"菜单下选择"段落"中的"行距"选择行距类型。

段间距决定段落前后空白距离的大小，要更改段前或段后间距，可执行下列操作：① 选择要更改间距的段落。② 单击"格式"菜单的"段落"下命令，单击"缩进和间距"选项卡。③ 在"间距"下的"段前"或"段后"框中选择或输入所需的间距。

5. 打印文档

要在Word环境下打印文档，必须事先安装打印机和打印驱动程序。

（1）打印预览。要养成在打印前预览文档的习惯，有助于发现排版问题。

要进入打印预览方式，可选择下列操作之一：① 单击"文件"菜单的"打印预览"。② 单击工具栏中的"打印预览"按钮。

要退出打印预览，可以按"Esc"键，或单击打印预览工具栏中的"关闭"按钮。

（2）打印全文。要打印当前文档的全文，可选择下列操作之一：① 单击工具栏的"打印"按钮。② 按快捷键"Ctrl＋P"，再单击"确定"或回车键。③ 单击文件菜单下的"打印"命令，打开"打印"对话框，再单击"确定"按钮。

二、Excel的基本操作

Excel是当今最流行的电子表格综合处理软件，具有强大的表格处理功能。Excel 2003是由Microsoft公司开发的电子表格程序，利用它可以制作出各种复杂的电子表格，完成繁琐的数据计算，同时可以将各种统计报告和统计图打印出来，大大地提高了工作效率。

（一）Excel 2003的启动和退出

Excel 2003是Windows下的应用软件，如同其他应用软件一样，启动Excel 2003非常简单，执行"开始"→"所有程序"→"Microsoft Office"→Excel 2003；或者双击桌面的快捷方式图标也可以启动Excel 2003。

退出Excel 2003的方法很简单，可执行"文件"菜单下的"退出"命令；或者单击右上角的"关闭"；或者按"Alt＋F4"组合键即可退出。

（二）Excel 2003的工作窗口

每个Windows应用程序都有各自的窗口，启动Excel 2003后即可出现如图4-14所示的窗口画面。

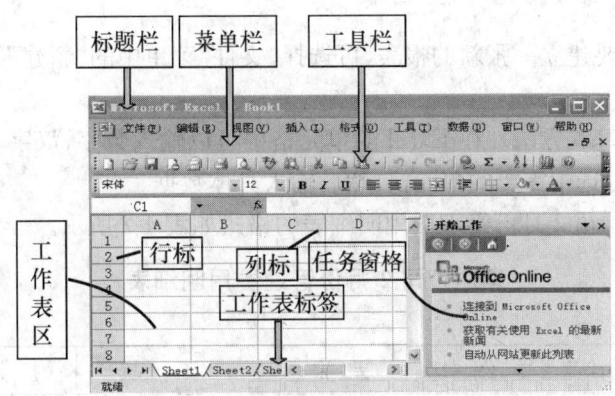

图 4-14　Excel 2003 的工作簿窗口

Excel 的工作窗口由标题栏、菜单栏、工具栏、编辑栏和任务窗格组成。图 4-14 中有很多长方形的小格，这些小格就是单元格。在制作表格时，可在这些单元格中输入数据。

（三）Excel 的基本概念

1. 工作簿、工作表

工作簿是利用 Excel 生成的表格文件，是 Excel 的基本文档，以文件的形式存放在磁盘上，文件的扩展名为".xls"。当启动 Excel 2003 后，系统会自动生成一个包含 3 张空白工作表的工作簿，用户可以直接在工作表中进行数据输入和处理。

工作表是所有单元格的组成整体，在默认的情况下，1 个工作簿有 3 个工作表，可根据需要增加或减少工作表，最多可添加到 255 个工作表。

2. 单元格和单元格区域

（1）单元格。单元格是组成工作表的最小单位，也是组织数据的最基本的单元。在工作表区域内，行列的交叉部分即由横竖网格线围成的矩形小方格被称为单元格。每个工作表有 65 536×256 个单元格。每个单元格都有一个唯一的地址，由其所在的行和列构成。例如，A3 单元格表示第一列第三行。

（2）单元格区域。多个单元格构成单元格区域。单元格区域可以是多个相邻的单元格构成的一个矩形区域，也可以是一行、一列或由不相邻的单元格构成。连续单元格区域地址的表示方法为：单元格1:单元格2。例如，A4:F8，表示以 A4 单元格和 F8 单元格为对象的矩形单元格区域。若为不连续的行或列，则用逗号隔开。

3. 选定工作表的行和列的方法

主要有以下几种：

（1）选定一行或一列：单击某一行的行号可以选择整行，单击某一列的列标，可以选择整列。被选中的部分高亮显示。

（2）选定连续的行或列：将鼠标指针指向起始行的行号，拖动鼠标到结束行的行号，释放鼠标即可选定鼠标扫过的若干行；同样，在列标中拖动鼠标即可选定连续的若干列。或者先选中第一行或第一列，再按住"Shift"键选中最后一行或最后一列。

（3）选定不连续的行或列：先选定一个行或列，然后按住"Ctrl"键，再逐个单击要选择的其他行号或列标。

(四)Excel 2003 在报表中的应用

1. 简单报表的编制

(1) 建立新表。要建立一张新的报表,可选择"文件"菜单中的"新建"命令,或者常用工具栏中的"新建"按钮。

(2) 输入数据的基本方法。在 Excel 的单元格中可以输入数字、汉字、英文、公式、符号等内容。在输入数据时,选中需要的单元格,然后输入具体数据。

【例 4-1】 理达公司 2 月份管理费用明细表的格式如表 4-2 所示。

表 4-2　　　　　　　　　理达公司 2 月份管理费用明细表

单位:元

部门编号	部门名称	办公费	差旅费	工资	折旧费	合计
1	人事部	2 000	1 000	6 000	500	
2	财务部	2 500	1 000	4 000	600	
3	供应部	1 000	2 500	24 000	700	
4	销售部	1 600	3 000	35 000	600	
5	生产车间	4 000	800	40 000	15 000	
	合计					

将上述数据输入 Excel 表格的操作步骤如下:① 单击 B1 单元格,输入"理达公司 2 月份管理费用明细表"。② 单击 A3 单元格,输入"部门编号",然后依次在 B3、C3、D3、E3、F3、G3 输入相关内容。③ 分别输入其他数据。输入完毕,其结果如图 4-15 所示。

图 4-15　理达公司 2 月份管理费用明细表

(3) 数据输入的技巧。

方法一:用鼠标自动填充。使用鼠标左键拖动填充柄,可以在相邻区域中自动填充相同的数据或具有增序、减序可能的数据序列。方法如下:

选定单元格,单元格右下角的实心点称为填充柄,用鼠标对准填充柄,当光标变成黑色"+"字形时,对于日期型或具有增序或减序可能的文字型数据,沿填充方向拖动填充柄至结束的单元格,如图4-16中的月日和甲乙等输入就可以采用这种方法;对于数字型数据,则需按住"Ctrl"键,沿填充方向拖动填充柄至结束的单元格。例如,在图4-15中,要输入部门编号时,只需要输入"1"后,其余的"2、3、4、5"就可以按住Ctrl键拖动鼠标完成。

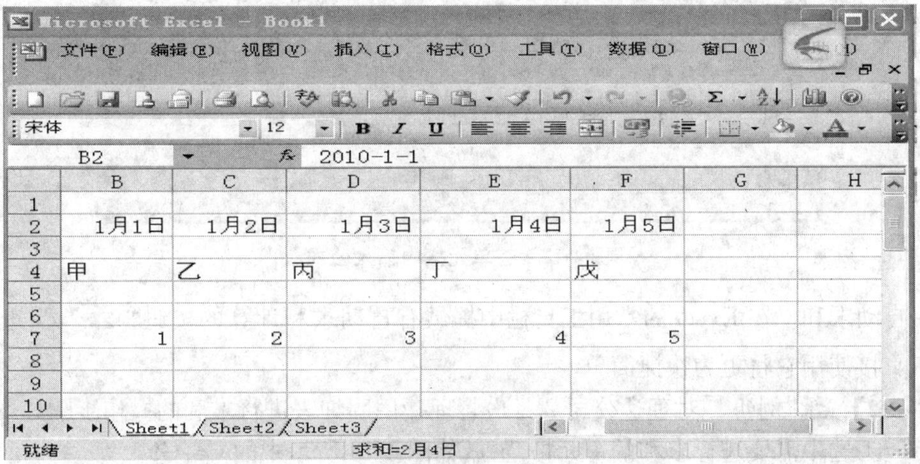

图 4-16 填充序列

方法二:用"复制"、"粘贴"填充。当需要复制某单元格或某区域内容到另一区域时,可使用工具栏中或编辑菜单位中的"复制"、"粘贴"或用快捷键进行。

(4) 打开、保存和关闭报表。① 打开报表:选择"文件"菜单下的"打开"命令或工具栏上的"打开"按钮。② 保存报表:单击"文件"菜单下的"保存"命令或工具栏上的"保存"按钮。③ 关闭报表:单击工作簿中右上角的"关闭"按钮或选择"文件"菜单下的"关闭"命令,也可以使用快捷键"Ctrl+F4"或者"Ctrl+W"。

(5) 公式与函数的应用。Excel的公式由数字、运算符、单元格引用以及函数组成。Excel不仅提供了多种运算符号,更重要的是提供了丰富的函数,可以构造出种种复杂的数字、统计、财务等运算公式,而且当公式中所引用的单元格数值发生变化时,公式的计算结果也将自动更新。

第一,公式的应用。

A. 公式中的运算符。公式中的运算符有算术运算符、比较运算符和文本运算符。算术运算符如+(加)、-(减)、*(乘)、/(除)、^(乘方)等,算术运算符可以完成基本的数字运算;比较运算符如=(等于)、>(大于)、<(小于)、>=(大于等于)、<=(小于等于)、<>(不等于)等,比较运算符可以比较两个同类型的数据,运算的结果为逻辑值"TRUE"或"FALSE";文本运算符如&(连接运算符),用于把前后两个字符串连接在一起,生成一个字符串。

B. 公式的输入。Excel的公式是一种以"="字开头的等式,等式后接着是表达式。表达式由单元格、运算符、函数和常数组成。如"=A1+B1+50"就是一个既有单元格又有常数的公式。

输入公式的操作类似于输入文字,可以在单元格中输入,也可以在编辑栏中输入。

选中要输入公式的单元格,然后输入"="号和公式内容。如果要在编辑栏中输入公式,则选中要输入公式的单元格后单击编辑栏,再输入"="号和公式内容。输入完成后按回车键或单击编辑中的输入按钮"√"确认。

例如,在C2单元格中输入公式,计算A2单元格和B2单元格的乘积并除以3的结果,步骤为:单击单元格C2,输入"="号,再输入"A2*B2/3",按回车键或单击编辑区中的输入按钮"√"确认,结果如图4-17所示。

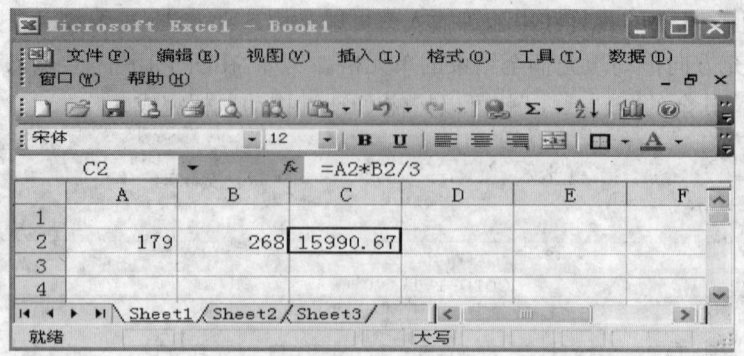

图 4-17 在单元格中输入公式

C. 自动求和。在 Excel 的常用工具栏中提供有自动求和计算的按钮"Σ",当进行求和计算时,直接使用它将更为快捷简单。

【例 4-2】 承[例 4-1]对理达公司 2 月份管理费用明细表进行求和的操作步骤如下:
第一步:选中需要进行求和的单元格范围,如图 4-18 所示中的 C4:G9。

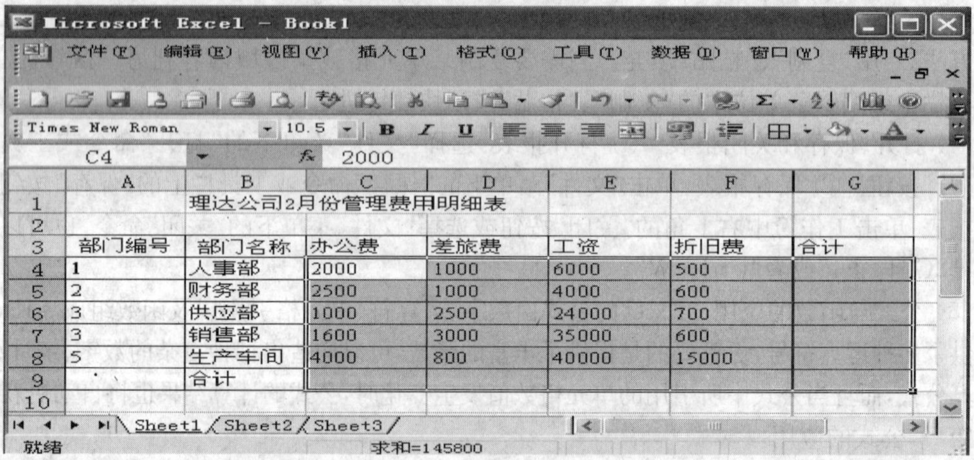

图 4-18 选中需要合计的单元格

第二步:按下常用工具栏上的求和按钮"Σ",横向合计和纵向合计数立即出现。如图 4-19 所示。

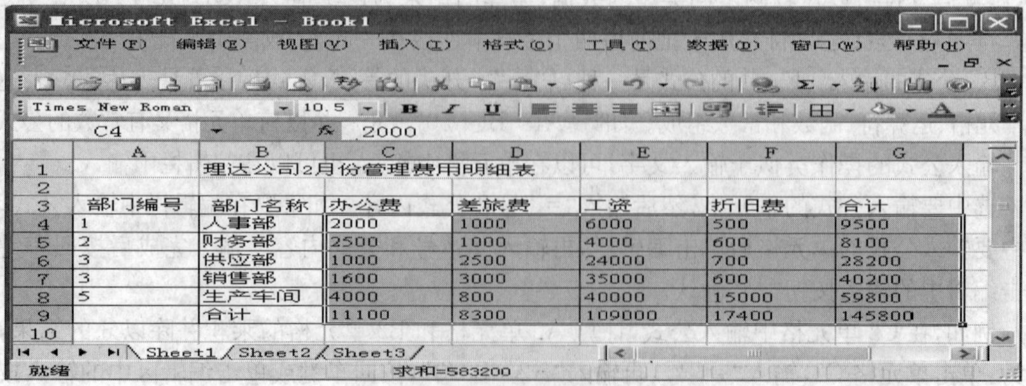

图 4-19 自动求和

第二，函数的应用。

Excel 提供了丰富的函数，函数由函数名和括号内参数组成，其中的参数可以是一个或多个常数、单元格引用和表达式等，各个参数之间用“，”分隔。常用的函数有求和函数 SUM、求平均函数 AVERAGE、统计函数 COUNT、条件求和函数 COUNTIF、条件函数 IF 等。这些函数的格式和作用如下：

A. 求和函数 SUM。

格式：SUM(参数 1，参数 2，参数 3，……)

作用：对参数 1，参数 2，参数 3，……进行求和。

B. 求平均函数 AVERAGE。

格式：AVERAGE(参数 1，参数 2，参数 3，……)

作用：对参数 1，参数 2，参数 3，……进行求平均。

C. 统计函数 COUNT。

格式：COUNT(参数 1，参数 2，参数 3，……)

作用：统计参数或区域内数值的个数。

D. 条件求和函数 COUNTIF。

格式：COUNTIF(参数 1，参数 2，参数 3，……)

作用：统计参数或区域内满足条件的个数。

【例 4-3】 统计学生成绩表中各科及格人数，操作步骤如下：

第一步：在 B7 单元格输入公式“＝COUNTIF(B3：B6，″＞＝60″)”。

第二步：按回车键，得到语文的及格人数。如图 4-20 所示。

第三步：在 B7 单元格，移动鼠标到该单元格的右下角，出现黑色“＋”时，按住鼠标向右填充，即可得到数学、英语的及格人数。

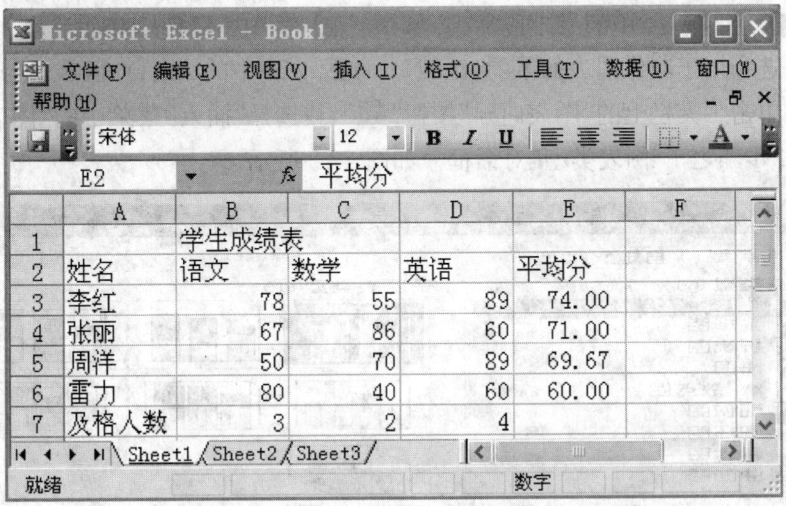

	A	B	C	D	E	F
1		学生成绩表				
2	姓名	语文	数学	英语	平均分	
3	李红	78	55	89	74.00	
4	张丽	67	86	60	71.00	
5	周洋	50	70	89	69.67	
6	雷力	80	40	60	60.00	
7	及格人数	3	2	4		

图 4-20 利用条件统计函数计算及格人数

E. 条件函数 IF。

格式：IF(条件，结果 1，结果 2)

作用：当条件为“TRUE”时，得到结果 1；否则，得到结果 2。

【例 4-4】 在图 4-20 中，在平均分后加一个“评语”字段。当平均分＞＝70 分时评定为

"合格";否则,评为"不合格"。操作步骤如下:

第一步:在 F3 单元格输入公式"=IF(E3>=70,"合格","不合格")"。按下回车键或点编辑栏的"√"按钮。如图 4-21 所示。

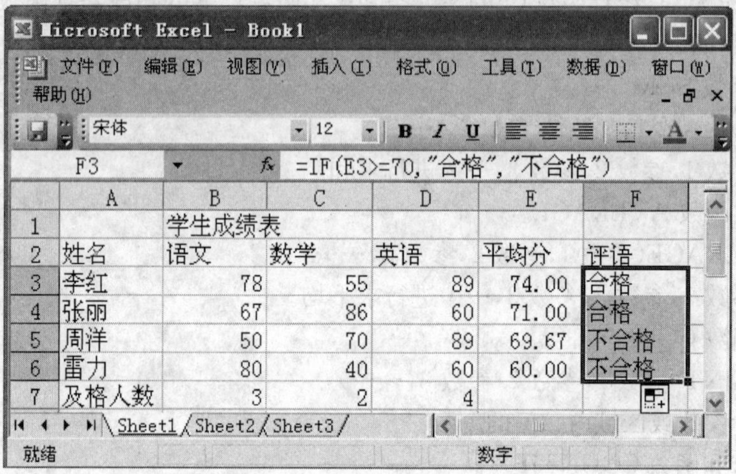

图 4-21　IF 函数示例

第二步:在 F3 单元格,移动鼠标到该单元格的右下角,出现黑色"+"时按住鼠标向下填充,即可得到其他同学的评语。

2. 图表处理

将工作表以图形方式表示,能将工作表内数据变成非常直观的图形格式,并且能从表中更容易看出数据之间的大小、高低变化的关系。在 Excel 中提供图表自动生成功能,可以将数据直接变成各种图表。Excel 提供了柱形图、条形图和圆饼图等多种类型。

【例 4-5】　为图 4-20 中的学生成绩表,建立一张柱形图。操作步骤如下:

第一步:选择用于制作图表的范围(区域)。如图 4-20 中的 A2:D6 区域。

第二步:单击工具栏上的"图表向导"按钮" ",或选择"插入"菜单中的"图表"命令,出现"图表向导-4 步骤之 1-图表类型"对话框。如图 4-22 所示。

图 4-22　"图表类型"对话框

第三步:选择图表类型。在图表类型里选择"柱形图",在子图表类型里选择第一种簇状柱形图,单击"下一步"。

第四步:指定图表的数据区域。单击对话框的"下一步"按钮,显示"图表向导-4步骤之2图表源数据"。

第五步:单击"下一步"按钮,出现"图表向导-4步骤之3图表选项",在标题选项卡下的图表标题处输入"学生成绩表"。单击"下一步"。打开"图表向导-4步骤之4图表选项"对话框。

第六步:选择图表位置,完成创建图表的工作。如图4-23所示。

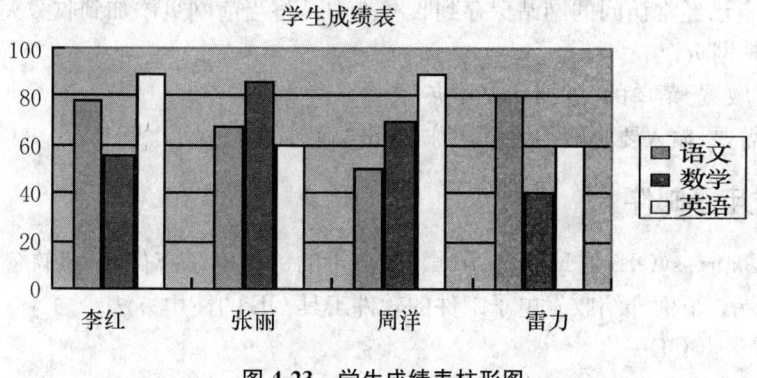

图 4-23 学生成绩表柱形图

第五节 网络的基本操作

一、互联网的登录

启动 Interent Explorer(IE)浏览器的方法有多种,下面介绍常用的三种方法:
(1) 双击桌面上的快捷方式图标"Internet Explorer",启动 IE 浏览器。
(2) 单击桌面上的"开始"→"所有程序"→"Internet Explorer",启动 IE 浏览器。
(3) 单击桌面任务栏的"Internet Explorer"快捷方式按钮,启动 IE 浏览器。

二、IE 浏览器的使用

(一) IE 浏览器简介

IE 浏览器,是 Microsoft 公司设计开发的一个功能强大、很受欢迎的 Web 浏览器,是进入 Internet 需要的最基本软件工具。使用 IE 浏览器,可以将计算机连接到 Internet,从 Web 服务器上搜索需要的信息、浏览网页和收发电子邮件等。

(二) IE 浏览器的使用

1. 浏览网页

打开浏览器,在地址栏中输入要访问网站的网址,按回车键,即可访问该网页。也可以在工具栏上单击"后退"或"前进"按钮来访问新近访问过的网页。还可以打开"收藏夹"对话框,在其中选择一个网页地址,单击打开。

2. 保存网页

使用 IE 浏览器的保存网页功能,可以将浏览到的有价值的信息保存下来。操作方法如下:

(1) 在 IE 浏览器中,选择"文件"菜单,单击"另存为",选择保存当前网页的文件夹。
(2) 在"文件名"框中,输入主文件名。在"保存类型"框中,选择文件类型。
(3) 单击"保存"按钮。

3. 收藏网页

用户可将自己经常访问的网站保存到收藏夹中。将当前网页添加到收藏夹的方法如下:

(1) 访问某网页。
(2) 单击"收藏"菜单的"添加到收藏夹"命令。
(3) 如果需要,输入要收藏的网页名称,单击"确定"按钮。

三、收发电子邮件

Outlook Express(OE)是 Microsoft(微软)自带的一种电子邮件,是微软公司出品的一款电子邮件客户端。下面介绍收发电子邮件的软件工具 OE 的使用方法。

1. 启动和退出 OE

(1) 启动 OE 的方法有多种,下面介绍常用的三种:

方法一:双击桌面上的快捷方式图标"Outlook Express",启动 OE。
方法二:单击桌面上的"开始"→"程序"→"Outlook Express",启动 OE。
方法三:单击桌面任务栏的"Outlook Express"快捷方式按钮,启动 OE。

(2) 要退出 OE,可以有以下几种方法:

方法一:单击"文件"菜单的"退出"命令。
方法二:单击主窗口右上角"关闭"按钮。
方法三:单击左上角控制图标,在产生的控制菜单中单击"关闭"命令。
方法四:在标题栏单击鼠标右键,在产生的控制菜单中单击"关闭"命令。
方法五:按组合键"Ctrl+F4"。

2. 新建邮件并发送邮件

要想发送电子邮件与他人联系,需要先创建一个新邮件。

操作步骤如下:① 单击工具栏上的"新邮件"按钮,弹出"新邮件"窗口。② 在"收件人"框中,输入收件人的电子邮件地址(可输入多个,收件人之间可用逗号或分号间隔)。③ 在"抄送"框中,输入抄送电子邮件地址(可输入多个,亦可省略)。④ 在"主题"框中,输入邮件的主题。⑤ 在"邮件编辑"框中,输入邮件的正文。

另外,通过插入文件还可将附件插在邮件中发送出去。操作步骤如下:① 在"新邮件"窗口中,单击工具栏的"附件"按钮。② 在"插入附件"对话框中选择要插入的文件所在的文件夹和文件名。③ 单击"附件"按钮。④ 单击"发送"按钮。

OE 将连接邮件服务器,再将该邮件通过邮件服务器发送给收件人,并将其存放在"已发送邮件"文件夹中。如果此时计算机没有连接到邮件服务器上,就会将此邮件放在"发件箱"中,等待下次发送。如果用户正在脱机撰写邮件,也可以单击"文件"菜单中的"以后发送",将邮件保存在"发件箱"中,等待下次发送。

3. 接收邮件并阅读

收到邮件后,可在"收件箱"中阅读邮件。操作步骤如下:

(1) 单击"发送和接收"按钮,输入密码。

(2) 回到 OE 主窗口,单击"收件箱"图标。

(3) 在邮件列表中单击某个邮件,就可以在预览区中查看该邮件;双击某个邮件,就可以在单独的窗口中查看该邮件。

(4) 单击"文件"菜单,然后单击"属性",就可以查看有关邮件的所有信息(如发送邮件的时间)。

(5) 如果邮件有附件,可双击文件附件的图标或者在预览窗中单击邮件标题中的文件附件图标。

(6) 单击文件名,弹出一个对话框,选择"保存到磁盘",单击"确定"按钮。或者单击"保存附件",就可以将附件保存在电脑的硬盘中。

4. 转发、回复邮件

在 OE 中可以直接给发件人答复邮件,也可以把一封邮件转发给其他用户。

操作步骤如下:

(1) 回复邮件。① 在邮件列表区中选择要回复的邮件。② 单击"回复作者"按钮。③ 在"回复"窗中输入电子邮件正文。④ 单击"发送"按钮。

(2) 转发邮件。① 在邮件列表区中选择要转发的邮件。② 单击"转发"按钮。③ 在"转发"窗中输入收件人的电子邮件地址。④ 在"转发"窗中输入的电子邮件正文。⑤ 单击"发送"按钮。

5. 删除邮件

删除邮件可释放占用的系统资源,操作步骤如下:

(1) 在邮件列表区的"收件箱"、"发件箱"、"已发送邮件"和"草稿"中选择要删除的邮件。

(2) 单击"删除"按钮。要删除的邮件保存在"已删除邮件"中。

(3) 单击"已删除邮件",在邮件列表区选择要真正删除的邮件。

(4) 单击"删除"按钮。或者单击"编辑"菜单中的清空"已删除邮件"文件夹。

6. 在通讯簿中添加邮件联系人

使用 OE 可在通讯簿中添加邮件联系人。操作步骤如下:

(1) 在 OE 主窗口中单击"通讯簿"按钮。

(2) 在"通讯簿"窗口单击工具栏上的"新建"按钮。

(3) 在弹出的子菜单中选择"联系人"。

(4) 在"属性"窗口的"选项卡"中输入有关信息,如姓名、电子邮件地址等。

(5) 单击"添加"按钮。

(6) 单击"确定"按钮。

7. 在 OE 中设置账号

启动 OE 后,还不能马上接收或发送电子邮件。必须要设置好自己的电子邮件账号。操作步骤如下:

(1) 单击"开始"→"程序"→"Outlook Express",这时将会启动"OE"。

（2）单击"工具"菜单的"账户"命令，弹出"Internet 账户"对话框，单击"添加"按钮，选择"邮件"项，出现"Internet 连接向导"对话框，在"显示名"中输入姓名，在发信时，此姓名将被默认为发信人的姓名，然后单击"下一步"按钮。

（3）在弹出的对话框中选择第一项"我想使用一个已有的电子邮件地址"，输入所申请的电子邮件的地址。然后单击"下一步"按钮。

（4）在弹出的对话框中输入接收邮件服务器地址和发送邮件服务器地址，然后单击"下一步"按钮。

（5）在弹出的对话框中输入账号和密码。然后，单击"下一步"按钮。

（6）在最后弹出的对话框中单击"完成"按钮。

8. 通过菜单设置账号

每个人通常都有几个 E-mail 地址，这时可以使用 Outlook Express 的"账号"功能，对所有的邮箱进行管理。操作步骤如下：

（1）选择"工具"菜单下"账号"。

（2）在弹出的"Internet 账号"对话框中点击"添加"按钮，并选择"邮件"。

（3）在弹出的"Internet 连接向导"对话框中输入姓名，在发信时，此姓名将被默认为发信人的姓名。然后单击"下一步"按钮。

（4）在弹出的对话框中选择第一项"我想使用一个已有的电子邮件地址"，输入所申请的电子邮件的地址。然后单击"下一步"按钮。

（5）在弹出的对话框中输入接收邮件服务器地址和发送邮件服务器地址，然后单击"下一步"按钮。

（6）在弹出的对话框中输入账号和密码。然后，单击"下一步"按钮。

（7）在最后弹出的对话框中单击"完成"按钮。

【本章小结】 随着社会的不断发展，计算机在信息时代扮演着非常重要的角色，学习计算机操作系统软件和应用软件，以及掌握网络的有关操作是非常必要的。本章要求熟悉 Windows、Word、Excel 软件的操作，熟悉 Windows 的桌面组成、窗口操作、掌握文件的管理、Word 文档编辑、Excel 工作簿、工作表、公式的应用操作，同时要求掌握网络的基本操作等内容，学好以上内容，对开展办公自动化，提高工作效率和管理水平有很大的帮助。

习 题

一、单项选择题

1. Windows 是一种（　　）软件。
   A. 操作系统　　　　　　　　　　B. 应用
   C. 只能进行文字处理　　　　　　D. 只能进行图形处理

2. 在 Windows 中，从英文输入法切换到其他输入法，应按组合键（　　）。

A. "Ctrl+空格"　　B. "Ctrl+Tab"　　C. "Alt+W"　　D. "Alt+空格"

3. 在开机状态下,按下组合键(　　),可以实现系统的热启动。
   A. "Ctrl+Alt+Del"　　　　　　B. "Ctrl+Alt+Esc"
   C. "Ctrl+Shift+Esc"　　　　　D. "Ctrl+Shift+Del"

4. 在Windows中,移动窗口的正确操作是(　　)。
   A. 用鼠标拖动标题栏　　　　　B. 单击窗口左上角图标
   C. 双击窗口蓝色标题栏　　　　D. 单击窗口垂直滚动条

5. 在Windows中,下列有关回收站的说法中,正确的是(　　)。
   A. 删除到回收站的文件,仍可再恢复
   B. 无法恢复进入回收站的多个文件
   C. 无法恢复进入回收站的单个文件
   D. 可以彻底删除进入回收站的文件或文件夹

6. 在Windows中,下列有关创建文件夹的说法中,正确的是(　　)。
   A. 在文档的"另存为"对话框中也可创建文件夹
   B. 无法在软盘中创建文件夹
   C. 不能在桌面上创建文件夹
   D. 无法在资源管理器窗口新建文件夹

7. 在windows中,能够快速启动应用程序的命令是(　　)。
   A. "开始"菜单中的"运行"命令　　B. "开始"菜单中的"查找"命令
   C. "开始"菜单中的"设置"命令　　D. "开始"菜单中的"帮助"命令

8. 在word中,如果要把整个段落选定,可先将光标移动到段落左侧(此时鼠标指针变为指向上方的空心箭头),然后(　　)。
   A. 双击鼠标右键　　　　　　　B. 连续击三下鼠标左键
   C. 单击鼠标左键　　　　　　　D. 双击鼠标键左键

9. 在Word中可以选取矩形区域的文字块,方法是在按住(　　)键的同时按住鼠标左键并拖动。
   A. "Shift"　　B. "Alt"　　C. "Ctrl"　　D. "Tab"

10. 打开一个Word文档并修改完后,需要保存在其他目录下,正确的命令是(　　)。
    A. "常用"工具栏上的"保存"图标　　B. "文件"菜单中的"另存为"命令
    C. "文件"菜单中的"保存"命令　　　D. 必须先关闭此文档

11. 在Word中,要改变字符的格式,第一个关键操作步骤是(　　)。
    A. 选中字符　　　　　　　　　B. 选择"格式"菜单中的"字体"命令
    C. 选择"格式"工具栏中的"字体"图标　D. 在光标插入点单击鼠标右键

12. Excel主要应用在(　　)。
    A. 多媒体制作　　　　　　　　B. 建筑工程
    C. 图片制作　　　　　　　　　D. 统计分析、财务管理分析

13. 在Excel中,单元格的填充柄在其(　　)。
    A. 左下角　　B. 右下角　　C. 左上角　　D. 右上角

14. 在Excel中,保护一个工作表,可以使不知道密码的人(　　)。

A. 看不到工作表内容　　　　　　B. 不能复制工作表的内容
C. 不能修改工作表的内容　　　　D. 不能删除工作表所在的工作簿文件

15. 在Excel中,单元格的格式(　　)。
　　A. 随时可改变　　　　　　　　B. 一旦确定,将不可改变
　　C. 更改后,将不可改变　　　　D. 输入数据后不能改变

16. 在Excel中,若某单元显示一排与单元等宽的"#"时,说明(　　)。
　　A. 单元内数据长度大于显示宽度　　B. 被引用的单元已被删除
　　C. 所输入的公式无法正确计算　　　D. 所输入公式中含有未经定义的名字

17. 在Excel中,图表是(　　)。
　　A. 图片
　　B. 工作表数据的图表表示
　　C. 可以用画图工具进行编辑的
　　D. 根据工作表数据用绘图工具绘制的

18. 在Excel中,A1:B4包含了(　　)个单元格。
　　A. 4　　　　B. 6　　　　C. 8　　　　D. 10

19. 在关闭计算机时,选择(　　)命令,可以在不关闭程序的情况下迅速地使用另一个用户登录系统。
　　A. 注销　　　B. 重新启动　　C. 切换用户　　D. 待机

20. 构成工作表的最小单位是(　　)。
　　A. 行　　　　B. 列　　　　C. 表格　　　D. 单元

21. 当前工作表的第7行、第4列单元格地址为(　　)。
　　A. 74　　　　B. D7　　　　C. E7　　　　D. G4

22. WORD文件默认的文件扩展名是(　　)。
　　A. .exe　　　B. .bat　　　C. .doc　　　D. .xls

23. Excel文件默认扩展名是(　　)。
　　A. .exe　　　B. .bat　　　C. .doc　　　D. .xls

24. 段落标志是在输入(　　)之后产生的。
　　A. 句号
　　B. "Enter"键
　　C. "Shift+Enter"快捷键
　　D. 分页符

25. 在Word中,要选择全文,应按(　　)键。
　　A. "Ctrl+A"　B. "Shift+A"　C. "Alt+A"　D. 双击鼠标左键

26. 在Word中,如果要粘贴文本可用快捷键(　　)。
　　A. "Ctrl+C"　B. "Ctrl+V"　C. "Ctrl+X"　D. "Ctrl+Y"

27. 在Excel中新建工作簿时,第一张工作簿的约定名称为(　　)。
　　A. book　　　B. 表　　　　C. book1　　　D. 表1

28. 在Excel中一个工作簿最多可以有(　　)个工作表。
　　A. 1　　　　B. 255　　　　C. 8　　　　D. 128

29. 在Excel中,在输入一个公式之前,必须先输入(　　)号。
　　A. "="　　　B. "( )"　　　C. "?"　　　D. "@"

30. 在Excel中,工作表内用于输入和编辑数字、文字、公式等的长方形的空白位置称为(　　)。

A. 状态栏　　　　B. 标题栏　　　　C. 编辑栏　　　　D. 菜单栏

二、多项选择题

1. 属于微软公司操作系统的有(　　)。
   A. DOS　　　　B. Windows XP　　C. Word 2003　　D. Windows 98
2. 在 Windows 中,桌面排列方式有(　　)排列。
   A. 按大小　　　B. 按类型　　　　C. 按名称　　　　D. 按修改日期
3. 在 Windows 中,下列有关"开始"按钮的说法中,正确的有(　　)。
   A. 使用"开始"按钮可以启动程序、查找文件
   B. "开始"按钮位于任务栏
   C. "开始"按钮可以删除
   D. "开始"按钮可以自动隐藏
4. 在 Word 中,单击"文件"菜单中的"打开"命令后,在"打开"对话框中,下列方法中,可以打开指定的文件的有(　　)。
   A. 用鼠标左键双击指定文件
   B. 用鼠标左键单击指定文件
   C. 用鼠标右键单击指定文件
   D. 用鼠标左键单击指定文件,然后点击"打开"按钮。
5. 在 Word 中,下列有关"保存文档"的说法中,正确的有(　　)。
   A. 用 Word 中保存的文档,不能在写字板里打开
   B. 在"文件"菜单下"保存"命令只能保存新文档
   C. 给旧文件一个备份时,可用"文件"菜单里的"另存为"命令
   D. 对新文档进行保存时,用"文件"菜单中的"保存"和"另存为"命令是相同的。
6. 退出 Word,正确的操作有(　　)。
   A. 单击窗口左上角的图标　　　　B. 选择"文件"中的"退出"命令
   C. 单击窗口右上角的"关闭"　　　D. 单击窗口标题栏
7. 移动和复制单元格的方法有(　　)。
   A. 使用剪贴板　　　　　　　　　B. 使用资源管理器
   C. 使用菜单中的命令　　　　　　D. 用鼠标拖动的方法
8. 启动计算机的方法有(　　)。
   A. 冷启动　　　B. 硬启动　　　　C. 软启动　　　　D. 热启动
9. 下列各项中,在窗口中存在的有(　　)。
   A. 标题栏　　　B. 状态栏　　　　C. 地址栏　　　　D. 选项卡
10. 下列操作中,能打开"资源管理器"的有(　　)。
    A. 鼠标右键单击"开始"按钮,选择"资源管理器"
    B. 单击"开始"按钮,选择"程序"→"附件"→"资源管理器"
    C. 鼠标右键单击任一文件图标,选择"资源管理器"
    D. 鼠标右键单击"我的电脑"图标,选择"资源管理器"
11. 关闭当前窗口的方法有(　　)。

A. 单击关闭按钮
B. 双击控制菜单按钮
C. 在任务栏中右键单击选择"关闭"命令
D. 单击控制菜单按钮,选择"关闭"命令

12. 在 Windows XP 中,文件名由(　　)组成。
　　A. 扩展名　　　B. 中间名　　　C. 主文件名　　　D. 前缀
13. 在 Excel 中,可选取(　　)单元格。
　　A. 单个　　　　B. 多个　　　　C. 连续　　　　　D. 不连续
14. 可以使用(　　)来管理文件和文件夹。
　　A."我的电脑"图标　　　　　　B."网上邻居"图标
　　C."开始菜单"　　　　　　　　D. Windows 资源管理器
15. Word 文档的打印对话框"页面范围"可选择(　　)。
　　A. 全部　　　　B. 当前页　　　C. 选定的内容　　D. 页码范围

三、判断题

1. Windows 包括 Windows 95、Windows 98、Windows NT、Windows 2000 以及 Windows XP 等多个操作系统产品。　　　　　　　　　　　　　　　　　　　　(　　)
2. 为保证关闭 Windows 时不丢失信息,用户在单击"开始"菜单的"关闭系统"前应关闭所有的应用程序。　　　　　　　　　　　　　　　　　　　　　　　　(　　)
3. 用鼠标器双击桌面上"我的电脑"图标,可以打开"我的电脑"窗口。　　(　　)
4. 当用户后悔从硬盘中删除已放进回收站的文件时,可以从回收站恢复这些已经删除的文件。　　　　　　　　　　　　　　　　　　　　　　　　　　　　　(　　)
5. 任务栏用于显示正在运行的应用程序和打开的窗口的对应按钮。　　(　　)
6. 在"开始"按钮的右边,有三个小图标,用户不可以将常用的程序放置在该区域来快速启动程序。　　　　　　　　　　　　　　　　　　　　　　　　　　　　(　　)
7. 打开"开始"菜单的方法:按"Alt+S"或"Ctrl+Esc"键。　　　　　　(　　)
8. 选择了菜单中带有省略号[…]的命令,将弹出一个对话框。　　　　(　　)
9. 单击最小化按钮,窗口缩小为桌面上任务栏的一个按钮。　　　　　(　　)
10. 打开窗口的控制菜单,选择"移动"命令,键入四个箭头键之一可将窗口移到指定位置,之后按回车键,可使窗口移动。　　　　　　　　　　　　　　　　　(　　)
11. 按下"Home"、"End"键可使光标移动到行首或行尾。　　　　　　(　　)
12. 将鼠标光标移动到任何文档正文的左侧,直到鼠标变成一个指向右边的箭头,然后三击可选择整篇文档。　　　　　　　　　　　　　　　　　　　　　　　(　　)
13. Word 可以在文档任意需要的位置插入当前日期和时间。　　　　(　　)
14. 如果已启动了 Word,当在菜单栏中单击"文件"项时,在下拉的子菜单下部会列出最近使用过的文档清单。　　　　　　　　　　　　　　　　　　　　　　(　　)
15. 冷启动是在计算要开启电源的情况下启动,常在机器运行中出现异常死机情况时使用。　　　　　　　　　　　　　　　　　　　　　　　　　　　　　　　(　　)
16. 关闭计算机时只需要按电源开关就可以了。　　　　　　　　　　(　　)

17. 每个应用程序都有一个窗口。   （ ）
18. 剪贴板上的内容只可以在同一文件中多次粘贴,不可以在不同目标和不同应用程序创建的文件中粘贴。   （ ）
19. 使用鼠标单击"任务栏"右端的语言栏上的图标,在菜单中可以选择输入法。（ ）
20. 在 Excel 中,利用函数进行计算不能直接在单元格中输入函数公式。（ ）
21. 在 Excel 中,如果工作表已建立图表,修改工作表数据的同时,也必须修改这些图表。
                                                                （ ）
22. Excel 工作簿文件的扩展名是". xls"。   （ ）
23. 窗口最小化后,相应的应用程序也暂时停止。   （ ）
24. Windows 中的"回收站"是用来存入硬盘中删除的文件。   （ ）
25. 如果没有鼠标,Windows 就不能运行。   （ ）

第五章

系统应用基础

内容提要 本章主要介绍用友 ERP-U8 财务软件各模块的内容、功能与特点,以及用友 ERP-U8 财务软件的安装,为企业使用会计电算化核算做好充分的准备。

第一节 用友 ERP-U8 管理软件简介

用友 ERP-U8 是用友公司历经 14 年开发及服务历程、在 30 余万家客户应用经验基础上开发和完善起来的、面向中国市场的企业资源计划系统和全面管理解决方案。该系统以企业业务流程为导向、应用价值为主体,将企业基础资源、需求链、供应链三个管理与竞争核心构筑成为三角形业务应用体系,再以业务应用为基础,构筑战略决策应用模式,从而形成金字塔式总体应用价值模型。

用友 ERP-U8 工商企业版适用于各类企业,特别是信息化尚未完全深入和亟须提高的企业,该系统从提高企业管理水平、优化企业运作的角度出发,实现企业的采购、库存、销售业务管理和全面会计核算、财务管理的一体化,提供事前计划、事中控制、事后分析手段,控制经营风险,各系统既相对独立,分别具有完善和细致的功能,最大限度地满足用户全面深入的管理需要,又能融会贯通,有机地结合为一体化应用,满足用户经营管理的整体需要。

一、ERP-U8 的功能与特点

用友 ERP-U8 是企业解决方案,定位于中国企业管理软件的中端应用市场,可以满足不同竞争环境下,不同的制造、商务模式下,以及不同的运营模式下的企业经营,提供从企业日常运营、人力资源管理到办公事务处理等全方位的企业管理解决方案。

用友 ERP-U8 是一个企业综合运营平台,用以满足各级管理者对信息化的不同要求:为高层经营管理者提供大量收益与风险的决策信息,辅助企业制定长远发展战略;为中层管理者提供企业各个运作层面的运作情况,帮助进行各种事件的监控、发展、分析、决策、反馈等处理流程,力求做到投入产出最优配比;为基层管理人员提供便利的作业环境,易用的操作方式以有效履行其工作职能。

二、ERP-U8 的总体结构

经过20年的发展,用友 ERP-U8 管理软件汇集了上百万成功用户的应用需求,积累了丰富的行业先进企业管理经验,以销售订单为导向,以计划为主轴,其业务涵盖财务、物流、生产制造、客房关系管理(CRM)、办公自动化(OA)、管理会计、决策支持、网络分销、人力资源、集团应用以及企业应用集成等全面应用。用友 ERP-U8 管理软件的总体结构如图5-1所示。

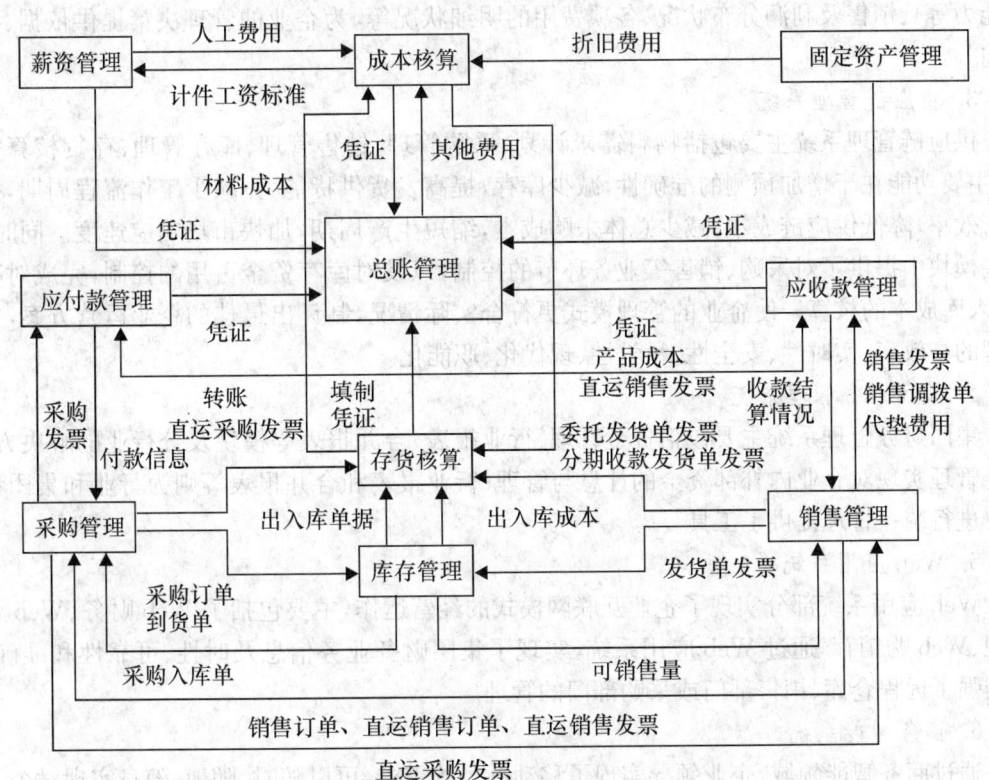

图 5-1 用友 ERP-U8 管理软件的总体结构

根据业务范围和应用对象的不同,用友 ERP-U8 系统划分为财务管理、管理会计、供应链、生产制造、人力资源、决策支持、集团财务、企业应用平台、行业插件等产品组,由40多个系统构成,各系统之间信息高度共享,常用的系统如下。

1. 财务会计系统

财务会计系统主要包括总账管理、应收款管理、应付款管理、薪资管理、固定资产管理、报账中心、财务票据套打、网上银行、UFO 报表、财务分析等模块。这些模块从不同的角度实现了从预算到核算到报表分析的财务管理的全过程。其中,总账管理是财务会计系统中最核心的模块,企业所有的核算最终在总账中体现;应收款管理、应付款管理主要用于核算和管理企业销售和采购业务所引起的资金的流入、流出;薪资管理完成对企业工资费用的计算与管理;固定资产管理提供对设备的管理和折旧费用的核算;报账中心是为解决单位发生的日常报账业务的管理系统;财务票据套打解决单位财务部门、银行部门以及票据交换中心对现有各种票据进行套打、批量套打和打印管理的功能需求;网上银行解决企业足不出户实现网上支付业务的需求;UFO报表生成企业所需的各种管理分析表;财务分析提供预算的管理分析、现金的预测及分析等功能,现金流量表则帮助企业进行现金流入流出的管理与分析。通过财务会计系统产品的应用,可以充分满足企事业单位对资金流的管理和统计分析。

2. 管理会计系统

管理会计系统主要包括项目管理、成本管理、专家财务分析等模块,通过项目和成本管理实现各类工业企业对成本的全面的掌控和核算;运用专家财务分析系统帮助企业对各种报表及时进行分析,及时掌握本单位的财务状况(盈利能力、资产管理效率、偿债能力和投资回报能力等)、销售及利润分布状况、各项费用的明细状况等,为企业的管理决策提供依据、指明方向。

3. 供应链管理系统

供应链管理系统主要包括物料需求计划、采购管理、销售管理、库存管理、存货核算等模块,主要功能在于增加预测的准确性,减少库存,提高发货供货能力;减少工作流程周期,提高生产效率,降低供应链成本;减少总体采购成本,缩短生产周期,加快市场响应速度。同时,在这些模块中提供了对采购、销售等业务环节的控制,以及对库存资金占用的控制,完成对存货出、入库成本的核算。使企业的管理模式更符合实际情况,制订出最佳的企业运营方案,实现管理的高效率、实时性、安全性、科学性、现代化、职能化。

4. 集团财务管理系统

集团财务管理系统主要包括资金管理、行业报表、合并报表等模块及分行业的解决方案。资金管理实现对企业内外部资金的计息与管理;行业报表和合并报表等则为行业和集团型的用户进行统一管理提供了工具。

5. Web应用系统

Web应用系统部分实现了企业互联网模式的经营运作,主要包括了Web财务、Web资金管理、Web购销存,通过Web应用系统,实现了集团财务业务信息及时性、可靠性和准确性,并加强了远程仓库、销售部门或采购部门的管理。

6. 商务智能系统

通过商务智能领域,企业领导实现了移动办公的需求,可以随时、随地、随身实现对企业的实时监控。

7. 行业解决方案系统

参照各个行业的最佳业务实践,总结30万家用户的成功经验,提炼共性需求,开发个性插件,用友ERP-U8平台可以为不同的行业提供个性化解决方案。

三、ERP-U8运行的顺序

用友ERP-U8管理软件的各功能模块有机地结合为一体,从整体上满足用户经营管理的要求。由于各模块间存在复杂的数据传递关系,因此,无论是系统启用还是月末结账都需要遵从一定顺序。

(一)系统启用的顺序

如果在同一月份启用所有的子系统,建议采用以下的启用顺序:

(1)先启用采购用所有的子系统,然后启用库存管理和存货核算系统。

(2)启用供应链管理和总账管理后,再启用应收款管理、应付款管理。

(3) 启用总账管理后,就可以启用薪资管理、固定资产管理,且不分顺序。
(4) 最后启用成本核算系统。

(二) 月末结账的顺序

如果所有的子系统已经启用,月末结账时,应遵循以下顺序:
(1) 工资管理、固定资产管理、采购管理、销售管理先进行月末结账,且不分先后顺序。
(2) 然后是库存管理、存货管理和应收款管理、应付款管理。
(3) 除总账管理外的各个子系统均月末结账后,成本核算系统才能进行月末结账。
(4) 各个子系统均月末结账后,总账管理才能结账。

第二节　会计电算化实务教学软件的安装

一、用友 ERP－U8 管理系统的构架与运行环境

(一) 系统技术架构

用友 ERP－U8 管理软件采用 3 层架构体系,即逻辑上分为数据服务器、应用服务器和客户端。采用这种架构设计,可以提高系统效率与安全性,降低硬件投资成本。

在物理上,既可以将数据库服务器、应用服务器和客户端安装在 1 台计算机上(即单应用模式);也可以将数据库服务器和应用服务器安装在 1 台计算机上,而将客户端安装在另 1 台计算机上(网络应用模式,但只有 1 台服务器),当然,还可以将数据库服务器、应用服务器和客户端分别安装在不同的 3 台计算机上(网络应用模式,且有 2 台服务器)。如果是 C/S 网络应用模式,在服务端和客户端分别安装了不同的内容,需要进行 3 层结构的互联。在系统运行过程中,可根据实际需要随意切换远程服务器,即通过在登录时改变服务器名称来访问不同服务器上的业务数据,从而实现单机到网络应用模式的转换。

(二) 系统运行环境

用友 ERP－U8 管理系统属于应用软件范畴,需要按以下要求配置硬件环境并准备系统软件:
(1) 硬件最低及推荐配置。主机:500BM～1GHZ;内存:256MB～512MB;硬盘:4GB～10GB。
(2) 系统软件。操作系统:Windows 2000/XP;数据库:SQL Server 2000 标准版/个人版或用友 ERP－U8 管理软件安装盘自带的 MSDE 2000;网络协议:TCP/IP。

二、教学系统安装与启动

(一) 安装前注意的事项

(1) 安装前确认计算机硬盘(HD)剩余空间至少有 2.5GB。并且确认系统盘(即操作系统所安装的盘符)至少要有 700MB～800MB 的空余空间(一些共享组件要装到系统目录)。如果需要安装数据库组件(数据库组件要安装在这台服务器上的话),对剩余空间有更高的要求:① 数据库的数据文件所在的逻辑驱动器至少要有 10GB 的空闲空间,因用友 ERP－U8 的所有数据和临时数据均存储在这台服务器的硬盘上,所以对它的硬盘容量有较高的要求。② 在

存储数据文件的逻辑磁盘上至少有10GB的空余空间,分区的文件系统格式应为NTFS。

(2) 如果安装的是Web服务器、应用服务器或数据服务器,一定要安装在Server版的操作系统。

(3) 在安装V8.61(8.61版)之前,应确保操作系统是"干净"的。所谓"干净",是指计算机在安装过操作系统和更新过必要的补丁后,没有安装过任何其他软件。

(4) 在数据服务器安装、单机版安装或安装所有产品的情况下,应先安装SQL Server 2000+SP3。

(5) 在同一台计算机上安装V8.61客户端与零售门店客户端,安装会发生冲突。

(6) 在安装应用服务器和Web服务器之前必须先安装IIS,然后再安装V8.61,这样Windows.NET Framework1.1注册才正确;否则,将导致Windows.NET Framework1.1不能在IIS上成功注册文件映射关系和系统组件,需要手工完成IIS文件映射配置和aspnet_isapi.dll的注册。

(7) 如果计算机上安装U8系统,其中包括应用服务器或Web服务器的组件时,一定要先在系统中安装IIS。安装方法是:通过"控制面板"中的"添加/删除程序"中的"添加/删除Windows组件",可以安装IIS。确认IIS的Web服务端口必须是80端口。

(8) 查看IIS Web设置中的并发用户数是否做了限制,把参数设置到较大的数值,此数值最好大于U8客户端license个数的2倍,避免并发操作时部分客户端无法连接到App Server。

(9) 如果使用生产制造,须确认IIS Web服务中的Http链接超时参数为28 800秒。在小于此值的情况下,执行生产制造的MPS/MRP处理时,因服务端组件运行的时间比较长,IIS会认为客户端异常而断开链接,从而自动清除此客户端的会话信息,导致客户端系统异常退出。

(10) 如果用户用浏览器方式使用V8.61,一定要确认所使用IE的版本为IE6.0+SP1。

(11) 安装前,用系统管理员或具有同等权限的人员登录(用户ID属于Administrators组),并进行安装。

(12) 分布安装时(即不同的组件安装到不同的服务器上),服务器应该在同一个域或者工作组中。

(13) 如果选用8.61版中的客户关系管理,那么客户关系管理的客户端必须先安装上MS-Office 2000以上版本(Office 2000),因为客户关系管理的客户端应用了Office 2000的一些组件。

(14) 当应用服务器和数据库服务器同装在一台服务器上,应用服务器指向数据源时,应使用本机的机器名或IP地址,而不要使用"."(点)或者localhost。

(15) 如果用户的系统是Windows XP+SP2,应打上Net Frame Work SP1的补丁。Net Frame Work SP1可以在安装盘或补丁盘上找到。如果系统是Windows 2003+SP1,应打上Windows补丁。Server 2003-KB867460-x86-CHS.EXE(简体中文版Net Frame Work SP1)、Windows Server 2003-KB867460-x86-ENU.EXE(英文版Net Frame Work SP1)。

(16) 如果客户端是在Intranet使用Web产品(局域网内使用Web产品)而自己无法访问Internet(广域网),并且从未安装过U8产品,应在安装盘"Web客户端"目录下运行U8 WeB.exe客户端程序,在本地进行安装,安装后才能使用U8 BS产品。

(17) 安装快结束时,提示".rra"文件不能注册,不影响正常使用。

(18) 不安装任何 U8 产品的操作系统,直接登录服务器下载 Web 客户端的时候,此时必须有外网权限;否则,会出现错误信息:"无法下载客户端,请与软件供应商联系"。

(19) 在 Windows 2003 系统上安装 V8.61 时,需要先打上 Windows 2003 SP1 的补丁;否则,系统可能出现问题。

（二）SQL Server 2000 数据库的安装

用友 ERP-U8 管理软件要求以 SQL Server 2000 作为后台数据库。SQL Server 2000 有个人版、标准版、企业版和专业版等多个版本,建议服务器安装 SQL Server 2000 标准版;客户视其安装的操作系统安装 SQL Server 2000 标准版或个人版。下面以安装 SQL Server 2000 个人版为例介绍安装过程,其操作步骤如下:

(1) 将 Microsoft SQL Server 2000 安装光盘放入光驱中,安装程序会自动运行出现版本选择界面。

(2) 在接下来的界面中选择"安装数据库服务器"选项。

(3) 这时出现安装向导,出现"计算机名"窗口。"本地计算机"是默认选项,其名称就显示在上面,按其默认选项点击"下一步"。

(4) 在"安装选择"对话窗口中,同样按其默认选项"创建新的 SQL Server"实例,或安装客户端工具点击"下一步"。

(5) 在"用户信息"对话窗口中,输入用户信息。

(6) 输入 CD-Key。

(7) 在"安装定义"对话窗口中,同样地,按其默认选项"服务器和客户端工具"选择到"下一步"。

(8) 在"实例名"窗口中,系统一般提供了默认的复选框,既可以安装默认方式的实例,也可以自定义。

(9) 在安装类型对话窗口中,可以设定多个选项。如安装组件的多少、安装的路径等,根据实际需要选择。

(10) 在"服务账户"对话窗口中,选择"使用本地系统账户"。

 **温馨提示**

如果选择指定服务器所用的账号就需要指定一个用户、口令和域名。

(11) 在"身份验证模式"窗口里,建议选择"混合模式",并设定访问密码。

(12) 在"选择许可模式"窗口里,根据实际情况设置。

(13) 一切设定 OK 后,安装程序开始向硬盘复制必要的文件,开始正式安装。

几分钟后,安装完成。依次单击"开始""程序",即可看到 Microsoft SQL Server 2000 的程序组件。

Microsoft SQL Server 2000 的卸载可以用程序自带的删除程序以及控制面板两种方式进行。每个命名的 Microsoft SQL Server 2000 实例必须单独删除,不能删除 SQL Server 2000 的个别组件。若要删除组件,必须删除整个实例。另外,在删除 SQL Server 2000 之前,应退出所有有关的应用程序,包括 Windows 的事件查看器、注册表编辑器和所有的 SQL Server

2000 应用程序以及所有依赖于 SQL 的应用程序。

（三）用友 ERP-U8 管理软件的安装

必须先进行 SQL Server 2000 的安装或 MSDE 2000 的安装,然后才能安装用友 ERP-U8 管理软件。为了确保系统安装成功,在安装之前注意以下问题：

（1）最好计算机在安装操作系统和必要补丁后,没有安装其他任何软件。

（2）安装前,由系统管理员或具有同等权限的人员登录(用户 ID 属于 Administrators 组)进行安装。

下面以单机版安装用友 ERP-U8 管理软件为例,介绍其系统安装操作如下。

第一步,以系统管理员 Administrators 身份注册进入系统,如图 5-1 所示。

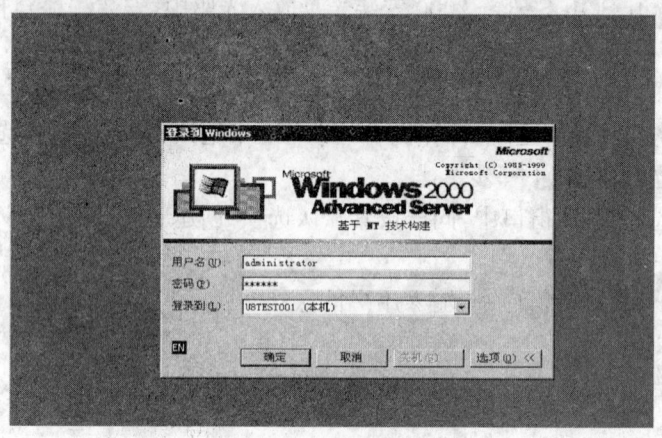

图 5-1　系统管理员注册

将用友 ERP-U8 管理软件光盘放入服务器光驱动器中,打开光盘目录,双击"Setup 应用程序"文件,稍候,系统显示提示信息,用户应确认计算机中是否已安装 U8 管理软件必须的系统补丁,如图 5-2 所示。

图 5-2　选择安装补丁

第二步,单击"确定"按钮,进入 ERP-U8 管理软件安装欢迎界面。单击"下一步"按钮,打开安装授权"许可证协议"对话框。

第三步,单击"是"按钮,接受协议内容,打开"客户信息"确认对话框。

第四步,输入用户名和公司名称,用户名默认为本机的计算机名,单击"下一步"按钮,打开"选择目的地位置"对话框,如图 5-3 所示。

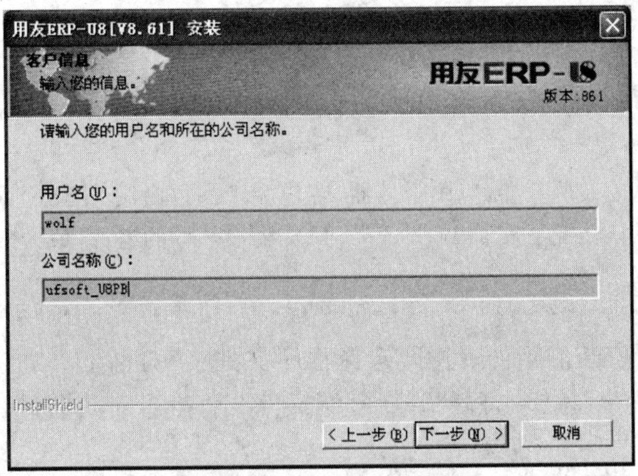

图 5-3 选择目的地位置

第五步,选择安装程序和安装文件的目的文件夹。可以单击"浏览"按钮,修改安装路径,或者单击"下一步"按钮,打开选择"安装类型"对话框,如图 5-4 所示。

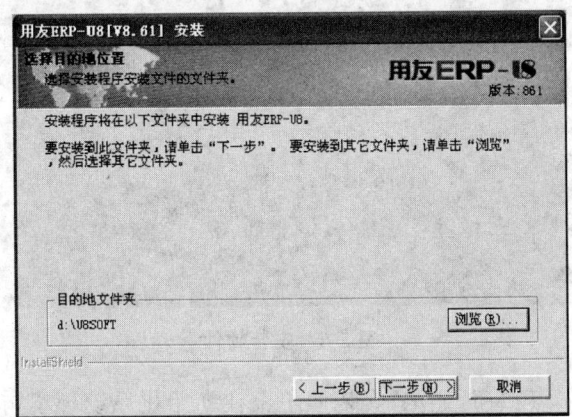

图 5-4 安装类型

第六步,系统提供 7 种安装类型,建议选择"单机版安装"类型,单击"下一步"按钮,打开"选择安装程序将安装的组件"对话框,如图 5-5 所示。

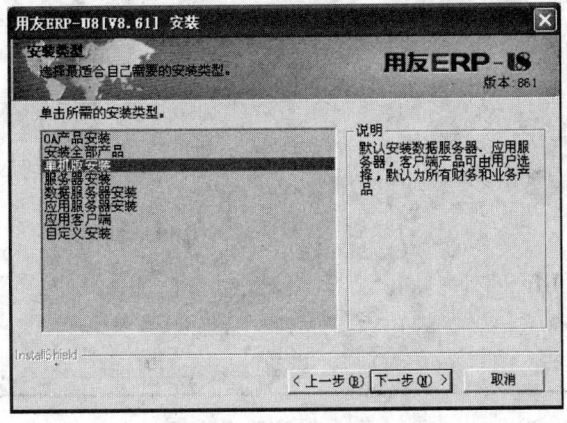

图 5-5 单机版安装

特别提醒

单机版安装默认安装服务器,应用服务器、客户端产品可由用户选择,默认为所有财务和业务产品。单机版在默认情况下安装 Web 产品,只安装最基本的组件,最大限度地减少以资源的耗费。

第七步,选择需要安装的组件,打开"选择程序文件夹"对话框。默认程序文件夹为"用友ERP－U8",单击"下一步"按钮,打开"开始复制文件"前,查看对话框,如图 5-6 所示。

图 5-6　安装软件

第八步,单击"下一步"按钮,显示"安装程序正在初始化系统环境,请稍候……"系统开始复制文件,文件复制完成后,显示"系统安装完成"对话框。系统提示是否需要立即启动计算机,在此建议选择"是,立即重新启动计算机。"单选按钮,单击"完成"按钮,如图 5-7 所示。

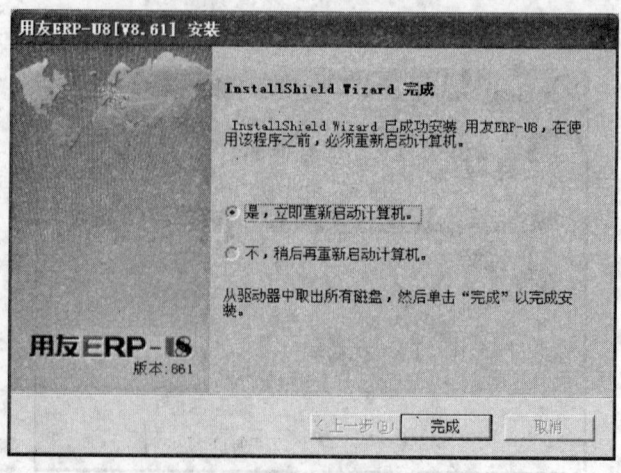

图 5-7　完成安装

第九步，重新启动计算机进入 Windows 操作平台，系统提示"正在完成最后配置"，稍候，出现"数据源配置"对话框，在"数据库"后的文本框中输入数据服务器的计算机名或 IP 地址，再输入数据库管理员 SA 的密码，单击"测试链接"按钮，系统提示"链接串测试成功"信息，表示数据库源成功。单出任务栏""图标，表示 SQL Sever 数据服务器安装成功；显示""图标，表示 U8 加密服务管理安装成功；显示""图标表示 U8 预警服务管理安装成功。

安装完成后，执行"开始"→"程序"→"用友 ERP-U8"→"系统服务"→"系统管理"命令，启动系统管理，创建数据库。

【本章小结】 通过本章的教学，使学习者对用友 ERP-U8 有了一个比较全面的了解，特别是用友 ERP-U8 的核算模块、特点及功能，便于与其他财务软件作比较。学会了安装用友 ERP-U8 财务软件，为后面各章的学习打下基础。

习　题

一、填空题

1. 在财务会计领域，财务会计部分主要包括（　　）、（　　）、（　　）、（　　）、（　　）、报账中心、财务票据套打、网上银行、UFO 报表和财务分析等模块。

2. 用友 ERP-U8 管理软件采用 3 层架构体系，即逻辑上分为数据服务器、应用服务器和客户端。采用这种架构设计，可以提高（　　），降低（　　）。

二、判断题

1. 用友 ERP-U8 管理系统的运行对硬件配置没有具体要求。　　　　　　　　（　　）

2. 为保证用友 ERP 的正常运行，先安装用友 ERP-U8 管理软件的安装，再安装 SQL Server 2000 数据库。　　　　　　　　　　　　　　　　　　　　　　　　　　（　　）

三、单项选择题

1. 用友 ERP-U8 管理系统硬件最低及推荐配置，主机为（　　）。
   A. 500BM～1GHZ　　　　　　　　B. 256MB～512MB
   C. 4GB～10GB　　　　　　　　　D. 8GB～10GB

2. 安装用友 ERP-U8 管理软件单机版，首先以（　　）身份注册进入系统。
   A. 用户名　　　　　　　　　　　B. 用户名和密码
   C. 系统管理员　　　　　　　　　D. 机房管理员

3. 安装前确认计算机（硬盘 HD）剩余空间至少有（　　）GB。
   A. 1　　　　　B. 2.5　　　　　C. 5.2　　　　　D. 10

四、多项选择题

1. SQL Server 2000 包括(　　)等多个版本。
   A. 个人版　　　　B. 标准版　　　　C. 企业版　　　　D. 专业版
2. 用友 ERP - U8 工商企业版适用于(　　)企业。
   A. 制造　　　　　B. 商业　　　　　C. 服务　　　　　D. 金融

实务篇

第六章

系统管理及企业应用平台

内容提要 本章主要介绍两部分的内容:一是系统管理的主要功能,包括账套管理、年度账管理、操作员及其权限的集中管理、系统数据安全的管理等。二是企业应用平台的主要功能,包括基本信息设置、各种基础档案设置、数据权限设置等。

第一节 系统管理

一、系统管理功能概述

系统管理是用友 ERP-U8 管理软件中一个非常特殊的组成部分。它的主要功能是对用友 ERP-U8 管理软件的各个产品进行统一的操作管理和数据维护,具体包括账套管理、年度账管理、操作员及权限的集中管理、系统数据及运行安全的管理等方面。

(一)账套与年度账

1. 账套

账套是指一组相关联的财务数据。一般来说,可以为企业中每一个独立核算的单位建立一个账套,系统最多可以建立 999 套账。账套号由三位数字组成(可选择 001~999 之间任一编号)。

2. 年度账

在系统中,用户不仅可以建立多个账套,而且每个账套中可以放不同年度的会计数据,不同年度的数据存放在不同的数据库中,称为年度账。

(二)账套的引入与输出

1. 账套的引入

账套的引入,即会计数据恢复,是指把软盘上或硬盘上的备份数据恢复到硬盘上指定目录下。系统还允许将系统外某账套数据引入到本系统中,从而有利于集团公司的操作。

2. 账套的输出

账套的输出，即会计数据备份，是指将财务软件所产生的数据备份到硬盘、软盘或光盘中保存起来。其目的是长期保存，防备意外事故造成的硬盘数据丢失、非法篡改和破坏，还可以实现删除当前输出账套的功能。

（三）账套的角色与用户

1. 账套的角色

账套的角色是指在企业管理中拥有某一类职能的组织，这个角色组织可以是实际的部门，也可以是由拥有同一类职能的人构成的虚拟组织。

2. 账套的用户

账套的用户是指有权登录系统，并对系统进行操作的人员，即通常意义上的"操作员"。

（四）系统管理员与账套主管

系统允许以两种身份注册进入系统管理：一是以系统管理员的身份；二是以账套主管的身份。

1. 系统管理员

系统管理员负责整个系统的总体控制和维护工作，可以管理该系统中所有的账套。

2. 账套主管

账套主管负责所选账套的维护工作。主要包括对所选账套进行修改、对年度账的管理以及该账套操作员权限的设置。

二、建立新年度核算体系

新年度到来时，应设置新年度核算体系，即设置新年度的账簿并将上年余额过到新年度，以便开始新的一年的核算。年度账的管理工作由账套主管全权负责，因此，需要以账套主管的身份注册进入系统管理来进行相关的操作。

（一）年度账的输出

年度账的输出和账套的输出的作用相同，年度账的输出方式对于有多个异地单位的客户的及时集中管理是有好处的。例如，某单位总部在北京，其上海分公司每月需要将最新的数据传输到北京。此时，第一次只需上海将账套输出（备份），然后传输到北京进行引入（恢复备份），以后再需要传输数据时只需要将年度账进行输出（备份）然后引入（恢复备份）即可。这种方式使得以后只传输年度账即可，其好处是传输的数据量小，便于提高传输效率和降低费用。

（二）建立新年度账

建立新年度账是在已有上年度账套的基础上，通过新年度账的建立，自动将上个年度账的基本档案信息结转到新的年度账中。对于上年余额等数据信息则需要在年度账结转操作完成后，由上年自动转入下年的新年度账中。

（三）结转上年数据

企业的日常工作是持续进行的，只是为了统计分析的需要，人为地将企业持续的经营时间划分为一定的时间段，一般以年为最大单位来统计。所以每到年末，需要启用新年度账，将上年度中的相关模块的余额及其他信息结转到新年度账中。

（四）调整相关事项

成功结转上年余额后，在新年度日常业务开始之前，可以对某些事项做调整。例如，可以增加、修改或删除科目;对于已经两清的单位和个人项目可以删除等。

（五）新年度日常业务

相关事项调整完毕后,就可以开始新年度的日常业务处理了。

第二节　企业应用平台

一、企业应用平台概述

在用友 ERP-U8 应用系统中,企业应用平台扮演着很重要的角色。要进入用友 ERP-U8 应用系统,首先,用户要注册进入"企业应用平台",从而取得无需再次验证而进入任何一个子系统的"通行证",充分体现了数据共享和系统集成的优势;其次,系统的基础档案信息将集中在企业应用平台中进行维护;最后,通过企业应用平台还可以实现个性化业务工作与日常办公的协同进行。

二、基础设置

（一）基本信息设置

在基本信息设置中,可以进行系统启用设置,并对建账过程确定的编码方案和数据精度进行修改。

用友 ERP-U8 管理系统分为财务会计、管理会计、供应链、生产制造、人力资源、集团应用、决策支持和企业应用集成等产品组,每个产品组中又包含若干模块,它们中大多数既可以独立运行,又可以集成使用,但两种用法的流程是有差异的。一方面企业可以根据本身的管理特点选购不同的子系统;另一方面企业也可能采取循序渐进的策略有计划地先启用一些模块,一段时间之后再启用另外一些模块。系统启用为企业提供了选择的便利,它可以表明企业在何时点及启用了哪些子系统。只有设置了系统启用的模块才可以登录。

有两种方法可以设置系统启用:一种是在企业建账完成后立即进行系统启用;另一种是在建账结束后由账套主管在系统管理中进行系统启用设置。

（二）基础档案设置

基础档案是系统日常业务处理必需的基础资料,是系统运行的基石。一个账套总是由若干个子系统构成,这些子系统共享公用的基础档案信息。在启用新账套之前,应根据企业的实际情况,结合系统基础档案设置的要求,事先做好基础数据的准备工作。基础档案设置包括机构人员、客商信息、存货、财务、收付结算和其他等内容。

（三）数据权限设置

用友 ERP-U8 管理软件中,提供了三种不同性质的权限管理:功能权限、数据权限和金额权限。功能权限在系统管理中进行设置,主要规定了每个操作员对各模块及细分功能的操作权限。数据权限是针对业务对象进行的控制,可以选择对特定业务对象的某些项目和某些记录进行查询和录入的权限控制。金额权限的主要作用体现在两个方面:一是设置用户在填制凭证时,对特定科目允许输入的金额范围;二是设置用户在填制采购订单时,允许输入的采购金额范围。

第三节 实务处理

一、系统注册

【例 6-1】 以系统管理员 admin 的身份注册系统管理。

(1) 执行"开始"→"程序"→"用友 ERP-U8"→"系统服务"→"系统管理"命令,启动系统管理。

(2) 选择"系统"菜单中的"注册"命令,打开"登录"系统管理对话框。

(3) 系统中预先设定了一个系统管理员 admin,第一次运行时,系统管理员密码为空,选择系统默认账套(default),单击"确定"按钮,以系统管理员身份进入系统管理,如图 6-1 所示。

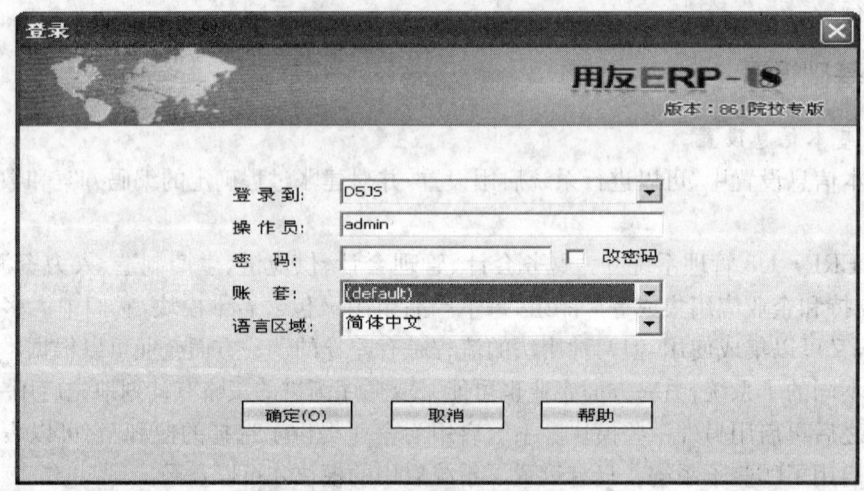

图 6-1 系统管理员登录系统管理

 特别提醒

为了保证系统的安全性,在"登录"系统管理对话框中,可以设置或更改系统管理员的密码。如设置系统管理员密码为 Super 的操作步骤如下:① 选中"改密码"复选框和系统默认账套,单击"确定"按钮。② 打开"设置操作员密码"对话框,在"新密码"和"确认新口令"后面的输入区中均输入"Super"。③ 单击"确定"按钮,返回系统管理。

一定要牢记设置的系统管理员密码,否则无法以系统管理员的身份进入系统管理,也就不能执行账套数据的引入和输出。

考虑实际教学环境,建议不要设置系统管理员密码。

二、增加用户

【例 6-2】 按表 6-1 的资料增加用户。

表 6-1　　　　　　　　　　　用 户 资 料

编　　号	姓　　名	口　　令
101	王　强	1
102	刘　莉	2
103	张　兰	3

（1）选择"权限"菜单中的"用户"命令,打开"用户管理"对话框。

（2）单击工具栏上的"增加"按钮,打开"增加用户"对话框,录入用户编号、姓名、口令,如图 6-2 所示。

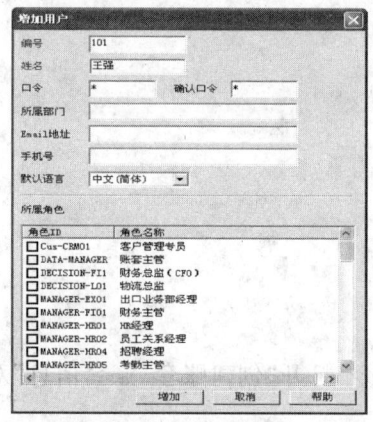
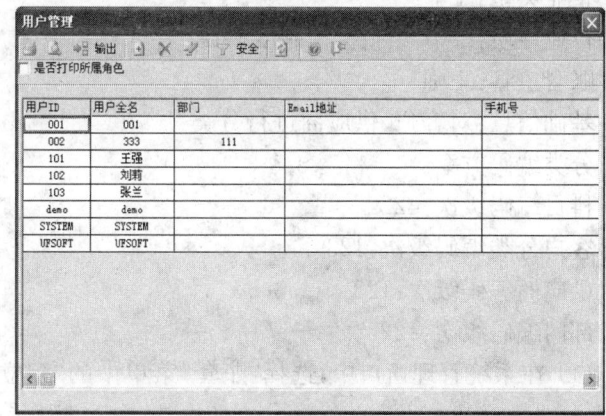

图 6-2　增加用户　　　　　　　　　　图 6-3　用户列表

（3）单击"增加"按钮,保存新增设置。

（4）继续设置其他的用户。

（5）最后单击"取消"按钮结束,返回"用户管理"窗口,所有用户以列表方式显示,如图 6-3 所示。

（6）单击工具栏上的"退出"按钮,返回"系统管理"窗口。

温馨提示

（1）只有系统管理员才有权限设置角色和用户。

（2）用户编号在系统中必须唯一,即使是不同的账套,用户编号也不能重复。

（3）设置操作员口令时,为保密见,输入的口令字以"＊"在屏幕上显示。

（4）所设置的操作员用户一旦被引用,便不能被修改和删除。

（5）如果操作员调离企业,可以通过"修改"功能"注销当前用户"。

（6）在"增加用户"对话框中,蓝色字体标注的项目为必输项,其余项目为可选项。这一规则适用于所有界面。

三、建立账套

【例6-3】 按下列所给的资料建立一个账套。
账套号:007
单位名称:永久股份有限公司
单位简称:永久公司
单位地址:广西南宁市大学西路70号
法人代表:梁兴
邮政编码:530007
税号:100012312456782
启用会计期:2010年1月1日
企业类型:工业
行业性质:2007年新会计制度科目
账套主管:王强
基础信息:对客户、供应商进行分类
分类编码方案
科目编码级次:4222
客户分类编码级次:123
供应商编码级次:123
部门编码级次:122

(1) 在系统管理窗口中,选择"账套"菜单中的"建立"命令,打开"创建账套-账套信息"对话框。

(2) 输入账套信息。

已存账套:系统中已存在的账套在下拉列表框中显示,用户只能查看,不能输入或修改。

账套号:必须输入。本例输入账套号"007"。

账套名称:必须输入。本例输入"永久股份有限公司"。

账套路径:用来确定新建账套将要被放置的位置,系统默认的路径为 C:\U8SOFT\Admin\,用户可以人工更改,也可以利用"…"按钮进行参照输入,本例采用系统的默认路径。

启用会计期:必须输入。系统默认为计算机的系统日期,更改为"2010年1月"。

是否集团账套,是否使用OA:不选择。

输入完成后,如图6-4所示。单击"下一步"按钮,进行单位信息设置。

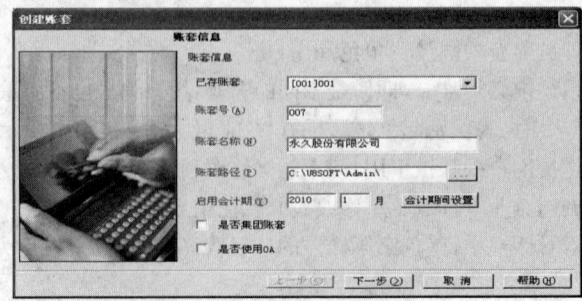

图6-4 输入账套信息

(3) 输入单位信息。

单位名称:用户单位的全称,必须输入。企业全称只在发票打印时使用,其余情况全部使用企业的简称。本例输入"永久股份有限公司"。

单位简称:用户单位的简称,最好输入。本例输入"永久公司"。

其他栏目都属于任选项,参照资料输入即可。输入完成后,如图6-5所示。单击"下一步"按钮,进行核算类型设置。

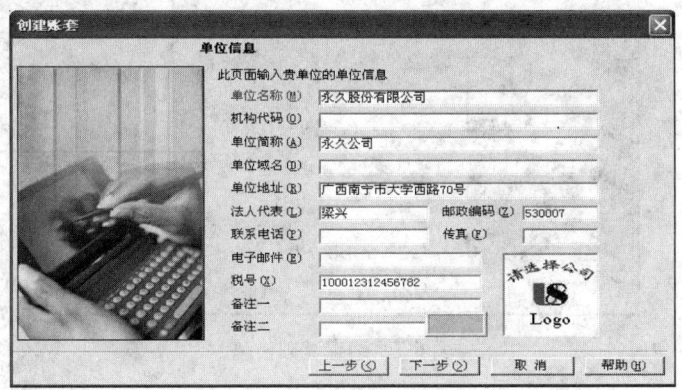

图 6-5　输入单位信息

(4) 输入核算类型。

本币代码:必须输入。本例采用系统默认值"RMB"。

本币名称:必须输入。本例采用系统默认值"人民币"。

企业类型:用户必须从下拉列表框中选择输入。系统提供了工业、商业、医药流通三种模式。如果选择工业模式,则系统不能处理受托代销业务;如果选择商业模式,委托代销和受托代销都能处理。本例选择"工业"模式。

行业性质:用户必须从下拉列表框中选择输入,系统按照所选择的行业性质预置科目。本例选择行业性质为"2007年新会计制度科目"。

科目预置语言:中文(简体)。V8.61为多语言版本。

账套主管:必须从下拉列表框中选择输入。本例选择"101王强"。

按行业性质预置科目:如果用户希望预置所属行业的标准一级科目,则选中该复选框。本例选择"按行业性质预置科目"。

输入完成后,如图6-6所示。单击"下一步"按钮,进行基础信息设置。

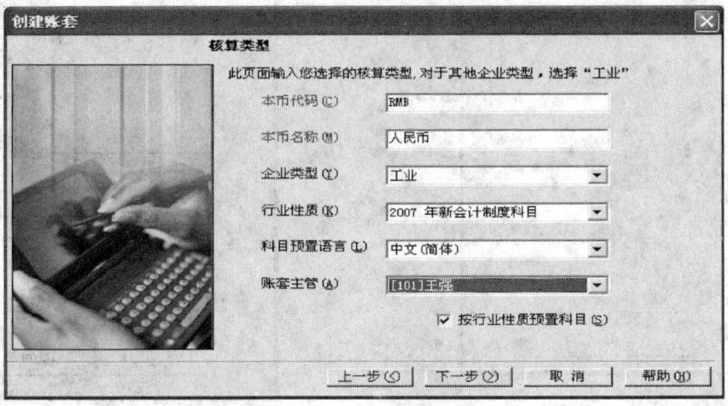

图 6-6　输入核算类型

(5)确定基础信息。如果单位的存货、客户、供应商相对较多,可以对他们进行分类核算。如果此时不能确定是否进行分类核算,也可以在建账完成后,由账套主管在"修改账套"功能中设置分类核算。

首先,按照本例要求,选中"客户是否分类"、"供应商是否分类"2个复选框,单击"完成"按钮,如图 6-7 所示。

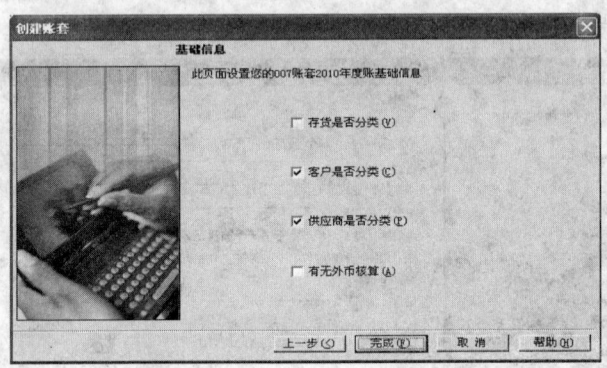

图 6-7 确定基础信息

其次,系统提示"可以创建账套了吗?",单击"是"按钮,稍候,系统打开"编码方案"对话框。

 **温馨提示**

此处创建账套的时间较长,请耐心等待。

(6)确定编码方案。为了便于对经济业务数据进行分级核算、统计和管理,系统要求预先设置某些基础档案的编码规则,即规定各种编码的级次及各级的长度。

首先,修改科目编码级次为"4222"、客户分类编码级次为"123"、供应商编码级次为"123"及部门编码级次为"122",单击"确定"按钮,如图 6-8 所示。

图 6-8 确定基础信息

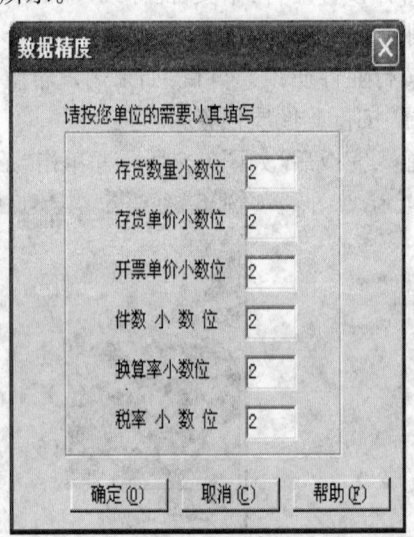

图 6-9 数据精度定义

其次,再单击"取消"按钮,打开"数据精度"对话框。

(7)数据精度定义。数据精度是指定义数据的小数位数,如果需要进行数量核算,则必须认真填写该项。

首先,本例采用系统默认值,单击"确定"按钮,如图 6-9 所示。

其次,系统提示是否进行系统启用设置信息,如图 6-10 所示。

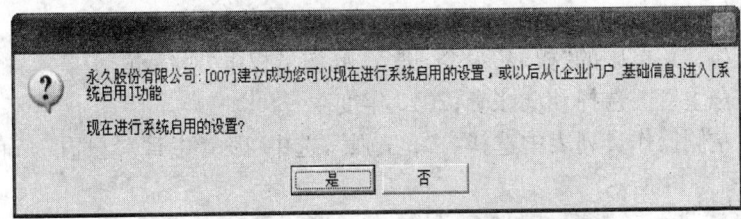

图 6-10 "是否进行系统启用"的提示

再次,选择"是",进入"系统启用"窗口,选中"GL 总账"复选框,弹出"日历"对话框,选择日期"2010 年 1 月 1 日",单击"确定"按钮,在如图 6-11 出现的提示信息"确实要启用当前系统吗?"选择"是",设置好后如图 6-12 所示。

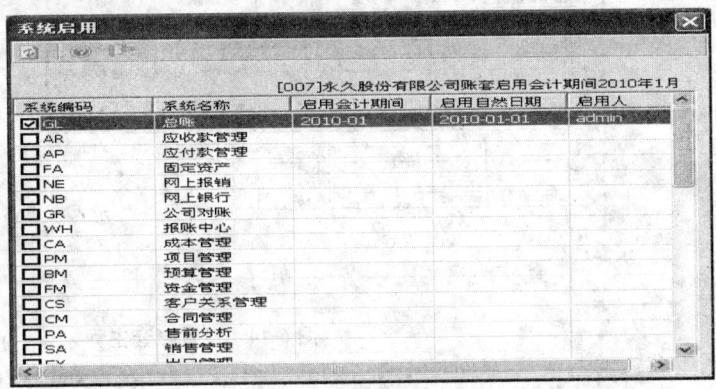

图 6-11 确定启用系统的提示　　　　图 6-12 启用总账系统

最后,出现如图 6-13 的提示信息,单击"关闭"按钮,返回系统管理。

图 6-13 进入企业应用平台提示

温馨提示

编码方案、数据精度、系统启用项目可以由账套主管在"企业应用平台"→"设置"→"基本信息"中进行修改。

四、设置权限

【例6-4】 按如下材料给用户设置权限：

账套主管——101 王强　　权限：该账套的所有权限
会计——102 刘莉　　　　权限：总账的所有权限
出纳——103 张兰　　　　权限：出纳签字及出纳的权限

（1）选择"权限"菜单中的"权限"命令，进入"操作员权限"对话框。

（2）设置账套主管。选择007账套；2010年度。

（3）从窗口左侧操作员列表中选择"101 王强"，选中"账套主管"复选框，确定王强具有账套主管权限，如图6-14所示。

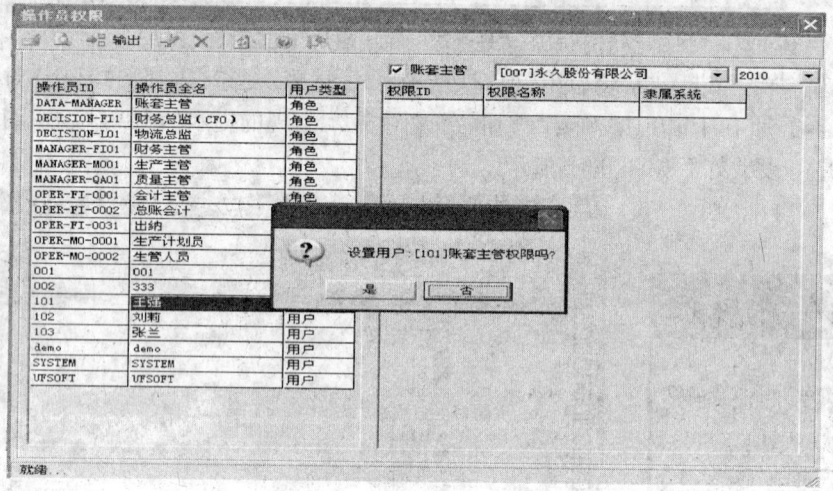

图6-14　设置账套主管

特别提醒

（1）由于在增加用户和建立账套时已设定"王强"为账套主管，此处无需再设置。如果在建账时未设定王强为账套主管，可以在此处进行指定。

（2）一个账套可以设定多个账套主管。

（3）账套主管自动拥有该账套的所有权限。

（4）选择"刘莉"，选择"007"账套。单击工具栏上的"修改"按钮，打开"增加和调整权限"对话框，选中"GL（总账）"，单击"确定"按钮返回，如图6-15所示。

（5）同理，设置其他用户的操作权限。单击工具栏上的"退出"按钮，返回系统管理。

五、账套的输出与删除

（一）账套的输出

【例6-5】 将007账套输出到"D:\会计0902刘敏"文件夹中。

（1）以系统管理员admin的身份注册进入"用友ERP-U8系统管理"窗口。

第六章 系统管理及企业应用平台 | 101

图 6-15 设置权限

（2）选择"账套"菜单中的"输出"命令，打开"账套输出"对话框，选择需要输出的账套 007，单击"确认"按钮，如图 6-16 所示。稍候，系统提示"请选择账套备份路径"对话框。

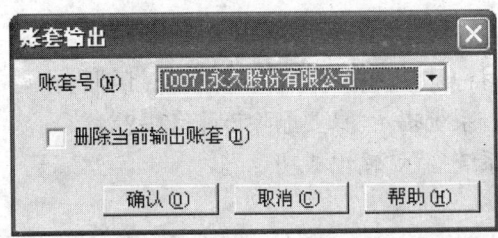

图 6-16 "账套输出"对话框

（3）选择需要将账套数据输出的驱动器及所在目录，单击"确定"按钮，如图 6-17 所示。

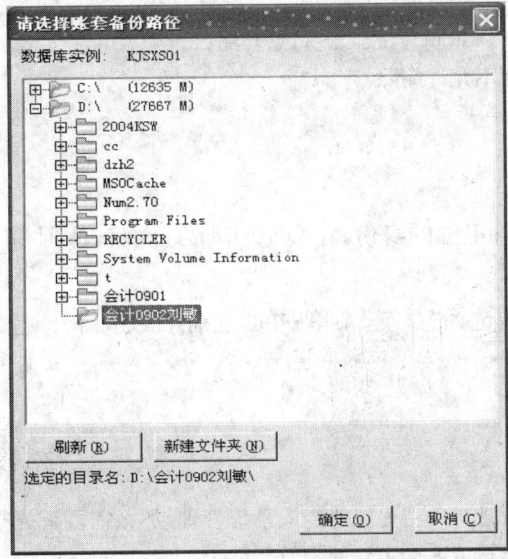

图 6-17 选择账套备份路径

(4)备份完成后,系统弹出"输出成功"信息提示对话框,单击"确定"按钮返回。

(二)账套的删除

如果要将某个账套从系统中删除,则应使用账套输出功能中的删除账套功能。

【例6-6】 将007账套删除。

(1)以系统管理员admin身份注册进入"用友ERP-U8系统管理"窗口。

(2)选择"账套"菜单中的"输出"命令,打开"账套输出"对话框。

(3)单击"账套号"下拉列表框中的下三角按钮,选择需要删除的账套"[007]永久股份有限公司"。

(4)选中"删除当前输出账套"前的复选框,如图6-18所示。

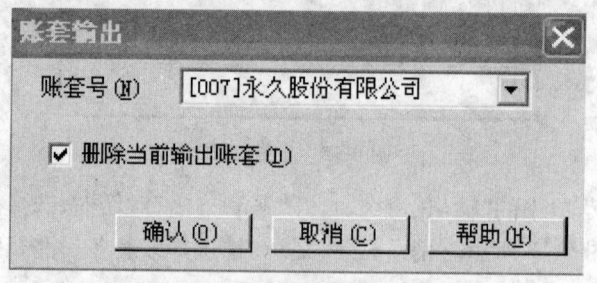

图6-18 选择"删除当前输出账套"

(5)单击"确认"按钮,打开"请选择账套备份路径"对话框。

(6)单击"确定"按钮。系统提示"真要删除该账套吗?"

(7)单击"是"按钮。系统提示"输出成功"。

(8)单击"确定"按钮。

特别提醒

(1)只有系统管理员(admin)有权限进行账套输出。

(2)正在使用的账套不允许删除。

六、账套的修改

【例6-7】 以账套主管王强的身份,在2010年1月5日,注册进入007账套,修改账套信息为"有外币核算"。

(1)在系统管理窗口,选择"系统"菜单中的"注册"命令,打开"登录"对话框。

温馨提示

如果此前是以系统管理员的身份注册进入系统管理,那么需要首先执行"系统"→"注销"命令,注销当前系统操作员,再以账套主管的身份登录。

(2)在"操作员"文本框中输入"101"或"王强";在"密码"文本框中输入"1",选择"007永久股份有限公司",操作日期为"2010-01-05"。

(3)单击"确定"按钮。

(4)选择"账套"菜单中的"修改"命令,打开"修改账套"对话框,如图6-19所示。

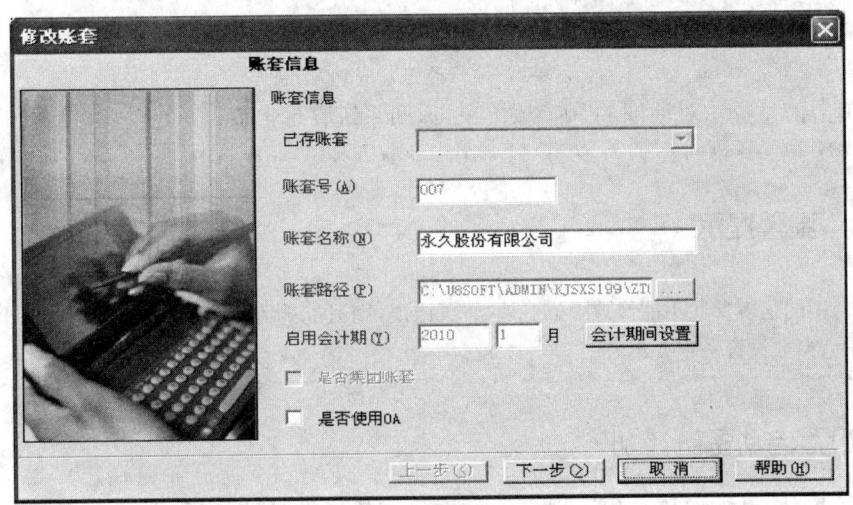

图6-19 "修改账套"对话框

(5)单击"下一步"按钮,打开"单位信息"对话框,再单击"下一步"按钮,打开"核算类型"对话框,再单击"下一步"按钮,打开"基础信息"对话框。

(6)单击选中"有无外币核算"前的复选框,如图6-20所示。

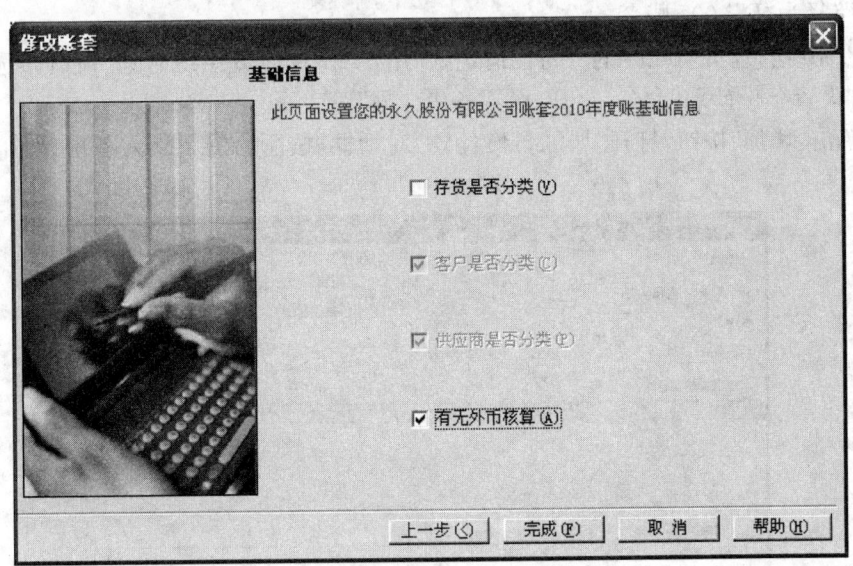

图6-20 "基础信息"对话框

(7)单击"完成"按钮,系统提示"确认修改账套了么?"信息。

(8)单击"是"按钮,打开"编码方案"对话框,再单击"取消"按钮,打开"数据精度"对话框,再单击"关闭"按钮,系统提示"修改账套成功"信息,如图6-21所示。

图 6-21 "修改账套成功"信息

(9) 单击信息提示对话框的"确定"按钮,返回系统管理窗口。

温馨提示

账套中的很多参数不能修改。若这些参数错误,则只能删除此账套,再重新建立。因此,建立账套时,参数设置一定要小心。

七、设置自动备份计划

在用友 ERP-U8 应用系统中提供了设置自动备份计划的功能,其作用是自动定时对设置的账套进行输出(备份)。利用该功能,可以实现定时、自动输出多个账套的目的,有效减轻了系统管理员的工作量,保障了系统数据安全。

【例 6-8】 设置 007 账套的备份计划为:计划编号"001",计划名称"周计划",备份类型"账套备份",发生频率"每周",发生天数"7",开始时间"13:00:00",有效触发"2"小时,保留天数"0",备份路径为"D:\007 账套备份"。

(1) 以系统管理员 admin 的身份注册进入"用友 ERP-U8 系统管理"窗口。选择"系统"菜单中的"设置备份计划"命令,打开"设置备份计划"对话框。

(2) 单击"增加"按钮,打开"增加备份计划"对话框,按所给资料录入备份计划,如图 6-22 所示。

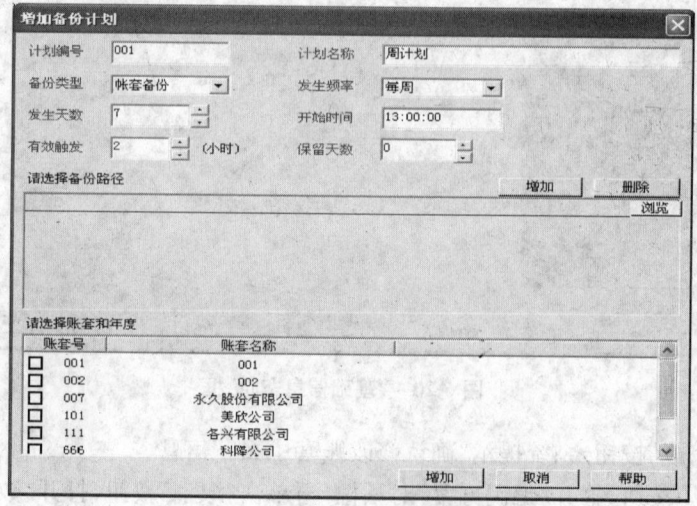

图 6-22 "增加备份计划"对话框

(3) 单击"请选择备份路径"的"增加"按钮,单击"浏览",选择"D:\007 账套备份"文件夹。
(4) 在"请选择账套和年度"下选择"007 永久股份有限公司",设置完成后,单击"增加"按钮,如图 6-23 所示。

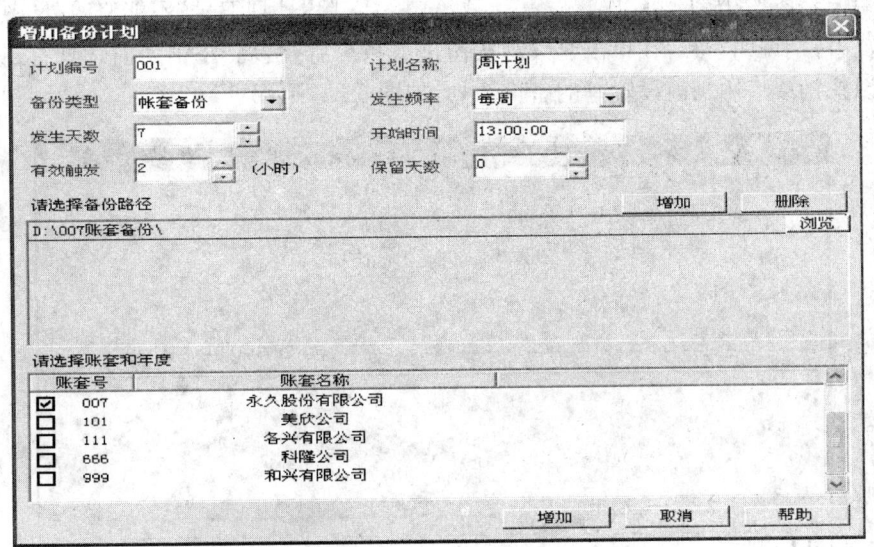

图 6-23　设置好的备份计划

 特别提醒

(1) 已经设置了备份计划、且该计划正在启用的账套不能再次被选择;选择账套备份时一次可以选择多个账套号,且必须保证有一个账套号是可以随时修改选择的账套号。
(2) 当选择年度账备份时,系统自动将系统表中已经存在的年度账显示出来,用户可以选择需要备份的年度账。
(3) 已经设置了备份计划、且该计划正在启用的年度账不能再次被选择;选择年度账备份时一次可以选择多个账套的年度账,且必须保证有一个账套的年度账是可以随时修改选择的年度账。

"增加备份计划"对话框中的项目功能如下:① 发生频率:系统提供"每天、每周、每月"3 项选择,可以根据备份需要进行选择。② 发生天数:系统根据发生频率,确认执行备份计划的确切天数。如果选择"每天"为周期,系统不允许选择发生天数;如果选择"每周"为周期,系统允许选择的天数为 1~7 之间的数字(1 代表星期日,2 代表星期一,以此类推);如果选择"每月"为周期,系统允许选择的天数为 1~31 之间的数字,如果其中某月的时间日期不足设置的天数,系统则按最后一天进行备份。例如,设置为 30,但在 2 月份不足 30 天时,系统会在 2 月的最后一天进行备份。③ 开始时间:在指定的发生频率中的发生天数内的什么时间开始进行备份。例如,选择每周的第 5 天的中午 12 时进行备份,就在发生频率中选择"每周",在"发生天数"中选择"6",在"开始时间"选择"12:00:00"。④ 有效触发:如遇网络或数据冲突无法备份时,以备份开始时间为准,在有效触发小时的范围内,系统可反复重新备份,直到备份完成。
⑤ 保留天数:系统可以自动删除时限之外的备份数据,当数值为 0 时,系统认为永不删除备

份。例如,设置为100,则系统以计算机时间为准,将前100天的备份数据自动删除。⑥备份路径:可以选择一个本机或者网络路径存放备份数据文件。系统自动根据设置的路径对应每一个账套或年度账套建立子目录,并自动保存最新的两份数据备份文件。

(5)单击"修改"按钮,可以修改备份计划的内容。除"计划编号"不能修改外,其他信息都可以修改。特别说明一点,在单击"修改"按钮进入系统后,出现"注销当前计划"按钮,单击该按钮,可以注销或启用当前设置好的备份计划,如图6-24所示。

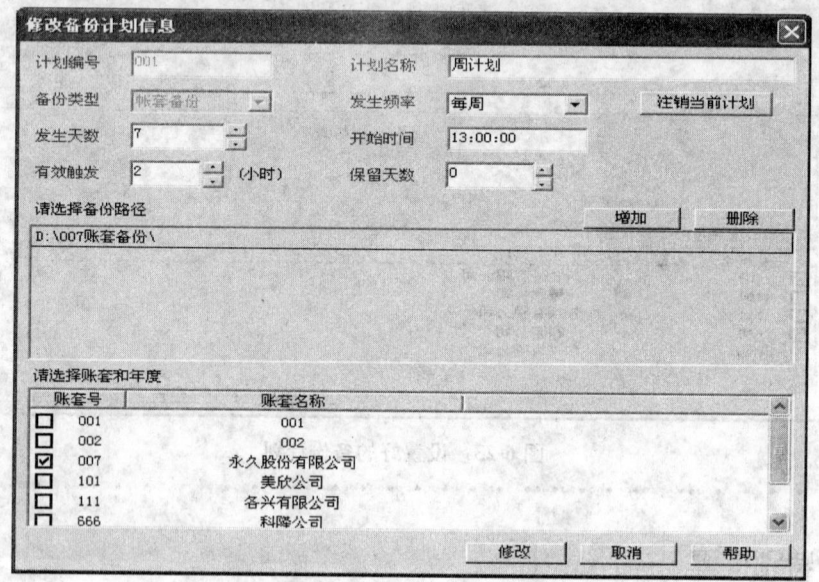

图6-24 "修改备份计划信息"对话框

温馨提示

(1)对于系统输出路径,只能是本地磁盘。
(2)对于发生天数可以按规定范围进行选择,如果手工录入超过规定数值,则在增加、修改时系统提示有效范围。

八、企业应用平台

企业应用平台是用友ERP-U8管理软件的唯一入口,实现了用友ERP-U8管理软件各产品统一登录、统一管理的功能。操作员的角色及权限决定了其是否有权登录系统,是否可以使用企业应用平台中的各功能单元。

【例6-9】以账套主管王强的身份登录企业应用平台。

(1)执行"开始"→"程序"→"用友ERP-U8"→"企业应用平台"命令,打开"登录"对话框。

(2)在"操作员"输入"101"或"王强";输入密码1;在"账套"下拉列表框中选择"007 永久股份有限公司";更改"操作日期"为"2010-01-01",如图6-25所示。

(3)单击"确定"按钮,进入"UFIDA-ERP-[工作中心]"窗口,如图6-26所示。

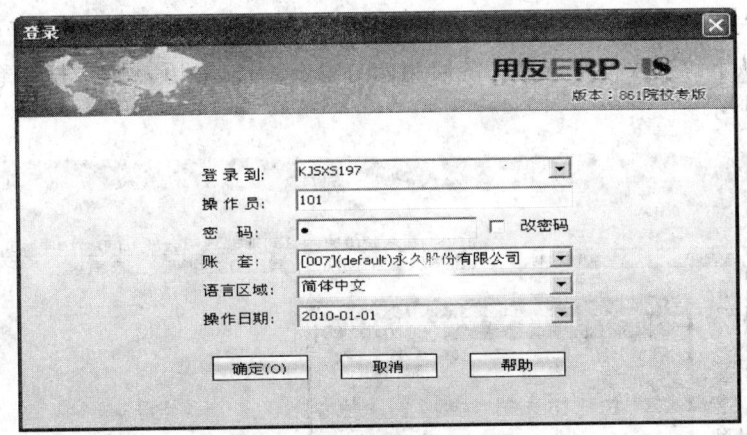

图 6-25 登录企业应用平台

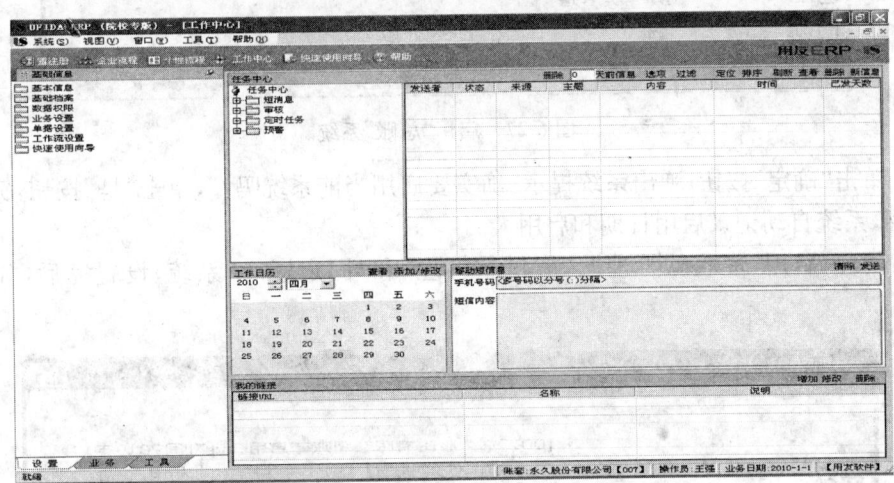

图 6-26 "UFIDA-ERP-[工作中心]"窗口

九、基本信息

（一）系统启用

系统启用是指设定在用友 ERP–U8 应用系统中各个子系统开始使用的日期。只有启用后的子系统才能进行登录。系统启用有两种方法：

（1）在系统管理中创建账套时启用系统。当用户创建一个新的账套完成后，系统弹出提示信息，可以选择立即进行系统启用设置。

（2）在企业应用平台中启用系统。如果在建立账套时未设置系统启用，也可以在企业应用平台中进行设置。

【例 6-10】 2010 年 1 月 1 日，由账套主管王强，进入企业应用平台后，启用"总账"、"应收款管理"、"应付款管理"和"固定资产"系统，启用日期均为"2010-01-01"。

操作步骤如下：

（1）在"企业应用平台"中，打开工作列表中的"设置"选项卡，单击展开"基本信息"→"系统启用"文件夹，打开"系统启用"对话框。

（2）启用"总账"系统。单击选中"总账"系统前的复选框，弹出"日历"对话框，选择系统启用的年度，再从下拉列表框中选择系统启用的月份，最后从日历表中单击选择系统启用的日期，如图6-27所示。

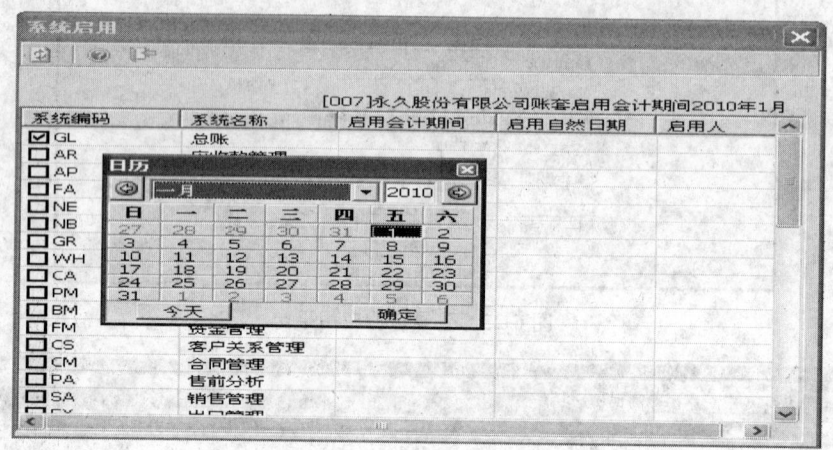

图6-27　启用"总账"系统

（3）单击"确定"按钮，弹出系统提示"确实要启用当前系统吗？"，单击"是"按钮，完成总账系统启用，系统自动记录启用日期和启用人。

（4）同理，启用"应收款管理"、"应付款管理"和"固定资产"系统，设置完后，如图6-28所示。

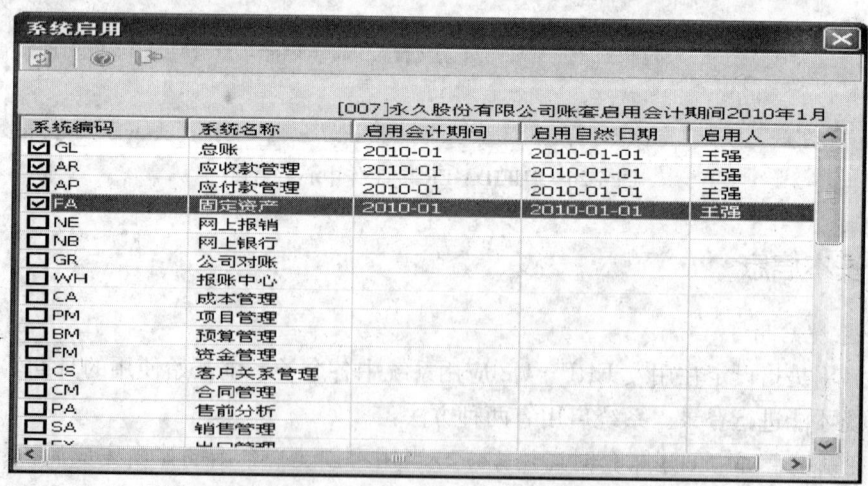

图6-28　设置后的"系统启用"窗口

特别提醒

（1）"系统启用"对话框所列出的子系统全部是已安装的子系统，未安装的不予列示。
（2）各系统的启用会计期间必须大于等于账套的启用期间。

(二)编码方案及数据精度

编码方案主要用于设置有编码级次档案的分级方式和各级编码长度,用友 ERP-U8 应用系统中的所有子系统均需要用到编码方案。如果在建立账套时所设置的编码方案不能满足企业的需要可以在此处进行修改。数据精度主要用于设置业务系统中一些特定数据的小数位长度。其意义及设置方法参见本节的第三部分"建立账套"。

十、基础档案

(一)设置机构人员

设置机构人员主要包括设置部门档案和设置人员档案两部分的内容。

1. 设置部门档案

部门是指某使用单位下辖的具有分别进行财务核算或业务处理要求的单位,不一定与企业实际的职能部门相对应。部门档案用于设置部门相关信息,包括部门编码、名称、负责人、部门属性等。

【例 6-11】 永久股份有限公司的部门资料如表 6-2 所示。

表 6-2　　　　　　　　　　部门资料

部门编码	部门名称	负责人
1	行政部	吴霞
2	财务部	王强
3	市场部	秦进
301	采购部	
302	销售部	

操作步骤如下:

(1) 在"企业应用平台"中,打开工作列表中的"设置"选项卡,单击展开"基础档案"→"机构人员"→"部门档案"文件夹,进入"部门档案"窗口,如图 6-29 所示。

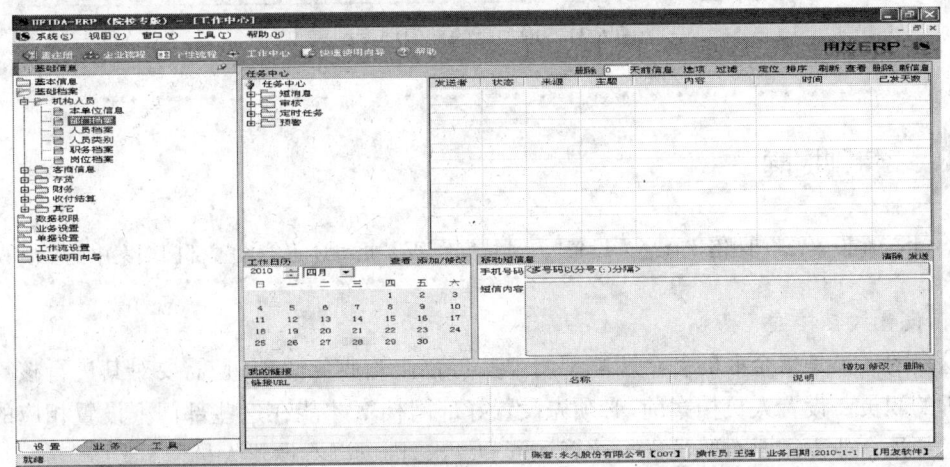

图 6-29　进入"部门档案"窗口

（2）单击"增加"按钮,在右窗口的"部门编码"、"部门名称"文本框中分别录入"1"、"行政部",如图6-30所示。

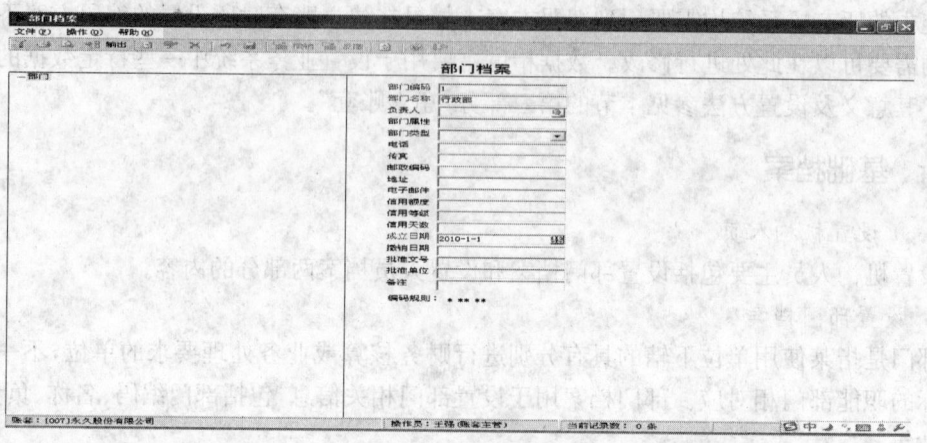

图6-30 增加部门档案

（3）单击"保存"按钮。
（4）同理,增加其他的部门档案。已设置好的部门档案如图6-31所示。

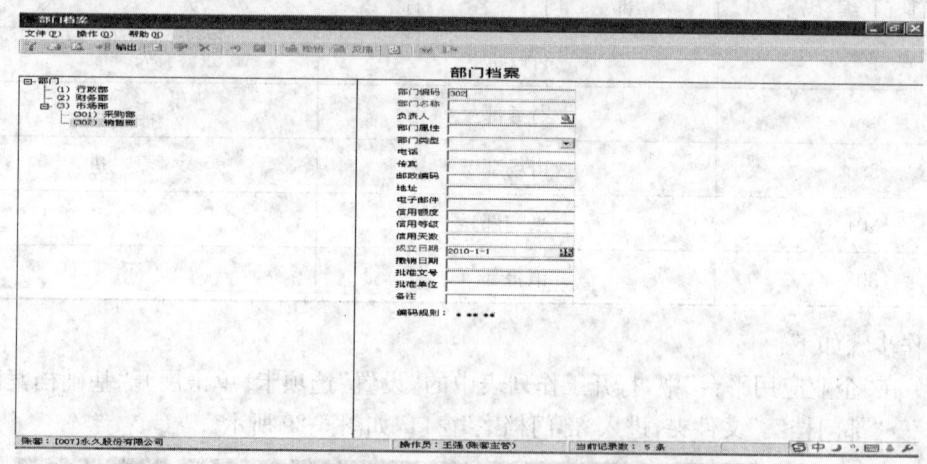

图6-31 增加后的部门档案列表

特别提醒

由于在设置"部门档案"时还未设置"人员档案",所以此时还不能设置部门档案中的负责人。

2. 设置人员档案

这里的人员是指企业的各个职能部门中参与企业的业务活动,且需要对其进行核算和业务管理的职员。设置人员档案前,必须先设置好部门档案才能在这些部门下设置相应的人员档案。如果企业不需要对职员进行核算和管理要求,则可以不设置人员档案。

【例6-12】 永久股份有限公司的人员资料如表6-3所示。

表 6-3　　　　　　　　　　　　　　人　员　资　料

职员编码	职员姓名	人员类别	性　别	所属部门
1	吴　霞	在职人员	女	行政部
2	汪　洋	在职人员	男	行政部
3	王　强	在职人员	男	财务部
4	刘　莉	在职人员	女	财务部
5	张　兰	在职人员	女	财务部
6	秦　进	在职人员	男	采购部
7	韦　丽	在职人员	女	销售部

（1）在"企业应用平台"中，打开工作列表中的"设置"选项卡，单击展开"基础档案"→"机构人员"→"人员档案"文件夹，进入"人员列表"窗口，如图 6-32 所示。

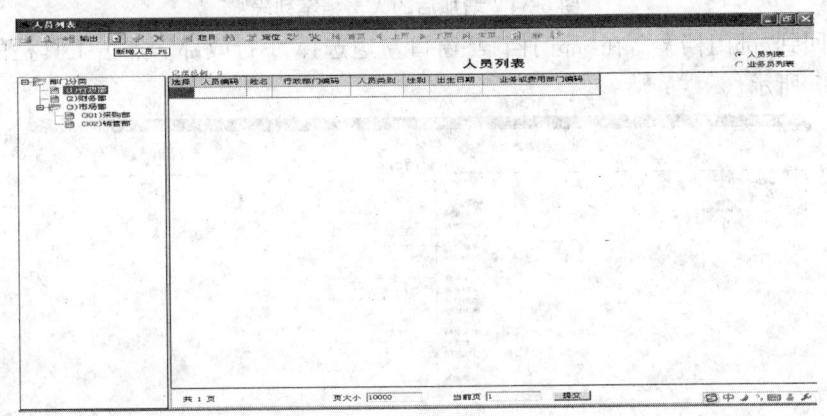

图 6-32　"人员列表"窗口

（2）单击"增加"按钮，进入"人员档案"窗口，在"基本"信息选项卡中，分别录入相关信息，如图 6-33 所示。其中人员编码、人员姓名、人员类别、行政部门和性别（蓝色字段）为必输项，其他为任选项。

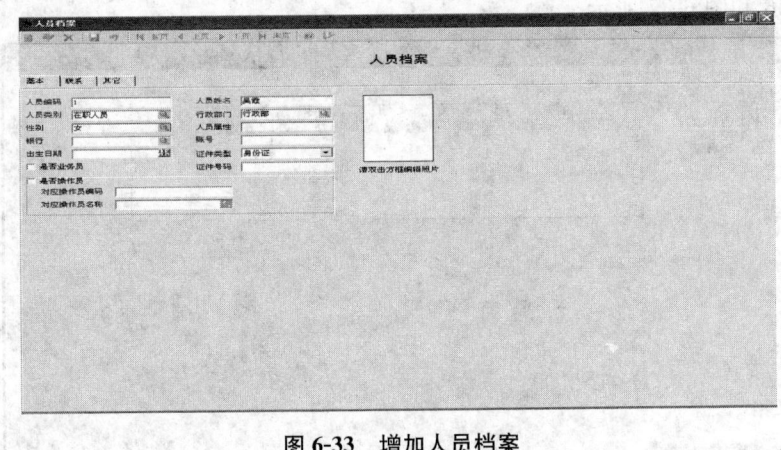

图 6-33　增加人员档案

（3）单击"保存"按钮。

(4) 同理,增加其他人员。其结果如图 6-34 所示。

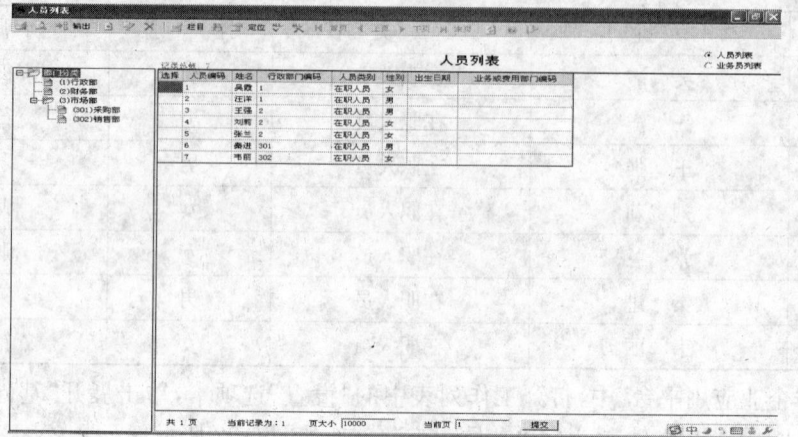

图 6-34　增加后的人员档案列表

(5) 返回到"部门档案",在"部门档案"窗口左边选择"1 行政部",点击工具栏的"修改"按钮,如图 6-35 所示。

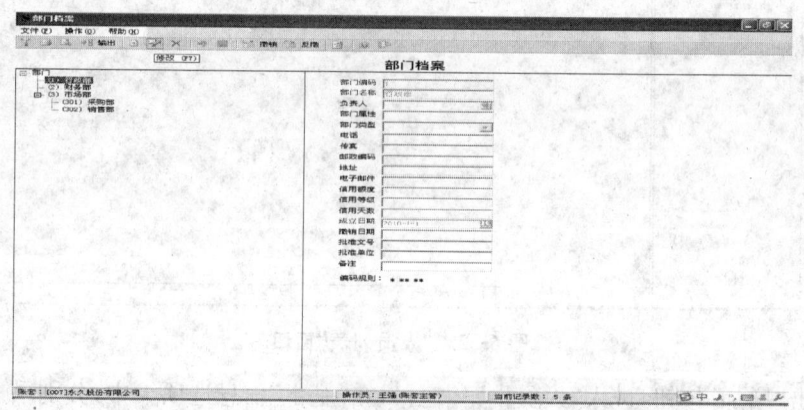

图 6-35　部门档案窗口

(6) 打开"负责人"选项的参照窗口,双击"1 吴霞",单击"保存",则把吴霞设为行政部的负责人,如图 6-36 和图 6-37 所示。

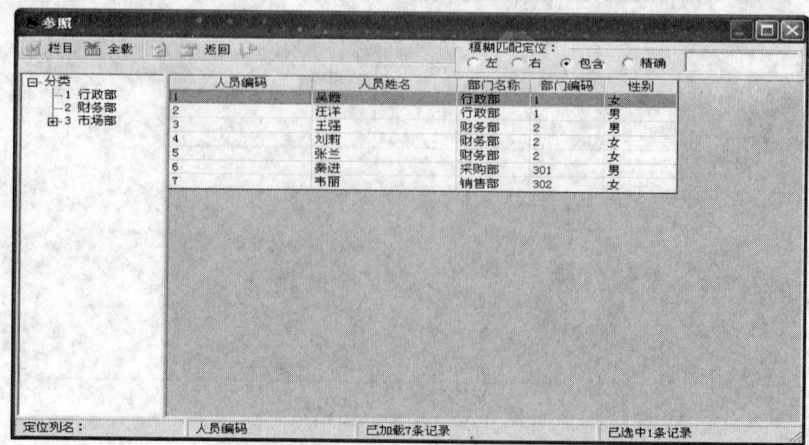

图 6-36　参照项目

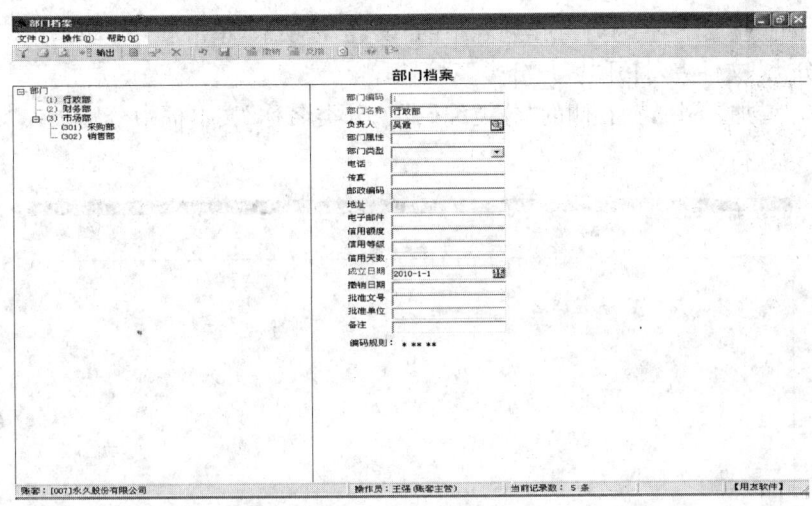

图 6-37 设置负责人

温馨提示

(1) 人员类别在"人员类别"档案中设置。企业可用来对人员进行分类设置和管理。系统预置在职人员、离退休人员、离职人员和其他人员等 4 类人员类别,用户可以自定义扩充人员子类别。

(2) 在人员列表中双击要修改的人员,进入"人员档案"窗口,单击"修改"按钮,即可进入修改状态修改。人员编号不可修改。

(3) 在人员列表中双击要删除的人员,进入"人员档案"窗口,单击"删除"按钮,即可删除人员档案。

(二)往来单位设置

1. 客户分类

当企业的往来客户较多时,可以按照某种分类标准对客户进行分类管理,以便分类汇总统计。可以根据合作时间将客户分为长期客户、中期客户和短期客户;也可以按信用等级分类,或按客户所属行业分类。设置客户分类后,根据不同的分类建立客户档案。如果建账时未选择对客户进行分类管理,则打不开此功能。

【例 6-13】 永久股份有限公司的客户分类如表 6-4 所示。

表 6-4 客 户 分 类

类 别 编 码	类 别 名 称
1	长期客户
2	中期客户
3	短期客户

（1）在"企业应用平台"打开工作列表中的"设置"选项卡，单击展开"基础档案"→"客商信息"→"客户分类"文件夹，打开"客户分类"对话框。

（2）单击"增加"按钮，在右侧的"分类编码"、"分类名称"文本框中分别录入"1"、"长期客户"，如图6-38所示。

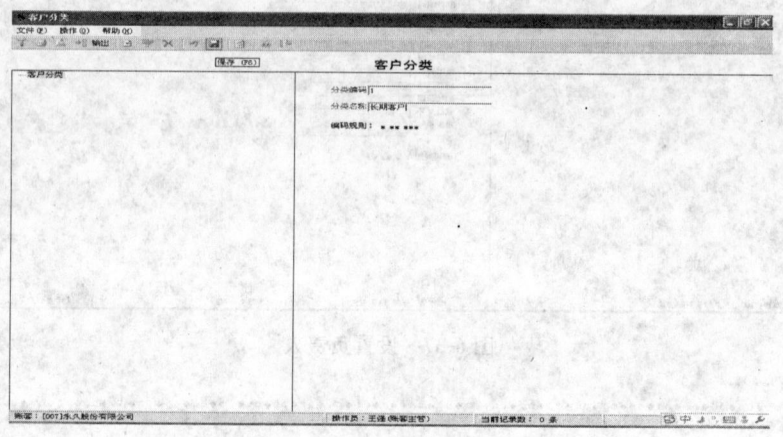

图6-38 增加"客户分类"

 特别提醒

新增的客户分类的分类编码必须与"编码方案"中设定的编码级次结构相符。客户分类必须逐级增加。

（3）单击"保存"按钮。

（4）重复步骤（2）和步骤（3）增加其他分类，如图6-39所示。

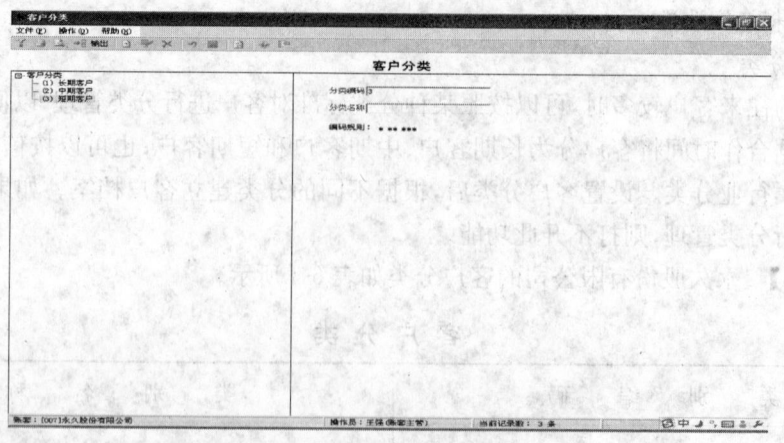

图6-39 增加后的"客户分类"列表

2. 客户档案

客户档案设置主要用于设置往来客户的档案信息，以便于对客户资料进行管理和对业务数据进行录入、统计、分析。如果在建立账套时选择了客户需要分类，则必须在设置完成客户分类的情况下才能编辑客户档案。

【例 6-14】 永久股份有限公司的客户档案如表 6-5 所示。

表 6-5　　　　　　　　　　　客　户　档　案

客 户 编 码	客 户 简 称	所 属 分 类
01	桂新公司	1
02	乐怡公司	2
03	云龙公司	2
04	金定公司	3

（1）在"企业应用平台"打开工作列表中的"设置"选项卡，单击展开"基础档案"→"客商信息"→"客户档案"文件夹，打开"客户档案"对话框。

（2）单击"增加"按钮，打开"增加客户档案"对话框。在"增加客户档案"对话框的"客户编码"、"客户简称"、"客户分类"文本框中分别录入"01"、"桂新公司"和"1"，如图 6-40 所示。

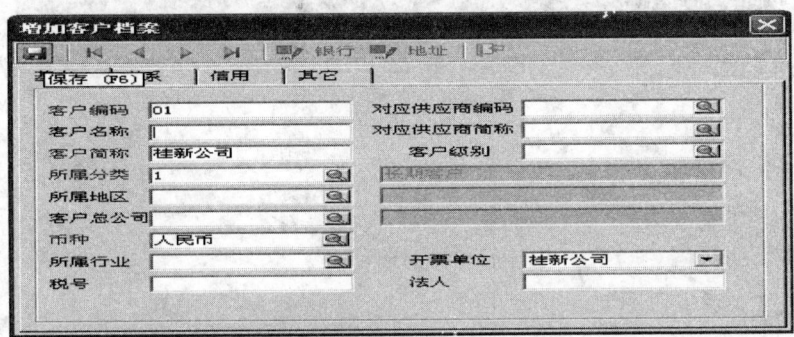

图 6-40　"增加客户档案"对话框

（3）单击"保存"按钮。

（4）在"增加客户档案"对话框中增加其他客户档案后，如图 6-41 所示。

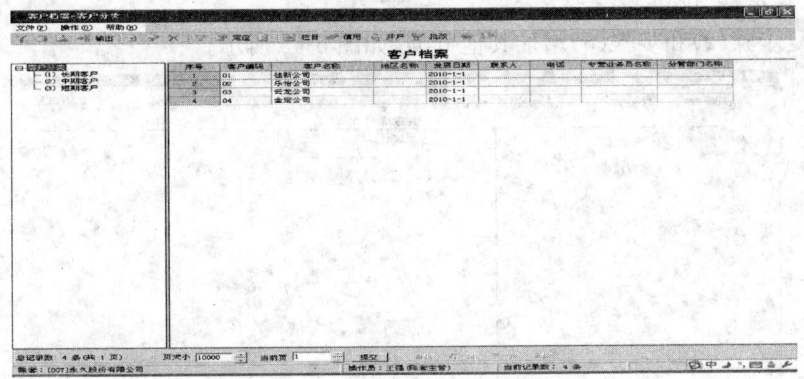

图 6-41　增加后的"客户档案"列表

3．供应商分类

企业可以根据自身管理的需要对供应商进行分类管理，建立供应商分类体系。可将供应商按行业、地区等进行划分,设置供应商分类后,根据不同的分类建立供应商档案。没有对供应商进行分类管理需求的用户可以不使用本功能。供应商分类与客户分类类似。

【例6-15】 永久股份有限公司的供应商分类如表6-6所示。

表6-6 供应商分类

类别编码	类别名称
1	华北地区
2	华东地区
3	华南地区

(1) 在"企业应用平台"打开工作列表中的"设置"选项卡,单击展开"基础档案"→"客商信息"→"供应商分类"文件夹,打开"供应商分类"对话框。

(2) 单击"增加"按钮,在右侧的"分类编码"、"分类名称"文本框中分别录入"1"、"华北地区",如图6-42所示。

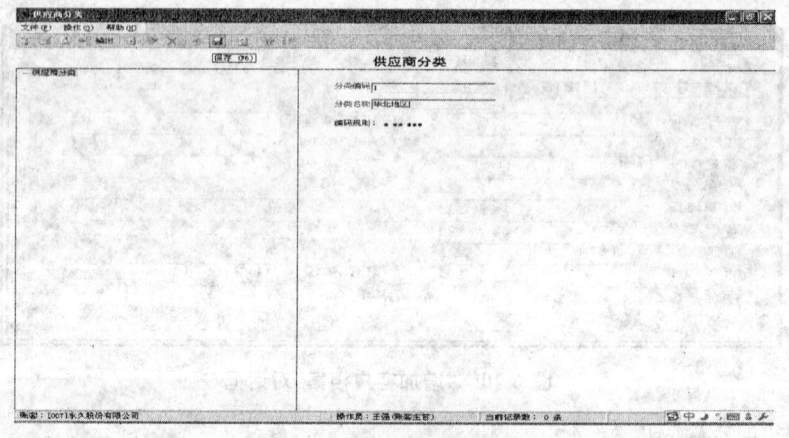

图6-42 增加"供应商分类"

(3) 单击"保存"按钮。

(4) 重复步骤(2)和步骤(3)增加其他分类,如图6-43所示。

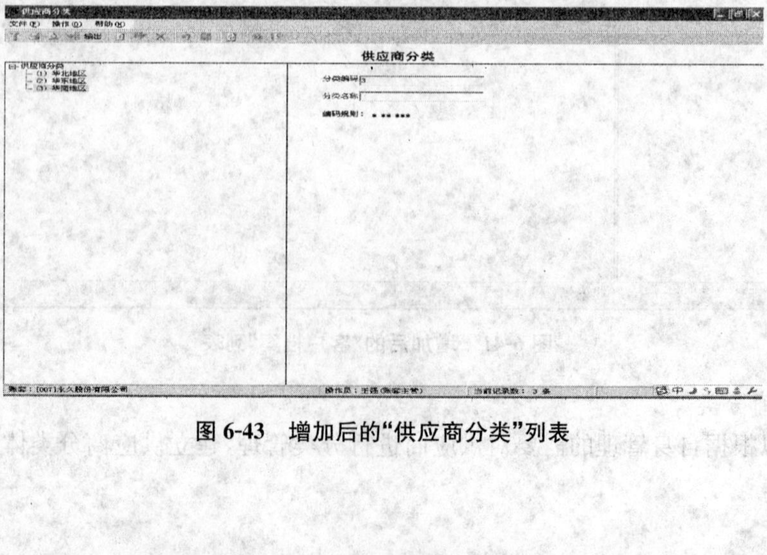

图6-43 增加后的"供应商分类"列表

4. 供应商档案

本功能主要用于设置往来供应商的档案信息，以便于对供应商资料进行管理和对业务数据进行录入、统计、分析。如果在建立账套时选择了供应商分类，则必须在设置完成供应商分类的情况下才能编辑供应商档案。供应商档案的设置与客户档案的设置类似。

【例 6-16】 永久股份有限公司的供应商档案如表 6-7 所示。

表 6-7　　　　　　　　　　　供 应 商 档 案

供 应 商 编 码	供 应 商 简 称	所 属 分 类
01	宝乐公司	1
02	元华公司	2
03	保辉公司	3

（1）在"企业应用平台"打开工作列表中的"设置"选项卡，单击展开"基础档案"→"客商信息"→"供应商档案"文件夹，打开"供应商档案"对话框。

（2）单击"增加"按钮，打开"增加供应商档案"对话框。在"增加供应商档案"对话框的"供应商编码"、"供应商简称"、"所属分类"文本框中分别录入"01"、"宝乐公司"和"1"，如图 6-44 所示。

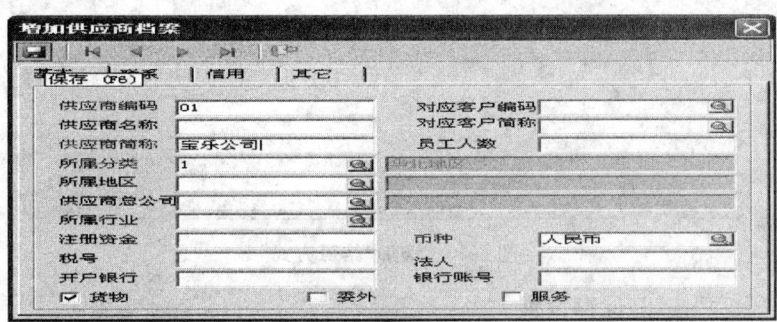

图 6-44　增加"供应商档案"

（3）单击"保存"按钮。

（4）在"增加供应商档案"对话框中增加其他供应商档案后，如图 6-45 所示。

图 6-45　增加后的"供应商档案"列表

5. 结算方式

【例 6-17】 永久股份有限公司的结算方式如表 6-8 所示。

表 6-8　　　　　　　　　　　结 算 方 式

结算方式编码	结算方式名称	是否票据管理
1	现　　金	否
2	支　　票	否
201	现金支票	是
202	转账支票	是

（1）在"企业应用平台"打开工作列表中的"设置"选项卡,单击展开"基础档案"→"收付结算"→"结算方式"文件夹,打开"结算方式"对话框。

（2）单击"增加"按钮,录入结算方式编码"1"、结算方式名称"现金",如图 6-46 所示。

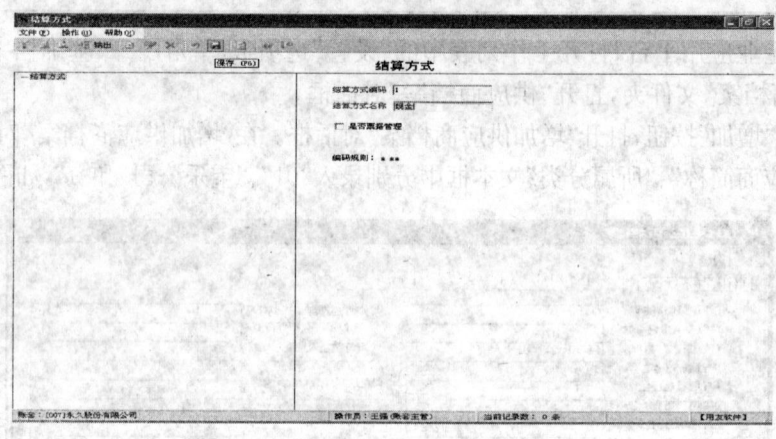

图 6-46　增加"结算方式"

（3）单击"保存"按钮,保存设置。

（4）重复步骤（2）,增加"支票"及其下属结算方式,选择"是否票据管理",单击"保存"按钮,结果如图 6-47 所示。

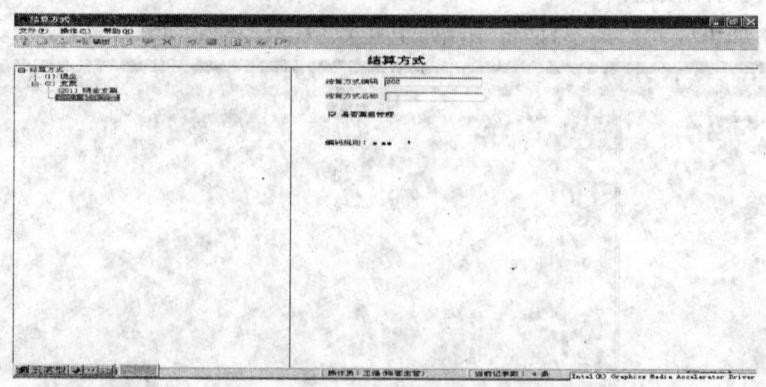

图 6-47　增加后的"结算方式"列表

【本章小结】　系统管理是用友 ERP-U8 应用系统的运行基础,它为其他子系统提供了公共的账套、年度账及其他相关的基础数据,各子系统的操作员均需要在系统管理中统一设置并分配权限。用友 ERP-U8 由若干个子系统构成,每个子系统的运行都必须依靠一定的基础信息。这些基础信息可在"企业应用平台"中进行设置。通过本章的学习,要求学生能够了解系统管理和企业应用平台的主要功能,并能够掌握增加用户、建立账套、设置权限、账套备份、设置基本信息和基础档案的操作。

实训一 系统管理和基础设置

【实训目的】
1. 掌握用友 ERP-U8 管理软件中系统管理和基础设置的相关内容。
2. 理解系统管理在整个系统中的作用及基础设置的重要性。

【实训内容】
1. 增加操作员。
2. 建立单位账套。
3. 设置权限。
4. 输入基础信息。
5. 备份账套数据。

【实训准备】
已正确安装用友 ERP-U8 管理软件。

【实训资料】
1. 建立新账套。
(1) 账套信息。账套号:666;账套名称:北京宏辉信息技术有限公司;采用默认账套路径;启用会计期:2010 年 1 月。
(2) 单位信息。单位名称:北京宏辉信息技术有限公司;单位简称:宏辉公司;单位地址:北京海淀区信息路 78 号;法人代表:李渊;邮政编码:100888;联系电话及传真:010-62898899;税号:110108200711022。
(3) 核算类型。该企业的记账本位币:人民币(RMB);企业类型:工业;行业性质:2007 年新会计制度科目;账套主管:刘远;选中"按行业性质预置科目"复选框。
(4) 基础信息。该企业有外币核算,进行经济业务处理时,需要对存货、客户、供应商进行分类。
(5) 分类编码方案。客户和供应商分类编码级次:223;部门编码级次:122;结算方式编码级次:12;科目编码级次:4222。
(6) 数据精度。该企业对存货数量、单价小数位定为 2。
(7) 系统启用。启用总账系统,启用时间为 2010-01-01。
2. 设置权限。
(1) 201 刘远(口令:1)。
角色:账套主管。具有 666 账套的全部权限。
(2) 202 利敏(口令:2)。
角色:出纳。具有"总账-凭证-出纳签字"、"总账-出纳"的权限。

(3) 203 邓为(口令:3)。

角色:总账会计。具有"总账"的全部权限。

3. 设置基础档案。

北京宏辉信息技术有限公司分类档案资料如表 6-9～6-15 所示。

表 6-9 部 门 档 案

部门编码	部门名称	部门属性	负责人
1	综合部	管理	李渊
2	财务部	财务	刘远
3	市场部	销售及采购	王冲
301	销售处	销售	王冲
302	采购处	采购	孙健
4	生产部	生产	李平
401	一车间	生产	白雪
402	二车间	生产	李平

表 6-10 人 员 档 案

人员编号	人员姓名	性别	行政部门	人员类别
101	李渊	男	综合部	在职人员
102	刘远	男	财务部	在职人员
103	利敏	女	财务部	在职人员
104	邓为	女	财务部	在职人员
201	王冲	男	销售处	在职人员
202	孙健	男	采购处	在职人员
211	白雪	女	一车间	在职人员
212	李平	男	二车间	在职人员

表 6-11 客 户 分 类

分 类 编 码	分 类 名 称
01	批发
02	零售
03	代销
04	专柜

表 6-12　　　　　　　　　　　　　客 户 档 案

客户编号	客户名称/简称	所属分类码	税　号	开户银行（默认值）	银行账号	地　址	邮政编码
001	宏达公司	01	120009884732788	工行土地分行	73853654	北京市海淀区土地路1号	100077
002	兴旺贸易公司	01	120008456732310	工行华苑分行	69325581	天津市南开区华苑路1号	300310
003	新艺公司	04	310106548765432	工行徐汇分行	36542234	上海市徐汇区天平路8号	200032
004	华夏公司	03	108369856003251	中行平房分行	43810548	哈尔滨市平房区和平路116号	150008

表 6-13　　　　　　　　　　　　　供 应 商 分 类

分 类 编 码	分 类 名 称
01	原料供应商
02	产品供应商

表 6-14　　　　　　　　　　　　　供 应 商 档 案

供应商编号	供应商名称	所属分类码	税　号	开户银行	银行账号	邮　编	地　址
001	华远公司	01	110567453698462	中行	48723367	100045	北京市朝阳区十里堡8号
002	中达公司	01	110479865267583	中行	76473293	100036	北京市海淀区开拓路108号
003	泛美商行	02	320888465372657	工行	55561278	230187	南京市湖北路100号
004	英联公司	02	310103695431012	工行	85115076	200232	上海市浦东新区东方路1号

表 6-15　　　　　　　　　　　　　结 算 方 式

结算方式编码	结算方式名称	是否票据管理
1	现　金	否
2	支　票	否
201	现金支票	是
202	转账支票	是
3	银行汇票	否

【实训要求】
1. 以系统管理员admin的身份，进行增加操作员、建立账套、设置权限、备份账套操作。
2. 以账套主管"刘远"的身份，进行系统启用、基础档案设置操作。

【操作提示】
1. 以系统管理员admin的身份注册系统管理。
2. 增加操作员。在系统管理窗口中，选择"权限"菜单中的"用户"命令，打开"用户管理"对话框进行操作。

3. 建立单位账套。在系统管理窗口中,选择"账套"菜单中的"建立"命令,打开"创建账套—账套信息"对话框进行操作。

4. 设置权限。在系统管理窗口中,选择"权限"菜单中的"权限"命令,进入"操作员权限"对话框进行操作。

5. 以账套主管的身份登录企业应用平台。

6. 输入基础信息。在"企业应用平台"中,单击左下角的"设置"选项卡,单击展开"基础档案",选择相应的项目进行操作。

(1) 设置部门档案。

(2) 设置人员档案。

(3) 设置客户分类。

(4) 设置客户档案。

(5) 设置供应商分类。

(6) 设置供应商档案。

(7) 设置结算方式。

7. 备份账套数据。

(1) 以系统管理员 admin 的身份注册进入"系统管理"窗口。

(2) 选择"账套"菜单中的"输出"命令,打开"账套输出"对话框进行操作。

第七章

账 务 系 统

内容提要 　账务处理系统是财务管理软件的核心,主要具有会计凭证、会计账簿的管理功能。本章系统地介绍用友财务软件账务处理系统的基本业务流程、账务处理初始化的基本内容、账务处理系统日常业务的处理、出纳管理的内容和方法以及期末业务的处理方法。

第一节　账务系统概述

账务系统又称为总账系统,是会计电算化信息系统的一个子系统。它在整个会计电算化信息系统中处于核心地位,是应用其他子系统的基础。它综合、全面、系统地反映了企业生产经营各方面的会计工作内容,其他各子系统的数据都必须传输到账务系统进行汇总;同时,账务系统中的某些数据也须传输到其他子系统以供其利用。可以说,账务系统是各种单位会计电算化工作的起点。

账务系统适用于各类企业、行政事业单位,其提供了建账、凭证管理、账表编制、出纳管理、数量核算、外币核算、月末处理和辅助核算等一系列完善的企事业单位会计工作处理方案。

一、账务系统业务流程

由于账务处理数据量的不同及在不同人员之间分工,不同企业可能采用不同种类的账务处理流程,如记账凭证账务处理流程、科目汇总表账务处理流程和汇总记账凭证账务处理流程等。不同的账务处理程序有不同的处理流程,其差别主要在于登记总账的方法和依据不同。其中,记账凭证账务处理流程是最基本的账务处理流程,其余都是由它变换而来的,它的主要特点是直接根据各种记账凭证逐笔登记总账及明细账。而科目汇总表账务处理流程是最常用的账务处理流程,它的特点是根据各种记账凭证定期(3、5、10天)编制科目汇总表(按科目分类发生额),再根据科目汇总表登记总账。

(一) 业务处理流程

账务系统的业务处理流程如图7-1所示。

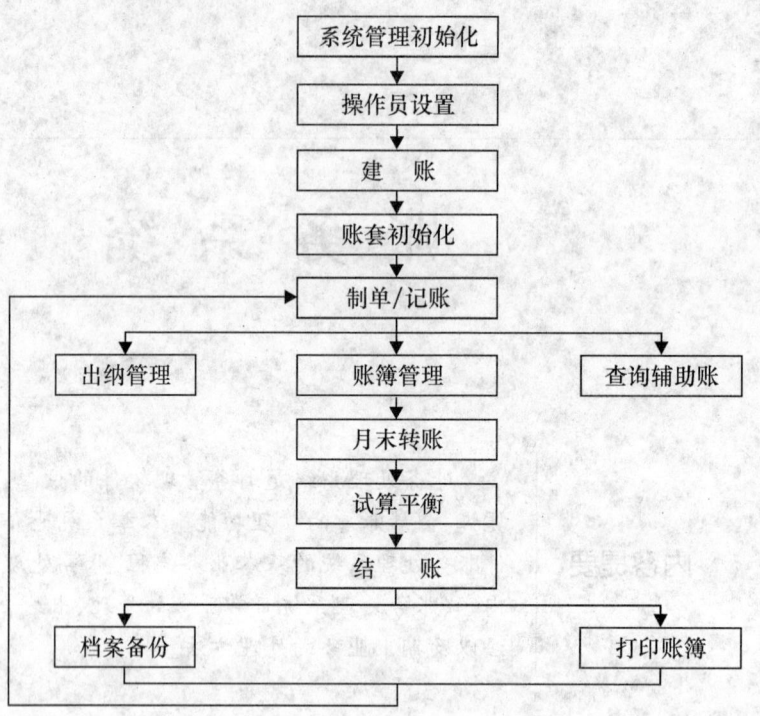

图 7-1 账务系统业务处理流程

（二）数据流程

账务系统的数据流程是指各种会计原始数据在会计电算化系统中的处理过程和顺序。在电算化工作方式下，账务系统是从会计凭证输入开始的，经过会计软件对数据进行处理，生成各种凭证、账簿文件，最后产生科目余额文件。其具体的数据处理流程可归纳如下：

（1）会计人员录入记账凭证、原始凭证或系统自动获取机制凭证，然后将有关凭证写入临时凭证文件。

（2）会计人员对临时凭证文件进行审核。

（3）根据临时凭证文件中已审核的凭证进行记账，并将临时凭证文件中已记账的凭证删除。

（4）根据企业银行对账文件和对账单文件进行对账。

（5）根据汇总文件和历史凭证文件输出日记账和明细账以及会计报表，估计汇总文件删除总账。账务系统的数据流程如图 7-2 所示。

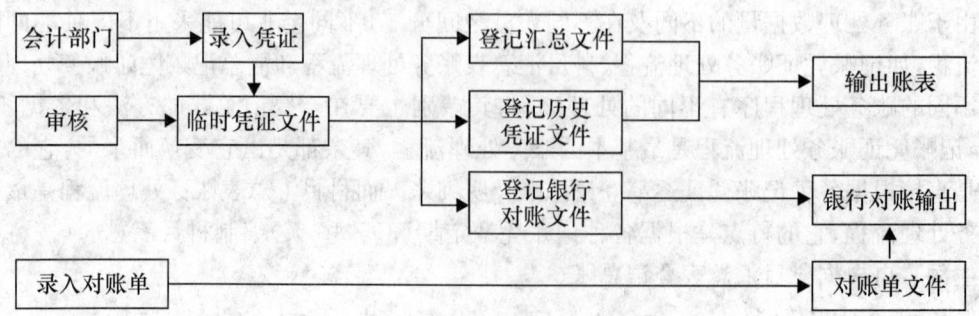

图 7-2 账务系统的数据流程

二、账务系统的特点

账务系统在整个会计信息系统中处于核心地位,与其他子系统关系密切。相对于其他子系统,账务系统具有如下特点。

1. 规范性强、通用性好

账务系统在数据处理过程中,一方面遵循一定的会计原则和原理,如复式记账法、总账发生额及余额必须等于明细账发生额及余额之和等;另一方面遵守一系列法律、法规和准则,如会计法、会计准则、会计制度、会计基础工作规范等。尽管不同单位由于业务内容不同,选择的会计处理程序也不尽相同,但经过账务系统的规范,最终的账簿格式基本相同。正因为如此,账务处理系统是应用得最广泛的会计信息系统的子系统之一,市面上也存在着大量的通用账务处理软件。

2. 综合性强

账务系统是以货币作为主要计量单位,综合、全面、系统地反映企业生产经营全过程的各种业务。账务系统涉及大量的系统参数设置、会计科目、会计凭证及各种会计报表。相对于其他子系统而言,处理的数据量较大。因此,账务系统生成的信息具有很强的综合性和概括性。此外,账务系统要汇总其他子系统生成的数据,同时还要向其他子系统传递数据,所以账务系统既是会计信息系统的核心,又是各个子系统之间数据交换的纽带,把其他子系统有机地联系在一起,形成了完整的会计信息系统。

3. 自动化程度高

部分凭证可以由账务系统自动生成。手工账务操作中所有的记账凭证都要人工制作,而计算机账务系统中的部分记账凭证可以由系统自动生成,实现所谓的自动转账。

(1) 账务系统内部对于摊销、损益结转等每月固定的转账凭证可由系统自动生成。
(2) 电算化系统中的其他子系统都可以自动生成记账凭证并传递给账务系统。
(3) 由电子商务产生的电子凭证也可以自动转换为记账凭证,并传给账务系统处理。

4. 控制要求严格

由于账务系统中储存着大量经济数据,并且这些数据将在账务系统内部生产各种会计凭证、会计账簿和会计报表。这些会计信息对单位的经营者、投资人、债权人和政府部门都具有重要的参考作用。为了保证会计信息的真实性和完整性,账务系统中设计了很多操作控制模式,如制单权限控制、现金流量控制、金额权限控制等。这些严格的控制措施都降低了各种差错发生的可能性。

三、账务系统的目标

账务系统是利用计算机完成账务处理工作的系统,无论是企业内部管理所需要的会计信息,还是企业外部有关决策者所需要的会计信息,都必须由账务系统对发生的经济业务进行加工处理后才能取得。账务系统的目标主要有以下几方面:

(1) 及时、准确、全面地采集和输入会计凭证和各种原始会计数据。
(2) 对输入系统的记账凭证进行审核,正确、有效地登记日记账、明细账和总账。
(3) 正确地完成结账工作。
(4) 及时、准确地输出各种账、证、表。

（5）建立与其他子系统的数据接口，实现会计数据及时传递与共享。

四、账务系统的功能

账务系统是会计信息系统的核心，它涉及整个会计核算系统中的记账、算账、报账等过程，涉及会计业务处理中国家统一规定的凭证、账簿和报表格式，这些内容都必须符合现行会计制度的要求。一般来说，一个完整的财务软件的账务系统的基本功能应包括系统设置（初始化）、凭证处理、期末处理、出纳管理、辅助核算、账表管理、系统维护等。其主要功能模块如图7-3所示。

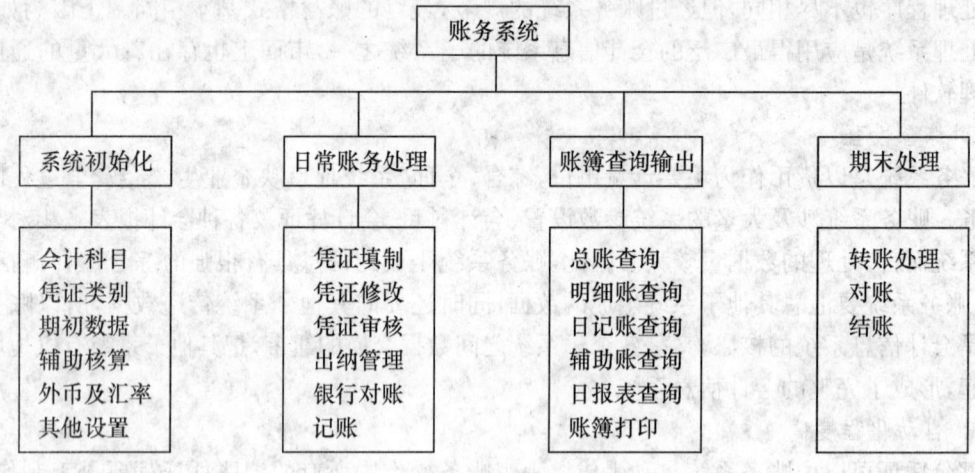

图 7-3　账务系统主要功能结构

第二节　账务系统的初始化

作为账务系统使用的前提，系统的初始化至关重要。账务系统的初始化就是结合本企业的实际情况，将一个通用的账务核算系统改造为适合本企业核算要求的专用账务核算系统。账务系统的初始化分为两种情况下进行：其一是首次使用账务处理系统；其二是建立新的核算账套后需要进行初始化。通过初始化设置，可以把核算单位的会计核算规则、核算方法、应用环境以及基础数据输入计算机，实现会计手工核算向计算机核算的过渡。由于初始化设置的一些系统参数设置生效后将无法更改，因此初始化工作应该在全面分析企业实际情况的基础上谨慎进行，既要考虑企业当前实际，又要考虑企业未来的发展。

账务系统的初始化设置一般是在财务软件安装完成并进行了初始参数设置后，由账套主管（一般是本单位的财务主管）根据本单位实际情况负责操作。账务系统初始化的主要内容包括：设置账簿选项、定义外币及汇率、设置会计科目、建立辅助核算、设置明细权限、定义结算方式、设置凭证类型、定义自定义项、定义常用凭证及常用摘要、录入期初余额等。

一、总账管理系统的启动

在使用总账系统之前，需要先启动注册系统。总账系统的启动建立在整个软件系统的基

础设置之上,基本操作步骤如下(以账套主管"刘芳"处理"999"账套总账业务为例):

(1)进入操作系统桌面,单击"开始"→"程序"→"用友 ERP - U8 V8.61 版"→"企业应用平台"。

(2)如图 7-4 所示,在"企业应用平台"登录界面,输入操作员"001"及密码,选择账套"999 南宁市勤业集团有限责任公司",操作日期"2010-01-18",然后单击"确定"按钮,进入"企业应用平台",如图 7-5 所示。

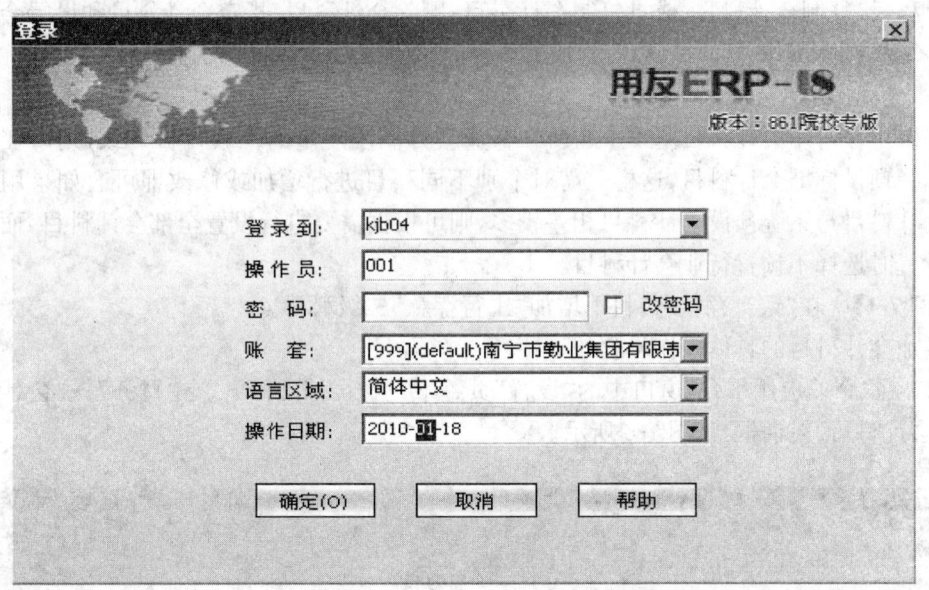

图 7-4 "企业应用平台"登陆界面

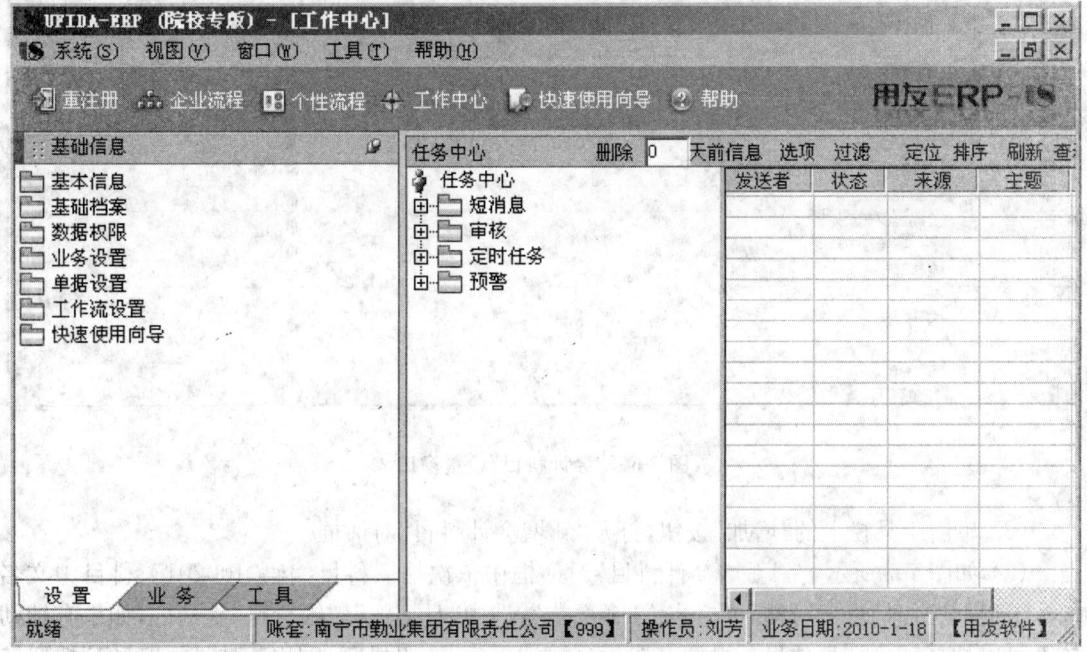

图 7-5 "企业应用平台"窗口

二、设置会计科目

会计科目是填制会计凭证、登记会计账簿、编制会计报表的基础,它是对会计对象具体内容分门别类进行核算所规定的项目。用友 ERP-U8 财务软件已根据不同行业的特点在系统中预设了一级会计科目和部分二级科目,但这些预设科目往往不能满足企业具体核算的需要,需要使用单位根据自身需要进行修改调整。一般来说,会计科目的设置包括增加会计科目、修改会计科目、复制会计科目、成批复制会计科目、删除会计科目、指定会计科目和设置会计科目辅助核算等具体操作。

1. 增加会计科目

如果用户所用会计科目基本上与所在行业会计制度规定的一级科目一致,则可在建立账套时选择预设标准会计科目,这样只需对个别不同科目进行增加或修改即可。如果用户所使用的会计科目与系统预设会计科目相差较多,则可根据需要自行设置全部会计科目,而在系统初始设置时选择不预置行业会计科目。

【例 7-1】 在"银行存款"科目下增加"工行存款"二级科目。

增加会计科目的具体操作步骤如下:

(1) 在"企业应用平台"窗口中的"设置"页签下,执行"基础档案"→"财务"→"会计科目",打开"会计科目"对话框,如图 7-6 所示。

图 7-6 "会计科目"设置窗口

(2) 单击工具栏上的"增加"按钮,打开"新增会计科目"对话框。

(3) 如图 7-7 所示,在"新增会计科目"对话框中依次输入科目编码"100201"、科目中文名称"工行存款"等信息,选择账页格式为"金额式",选中"日记账"、"银行账"复选框,如果有辅助核算可以选择辅助核算项目。设置完毕后,单击"确定"按钮保存。保存完毕后,"确定"按钮转换为"增加"按钮,单击该按钮可继续增加会计科目。

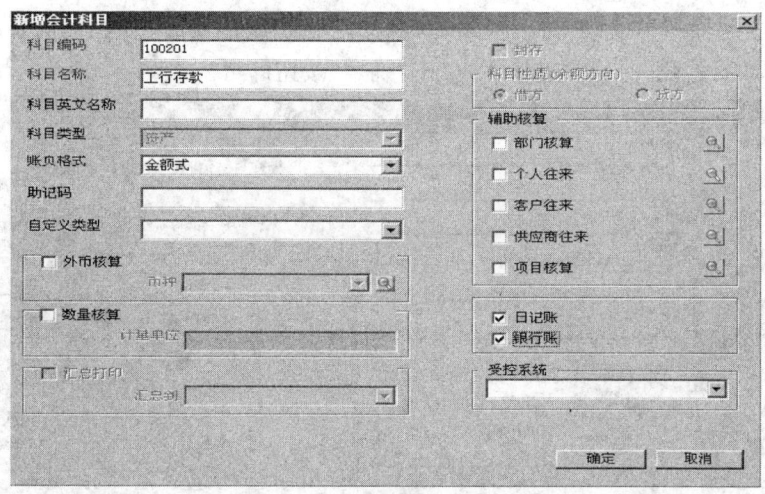

图 7-7 新增会计科目窗口

(4) 所有会计科目录入完毕后,单击对话框下方的"关闭"按钮,退出会计科目增加操作,返回"会计科目"窗口。

温馨提示

(1) 增加会计科目必须符合编码规则,编码不能重复。
(2) 会计科目必须从一级科目开始逐级增加。
(3) 增加明细科目时,系统默认其类型与上级科目保持一致。
(4) 已经使用过的会计科目不能再增加下级科目,也不能删除该科目。

2. 修改会计科目

如果要对已经设置完成的会计科目的名称、编码及辅助项目等内容进行修改,应于会计科目使用前将会计科目的修改功能转换完成。

【例 7-2】 将"1001 库存现金"科目修改为有"日记账"的辅助核算的会计科目。

修改会计科目的具体操作步骤如下:

(1) 在"会计科目"窗口中选中"1001 库存现金"科目,单击"修改"按钮,进入"会计科目修改"对话框。如图 7-8 所示。

温馨提示

(1) 已经使用的末级会计科目不能修改科目编码。
(2) 非末级会计科目的编码不能修改或删除。
(3) 已录入金额的会计科目,应先将该科目及其下级科目余额清零后再修改。
(4) 被封存的科目在制单时不可使用。
(5) 只有末级科目才能设置汇总打印,且只能汇总该科目本身或其上级科目。

(2) 单击"会计科目_修改"对话框下方"修改"按钮,激活修改功能,根据要求进行会计科目的修改,选择"日记账"。修改完毕后,单击"确定"按钮即可。

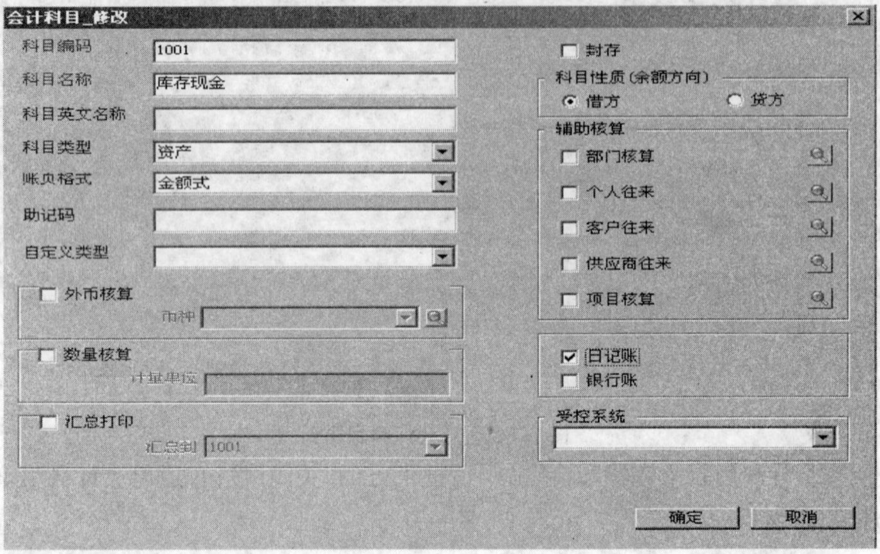

图 7-8 "修改会计科目"对话框

3. 复制会计科目

如果用户需要成批增加下级科目或同级性质相近的科目,可使用"复制会计科目"功能,这样只需稍作改动即可完成增加工作,加快了建立会计科目的速度和准确性。

【例 7-3】 在"1002 银行存款"下新增"中行存款"二级科目。

具体操作步骤如下:

(1) 在"会计科目"窗口中,选择"100201 工行存款"后,在"编辑"菜单中单击"复制",进入"会计科目_新增"对话框。如图 7-9 所示。

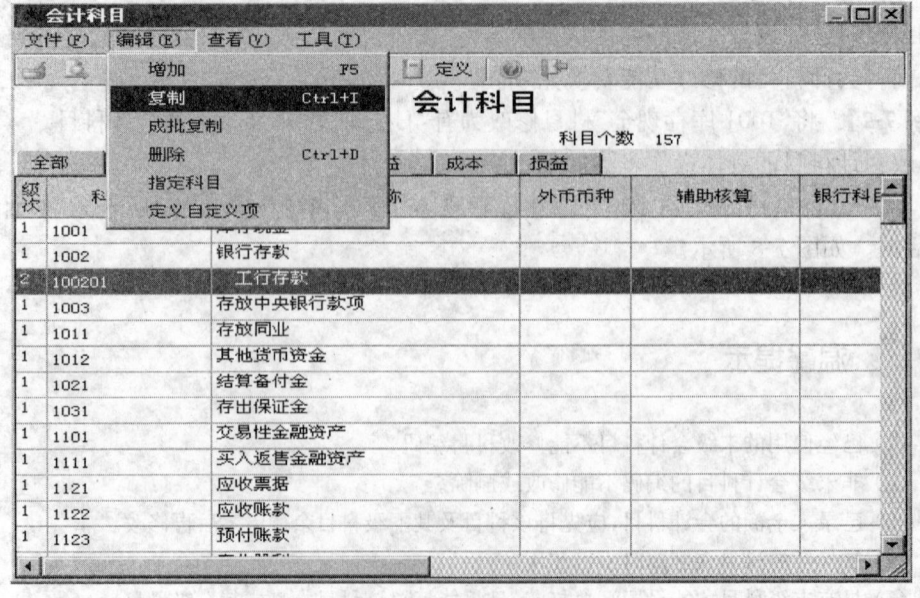

图 7-9 打开"复制"命令

(2) 在"会计科目_新增"对话框中,将科目编码和科目名称分别改为"100202"和"中行存款",单击"确定"按钮即可,如图 7-10 所示。

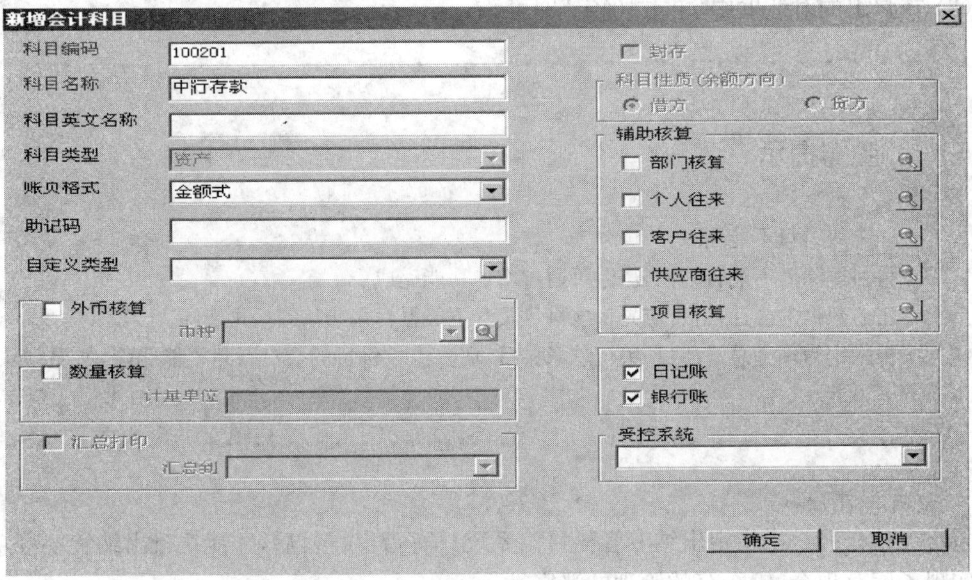

图 7-10 利用复制功能增加会计科目

4. 成批复制会计科目

如果某一科目的下级与另一个或者几个科目的下级内容相同,还可以将某一科目的下级成批复制到另一个科目作为下级。具体操作步骤如下:

(1) 在"会计科目"窗口中选择"编辑"菜单后,单击"成批复制",弹出"成批复制"对话框。

(2) 在"成批复制"对话框中,输入被复制的科目编码"6001",在要复制的科目编码中输入"6401",选中"数量核算"复选框,单击"确认"按钮,如图 7-11 所示。

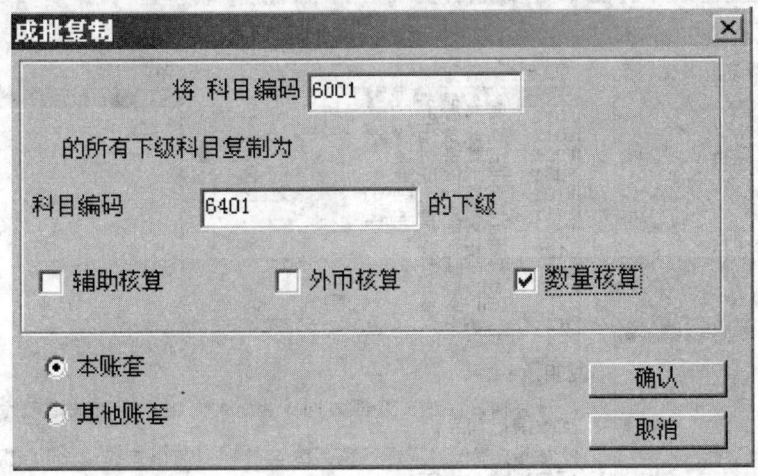

图 7-11 "成批复制"对话框

5. 删除会计科目

如果某些会计科目不需用或不符合企业会计科目体系的特点,可以在未使用之前将其删除。具体操作步骤如下：

(1) 在"会计科目"窗口中选择要删除的科目后，单击"删除"按钮。

(2) 在弹出的对话框中，单击"确定"即可。

温馨提示

(1) 非末级科目不能删除。

(2) 科目删除后不能自动恢复，但可通过增加功能完成。

(3) 已有数据的会计科目，应先将该科目及其下级科目余额清零后再删除。

(4) 被指定为现金总账科目、银行总账科目、现金流量科目的会计科目不能删除，如要删除，必须先取消指定。

6. 指定会计科目

指定会计科目是指指定出纳专管科目。系统只有指定科目后，才能执行出纳签字等功能，从而实现了库存现金、银行存款管理的严密性。

【例 7-4】 指定"1001 库存现金"为现金总账科目、"1002 银行存款"为银行总账科目、指定"1001 库存现金"、"100201 工行存款"、"10020201 人民币户"、"10020202 美元户"、"1012 其他货币资金"为现金流量科目。

具体操作步骤如下：

(1) 在"会计科目"窗口单击"编辑"菜单中的"指定科目"子菜单，打开"指定科目"对话框，如图 7-12 所示。

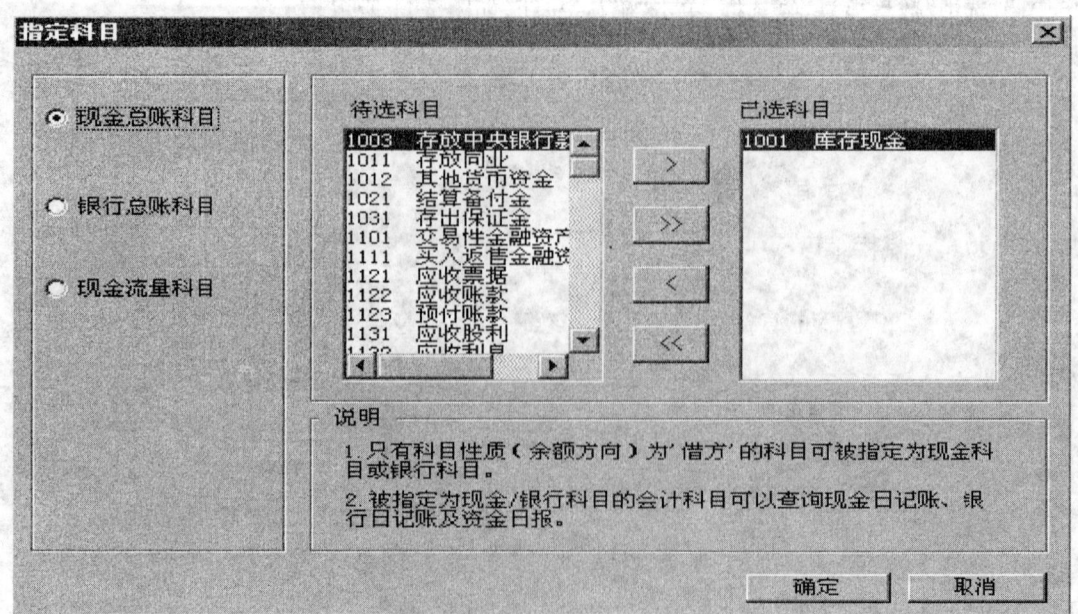

图 7-12 "指定科目"对话框

(2) 选中"现金总账科目"单选按钮,将"1001 库存现金"科目从"待选科目"添加到"已选科目"列表中。

(3) 选中"银行总账科目"单选按钮,将"1002 银行存款"科目从"待选科目"添加到"已选科目"列表中。

(4) 选中"现金流量科目"单选按钮,将"1001 库存现金"、"100201 工行存款"、"10020201 人民币户"、"10020202 美元户"、"1012 其他货币资金"科目从"待选科目"添加到"已选科目"列表中。

(5) 完成会计科目的选择添加后,单击对话框中的"确定"按钮,保存对会计科目的指定操作。

温馨提示

(1) 如果要取消已指定的会计科目,可单击"<"图标,将科目从"已选科目"退回"待选科目"。

(2) 要想指定会计科目,必须在设置会计科目功能中将"库存现金"科目和"银行存款"科目设置为日记账。

(3) 现金总账科目和银行总账科目只能指定一级科目,而现金流量科目只能指定末级明细科目。

7. 设置会计科目辅助核算

如果企业有许多往来单位、个人、部门、项目是通过设置明细科目来进行核算和管理的,则可以将相应的明细科目设置为辅助核算科目进行核算和管理。一个科目设置了辅助核算功能后,它所发生的每一笔业务将会登记在总账和辅助明细账上。在用友财务软件中,可以进行辅助核算的内容主要有部门辅助核算、个人辅助核算、客户辅助核算、供应商往来辅助核算及项目辅助核算五种类型。

辅助明细账核算必须设在末级科目上,但为了查询或出账方便,可在其上级和末级科目上同时设置辅助账类。

【例 7-5】 将"1122 应收账款"设置为客户往来辅助核算科目。

具体操作步骤如下:

(1) 在"会计科目"窗口中,选择"1122 应收账款",单击工具栏"修改"按钮,打开"会计科目_修改"对话框。

(2) 单击"修改"按钮,在"辅助核算"选项中选中"客户往来"辅助核算选项,单击"确定"按钮即可,如图 7-13 所示。

(3) 对于往来辅助核算会计科目,如果发生业务时,需要在总账系统中进行填制凭证等处理,此时需要在"受控系统"中选择"无控制系统";如果要通过应收或应付系统进行处理,则应将"受控系统"选为"应收系统"或"应付系统"。由于本例中,对应收款是通过总账进行管理的,故在此选择"无受控系统"。用同样的方法可完成"应收票据"、"其他应收款"、"应付账款"、"生产成本""管理费用"等科目的辅助核算。

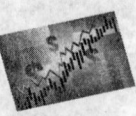

图 7-13 辅助核算项的设置

温馨提示

（1）管理费用应设置为部门核算、生产成本应设置为项目核算、其他应收款应设置为往来核算。

（2）应收账款、预收账款应设置为客户往来核算。通过总账核算时"受控系统"选为无，通过应收系统管理是"受控系统"，选择"应收系统"。

（3）应付账款、预付账款应设置为供应商往来核算。通过总账核算时"受控系统"选为无，通过应付系统管理是"受控系统"选择"应付系统"。

（4）辅助账类必须设置在末级科目上，但为了查询或出账方便，可以在其上级和末级同时设置相同的辅助账类。

三、设置凭证类别

许多单位为了便于管理或登账方便，一般对记账凭证进行分类填制。为了满足各单位的分类管理的需要，用友财务软件提供了凭证类别设置功能，并预设了凭证分类方案，用户可从中选择，也可以自行定义。

1. 总账系统中的凭证类别

设置方案有以下五种：

（1）记账凭证。

（2）收款凭证、付款凭证、转账凭证。

（3）现金凭证、银行凭证、转账凭证。

（4）现金收款凭证、现金付款凭证、银行收款凭证、银行付款凭证、转账凭证。

(5) 自定义凭证类别。

2. 凭证中使用会计科目的使用限制设置

系统为凭证中使用会计科目进行了必要的使用限制设置,系统提供了五种限制类型供选择:

(1) 借方必有:制单时,此类凭证借方至少有一个限制科目有发生额。

(2) 贷方必有:制单时,此类凭证贷方至少有一个限制科目有发生额。

(3) 凭证必有:制单时,此类凭证无论借方还是贷方至少有一个限制科目有发生额。

(4) 凭证必无:制单时,此类凭证无论借方还是贷方不可有一个限制科目有发生额。

(5) 无限制:制单时,此类凭证可使用所有合法的科目。

3. 凭证类别的设置

具体操作步骤如下:

(1) 在"企业应用平台"窗口中选择"设置"页签,执行"基础档案"→"财务"→"凭证类别"命令,进入"凭证类别预置"对话框,如图7-14所示。

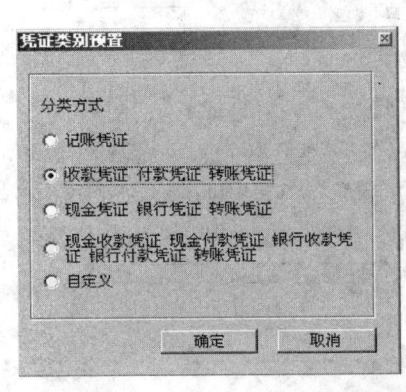

图7-14 选择凭证类别

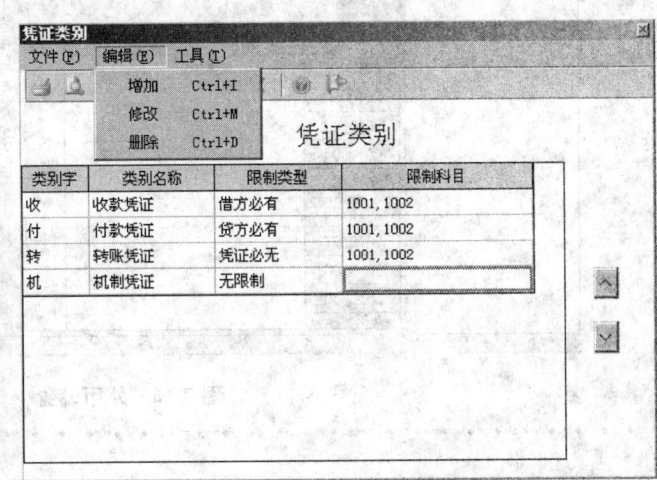

图7-15 "凭证类别"编辑对话框

(2) 在"凭证类别预置"对话框选择"收款凭证、付款凭证、转账凭证"分类方案后,单击"确定"按钮,进入"凭证类别"编辑界面。

(3) 在"凭证类别"对话框中,可以对选定的凭证类别进行增加、删除和修改操作。单击工具栏"增加"按钮,新增凭证类别字"机",凭证类别名称输入"机制凭证",限制类型选择"无限制",如图7-15所示。

(4) 为凭证类别设置限制类型与限制科目。为收款凭证设置"借方必有","库存现金"科目和"银行存款"科目,在修改状态下,双击"限制类型",选择"借方必有",然后再在"限制科目"上单击"🔍"图标,参照输入或直接输入限制科目编码"1001"和"1002",科目编码之间用英文状态下的","分隔。同理,为付款凭证设置"贷方必有","1001,1002";为转账凭证设置"凭证必无","1001,1002"。

需要说明的是,由于实施会计电算化后,凭证的分类、汇总都由计算机来快速完成,因此使用"记账凭证"就能满足会计核算的需求,一般不用设置专用记账凭证。

四、设置外币种类

汇率管理是专为外币核算服务的,单位如果有外币核算业务或外币汇率发生变动等,则需要进行外币设置。具体操作步骤如下:

(1)在"企业应用平台"窗口选择"设置"页签,执行"基础档案"→"财务"→"外币设置"命令,进入"外币设置"对话框。

(2)单击"增加"按钮,输入币符"$"、币名"美元"、汇率小数位"5",选择"固定汇率"。单击"确认"按钮,输入记账汇率"6.8263",如图7-16所示。

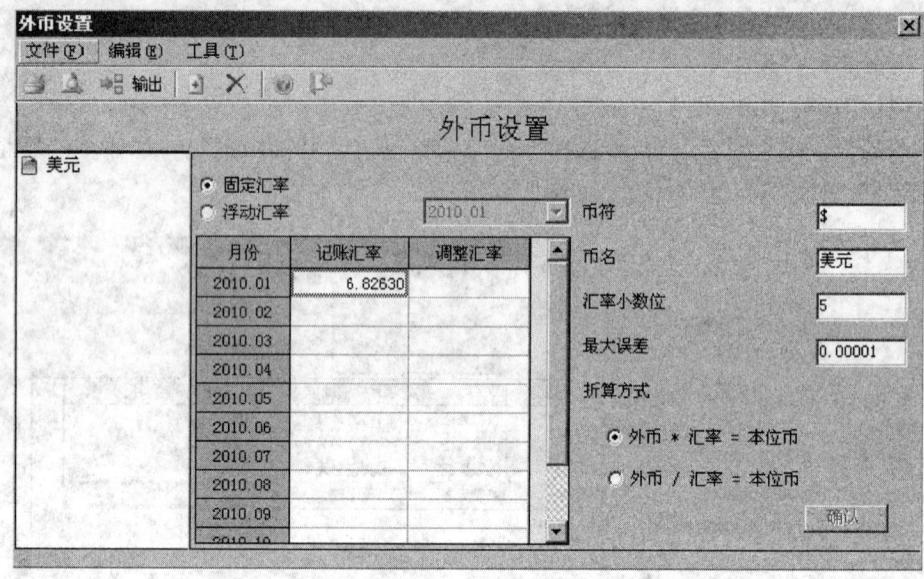

图7-16 外币设置

温馨提示

(1)"外币×汇率=本位币"的折算方式是指间接汇率。
(2)"外币÷汇率=本位币"的折算方式是指直接汇率。
(3)使用固定汇率的单位,在填制每月的凭证前,应预先录入该月的记账汇率;否则,将会出现汇率为零的错误。
(4)使用浮动汇率的单位,应在当天填制凭证前,预先录入当天的记账汇率。

五、设置项目目录

在单位的实际工作中,经常需要核算某些项目,如研发投入、工程项目、产品生产、市场开发等的成本、费用、往来情况以及收入等。在会计电算化账务处理系统中,一般都设有项目核算管理功能模块。项目核算作为账务系统辅助核算管理的一项重要功能,通过该功能不仅可以方便地实现对成本费用和收入的项目核算,而且为这些成本费用及收入情况的管理提供了快速便捷的辅助手段。所谓项目,是指一个专门的经营项目内容。一个单位项目核算的种类可能多种多样,如在建工程、对外投资、技术改造等。为了满足企业实际需要,用户可将具有相同特性的一类项目定义成一个项目大类,一个项目大类可以核算多个项目。为了便于管理,用户还可以对这些项目进行分级管理,可以根据需要随时进行项目大类的设置、项目目录及分类的维护。

项目档案设置的内容主要有:项目大类、项目核算科目、项目分类、项目栏目结构以及项目目录。

设置项目档案可通过系统向导提示一步一步完成,其基本过程大体分为以下五个步骤。

1. 定义需要进行项目核算的会计科目

在设置会计科目时,根据需要将进行项目核算的科目设置为项目核算会计科目,如对在建工程、生产成本及其下级科目设置项目核算的辅助账类。

【例7-6】 将"南宁市勤业集团有限责任公司"的999账套的"5001生产成本"下的明细科目"500101直接材料"、"500102直接人工"、"500103制造费用"设置为项目辅助核算。具体操作步骤如下:

(1) 在"企业应用平台"窗口,选择"设置"页签,执行"基础档案"→"财务"→"会计科目"命令,打开"会计科目"设置对话框。

(2) 在"会计科目"对话框,选中"500101直接材料"后,单击工具栏"修改"按钮,弹出"会计科目_修改"界面。

(3) 在"会计科目_修改"界面,单击"修改"按钮,选中"辅助核算"复选框中的"项目核算",单击"确定"即可,如图7-17所示。

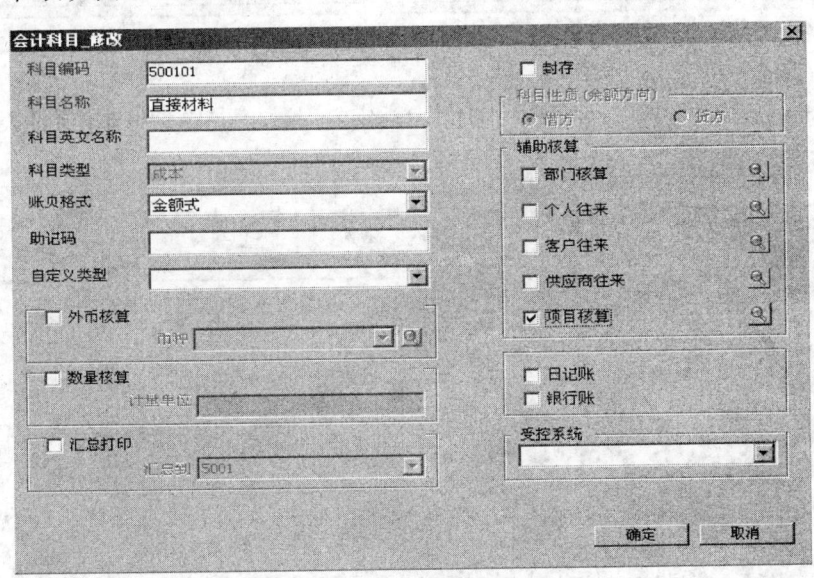

图7-17 定义项目核算类会计科目

(4) 同理,可完成其他会计科目项目辅助核算的设置。

2. 定义项目大类

项目大类即项目核算的分类类别,主要设置项目大类的名称、指定该大类使用的会计科目,设置项目分类编码方案和设置项目栏目。

【例7-7】 为"南宁市勤业集团有限责任公司"设置项目大类"生产成本",具体操作步骤如下。

(1) 在"企业应用平台"窗口选择"设置"页签,执行"基础档案"→"财务"→"项目目录"命令,进入"项目档案"对话框,如图7-18所示。

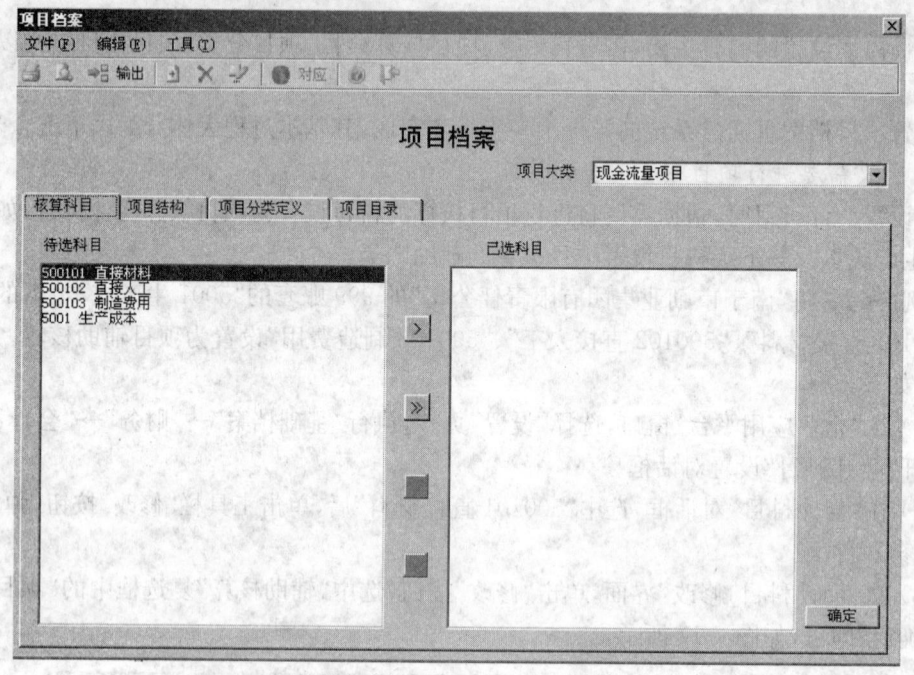

图7-18 "项目档案"设置界面

(2) 单击工具栏"增加"按钮,进入"项目大类定义_增加"向导第一步"项目大类名称",如图7-19所示。

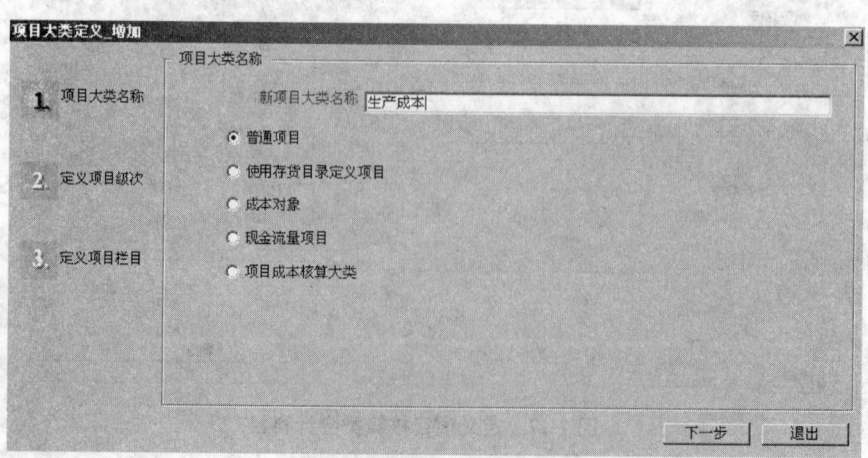

图7-19 项目大类名称

(3) 在项目大类类型中选择"普通项目",输入大类名称"生产成本",输入完毕后,单击"下一步",进入向导第二步"定义项目级次",如图7-20所示。

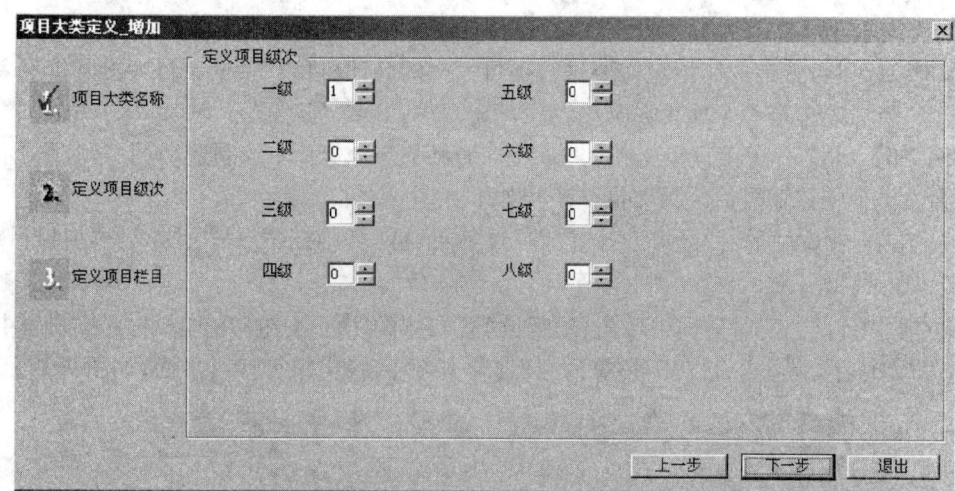

图 7-20　定义项目级次

（4）设置项目分类编码级次，一级 2 位，二级 2 位，三级 2 位，设置完毕后，单击"下一步"，进入向导第三步"定义项目栏目"，如图 7-21 所示。

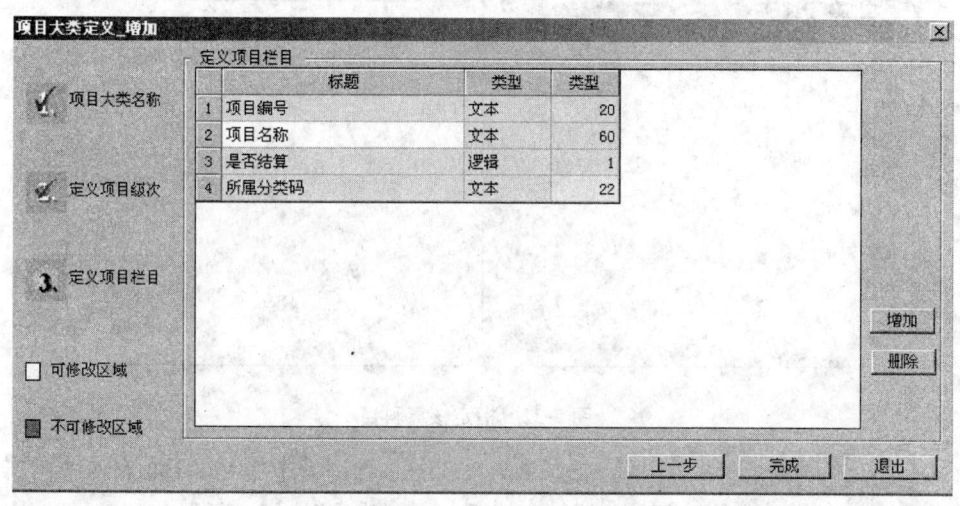

图 7-21　定义项目栏目

（5）在"定义项目栏目"对话框，可实现对项目栏目的增加、删除和修改操作，注意项目栏目背景呈灰色的区域为不可修改区域，是系统默认的区域，用户不能进行修改，其他区域用户可以进行修改操作。操作完毕后，单击"完成"按钮即可。

温馨提示

（1）项目大类的名称是该类项目的总称，而不是会计科目名称。
（2）系统允许在同一个单位中同时进行几个项目大类的项目核算。

3. 指定核算科目

指定核算科目就是具体指定需要进行项目大类的会计科目。一个项目大类可指定多个科目，一个科目只能指定一个项目大类。

【例7-8】 将"500101 直接材料"、"500102 直接人工"、"500103 制造费用"指定为"生产成本"项目大类下的核算科目。具体操作步骤如下：

(1) 在"企业应用平台"窗口选择"设置"页签，执行"基础档案"→"财务"→"项目目录"命令，进入"项目档案"对话框。

(2) 在"项目档案"对话框中单击"项目大类"右侧的"▼"按钮，在弹出的下拉列表中选择"生产成本"项目大类，然后打开"核算科目"选项卡，进入指定核算科目界面，如图7-22所示。

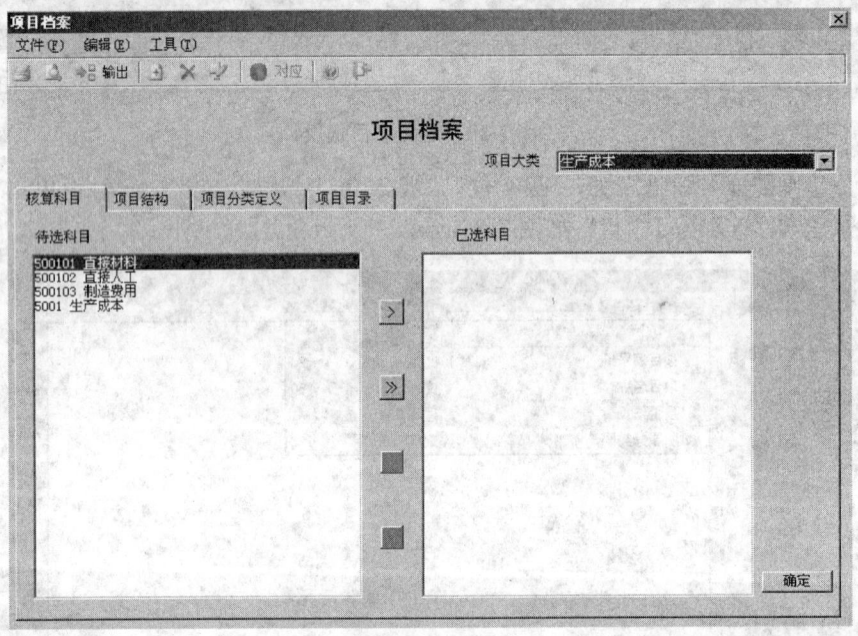

图7-22 指定核算科目

(3) 通过"＞"按钮将"500101 直接材料"、"500102 直接人工"、"500103 制造费用"科目从"待选科目"添加到"已选科目"列表，添加完毕后，单击"确定"按钮进行保存。

4. 项目分类定义

为了便于分类管理，可以对同一项目大类下的项目进行进一步划分，这就需要进行项目分类定义。如将生产成本项目大类进一步划分为自行生产项目和委托生产项目。具体操作步骤如下：

(1) 在"企业应用平台"窗口选择"设置"页签，执行"基础档案"→"财务"→"项目目录"命令，进入"项目档案"对话框。

(2) 在"项目档案"对话框中，选择"生产成本"项目大类，然后打开"项目分类定义"选项卡，如图7-23所示。

(3) 输入分类编码"01"，分类名称"自行开发项目"，输入完毕后，单击"确定"按钮进行确认保存。

(4) 重复第(3)步，完成其他项目分类的定义。

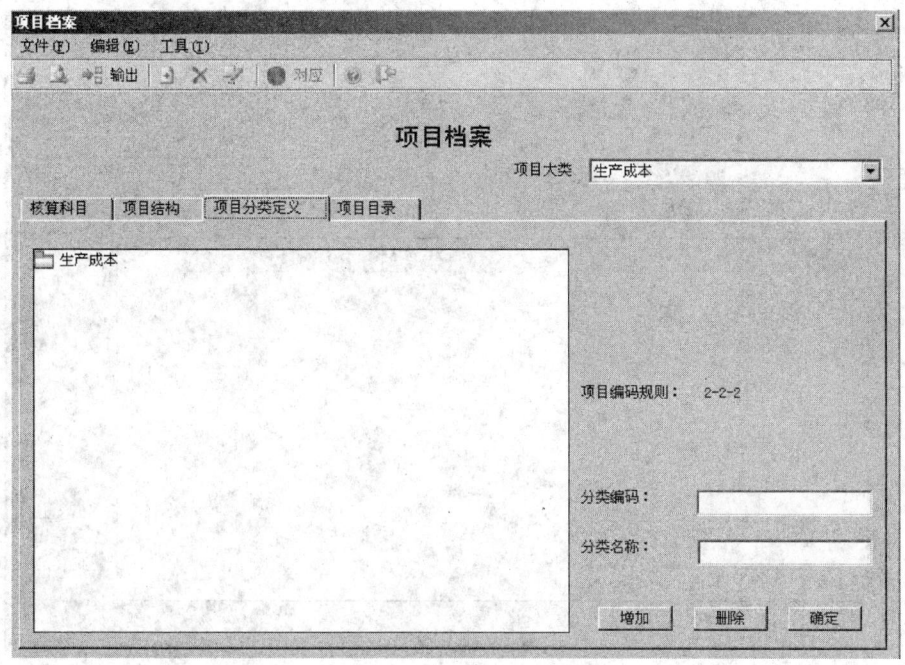

图 7-23 项目分类定义设置

> **温馨提示**
>
> （1）不能越级录入分类编码。
> （2）如果某项目分类下已定义项目，则不能删除，也不能定义下级分类，必须先删除项目，再删除该项目分类或定义下级分类。
> （3）不能删除非末级项目分类。

5. 定义项目目录

定义项目目录是将各个项目分类的具体内容输入系统。"维护"功能用于录入各个项目的名称及定义的其他数据，因此平时项目目录变动应及时在该功能中进行调整。

【例 7-9】　目前南宁市勤业集团有限责任公司有两个自行生产项目，分别为"01A 产品"、"02B 产品"。具体操作步骤如下：

（1）在"企业应用平台"窗口选择"设置"页签，执行"基础档案"→"财务"→"项目目录"命令，进入"项目档案"对话框。

（2）在"项目档案"对话框中，选择"生产成本"项目大类，然后打开"项目目录"选项卡，进入项目目录界面，如图 7-24 所示。

（3）单击"维护"按钮，进入"项目目录维护"窗口。

（4）单击工具栏上"增加"按钮，增加一条项目，依次输入项目编号"01"，项目名称"A 产品"，"是否结算"为空，所属分类码"01"，也可单击""按钮，参照输入，如图 7-25 所示。

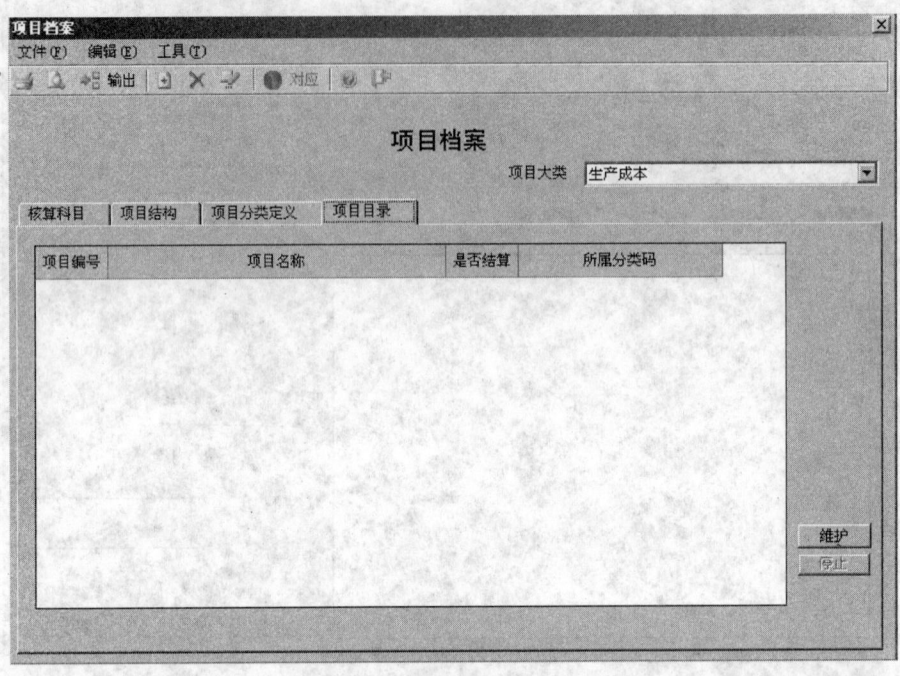

图 7-24 "项目目录"选项卡

图 7-25 "项目目录维护"窗口

(5) 同样的方法录入其他项目目录。如果增加了一条空记录,可通过键盘上的"Esc"键将此空记录删除。录入完毕后,单击工具栏上的"退出"按钮,完成定义项目目录的操作。

六、设置操作权限

用友 ERP-U8 财务系统可对操作员的操作权限进行严格设置,系统管理员可在系统管理模块设置功能权限,同时账套主管可以通过总账处理模块进行数据权限的分配。

在系统管理模块设置功能权限的操作包括:设置相应的操作员,并赋予各个操作员使用不同子模块全部或部分功能的操作权限。此内容已在第六章第一节介绍。本节主要介绍在总账系统中如何进行数据权限的分配。用友 ERP-U8 8.61 在总账管理系统中,加强了对操作员的权限控制功能。在原有制单权限、科目权限、审核权限的基础上,增加了部门等辅助核算的制单、查询权限一级凭证类别制单、查询权限。

1. 数据权限控制设置

数据权限控制设置是数据权限设置的前提,主要用于设置需要进行权限控制的对象。具体操作步骤如下:

(1) 在"企业应用平台"窗口的"设置"页签下,执行"数据权限"→"数据权限控制设置"命令,打开"数据权限控制设置"对话框,如图 7-26 所示。

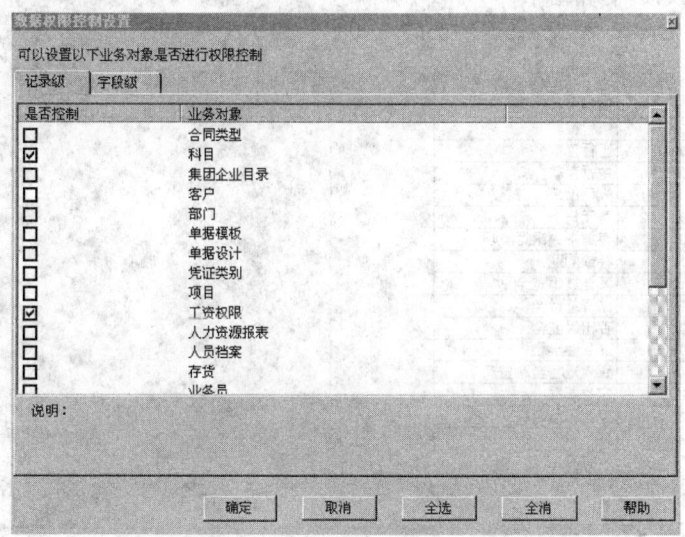

图 7-26 "数据权限控制设置"对话框

(2) 打开"记录级"或"字段级"选项卡,在需要进行数据权限控制的业务对象前的权限控制框上单击,使其处于选中状态。设置完毕后,单击"确定"按钮保存。

2. 数据操作权限分配

数据权限分配是指对具体业务对象技能型权限分配,即为哪些用户或角色设置何种业务的数据控制权限及权限范围。具体操作步骤如下:

(1) 在"企业应用平台"窗口中选择"设置"页签,执行"数据权限"→"数据权限设置"命令,进入"权限浏览"窗口。如图 7-27 所示。

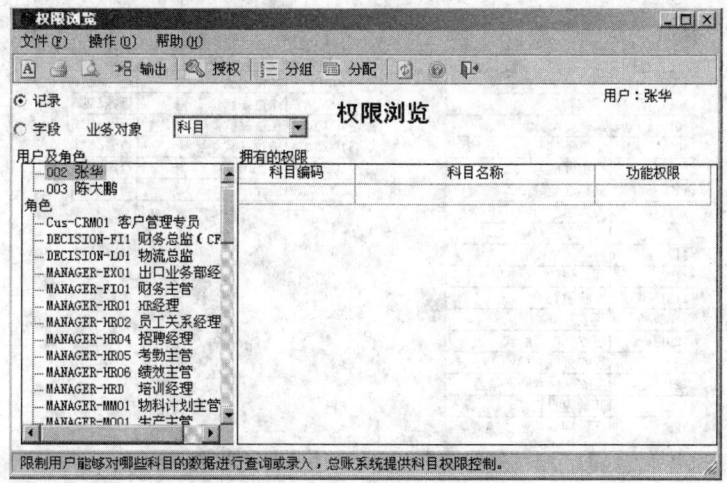

图 7-27 "权限浏览"对话框

(2) 在"权限浏览"窗口中选择"记录"级权限,然后选择要分配权限的用户或角色的名称,选中的用户或角色名称显示在窗口的右上角。

(3) 单击工具栏"授权"按钮,打开"记录权限设置"对话框,如图 7-28 所示。

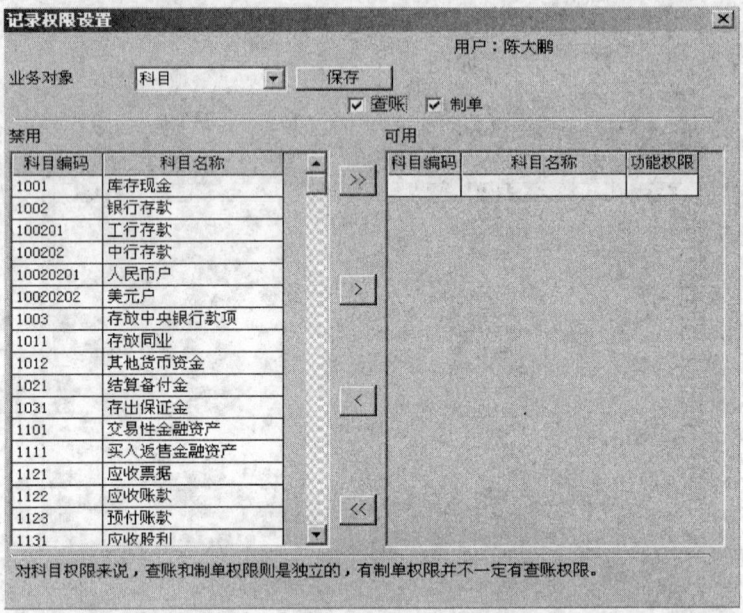

图 7-28 "记录权限设置"对话框

(4) 选择"业务对象",再选择功能权限"查账"或"制单",系统将根据当前所选择的用户或者角色,按"用户或角色＋业务对象"的方式进行明细数据权限分配。例如,为"陈大鹏"设置"库存现金"科目和"银行存款"科目的"查账"和"制单"权限。操作过程为:选择业务对象"科目",选择功能权限"查账"和"制单",将"禁用"区域中的"库存现金"和"银行存款"选中,单击"▷"按钮,将其添加到"可用"区域。结果如图 7-29 所示。

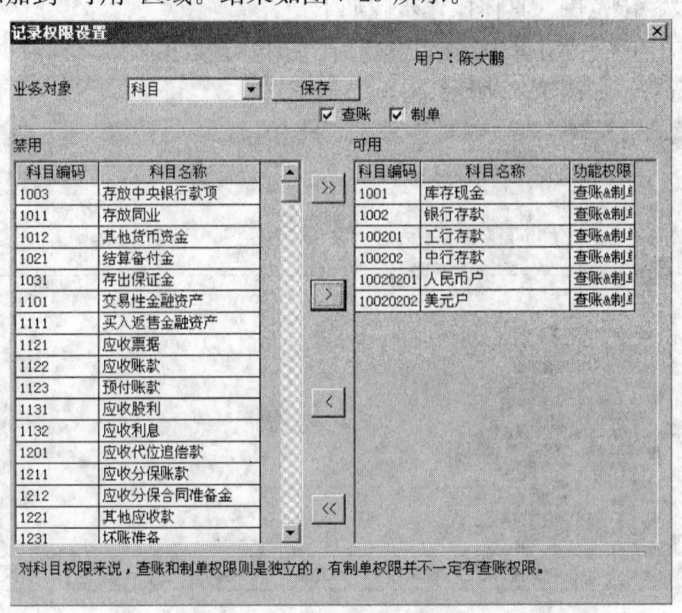

图 7-29 记录权限设置结果

（5）完成了对当前操作员的设置之后，单击"保存"按钮进行保存，保存完毕后，关闭"记录权限设置"对话框，返回"权限浏览"窗口。

（6）重复以上步骤，完成对其他操作员明细数据权限的设置。

3. 金额操作权限分配

金额权限分配主要用于控制操作员进行账务处理时的金额的额度大小，在设置金额操作权限之前先要设置对应的金额级别，具体操作步骤如下：

（1）在"企业应用平台"窗口中选择"设置"页签，执行"数据权限"→"金额权限分配"命令，进入"金额权限分配"窗口。

（2）在"金额权限设置"窗口中单击"级别"按钮，打开"金额级别设置"对话框。

（3）单击"增加"按钮，输入科目编码"100201"，输入级别一"2000"，级别二"10000"，级别三"50000"，级别四"100000"。输入完毕后单击"保存"按钮退出。

（4）在"金额权限设置"对话框中单击"增加"按钮，依次对"张华"、"陈大鹏"、"王小虎"赋予不同级别的金额权限，结果如图 7-30 所示。

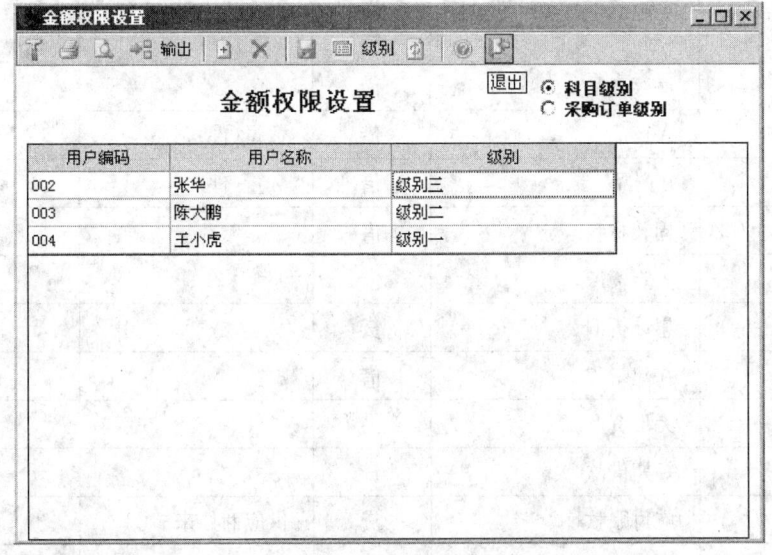

图 7-30　金额权限设置结果

七、录入期初余额

如果是第一次使用账务处理系统，必须使用此功能输入所有明细科目的年初余额和启用月份前各月的发生额。如果在年初建账，需要把上一年的年末余额在启用账务处理系统时作为本年的年初余额录入；如果在年中建账，应录入各账户此时的余额和年初至此的借方、贷方累计发生额，系统会自动计算出年初余额。如果系统中已有上年的数据，可使用"结转上年余额"功能将上年各账户余额自动结转到本年。

期初余额输入后，系统会自动进行试算平衡，以保证期初余额的准确性。如果期初余额不平衡，需要进行查找错误并予以修改，并再次试算，直到平衡为止。如果期初余额不平衡，系统允许进行凭证的填制，但不能记账，因此后期的一系列工作将无法进行，这也是电算化系统自动控制的功能之一。假设某企业 2010 年年初各科目的期初余额如表 7-1 所示。

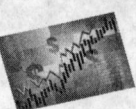

表 7-1　　　　　　　　　　　　年初各科目的期初余额表

科目编码	科 目 名 称	方向	辅助说明	期 初 余 额
1001	库存现金	借	现金	7 000
1002	银行存款	借	银行存款	5 000 000
100201	工行存款	借	银行存款	5 000 000
100202	中行存款	借	美元	
1015	其他货币资金	借		50 000
1122	应收账款	借	客户往来	450 000
1123	预付账款	借		210 000
1221	其他应收款	借	个人往来	35 000
1231	坏账准备	贷		8 500
1402	在途物资	借		55 000
1403	原材料	借		288 000
1405	库存商品	借		1 357 500
140501	A产品	借	数量(件)	737 500
140502	B产品	借	数量(件)	620 000
1411	周转材料	借		17 500
1601	固定资产	借		6 654 500
1602	累计折旧	贷		200 000
1604	在建工程	借		345 000
1701	无形资产	借		40 000
2001	短期借款	贷		1 700 000
2202	应付账款	贷	供应商往来	895 000
2203	预收账款	贷		103 000
2211	应付职工薪酬	贷		332 500
2601	长期借款	贷		3 085 000
4001	实收资本	贷		8 315 500
5001	生产成本	借		130 000
500101	直接材料	借	项目核算	90 000
500102	直接人工	借	项目核算	40 000
5101	制造费用	借		
6001	主营业务收入	贷		
6401	主营业务成本	贷		
6403	营业税金及附加	贷		

1. 录入基本科目期初余额

在录入期初余额时,如果一个科目无下级明细科目,则数据可以直接录入到总账科目;如果一个科目有明细科目,则非末级科目的数据不能直接录入,只能录入最末级科目的有关期初余额、累计借方、累计贷方数据。系统将根据明细科目自动汇总计算填入总账科目一栏。如果某科目为数量、外币核算,应录入期初数量、外币余额,而且必须先录入本币余额,再录入数量和外币余额。科目如果出现红字余额用负数输入。修改余额时,直接输入正确数据,然后单击"刷新"即可。通常,初始余额确定后不能再修改,即凭证记账后,期初余额变为浏览只读状态,不能再进行修改。具体操作步骤如下:

(1) 在"企业应用平台"窗口中选择"业务"页签,执行"财务会计"→"总账"命令,进入总账管理模块。

(2) 执行"设置"→"期初余额"命令,进入"期初余额录入"窗口,单击"库存现金"科目的"期初余额"栏,输入期初余额"7 000"。

(3) 同理,输入"100201"、"1015"等科目的期初余额,结果如图 7-31 所示。

图 7-31 录入基本科目余额

温馨提示

在"期初余额录入"窗口中系统以不同的颜色来标识不同的数据:

(1) 白色区域:表示最末级明细科目,将光标移到需要输入数据的白色余额栏中,直接输入期初余额数据。

(2) 黄色区域:表示非明细科目,不能直接将数据输入该区域,这里的数据是系统根据明细科目的数据自动汇总计算出来的。

(3) 蓝色区域:表示涉及辅助核算的科目,输入辅助账的初始数据将在辅助账中自动登记。

2. 录入辅助账科目期初余额

在录入期初余额时，若某科目涉及辅助核算，则系统会自动为该科目开设辅助账页。相应地，在录入期初余额时，不能直接输入总账期初余额，必须双击辅助核算的区域，调出辅助核算账，录入辅助账的期初余额明细资料。输入完毕后，系统自动将辅助账的期初数之和计为该科目的期初余额。用友账务系统中设置的辅助账核算主要有部门核算、个人往来核算、客户往来核算、供应商往来核算和项目核算五种。下面分别以客户往来、项目核算两类辅助核算举例说明。

【例 7-10】 录入"应收账款"科目期初余额"450 000"，相关辅助核算信息如表 7-2 所示。

表 7-2　　　　　　　　　应收账款客户往来明细

日期	凭证号	客户	部门	业务员	金额(元)	票号
2009-11-05	记-3	广州明发	市场部	李霞	234 000	D120
2009-12-10	记-14	上海东方	市场部	黄宏	216 000	D127

具体操作步骤如下：

（1）在"企业应用平台"窗口选择"业务"页签，执行"财务会计"→"总账"→"设置"→"期初余额"命令，打开"期初余额录入"窗口。

（2）在"期初余额录入"窗口中，将光标移到"1122 应收账款"科目所在行，系统提示这是"客户往来"辅助核算。

（3）双击期初余额栏，打开"客户往来期初"窗口。

（4）单击"增加"按钮，输入日期"2009-11-05"，凭证号为"记-3"，选择客户"广州明发"，摘要"销售 A 产品"，输入金额"234 000"元，选择业务员"李霞"。输入完毕后，单击工具栏"增加"按钮，同理录入第二笔应收账款资料。结果如图 7-32 所示。

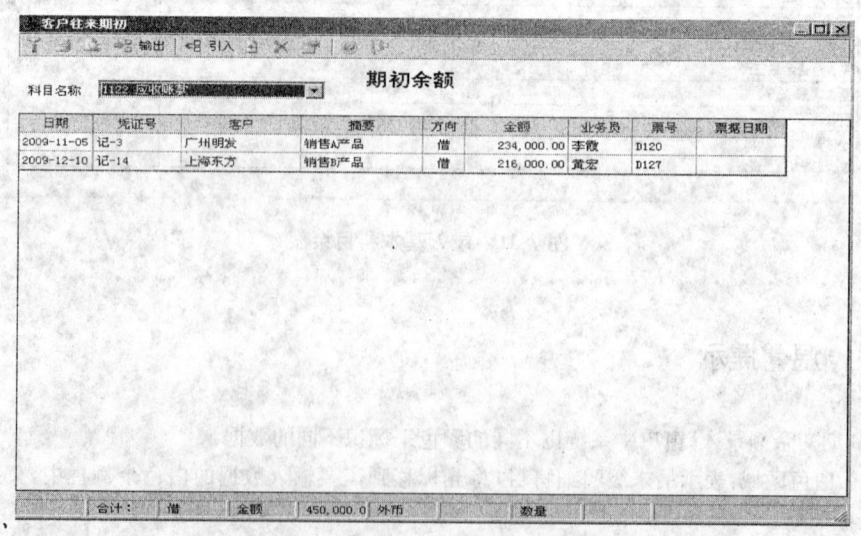

图 7-32　录入客户往来科目余额

（5）单击工具栏"退出"按钮，输入的金额自动进入"应收账款"的"期初余额"栏中，如图 7-33 所示。

第七章 账务系统 | 149

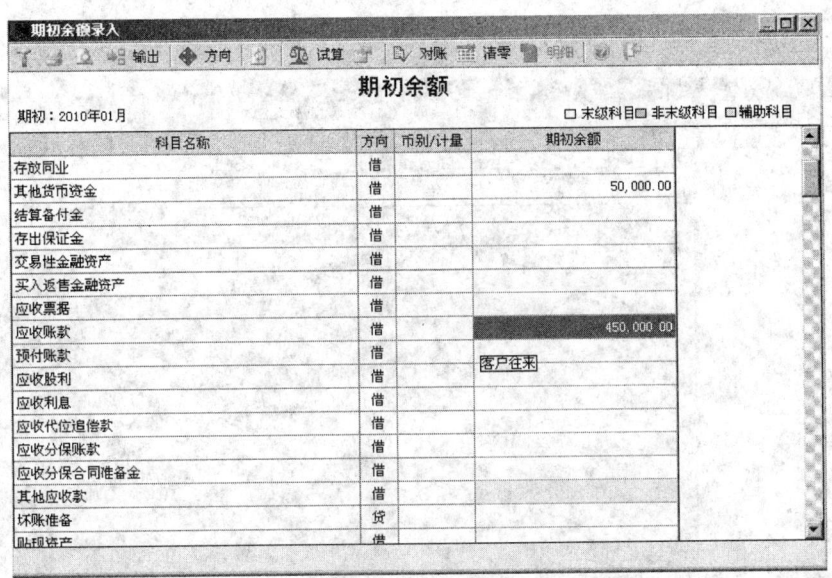

图 7-33 录入客户往来科目余额结果

【例 7-11】 录入"生产成本"科目期初余额"130 000"元,相关辅助核算信息如表 7-3 所示。

表 7-3 "生产成本"期初余额明细

单位:元

科目编码	科 目 名 称	项目名称	方　向	期初余额
500101	生产成本——直接材料	A 产品	借	67 500
500101	生产成本——直接材料	B 产品	借	22 500
500102	生产成本——直接人工	A 产品	借	30 000
500102	生产成本——直接人工	B 产品	借	10 000

(1) 在"期初余额录入"窗口中双击"生产成本——直接材料"科目的"期初余额"栏,进入"项目核算期初"窗口,如图 7-34 所示。

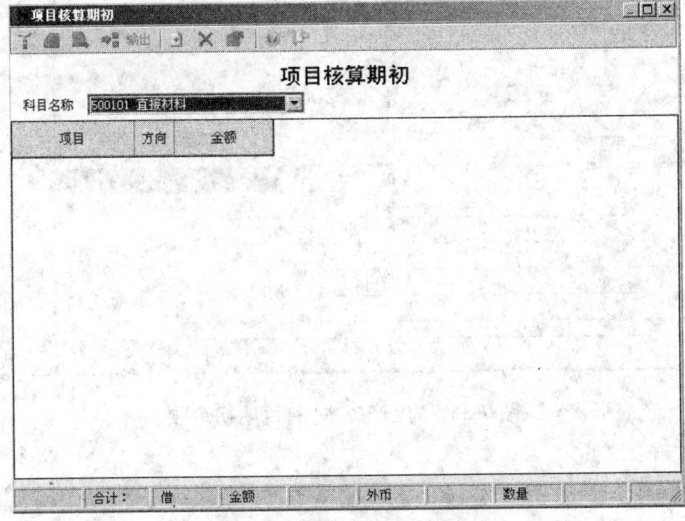

图 7-34 "项目核算期初"窗口

(2) 单击"增加"按钮,在"项目"栏处单击" "按钮,弹出"参照"窗口,如图 7-35 所示。

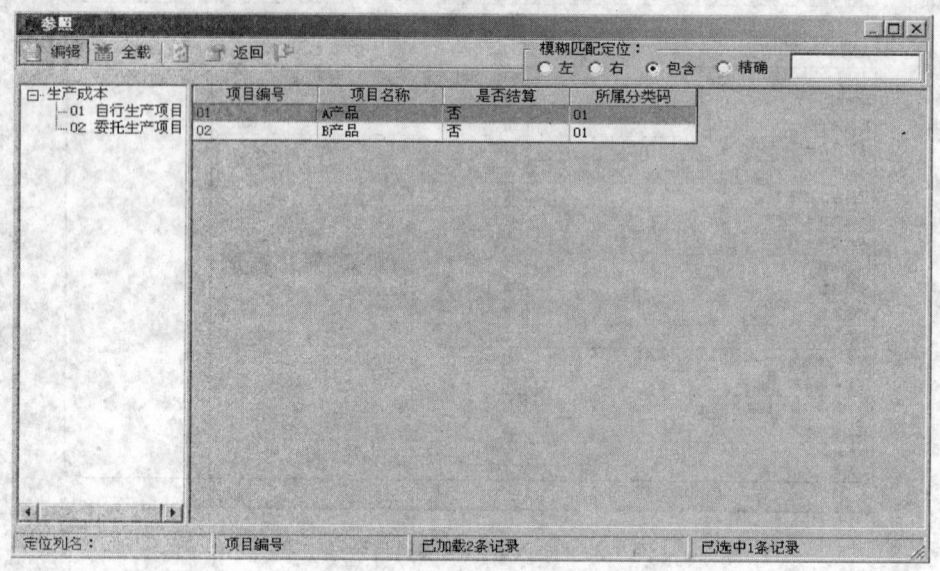

图 7-35 "参照"窗口

(3) 双击"A 产品",确定余额方向为"借",输入期初余额"67 500"元,单击"退出"按钮。

(4) 同理,可输入"生产成本/直接材料"(B 产品)科目以及"生产成本/直接人工"科目的期初余额。最后结果如图 7-36 所示。

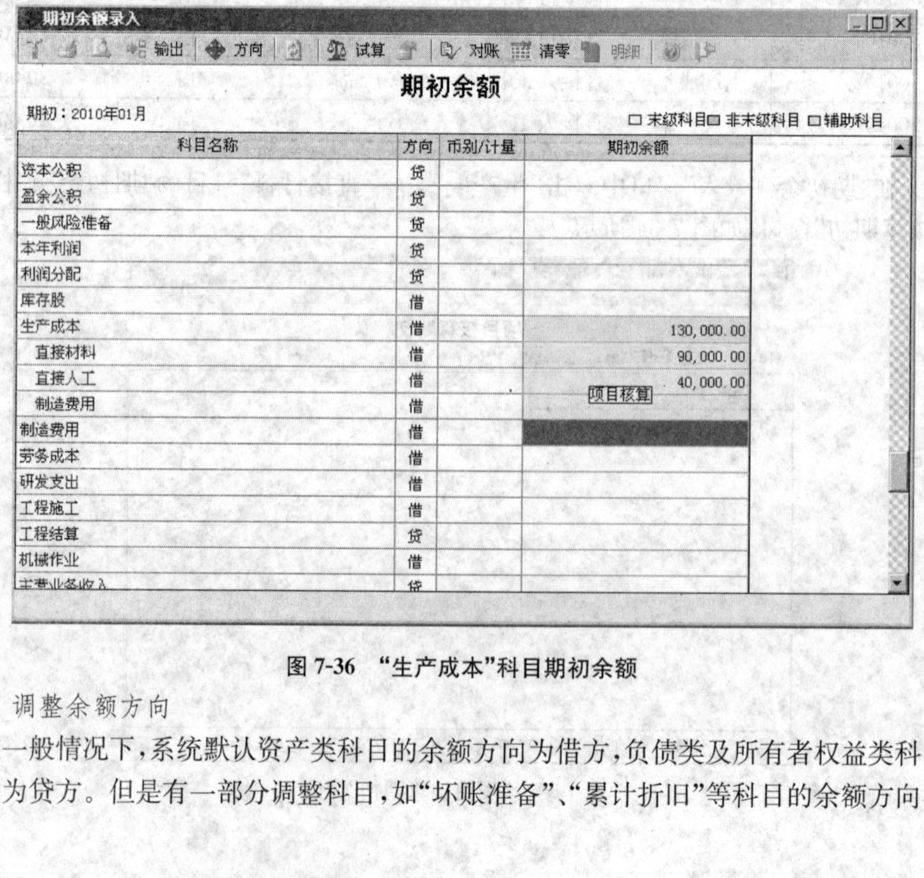

图 7-36 "生产成本"科目期初余额

3. 调整余额方向

在一般情况下,系统默认资产类科目的余额方向为借方,负债类及所有者权益类科目的余额方向为贷方。但是有一部分调整科目,如"坏账准备"、"累计折旧"等科目的余额方向与同类科目默认的余额方向相反。在建立会计科目时,如果没有对这些科目的余额方向进行调整的话,那么就需要在此处把方向调整正确。总账科目与其下级明细科目的方向必须一致。余额的方向应以科目属性或类型为准,不以当前余额方向为准。具体操作步骤如下:

(1) 在"期初余额录入"窗口中,单击选中需要调整余额方向的科目,如"累计摊销"科目,然后单击工具栏上的"方向"按钮,打开调整余额方向提示对话框,如图7-37所示。

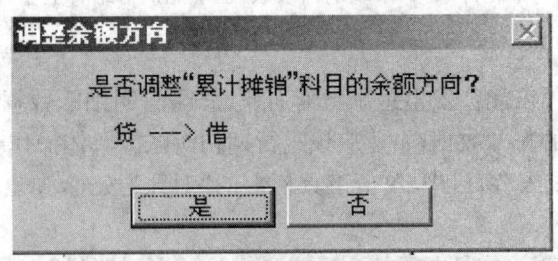

图7-37 调整余额方向对话框

(2) 确定需要调整方向"贷→借",单击"是"按钮返回,此时,系统将"累计摊销"科目余额方向调整为"借"。

温馨提示

(1) 总账科目与其下级明细科目的余额方向必须保持一致。
(2) 余额方向应以科目属性或类型为标准,不能以当前余额方向为准。
(3) 余额方向调整只能在一级总账科目上进行,不能在末级科目上进行调整。
(4) "累计摊销"科目余额方向应为"贷",在实际工作中,注意将余额方向调回"贷"。

4. 试算平衡

期初余额录入完毕后,为了保证初始数据的正确性,必须依据"资产=负债+所有者权益"的原理进行试算平衡。试算平衡工作由计算机自动完成,具体操作如下:

录入完所有余额后,在"期初余额录入"对话框中单击"试算"按钮,可查看期初余额试算平衡表,检查余额是否平衡,如图7-38所示。如平衡,单击"确认"返回。

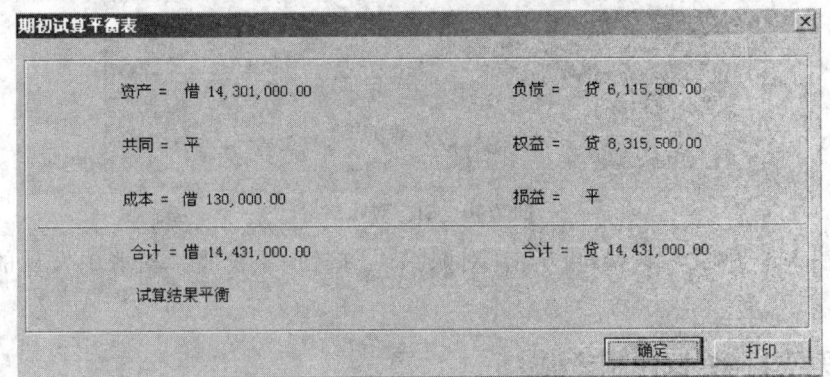

图7-38 "期初试算平衡表"对话框

 **温馨提示**

(1) 期初余额试算不平衡,不能记账,但可以填制凭证。

(2) 已经记过账,则不能再录入、修改期初余额,也不能执行结转上年(月)功能。

5. 期初对账

在录入期初余额时,可能会发生总账与辅助账、总账与明细账数据错误,为了及时做到账账相符,尽快修正错误的账务数据,企业应该进行期初对账。具体操作步骤如下:

(1) 在"期初余额录入"窗口中,单击工具栏上的"对账"按钮,弹出"期初对账"对话框,如图7-39所示。

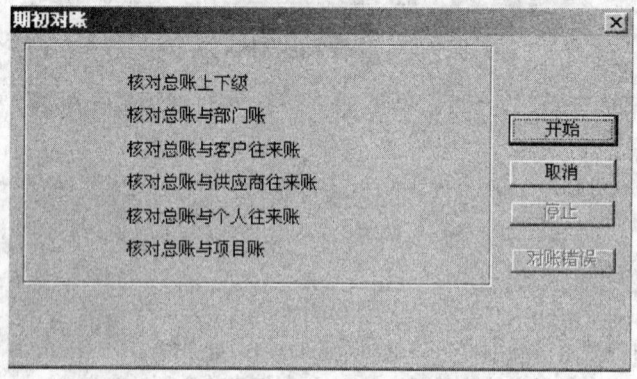

图7-39 "期初对账"对话框

(2) 单击"开始"按钮,系统开始逐项进行对账,对账完毕,显示对账信息。对账相符的在对账项目前方显示"Y",对账不符的在对账项目前方显示"X",如图7-40所示。

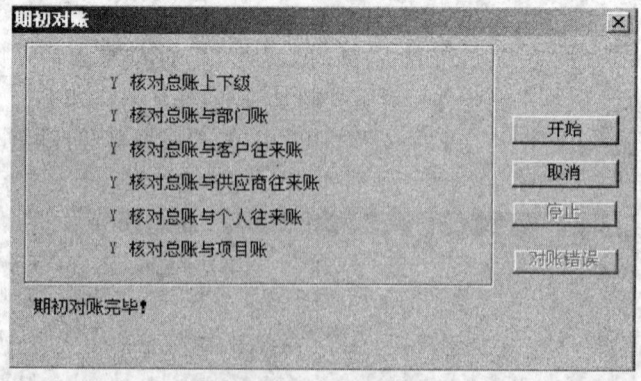

图7-40 期初对账结果

(3) 如果对账后发现有误,可单击"对账错误"按钮,系统将把对账中发现的错误列示出来。

八、设置业务处理控制参数

首次启用一个新建账套的账务处理系统后,应对账务系统的业务处理参数进行设置。具体操作步骤如下：

在"企业应用平台"窗口选择"业务"页签，执行"财务会计"→"总账"→"设置"→"选项"命令，即可进入业务处理控制参数设置窗口。该设置如图7-41所示。

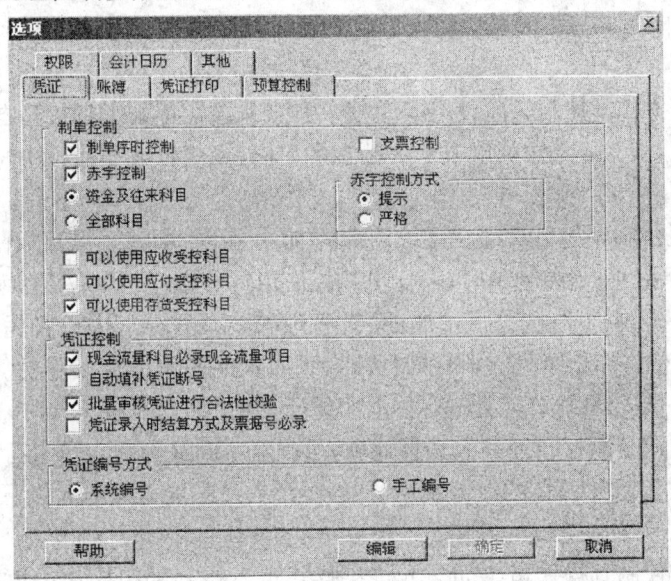

图7-41 业务控制参数设置

1. 凭证设置

（1）制单控制。制单控制主要设置操作员在填制凭证时，系统应对哪些内容进行控制。

A. 序时制单控制。如选择了该项控制，则制单时凭证编号必须按日期先后顺序排列，如2月7日编至第35号凭证，则2月8日只能从第36号凭证开始编制，即序时制单。如果有特殊需要，可以改为不序时制单。

B. 支票控制。如选择此项，则制单时使用银行科目编制凭证时，系统将针对票据管理的结算方式进行登记。如果录入支票号在支票登记簿中已存在，系统提供登记支票报销的功能；否则，系统提供登记支票登记簿的功能。

C. 赤字控制。如选择此项，在制单时，当"资金及往来科目"或"全部科目"的最新余额出现负数时，系统将予以提示。赤字控制方式分为提示、严格两种方式，用户可根据自身需要进行选择。

D. 可以使用应收受控系统科目。如果科目为应收款系统的受控科目，为了防止重复制单，只允许应收系统使用此科目进行制单，总账系统是不能使用此科目制单的。如果需要在总账系统中也能使用这些科目填制凭证，则应选择此项。如果选择了总账和其他业务系统使用了受控科目，则会引起应收系统与总账对账不平衡，应加强内部管理控制。"可以使用应付受控科目"和"可以使用存货受控科目"的设置与之相类似。

（2）凭证控制。具体包括以下方面：

A. 现金流量科目必录现金流量项目。选择此项后，在填制凭证时如果使用了现金流量科目，则必须输入现金流量项目及金额。

B. 自动填补凭证断号。如果选择凭证编号方式为系统编号，则在新增凭证时，系统按凭证类别自动查询本月的第一个断号默认为本次新增凭证的凭证号。如无断号则为新号，与原编号规则一致。

C. 批量审核凭证进行合法性校验。批量审核凭证时,针对凭证进行二次审核,提高了凭证输入的正确率,合法性校验与保存凭证时的合法性校验相同。

D. 凭证录入时结算方式及票据号必录。该选项用来设置录入凭证时结算方式及票据号是否必须输入。

(3) 凭证编号方式。填制凭证时,多数单位一般要求按照凭证类别按月自动编制凭证编号,此时应选择"系统编号";但有的单位需要在制单时手工录入凭证编号,此时应选择"手工编号"。

2. 权限设置

(1) 制单权限控制到科目。须在系统管理的"功能权限"中设置科目权限,再选择此项,权限设置有效。选择此项,则在制单时,操作员只能使用具有相应制单权限的科目制单。

(2) 制单权限控制到凭证类别。须在系统管理的"功能权限"中设置凭证类别权限,再选择此项,权限设置有效。选择此项,则在制单时,只显示此操作员有权限的凭证类别。提示在凭证类别参照中按人员的权限过滤出有权限的凭证类别。

(3) 操作员进行金额权限控制。选择此项,可以对不同级别的人员进行金额大小的控制,如财务主管可以对5万元以上的业务制单,一般会计人员只能对5万元以下的业务制单,这样可以减少由于权限不明晰造成的差错。

(4) 凭证审核控制到操作员。如只允许某操作员审核其部门操作员填制的凭证,则应选择此项。

(5) 出纳凭证必须经由出纳签字。若要求涉及"库存现金"、"银行存款"科目的凭证必须由出纳人员核对签字后才能记账,则应选择该项。

(6) 凭证必须经由主管会计签字。如果要求所有凭证必须由主管签字后才能记账,则选择"凭证必须经由主管会计签字"。

(7) 允许修改、作废他人填制的凭证。若选择了此项,在制单时可以修改或作废其他操作员填制的凭证;否则,不能修改或作废。

(8) 可以查询他人凭证。若允许操作员查询其他人员填制的凭证,则选择此项。

(9) 制单、辅助账查询控制到辅助核算。设置此项权限,制单时才能使用有辅助核算属性的科目录入分录,辅助账查询时只能查询有权限的辅助项内容。

(10) 明细账查询权限控制到科目。只有选择此项,在系统管理中设置的明细账查询权限才能起到控制作用。

3. 账簿

"账簿"选项卡用来设置各种账簿的输出方式及打印要求等。

(1) 打印位数宽度。用来定义正式账簿打印时各栏目的宽度,包括摘要、金额、外币、数量、汇率、单价。

(2) 凭证、账簿打印模式。用来设置凭证、账簿套打还是采用标准版打印。

(3) 明细账打印输出方式。设置打印正式明细账、日记账或多栏账时的排页方式,包括按月排页和按年排页。

4. 凭证打印

(1) 合并凭证显示、打印。选择此项,则在填制凭证、查询凭证、出纳签字和凭证审核时,以系统选项中的设置显示。

(2) 打印凭证页脚姓名。选择此项,在凭证打印时,自动打印制单人、出纳、审核人、记账人的姓名。

(3) 打印包含科目编码。在打印凭证时,是否打印科目编码。

(4) 打印转账通知书。选择该项,才能在科目编辑时指定可打印的科目,在凭证中可打印转账通知单。

(5) 凭证、正式账每页打印行数。"凭证打印行数"可对凭证每页的行数进行设置。"正式账每页打印行数"可对明细账、日记账、多栏账的没有打印行数进行设置。

5. 会计日历

该选项卡用于设置单位的会计期间。

启用日期不能在账套启用日期之前。录入汇率后不能修改启用日期。已录入期初余额(包括辅助期初余额)后,不能修改启用日期。已制单的月份不能修改启用日期,其他系统中已制单的月份不能修改启用日期。新年度进入系统后,不能修改启用日期。

6. 预算控制

选择"财务分析预算控制"选项卡后此项才起作用,从财务分析系统取预算数,如果制单输入分录时超过预算也可以保存超预算分录;否则,不予保存。

7. 其他

用于设置外币核算的汇率方式及部门、个人、项目的排序方式等。

九、总账套打工具

总账套打工具用于设置打印凭证、账簿时的套打格式。套打纸是指用友公司为账务专门印制的各种凭证、账簿的标准表格线,选择套打打印时,系统只将凭证、账簿的数据内容打印到相应的套打纸上,而不打印各种表格线。用套打纸打印凭证速度快,且美观。套打调整最小单位为1毫米。在"企业应用平台"窗口选择"业务"页签,执行"财务会计"→"总账"→"设置"→"总账套打工具"命令,即可进入总账套打设置。具体操作界面如图7-42所示。

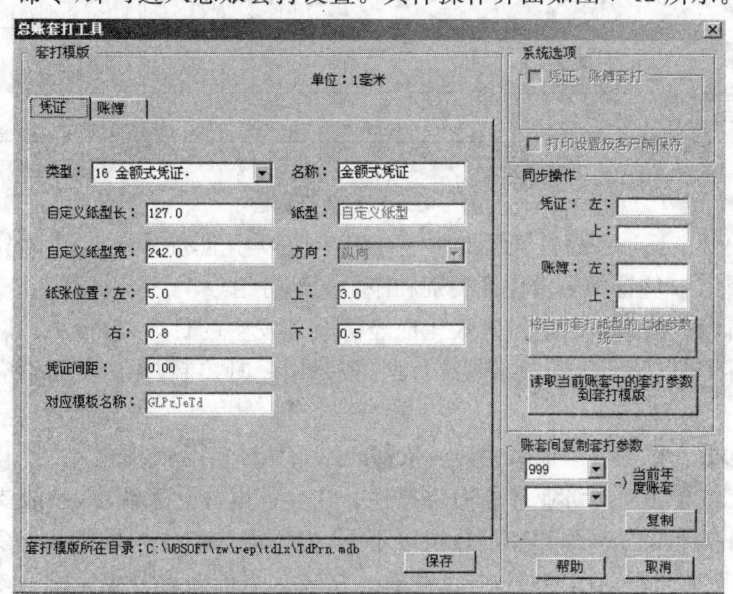

图7-42 总账套打工具设置

第三节 账务系统日常业务处理

当完成了账务系统初始化设置之后,就可以进行账务系统的日常业务处理工作了。账务系统日常业务处理是会计电算化核算的重要组成部分。其主要内容包括输入和处理各种记账凭证,完成记账工作,查询、打印输出各种账页,对部门、项目、个人往来进行管理等。

一、凭证处理

凭证处理是进行账务处理系统业务处理的第一个环节,是整个账务处理系统的基础部分。凭证处理主要包括填制凭证、修改凭证、作废和删除凭证、常用摘要凭证汇总、打印凭证等工作。

(一) 填制凭证

1. 凭证的主要内容

记账凭证包括凭证头和凭证正文两大部分,其格式的内容主要包括凭证编号、制单日期、附单据数、摘要、科目名称、借方金额和贷方金额、辅助核算信息、合计、制单人等。如图7-43所示。

图7-43 记账凭证内容

(1) 凭证编号。凭证编号是凭证的唯一标识,同一类凭证按月从0001号凭证开始连续编号、不能重号、漏号。凭证编号由凭证类别和序号两部分组成。

(2) 制单日期。制单日期是指该张凭证经济业务发生的日期,包括年、月、日。凭证日期应大于总账启用日期,而不能超前于系统日期;若采用序时控制,凭证日期不应小于上一张凭证填制的日期。

(3) 附单据数。根据填制记账凭证所依据的原始凭证实际张数输入。

(4) 摘要。摘要是对经济业务的简单描述。在会计电算化系统中,一般要求凭证的每一行均有摘要。不同行的摘要可以相同也可以不同,但不能为空。如果在账务系统初始化时设置了"常用摘要",此时可利用参照选择功能输入摘要。当前新增分录完成后,按回车键,系统将摘要自动复制到下一行。

(5) 会计科目。会计科目可以通过科目代码或科目助记词输入,系统将根据科目代码或科目助记词自动转换为对应的科目名称。必须录入最末级科目代码或助记词,账务系统还提供了科目参照选择功能,以提高对记忆不熟悉科目的录入操作。

(6) 借方金额和贷方金额。金额可以手工输入,即用户根据业务金额,利用键盘和鼠标输入到指定凭证的位置;也可以通过计算得出,如有外币核算的业务,可以根据用户以前设置的外币汇率,按照录入的外币自动折算成本币金额或反向操作。录入金额时,应注意金额的方向。每个科目不允许借、贷双方都有金额,也不允许双方为零。金额可以是红字,红字金额用负数形式输入。如果方向不符,可按空格键调整金额方向。

(7) 辅助核算信息。对于在系统初始化时已经设置为辅助核算的会计科目,在填制凭证时需要根据科目属性录入相应的辅助信息,如部门、个人、项目、客户、供应商、数量、结算方式和外币等。系统会根据会计科目的辅助核算内容,自动要求用户录入不同的辅助核算信息。辅助信息录入必须完整、详细。如果一个会计科目同时兼有多种辅助核算,则要求输入各种辅助核算的有关内容。

(8) 合计。账务处理系统自动计算借方科目和贷方科目的合计金额,借贷方合计金额应相等。

(9) 制单人。为了明确责任,必须在凭证上标注凭证的填制人、出纳员、审核人、记账人等操作人员的姓名。系统会根据进入制单功能时注册的操作员姓名自动填列制单人签字区域。

2. 凭证填制应用举例

【例 7-12】 2010 年 1 月 8 日,购入原材料甲材料 2 000 千克,单价 10 元/千克,价税合计 23 400 元,以转账支票支付。票号:2356,附单据 3 张。具体操作步骤如下:

(1) 以制单员"003 陈大鹏"的身份注册登录企业应用平台。

(2) 在"企业应用平台"窗口选择"业务"页签,单击"财务会计"→"总账"→"凭证"→"填制凭证",进入填制凭证界面,如图 7-44 所示。

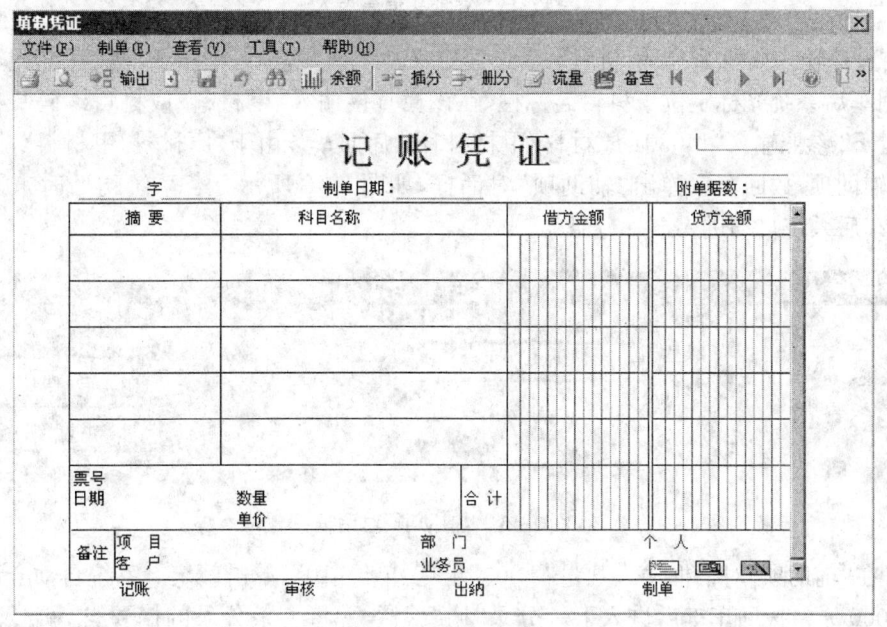

图 7-44 "填制凭证"界面

（3）单击工具栏上的"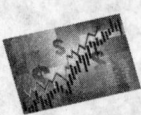"按钮或按 F5 功能键或单击"制单"菜单中的"增加凭证",增加一张新凭证。在凭证类别框中直接输入凭证类别字"记"或单击参照按钮" ",选择凭证类别为"记账凭证",双击该类别,然后按回车键,系统自动将凭证类型切换为"记账凭证",并根据凭证类别自动进行凭证编号,录入制单日期"2010.01.08",或单击日历按钮,在弹出的日历对话框中参照输入制单日期,回车录入附单据数"3",按回车键,系统自动将光标定位于首条分录的摘要栏,如图 7-45 所示。

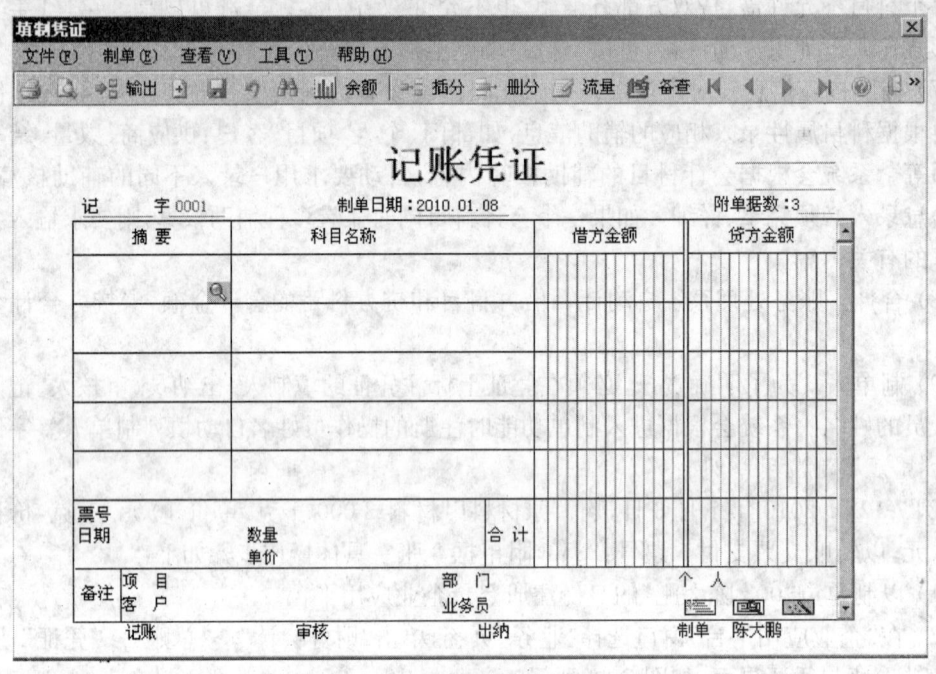

图 7-45　凭证头信息录入

（4）直接输入摘要"购买甲材料",若已经定义常用摘要,也可单击参照按钮参照输入常用摘要。回车后系统光标定位于科目名称栏,在该栏直接输入"甲材料"或科目编码"140301"或按功能键 F2 参照输入"140301 原材料/甲材料",然后回车。由于"原材料/甲材料"设置了"数量核算"辅助项,故回车后弹出"辅助项"对话框,如图 7-46 所示。若系统初始时未进行辅助项,则回车后系统自动进入下一分录。

图 7-46　"辅助项"对话框

（5）在"辅助项"对话框输入数量"2 000"千克,单价"10",单击确定。系统自动合计出借方金额 20 000 元。按回车键后进入下一分录"摘要"栏,并将上条分录的摘要自动带入,按回车键后,在第二行"科目名称"栏输入"应交税费——应交增值税（进项税额）"或参照输入

"22210101应交税费/应交增值税/进项税额",按回车键后,在金额栏输入"3 400",按回车键后,光标自动定位于下一行。在第三行"科目名称"栏输入"银行存款/工行存款",然后按回车键。由于"银行存款/工行存款"设置了辅助核算,故按回车键后弹出"辅助项"对话框,如图7-47所示。

图7-47 "结算方式"辅助项对话框

(6) 在"辅助项"中输入结算方式和票号后,单击"确定"按钮,将光标定位到"贷方金额"栏输入金额"23 400",或按等号键"=",系统将自动根据借、贷差额计算填列金额。

(7) 单击工具栏上的"🖫"按钮,弹出凭证保存信息对话框,单击"确定"按钮,完成凭证的填制操作。

(8) 用同样的方式,完成其他凭证的填制操作,最后单击"填制凭证"对话框工具栏上的"退出"按钮,返回"企业应用平台"窗口。

温馨提示

(1) 在凭证填制界面,F2功能键为参照功能键,可进入参照信息窗口,选择录入有关信息。

(2) 如果科目设置了辅助核算属性,则需要输入辅助信息,如部门、个人、项目、客户、供应商、数量、自定义项等;否则,系统不予保存当前填制的凭证。录入的辅助信息显示在凭证下方的备注栏中。如要修改辅助信息,可将鼠标移至辅助信息显示栏上,当鼠标显示为笔形状态时双击,即可弹出辅助信息对话框进行修改。

(3) 每笔分录的借方发生额或贷方发生额不能为零,但可以是红字,红字金额以负数形式输入。如果方向不符,可按空格键调整金额方向。

(4) 若凭证使用了现金流量科目,则凭证保存时,要求录入现金流量科目,弹出"现金流量录入修改"对话框,对话框中显示金额为净流量,需要根据实际情况进行拆分处理。

(二) 修改凭证

在填制凭证过程中,不可避免地会出现一些错误。如果在填制凭证或审核凭证时发现凭证有误,则可借助系统提供的修改功能对错误凭证进行修改。未经审核的错误凭证可以通过"制单"功能直接修改;已经审核的凭证应先取消审核后,再通过"制单"进行修改。凭证一旦保存,其凭证类别、凭证编号将不能再修改。如果采用制单序时控制,则在修改制单日期时,不能在上一张凭证的制单日期之前。如果选择"不允许修改或作废他人填制的凭证"权限控制,则不能修改或作废他人填制的凭证。外部系统传过来的凭证不能在总账系统进行修改,只能在生成该凭证的系统中进行修改。如果涉及"银行存款"科目的分录已录入支票信息,并对该支票作报销处理,修改操作将不影响"支票登记簿"中的内容。

1. 未审核错误凭证的修改

(1) 在"填制凭证"窗口中,通过"查询"功能找到要修改的凭证,将光标定在要修改的地方即可直接修改。

(2) 双击要修改的辅助项,如项目,可直接修改"辅助项"对话框中的相关内容。

(3) 在当前金额的相反方向,按空格键可直接修改金额方向。

(4) 单击"增行",可在当前分录前增加一条新的分录。

(5) 若当前分录的金额为其他所有分录的借、贷方差额,则在金额处按"="键即可。

(6) 单击"保存",保存当前修改。

2. 已审核未记账凭证的修改

对于已审核尚未记账的凭证,在发现错误后,可先由审核人取消审核签字后,再由制单人对此张凭证通过编辑录入功能进行修改。

【例 7-13】 发现"记字 0001"号凭证有误,且该凭证已由"刘芳"审核。

操作步骤如下:

(1) 先以审核人"刘芳"的身份注册登录企业应用平台。

(2) 在"企业应用平台"窗口选择"业务"页签,执行"财务会计"→"总账"→"凭证"→"审核凭证"命令,打开"凭证审核"范围选择对话框,如图 7-48 所示。

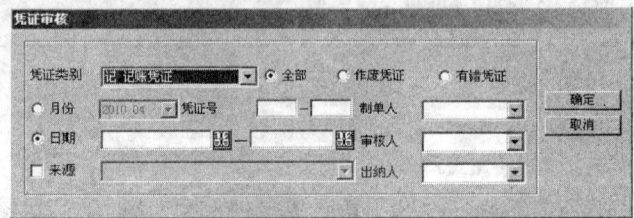

图 7-48 "凭证审核"范围选择对话框

(3) 输入相应查询条件,单击"确定"按钮,进入"审核凭证"方式选择对话框,如图 7-49 所示。

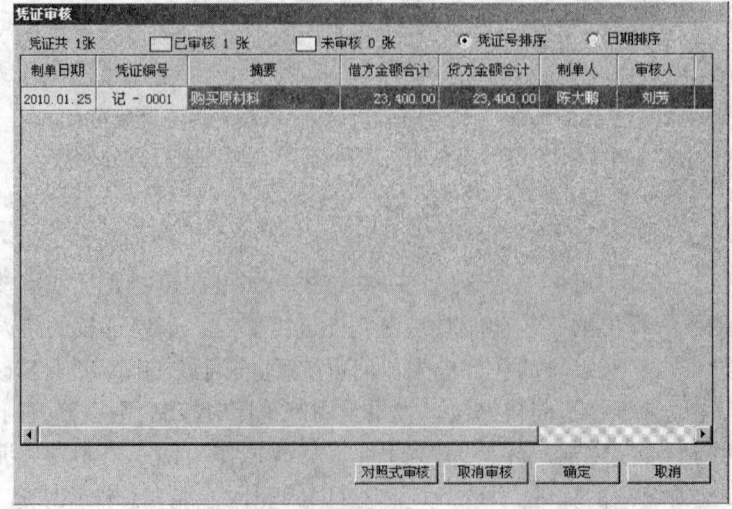

图 7-49 "凭证审核"方式选择对话框

（4）单击"取消审核"按钮，取消审核签字，然后单击"取消"按钮返回"企业应用平台"。单击工具栏上"重注册"按钮，以"003 陈大鹏"操作员的身份注册进入企业应用平台。

（5）进入"填制凭证"对话框，然后按未审核错误凭证的修改方法进行修改。

3. 已记账凭证的修改。

对于已审核记账的错误凭证，可通过红字冲销法来进行修改。

【例 7-14】 发现"记字 0001"号凭证有误，且该凭证已经审核记账。

具体操作步骤如下：

（1）在"填制凭证"对话框中，单击"制单"菜单中的"冲销凭证"子菜单，弹出"冲销凭证"选择对话框，如图 7-50 所示。

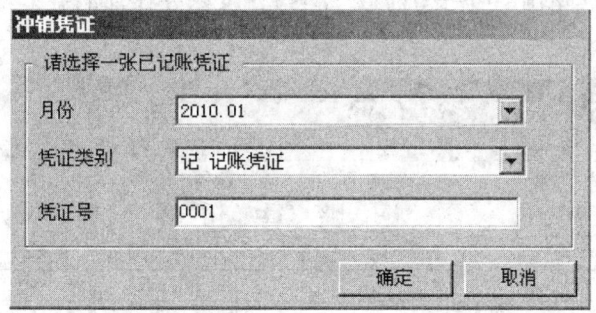

图 7-50 "冲销凭证"选择对话框

（2）在"冲销凭证"选择对话框中，输入要冲销的配置的制单月份、凭证类别和凭证号，然后单击"确定"按钮，系统将自动按原错误凭证填制一张"红字"凭证，金额为红色（负数）的凭证，单击"💾"按钮，对生成的红字凭证进行保存。如图 7-51 所示。

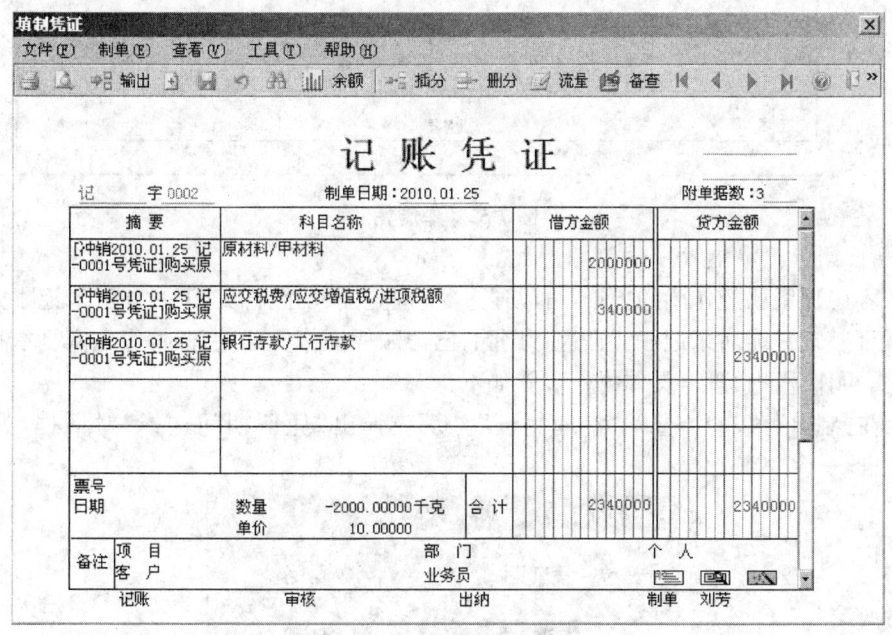

图 7-51 4 生成的红字凭证

（3）单击"➕"按钮，按新增凭证填制方法填制正确的凭证，并进行保存。

(三)作废和删除凭证

当某张凭证不再需要或出现不可修改的错误时,可以将该凭证作废删除。

1. 凭证作废

作废凭证仍保留凭证内容及编号,只显示"作废"字样。作废凭证不能修改,不能审核。在记账时,已作废的凭证应参与记账;否则,月末无法结账,但不对作废凭证作数据处理,相当于一张空凭证。账簿查询时,查不到作废凭证的数据。若当前凭证已作废,可单击"编辑"菜单下的"作废/恢复",取消作废标志,并将当前凭证恢复为有效凭证。已审核的凭证不能作废。具体操作步骤如下:

(1)在"填制凭证"对话框中,找到要作废的凭证。

(2)单击"制单"菜单中的"作废/恢复"子菜单,系统在凭证的左上角添加"作废"字样,如图7-52所示。

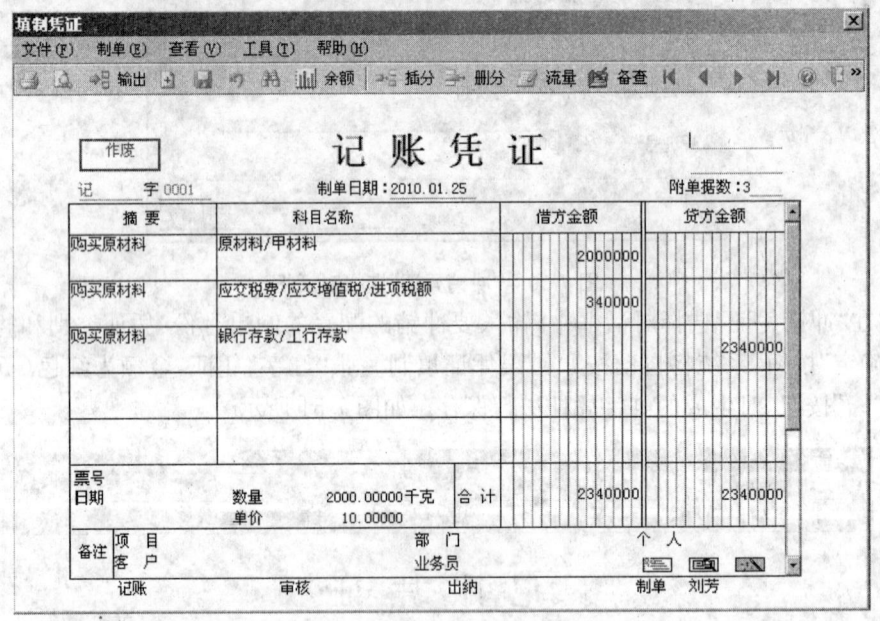

图 7-52 作废凭证

2. 凭证删除

如果不想保留已经作废的凭证,可以通过"整理凭证"功能将其删除,并对未记账凭证重新编号。凭证整理只能对未记账凭证进行删除;已记账凭证作凭证整理时,应先恢复本月月初的记账状态,再作凭证整理。具体操作步骤如下:

(1)在"制单"菜单中选择"整理凭证"。系统弹出"凭证期间选择"对话框,如图7-53所示。

图 7-53 "凭证期间选择"对话框

(2) 参照选择凭证期间后，单击"确定"按钮，进入"作废凭证表"对话框，如图 7-54 所示。

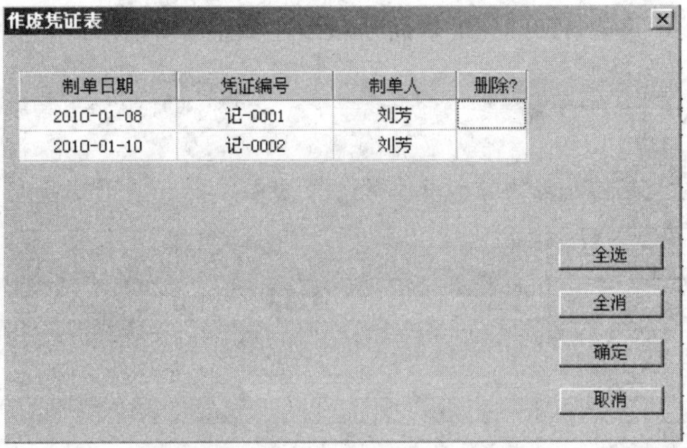

图 7-54 "作废凭证表"对话框

(3) 对确实要删除的凭证，在作废凭证信息的"删除？"栏双击，然后单击"确定"按钮，系统进行作废凭证删除处理。对所有删除凭证进行处理后，显示"是否还需整理凭证断号"提示对话框，如图 7-55 所示。

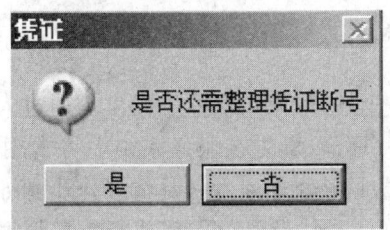

图 7-55 凭证断号整理对话框

(4) 单击"是"按钮，系统自动完成未记账凭证的配置号重排处理，确保账簿记录中不会出现凭证断号现象。

（四）查询凭证

在凭证填制过程中，可以通过查询功能，随时了解经济业务的发生情况，确保凭证填制的正确性。具体操作步骤如下：

(1) 有两种方法可供选择：

方法一：在"企业应用平台"窗口选择"业务"页签，执行"财务会计"→"总账"→"凭证"→"查询凭证"命令，打开"凭证查询"对话框，如图 7-56 所示。

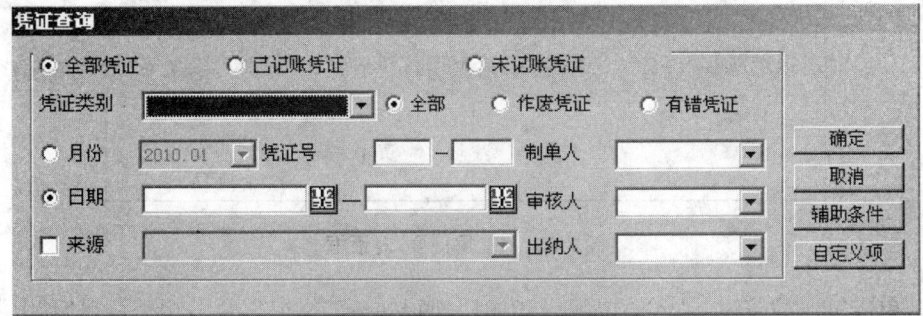

图 7-56 "凭证查询"对话框 A

方法二：在"填制凭证"对话框中，单击工具栏上的"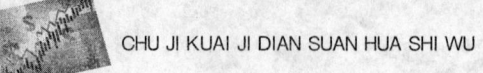"按钮，或按 F3 功能键，或单击"查看"菜单中的"查询"子菜单，打开"凭证查询"对话框，如图 7-57 所示。

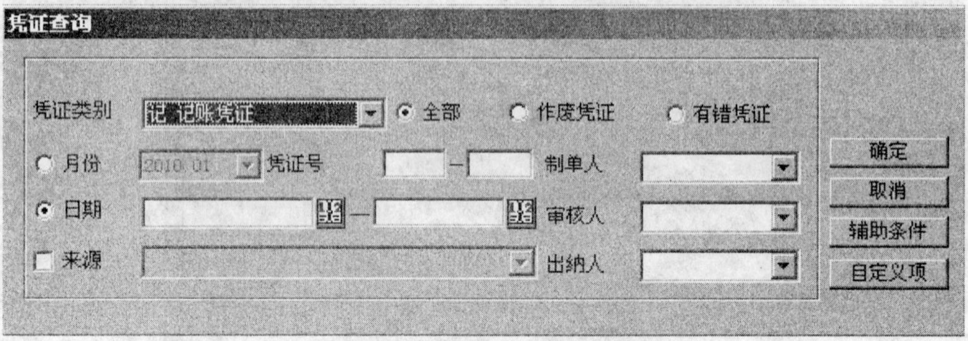

图 7-57 "凭证查询"对话框 B

对话框 A 和对话框 B 的区别在于：对话框 A 可实现对已记账凭证和未记账凭证的查询，而对话框 B 只能对未记账凭证进行查询。

（2）在"凭证查询"对话框中录入查询条件，单击"确定"按钮，显示找到的符合条件的凭证。

（五）常用摘要

企业日常会发生大量经济业务，如果每次业务发生均通过人工键盘录入摘要内容，必然会影响录入速度和工作效率。用户可以事先在账务系统中将常用业务摘要设置好，并储存在系统中供随时调用，这样可以提高业务处理速度。具体操作步骤如下：

（1）在"企业应用平台"窗口选择"设置"页签，执行"基础档案"→"其他"→"常用摘要"命令，打开"常用摘要"对话框。如图 7-58 所示。

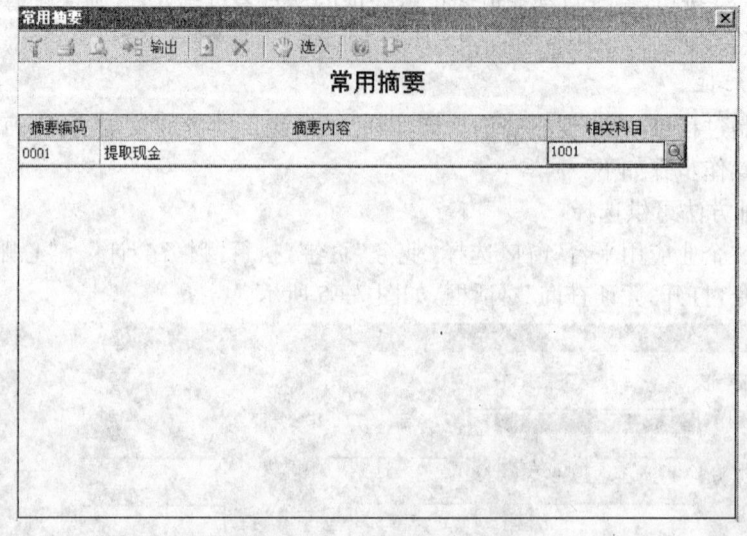

图 7-58 "常用摘要"对话框

（2）单击"增加"按钮，录入摘要编码"0001"，摘要内容"提取现金"，相关科目"1001"。

（3）录入完毕，单击工具栏上的"退出"按钮结束常用摘要设置。

（六）凭证汇总

记账凭证全部输入完毕并进行审核签字后，可以进行汇总并同时生成一张"记账凭证汇总表"。进行汇总的凭证可以是已记账的凭证，也可以是未记账的凭证，因此，财务人员可以在凭证未记账前，随时查看企业当前的经营状况和其他财务信息。在凭证汇总表中，系统提供快速定位功能和查询光标所在行专项明细账功能，如果要查询其他条件的科目汇总表，可再调用查询功能。具体操作步骤如下：

（1）在"企业应用平台"窗口选择"业务"页签，执行"财务会计"→"总账"→"凭证"→"科目汇总"命令，出现"科目汇总"对话框，选择月份及凭证类别，如图7-59所示。

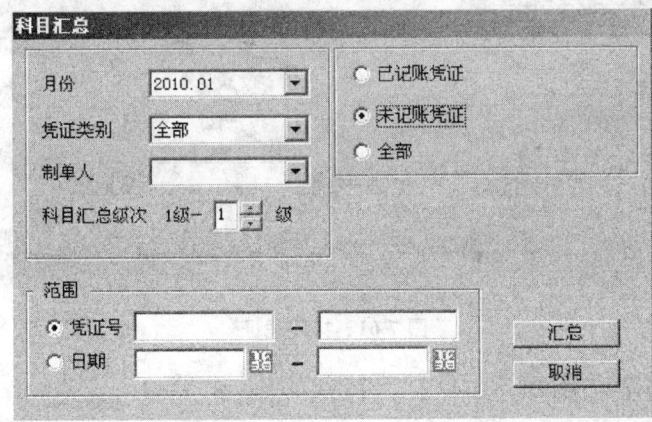

图7-59 "科目汇总"对话框

（2）单击"汇总"按钮，显示2010年1月份所有未记账凭证的汇总表，如图7-60所示。

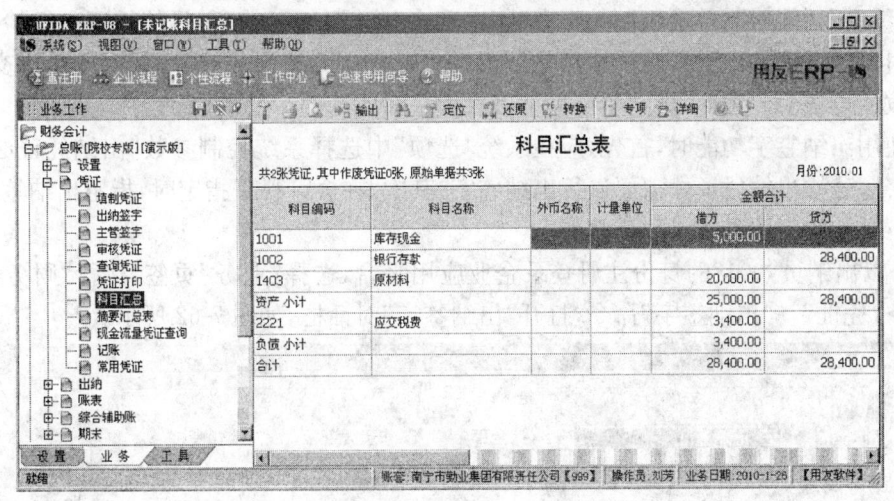

图7-60 科目汇总表窗口

（七）打印凭证

在填制、审核、出纳签字各环节均可通过"打印"功能执行，但正式存档凭证的打印必须通过"凭证"菜单中的"打印凭证"功能完成。具体操作步骤如下：

在"总账"中执行"凭证"→"打印凭证"命令，弹出对话框，如图7-61所示。在凭证类别中选择"记账凭证"，凭证格式选择"金额式"，制单人"陈大鹏"。单击"设置"按钮，根据需要重新设置页面，然后单击"打印"按钮即可。

图 7-61 打印凭证

二、凭证的签字与审核

（一）出纳签字

出纳凭证由于涉及企业现金的收入与支出，应加强对出纳凭证的管理。出纳人员可以通过"出纳签字"功能对制单员填制的带有"库存现金"或"银行存款"科目的凭证进行检查核对，主要核对出纳凭证的出纳科目的金额是否正确。审查认为错误或有异议的凭证，应交与填制人员修改后再核对。因此，出纳签字也可以看做是对凭证的一种审核。

在使用出纳签字功能时，首先，应在系统"选项"中选择系统控制参数"出纳凭证必须经由出纳签字"，这样出纳凭证才需要进行出纳签字；其次，在会计科目指定时，指定出纳签字科目，才能进行出纳签字。具体操作步骤如下：

（1）以出纳员"004"的身份注册登录企业应用平台，选择"业务"页签，执行"财务会计"→"总账"→"凭证"→"出纳签字"命令，打开"出纳签字"对话框，如图 7-62 所示。

图 7-62 "出纳签字"对话框

（2）选择凭证类别及要查询全部、作废凭证或有错凭证。单击"确认"按钮，进入"出纳签字"凭证一览表窗口，如图 7-63 所示。

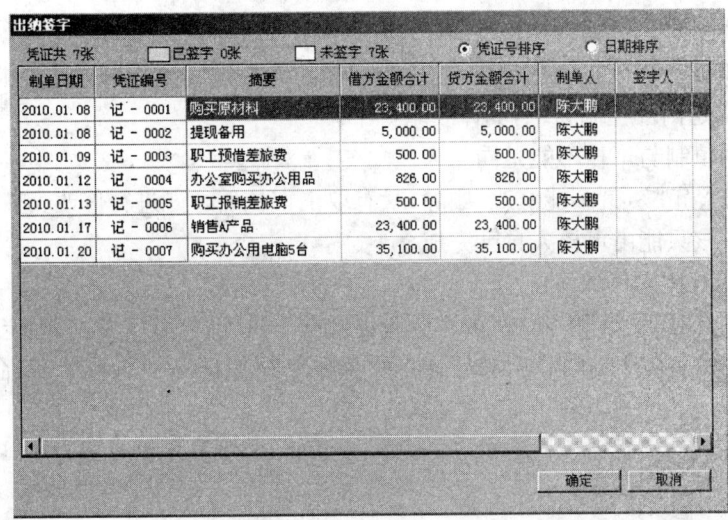

图 7-63 "出纳签字"一览表

(3) 单击"确定"按钮,进入"出纳签字"审核签字窗口,如图 7-64 所示。在该窗口单击工具栏中的"签字"按钮,凭证底部"出纳"处自动签上出纳员的姓名;对需要签字的其他凭证,可通过单击" ◀ "或" ▶ "按钮逐一审查,审查无误后,单击"出纳"按钮进行签字。

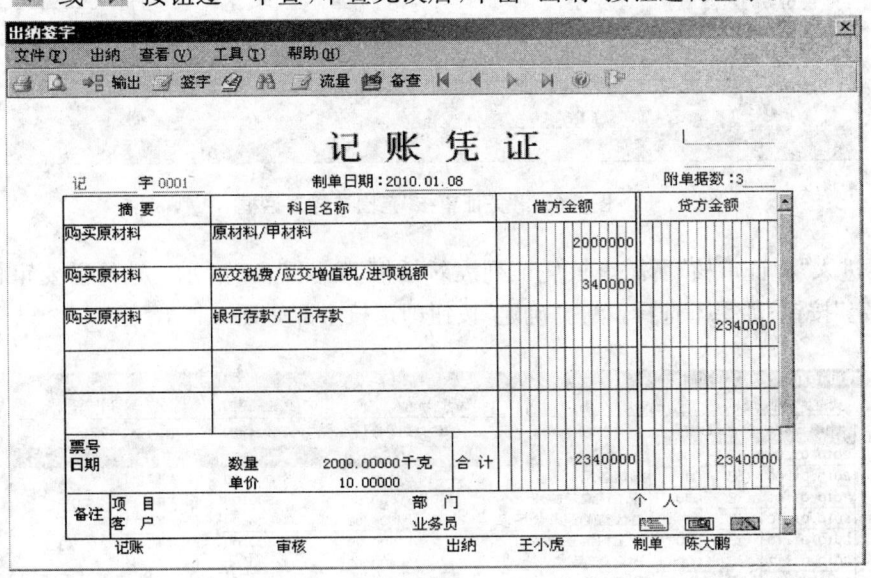

图 7-64 "出纳签字"审核签字窗口

温馨提示

(1) 凭证已经签字,就不能被修改或删除,只有在取消签字后才可以修改或删除。
(2) 取消签字只能由签字的出纳本人进行。
(3) 在确认所有凭证无误时可以使用"出纳"菜单中的"成批出纳签字"功能进行签字。

（二）审核凭证

为确保经济业务得到正确的记录，制单员填制的每一张凭证都必须经过相关人员的审核。凭证的审核应满足内部控制要求，具体要求如下：

(1) 凭证的填制与审核不能是同一人。
(2) 凭证已经审核，就不能修改、删除，只有取消审核后才能进行修改、删除操作。
(3) 取消审核只能由审核人自己完成。

审核凭证的具体操作如下：

(1) 在"企业应用平台"中单击"重注册"，更换操作员为"刘芳"，单击"确定"按钮。
(2) 在"业务"页签下，执行"财务会计"→"总账"→"凭证"→"审核凭证"命令，打开"凭证审核"对话框。
(3) 在"凭证审核"对话框，选择"全部"单选按钮，其他保持默认选项，单击"确认"按钮。如图7-65所示。

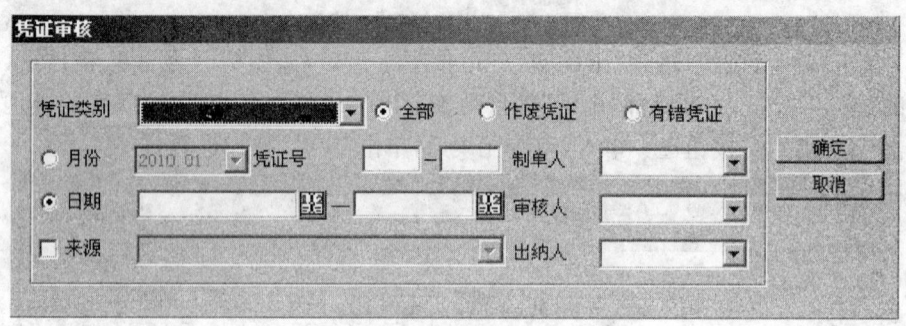

图7-65 "凭证审核"范围选择对话框

(4) 进入"凭证审核"所需审核凭证列表对话框，如图7-66所示。选择需要审核的凭证，单击"确定"按钮；如果不选择，单击"确定"按钮即审核全部凭证。

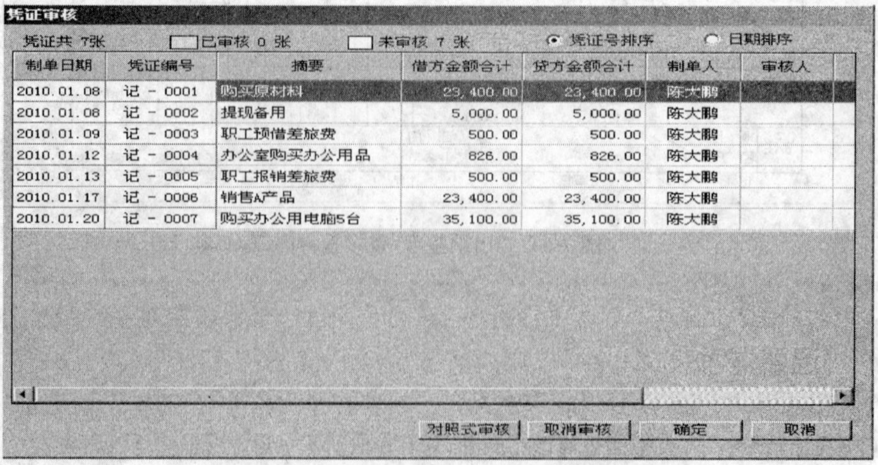

图7-66 "凭证审核"凭证信息列表对话框

(5) 单击"确定"按钮，进入"审核凭证"对话框，如图7-67所示。

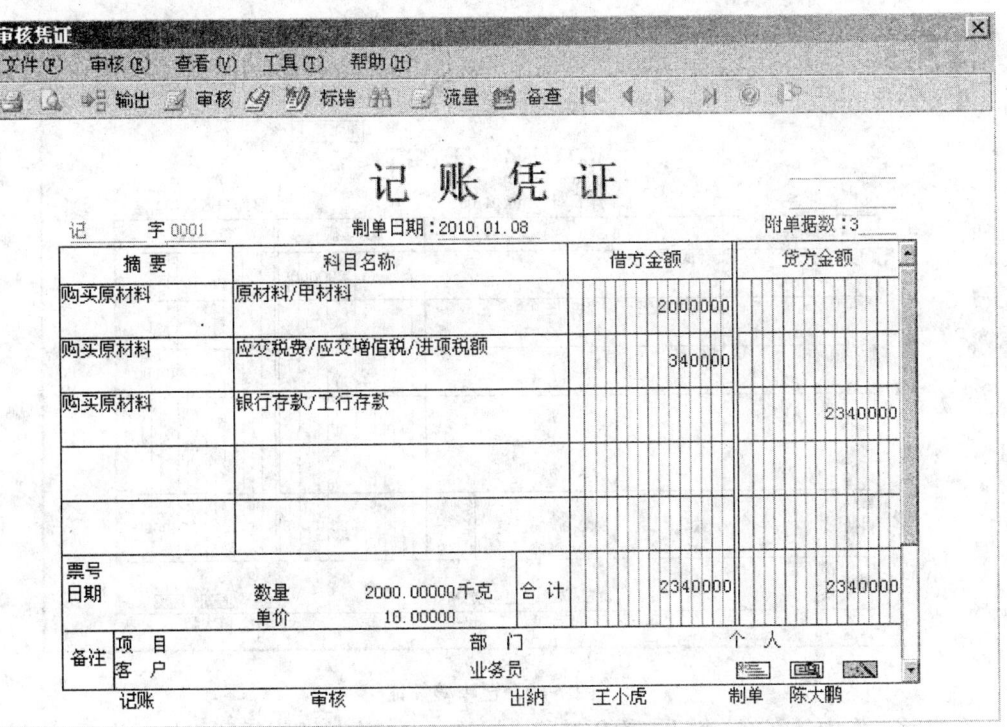

图 7-67 "审核凭证"审核对话框

对凭证进行审核时,若认为凭证有问题,可单击工具栏上的"标错"按钮,系统在该凭证左上角标注"有错"字样。如图 7-68 所示。

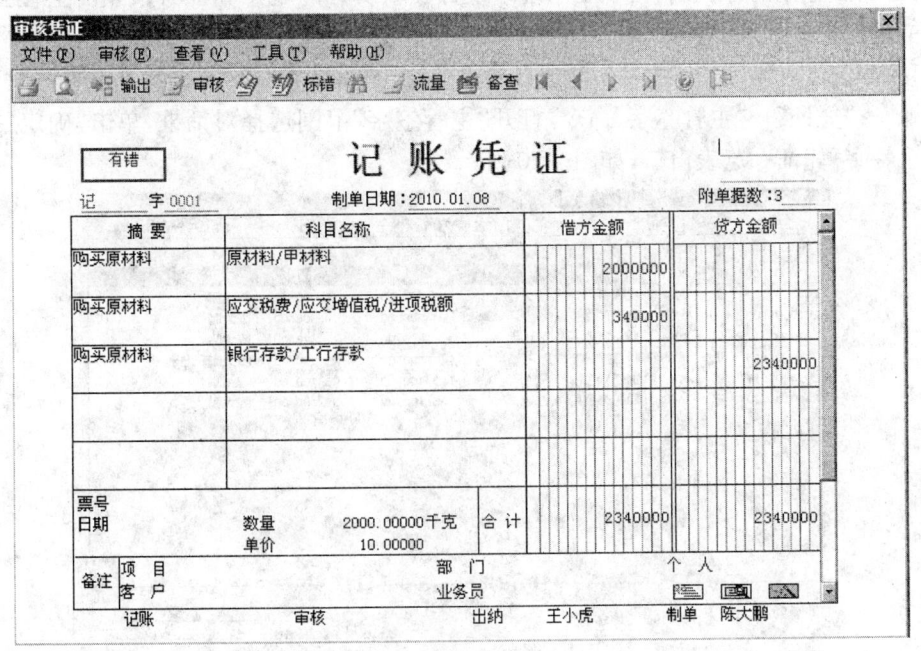

图 7-68 标错凭证

若审核无误,可单击工具栏上的"审核"按钮,系统在该张凭证下方审核人位置添加审核人姓名,并自动进入下张待审核凭证。审核完毕的凭证如图 7-69 所示。

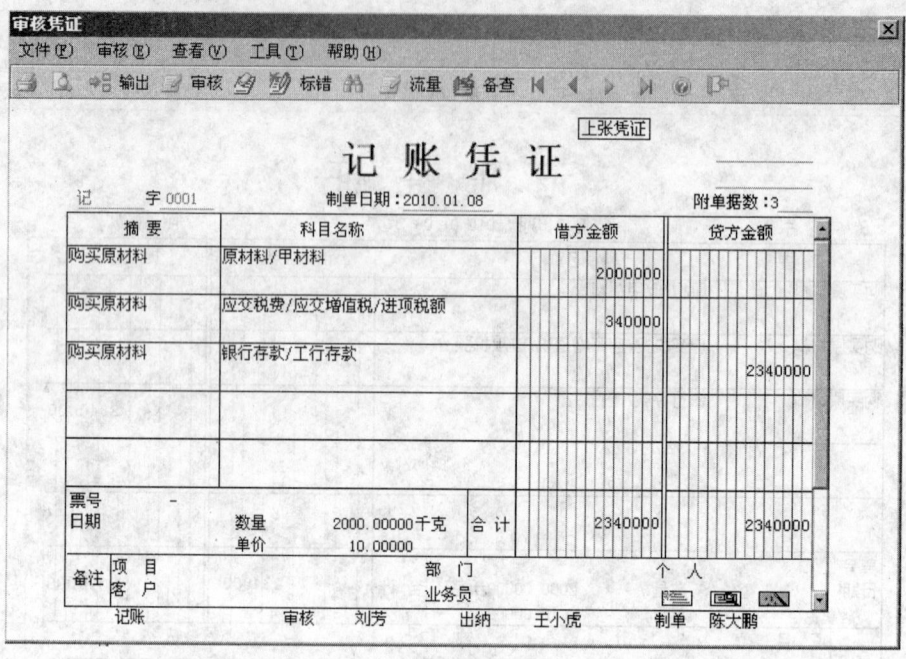

图 7-69 已审核凭证

在实际工作中,通常是将机内凭证打印成纸质凭证,并对纸质凭证审核无误后,通过执行"审核"菜单中的"成批审核凭证"功能,一次性地将所有凭证进行审核签字处理。

(三)主管签字

为了加强企业内部控制,可以在系统中设置要求所有的记账凭证必须经由主管会计签字后,方能进行记账处理。具体操作步骤如下:

(1)以账套主管"张华"的身份注册登录企业应用平台,在"业务"页签下,执行"财务会计"→"总账"→"凭证"→"主管签字"命令,打开"主管签字"范围选择对话框,单击"确定"按钮,进入"主管签字"凭证一览表窗口,如图 7-70 所示。

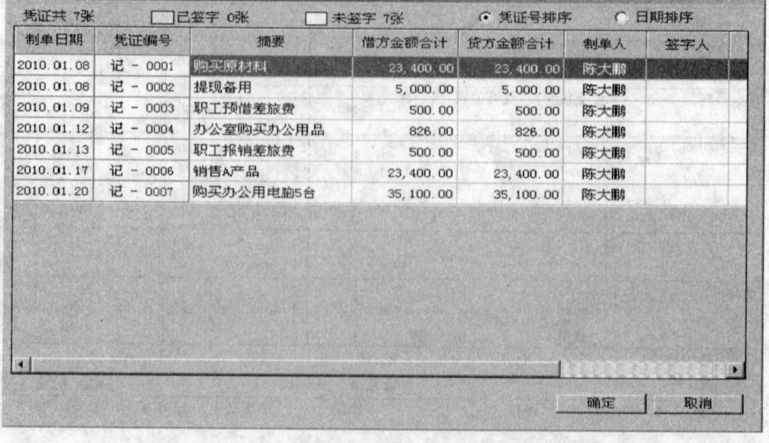

图 7-70 "主管签字"凭证一览表

(2)在需要进行主管签字的凭证上双击或直接单击"确定"按钮,进入"主管签字"审核签字窗口,对审核无误的配置,通过单击"签字"按钮,进行主管签字,签字后的凭证如图 7-71 所示。

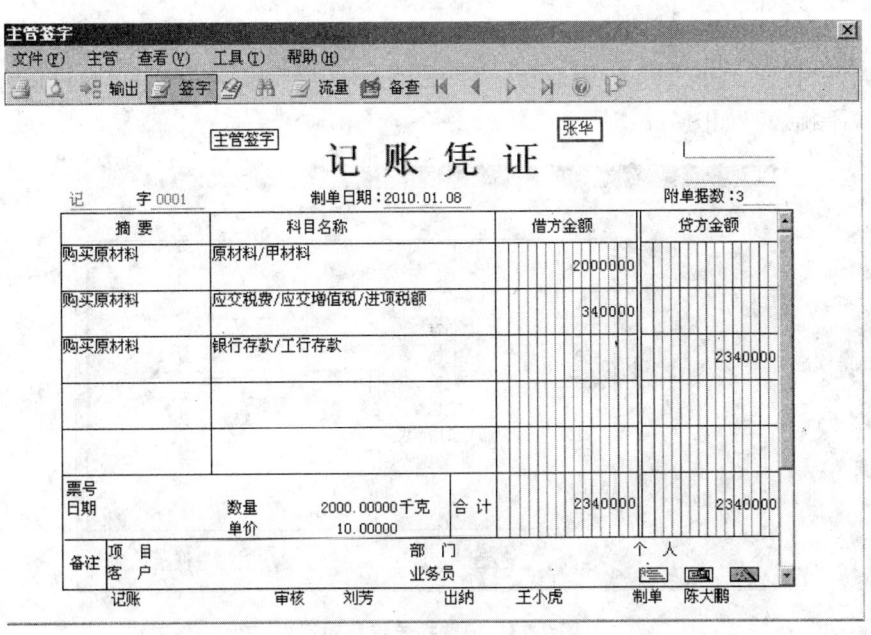

图 7-71 主管签字凭证

三、记账与取消记账

记账凭证经审核签字后,即可用来登记总分类账和明细分类账、日记账、往来账、项目账以及备查账等。记账即登记账簿,这是以会计凭证为依据,将经济业务全面、系统、连续地记录到具有账户基本结构的账簿中去,是会计核算的主要方法之一。登记账簿是由有记账权限的用户发出记账指令,由计算机按照预先设计的记账程序自动进行合法性检验、科目汇总和登记账簿等操作。在记账过程中,系统采用向导方式自动进行会计核算数据处理,效率比手工记账大为提高。

第一次记账时,若期初余额试算不平衡,不能记账。上月未记账,本月不能记账。未审核凭证不能记账,记账范围应小于等于已审核范围。作废凭证不需要审核可直接记账。具体操作步骤如下:

(1) 以"刘芳"的身份注册登录企业应用平台,在"业务"页签下,执行"财务会计"→"总账"→"凭证"→"记账"命令,打开"记账"范围选择对话框,如图 7-72 所示。

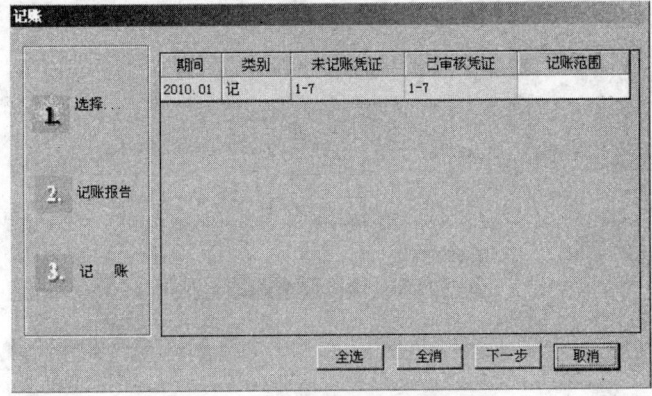

图 7-72 "记账"范围选择对话框

(2) 在"记账"范围对话框可手工输入记账凭证范围,也可单击"全选"按钮选择所有凭证。单击"下一步"按钮,进入记账报告信息窗口,如图 7-73 所示。继续单击"下一步"按钮,显示"期初试算平衡表",如图 7-74 所示。

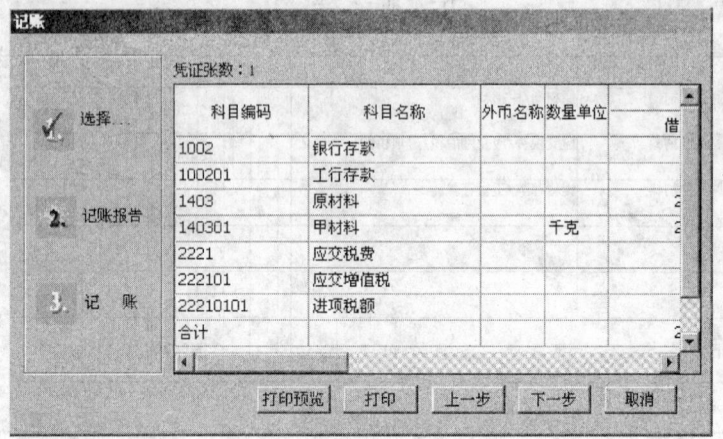

图 7-73　记账报告信息对话框

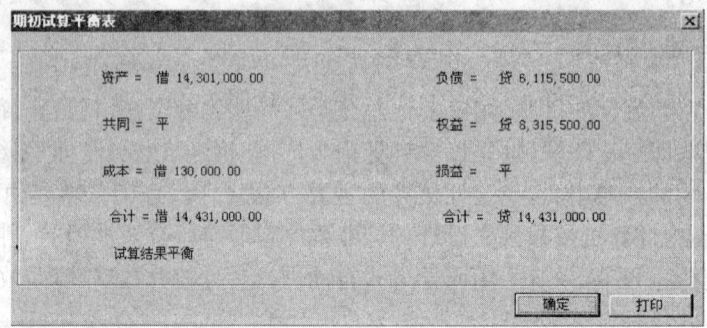

图 7-74　"期初试算平衡表"对话框

(3) 单击"确定"按钮,系统开始记账,并显示记账过程。
(4) 系统记账完毕,显示记账完毕提示对话框,如图 7-75 所示。

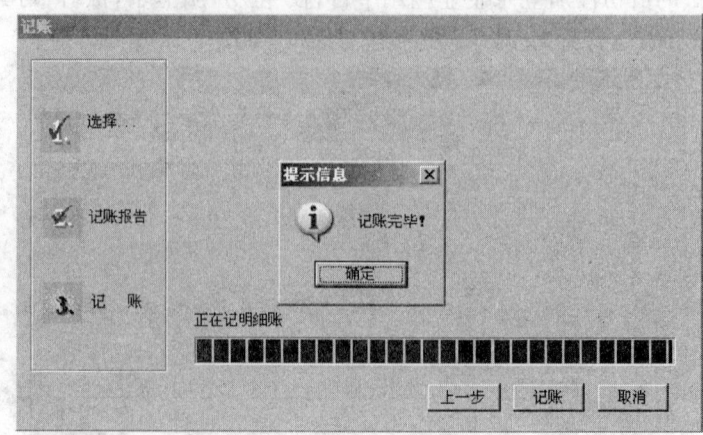

图 7-75　记账完毕对话框

(二) 取消记账

在账务处理过程中,可能会因为某些错误导致记账信息错误,或者记账后发现凭证填制有误需要修改凭证,此时就需要对已记账的配置取消记账。为此,可通过系统提供的"恢复记账前状态"功能,将数据恢复到记账前状态,待错误修改完毕后再重新记账。在账务系统中,只能由会计主管进行此项操作。已结账月份的数据不能取消记账,未结账月份的数据可以取消记账。具体操作步骤如下:

(1) 以账套主管"刘芳"的身份注册登录企业应用平台,在"业务"页签下,执行"财务会计"→"总账"→"期末"→"对账"命令,打开"对账"对话框,如图 7-76 所示。

图 7-76 "对账"对话框

(2) 由于取消记账是一项特殊操作,因此该功能系统默认处于隐藏状态,使用时需将其激活。在"对账"窗口,按下"Ctrl+H"组合键激活"恢复记账前状态"功能,如图 7-77 所示。单击"确定"按钮,"恢复记账前状态"被激活,并在"凭证"菜单下显示,如图 7-78 所示。

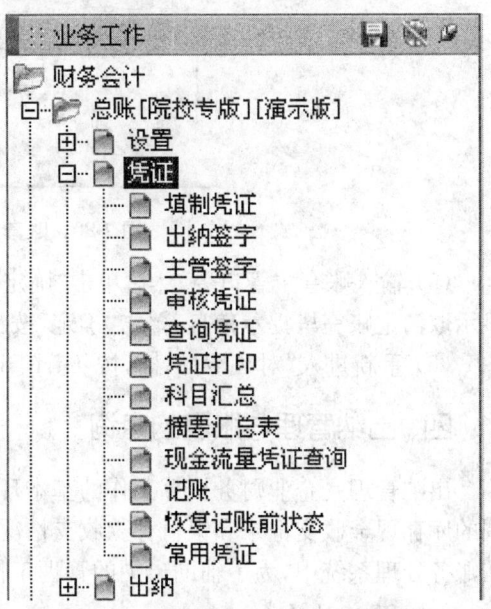

图 7-77 激活恢复记账前状态窗口　　　　图 7-78 "恢复记账前状态"功能项

（3）退出"对账"窗口，执行"财务会计"→"总账"→"凭证"→"恢复记账前状态"命令，进入"恢复记账前状态"方式选择对话框，如图7-79所示。

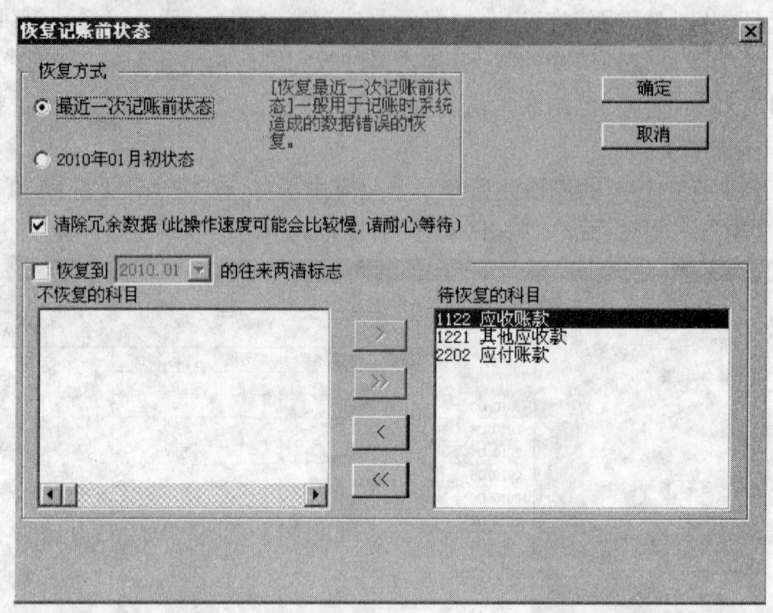

图 7-79 "恢复记账前状态"方式选择对话框

（4）恢复方式有两种：一种是恢复到最后一次记账前状态；另一种是恢复到本月月初状态，不过本月记过几次账而已。选择完毕后，单击"确定"按钮，进入账套主管口令输入对话框，如图7-80所示。

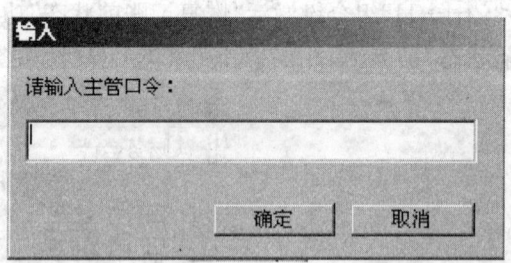

图 7-80 账套主管口令输入对话框

（5）输入账套主管口令，然后单击"确定"按钮，系统开始取消记账，取消记账完成后，系统显示取消记账完毕提示信息，单击"确定"按钮完成取消记账操作。

（6）重新进入"对账"对话框，按"Ctrl＋H"组合键隐藏"恢复记账前状态"功能。

四、出纳管理与账表的查询

出纳管理是企业财务核算工作的基本环节，它要求出纳人员及时地了解掌握某个时间范围的库存现金收支记录和银行存款收支情况，并做到日清月结，随时查询、打印有关出纳报表。在账务处理系统中，为了辅助出纳的管理工作，设置了出纳管理功能。

（一）查询日记账

通过现金日记账及银行存款日记账查询功能，可以查询某一天或某个月的现金日记账或银行存款日记账。具体操作步骤如下：

(1) 以出纳“003 陈大鹏”的身份注册登录企业应用平台，在“业务”页签下，执行“财务会计”→“总账”→“出纳”→“现金日记账”命令，打开“现金日记账”对话框，如图 7-81 所示。

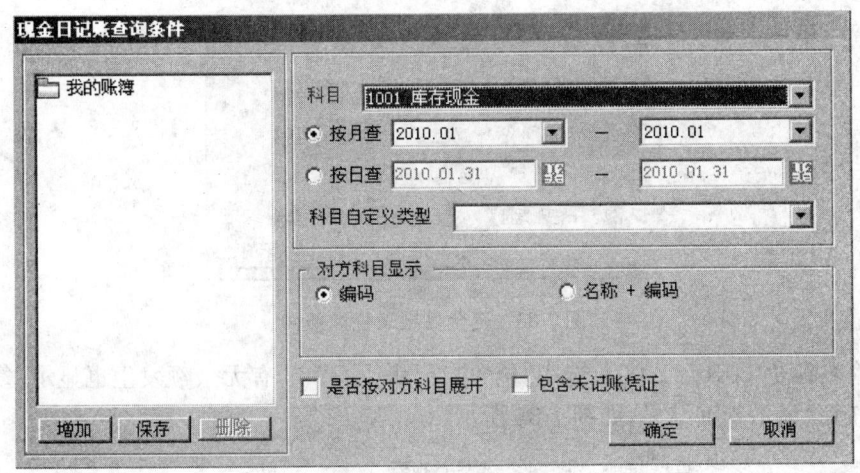

图 7-81 “现金日记账查询条件”对话框

(2) 选择“按月查”，输入查询条件“2010. 01”—“2010. 01”后，单击“确定”按钮，显示“现金日记账”窗口，如图 7-82 所示。

2010年 月	日	凭证号数	摘要	对方科目	借方	贷方	方向	余额
			上年结转				借	7,000.00
01	08	记-0002	提现备用	100201	5,000.00		借	12,000.00
01	08		本日合计		5,000.00		借	12,000.00
01	09	记-0003	职工预借差旅费	1221		500.00	借	11,500.00
01	09		本日合计			500.00	借	11,500.00
01	13	记-0005	职工报销差旅费	1221	40.00		借	11,540.00
01	13		本日合计		40.00		借	11,540.00
01			当前合计		5,040.00	500.00	借	11,540.00
01			当前累计		5,040.00	500.00	借	11,540.00

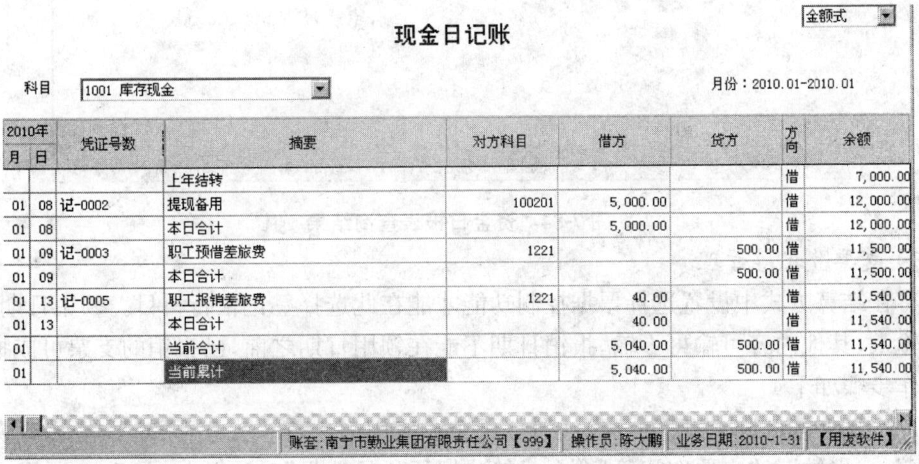

图 7-82 现金日记账查询结果

(3) 在“现金日记账”窗口中，鼠标双击某一行或选择某一行后单击“凭证”按钮即可查询相对应的记账凭证，单击工具栏“总账”按钮即可查询该科目的三栏式总账。此项操作的前提是必须赋予该操作员相应的查询权限。

银行存款日记账的查询，执行“财务会计”→“总账”→“出纳”→“银行存款日记账”命令，其余操作与现金日记账相同。

(二) 查询资金日报表

资金日报表是反映库存现金、银行存款日发生额及余额情况的报表，在财务管理中具有重要作用。具体操作步骤如下：

(1) 以出纳"003 陈大鹏"的身份注册登录企业应用平台，在"业务"页签下，执行"财务会计"→"总账"→"出纳"→"资金日报"命令，打开"资金日报表查询条件"设置对话框，如图7-83所示。

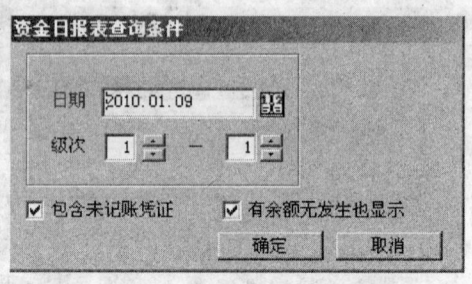

图7-83　资金日报表查询条件

(2) 输入日期"2010.01.09"，选中"包含未记账凭证"和"有无余额发生也显示"复选框，单击"确认"按钮，显示查询结果，如图7-84所示。

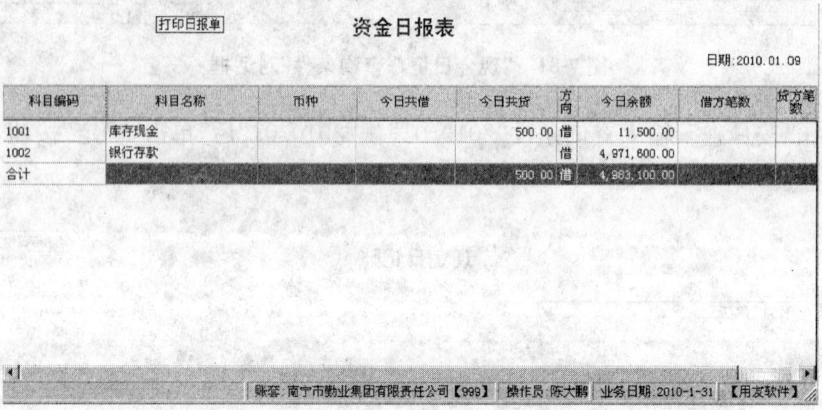

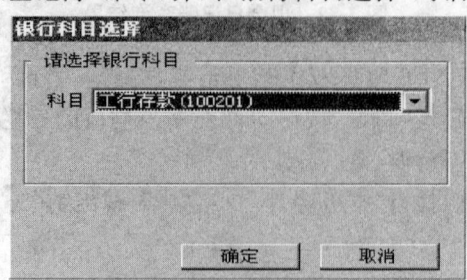

图7-84　资金日报表查询结果

(三) 支票登记簿管理

只有在结算方式中设置选择票据控制功能才能在此选择登记银行科目。领用日期和支票号必须输入，其他内容可输可不输，报销日期不能在领用日期之前，已报销的支票可成批删除。具体操作步骤如下：

(1) 以出纳"003 陈大鹏"的身份注册登录企业应用平台，在"业务"页签下执行"财务会计"→"总账"→"出纳"→"支票登记簿"命令，弹出"银行科目选择"对话框，如图7-85所示。

图7-85　银行科目选择对话框

(2) 选择"工行存款(100201)"科目，单击"确定"按钮，进入"支票登记簿"窗口。

(3) 单击工具栏"增加"按钮，录入相关信息：领用日期"2010.01.12"、领用部门"04 市场部"、领用人"李霞"、支票号"XY0026"、预计金额"600"、用途"业务"等，输入完毕后单击"保存"按钮保存，输入结果如图 7-86 所示。录入所有支票信息后，关闭"支票登记簿"窗口。

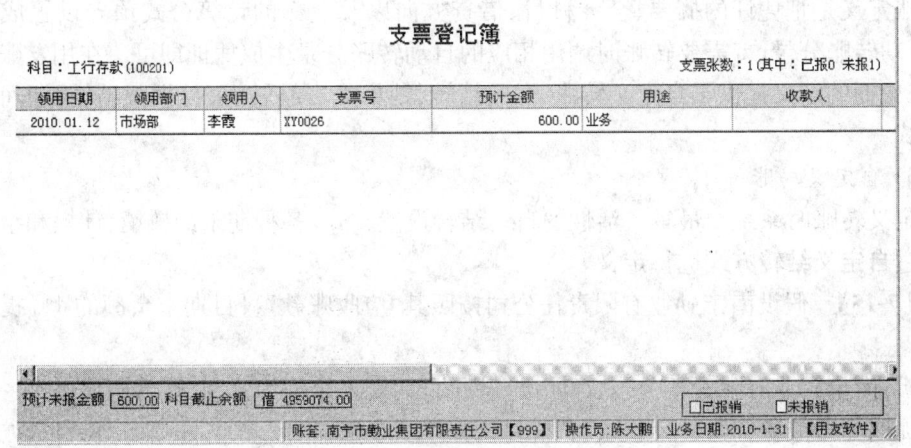

图 7-86　支票领用录入信息

(4) 假设"李霞"于 2010 年 1 月 12 日，提回现金 600 元，并进行支票报销。具体操作为：在"支票登记簿"窗口，将光标移到"报销日期"栏，录入报销日期"2010.01.12"，在"实际金额"栏录入金额"600"，录入完毕后，单击工具栏上的"保存"按钮进行保存，完成该支票报销处理，如图 7-87 所示。

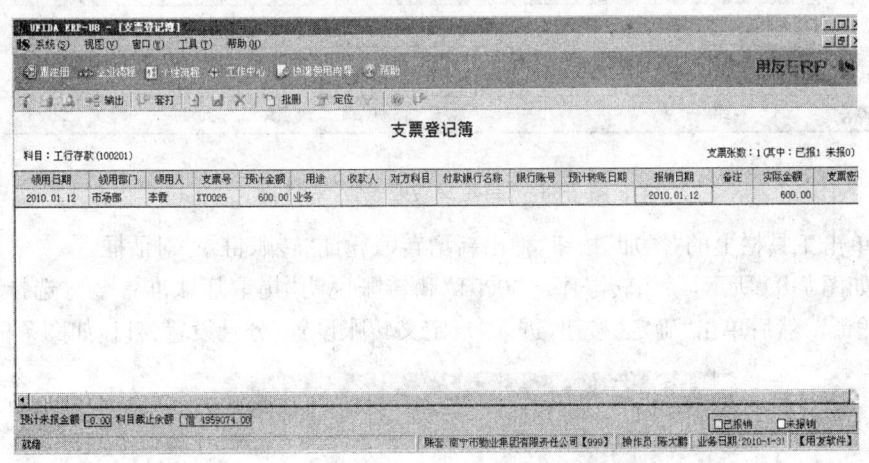

图 7-87　报销支票

第四节　账务系统期末处理

期末处理即企业经济业务的期末会计处理。期末会计业务主要包括期末摊销、计提、结转业务的处理以及对账、结账等工作。这些工作种类复杂、处理时间短、任务重，在手工账务处理下,会计人员的工作量十分繁重;而在计算机账务处理条件下,这些工作都可以交由计算机系统自动完成。

一、转账定义

转账定义是把凭证的摘要、会计科目、借贷方向以及金额的计算公式预先设置成凭证模板,即自动转账分录,待需要转账时调用相应的自动转账分录生成凭证即可。在用友账务系统中,转账凭证的定义提供了自定义转账、对应结转、销售成本结转、汇兑损益结转、期间损益结转等方式。

(一)自定义转账

自定义转账时系统中最具灵活性的自动结转设置方式,各种期末的摊销、计提和结转业务均可通过自定义结转方式进行定义。

【例7-15】 假设南宁勤业有限责任公司按照其"应收账款"科目期末余额的1‰提取坏账准备。

分析:南宁勤业有限责任公司"坏账准备"科目的期末余额为:应收账款期末余额×1‰,则本期应提取坏账准备金为:"应收账款"科目借方期末余额×1‰－"坏账准备"科目贷方期初余额＋"坏账准备"科目借方期末余额。具体操作步骤如下:

(1)以操作员"刘芳"的身份注册登录企业应用平台,在"业务"页签下执行"财务会计"→"总账"→"期末"→"转账定义"→"自定义转账"命令,进入"自定义转账设置"窗口,如图7-88所示。

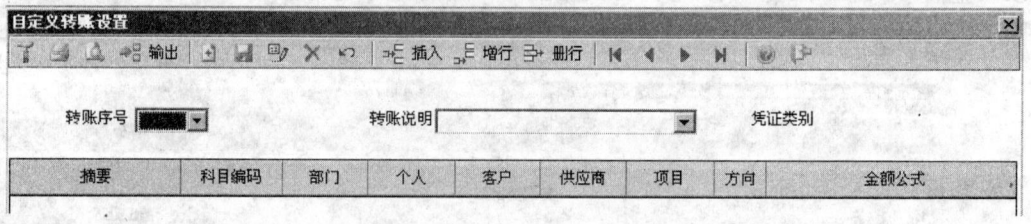

图7-88 "自定义转账设置"对话框

(2)单击工具栏上的"增加"按钮,弹出新增转账凭证"转账目录"对话框。
(3)如图7-89所示,录入转账序号"0001"和转账说明"提取坏账准备金",选择凭证类别"记记账凭证",然后单击"确定"按钮,进入"自定义转账设置"分录设置窗口,如图7-90所示。

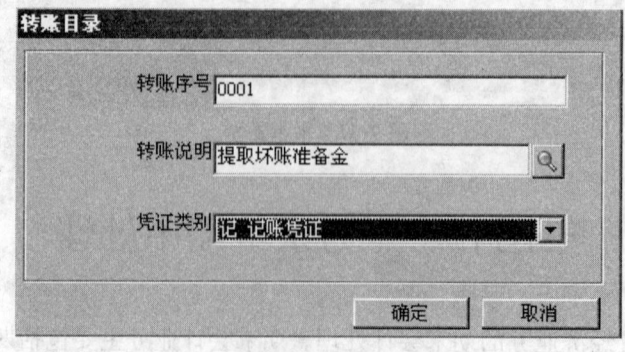

图7-89 "转账目录"对话框

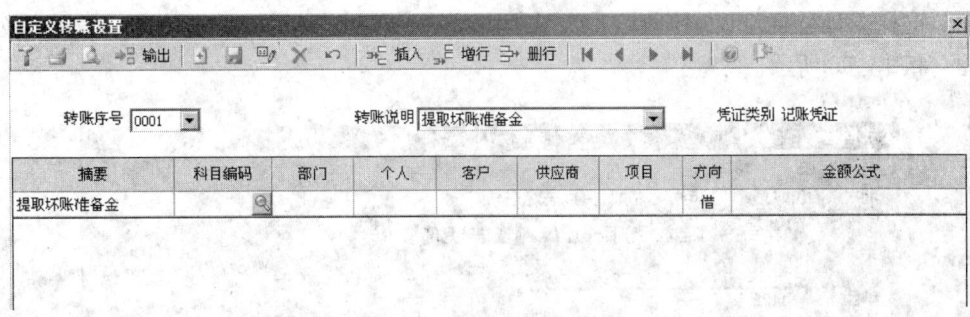

图 7-90 "自定义转账设置"分录设置窗口

（4）直接录入或参照录入科目编码"6701 资产减值损失",选择方向为"借",在"金额公式"栏双击直接录入或参照输入公式,本例采用参照方式录入公式。在金额栏双击后按" "按钮,弹出"公式向导"对话框一:函数选择,如图 7-91 所示。

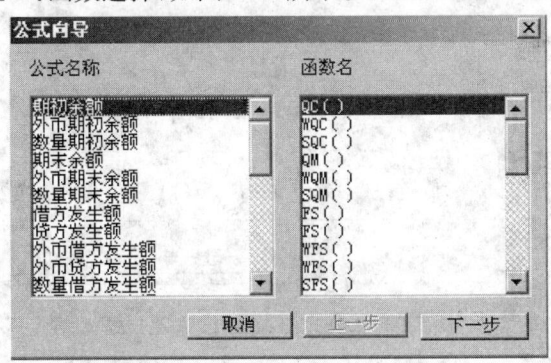

图 7-91 "公式向导"函数选择

（5）选择"期末余额 QM（　　）",然后单击"下一步"按钮,进入"公式向导"对话框二:函数参数设置,如图 7-92 所示。

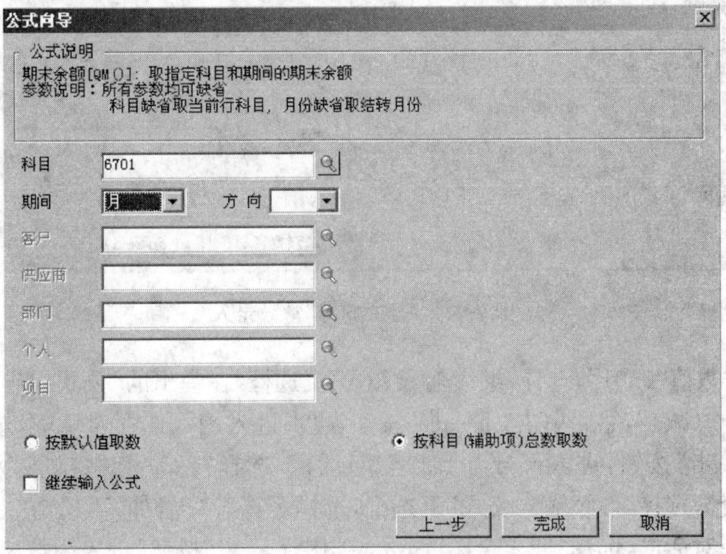

图 7-92 "公式向导"函数参数设置

(6) 选择会计科目"1122 应收账款"、选择期间为"月"、方向为"借",选择"继续输入公式"复选框,如图 7-93 所示。

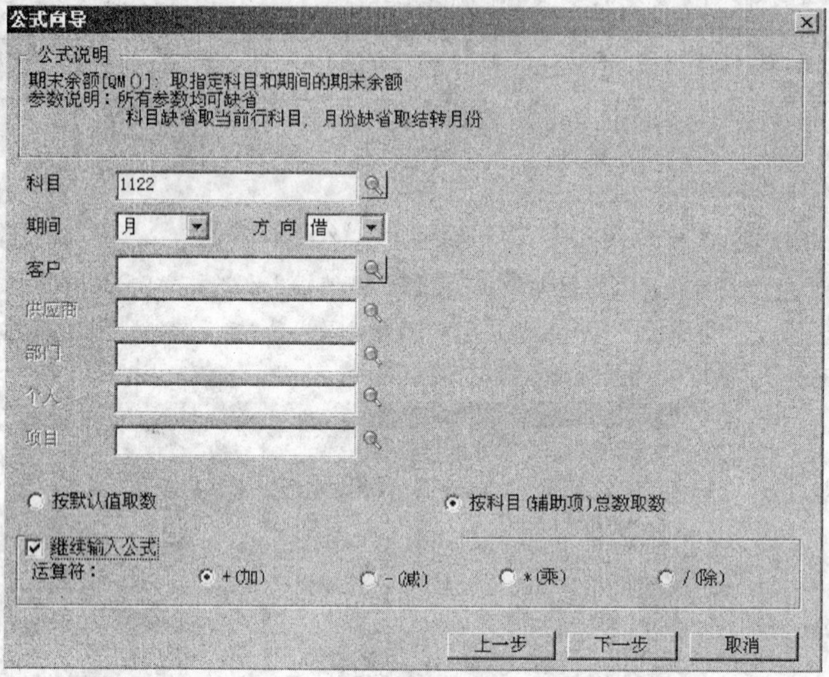

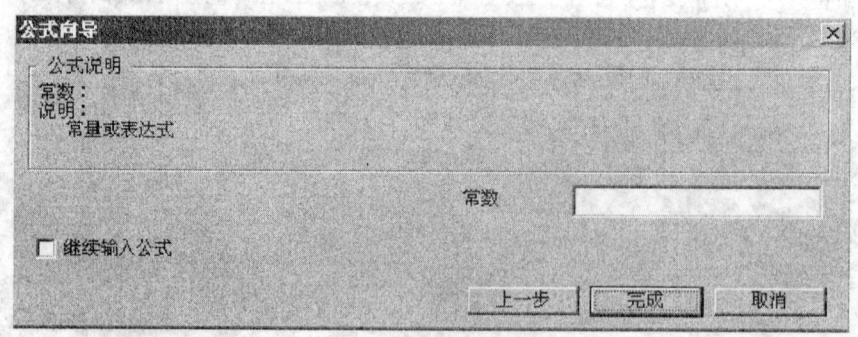

图 7-93 "公式向导"继续输入公式

(7) 选择运算符"*(乘)",然后单击"下一步"按钮,重新进入"公式向导"函数选择对话框,选择"常数"后,单击"下一步"按钮,进入"公式向导"常数录入对话框,如图 7-94 所示。

图 7-94 "公式向导"常数录入

(8) 录入常数值"0.01",选择"继续输入公式"复选框,在弹出的"公式向导"继续录入公式对话框中选择"-(减)",然后单击"下一步"按钮,再次进入函数选择对话框,选择"期末余额"函数,单击"下一步"按钮,进入函数参数设置对话框,选择"1231 坏账准备"科目,期间设为"月"、方向为"贷",选择"继续输入公式"复选框,选择运算符"+(加)",单击"下一步"按钮,再次进入函数选择对话框,选择"期末余额"函数,单击"下一步"按钮,进入函数参数设置对话框,选择"1231 坏账准备"科目,期间设为"月"、方向设为"借",单击"完成"按钮,显示定义结果如

图 7-95 所示。

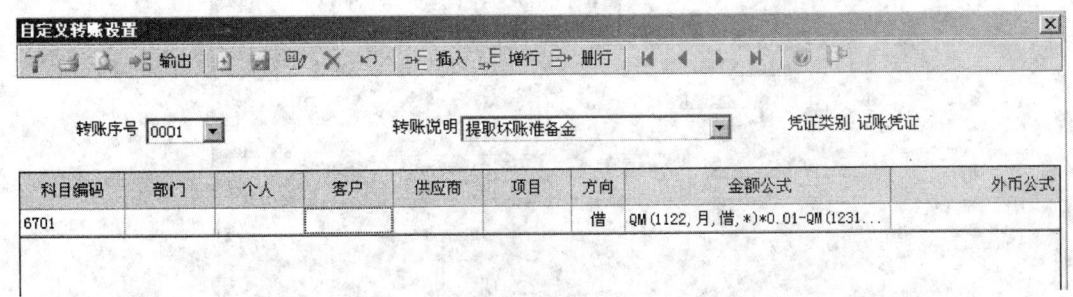

图 7-95 "自定义转账设置"结果 A

(9) 单击工具栏上的"增行"按钮,增加一条新分录,录入会计科目编码"1231",选择方向为"借",录入金额公式"JG(   )",最后录入将如图 7-96 所示。

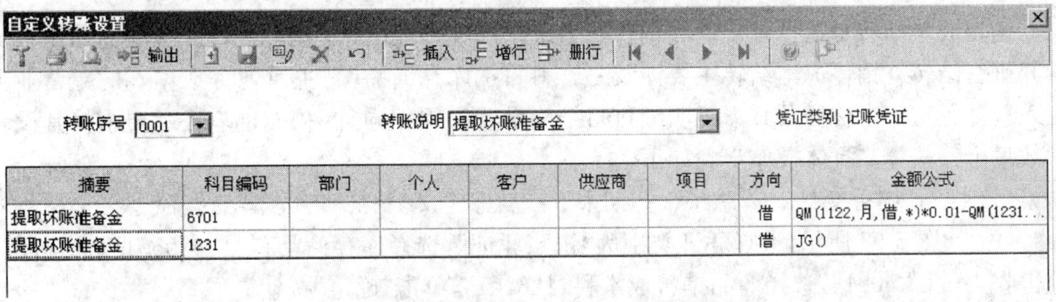

图 7-96 "自定义转账设置"结果 B

(10) 单击工具栏上的"保存"按钮,对自定义转账凭证进行保存。单击"增加"按钮,继续定义自定义转账凭证,单击"退出"按钮,结束定义操作。

其他自定义转账凭证的定义方法同上。

(二) 对应结转

对应结转不仅可以进行两个科目一对一结转,还能进行科目之间的一对多结转。对应结转的科目可为上级科目,但其下级科目的结构必须一致,即具有相同的明细科目且必须能一一对应。如有辅助核算,则两个科目的辅助核算类型也必须对应。对应结转只结转期末余额。具体操作步骤如下:

(1) 登录"企业应用平台",在"业务"页签下执行"财务会计"→"总账"→"期末"→"转账定义"→"对应结转"命令,打开"对应结转"对话框。

(2) 输入转账编号"0001",选择凭证类别为"记账凭证",输入摘要"结转进项税额",选择转出科目编码"22210101",单击"增行"按钮。

(3) 选择转入科目编码"22210109",输入结转系数"1",单击"保存"按钮,结果如图 7-97 所示。增加其他对应结转分录的方法类似。

一张凭证可定义多行,转出科目及辅助项必须一致,转入科目及辅助项可不相同。如果同一张凭证转入科目有多个,并且若同一凭证的结转系数之和为 1,则最后一笔结转金额为转出科目余额减当前凭证已转出的余额。

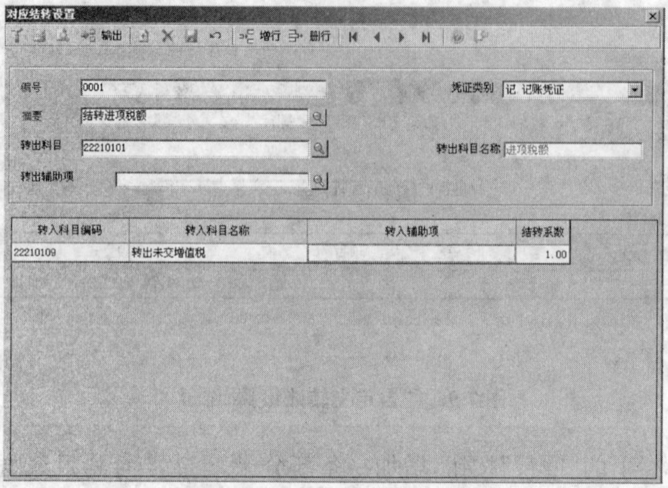

图 7-97 "对应结转"设置对话框

（三）销售成本结转

销售成本结转是指将月末商品销售数量乘以库存商品的平均单价,计算各类商品销售成本并进行结转。销售成本结转主要涉及三个科目:"库存商品"、"主营业务成本"和"主营业务收入",并且这三个科目及其下级明细科目结构设置必须相同且一一对应,提示要求将其设置为数量金额核算。具体操作步骤如下:

（1）执行"财务会计"→"总账"→"期末"→"转账定义"→"销售成本结转"命令。

（2）如图 7-98 所示,选择凭证类别为"记账凭证",选择库存商品科目"140501",选择商品销售收入科目"6001",选择商品销售成本科目"6401",单击"确定"按钮。

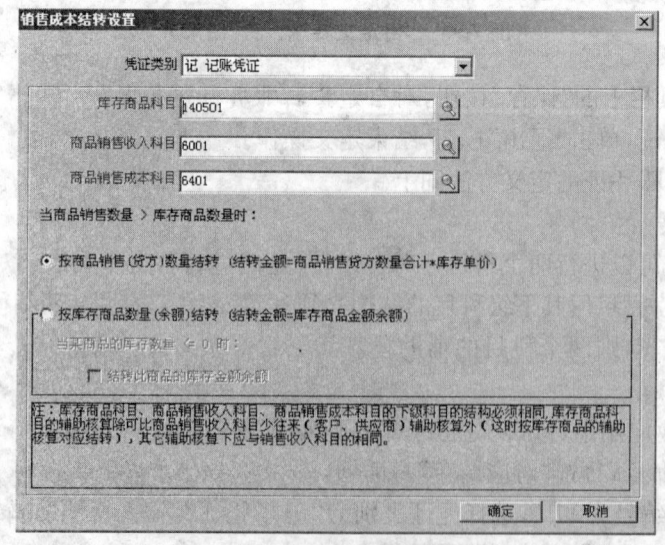

图 7-98 销售成本结转设置

（四）汇兑损益结转

汇兑损益结转用于期末自动计算外币账户的汇兑损益,并在转账生成中自动生成汇兑损益转账凭证,汇兑损益只处理以下外币账户:外汇存款户、外币现金、外币结算的各项债权、债务,不包括所有者权益类账户、成本类账户和损益类账户。汇兑损益的入账科目不能是辅助账科目或数量科目,为了保证汇兑损益计算正确,填制某月的汇兑损益凭证时必须先将本月的所

有未记账凭证先记账。具体操作步骤如下:

(1) 执行"财务会计"→"总账"→"期末"→"转账定义"→"汇兑损益结转"命令,打开"汇兑损益结转设置"对话框。

(2) 如图 7-99 所示,选择凭证类别"记账凭证",输入汇兑损益入账科目"6061",在外币核算科目记录的"是否计算汇兑损益"栏双击添加计算标记"Y",然后单击"确定"按钮进行保存。

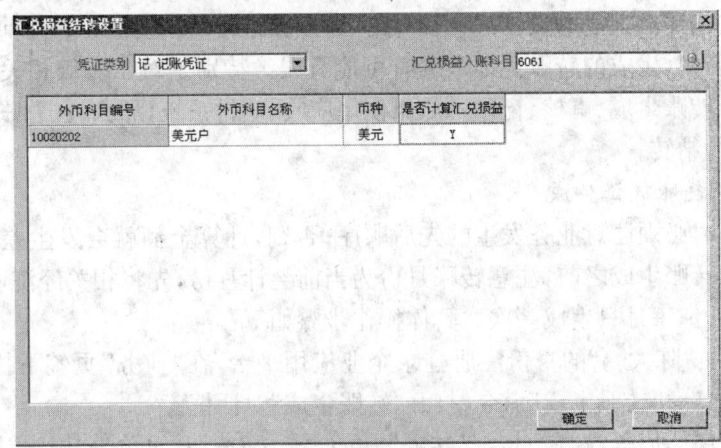

图 7-99 汇兑损益结转设置

(五) 期间损益结转

期间损益结转用于在一个会计期间终了将损益类科目的余额结转到本年利润科目中,从而及时反映企业利润的盈亏情况。主要是对"管理费用"、"销售费用"、"财务费用"、"销售收入"等科目的结转。具体操作步骤如下:

(1) 在企业应用平台"业务"页签下,执行"财务会计"→"总账"→"期末"→"转账定义"→"期间损益"命令,打开"期间损益设置"对话框。

(2) 如图 7-100 所示,选择凭证类别"记账凭证",输入本年利润科目"4103",单击"确定"按钮。

图 7-100 期间损益结转设置

二、转账生成

在完成了转账定义后,每月末只需执行转账生成即可快速生成转账凭证,在此生成的转账凭证将自动追加到未记账凭证中。因此,还必须对这些凭证进行审核、记账后才能完成所有结转工作。

由于转账是按照已记账的数据进行计算的,所以在进行月末转账工作之前,应先将所有未记账凭证记账;否则,生成的转账凭证数据有可能有误。特别是对于一级相关转账分录,必须按顺序依次进行转账生成、审核、记账。如果使用应收、应付系统,那么,在总账系统中,不能按客户、供应商进行结转。

(一)自定义转账凭证生成

在生成凭证时必须注意业务发生的先后顺序;否则,计算金额就会发生差错,特别是相关自动转账分录。转账生成之前,注意转账月份为当前会计月份,先将相关经济业务的记账凭证登记入账,转账凭证每月只生成一次。具体操作步骤如下:

(1)以制单员"陈大鹏"的身份注册登录企业应用平台,在"业务"页签下执行"财务会计"→"总账"→"期末"→"转账生成"命令,打开"转账生成"对话框。

(2)如图 7-101 所示,选择"自定义转账",单击"全选"按钮,再单击"确定"按钮。

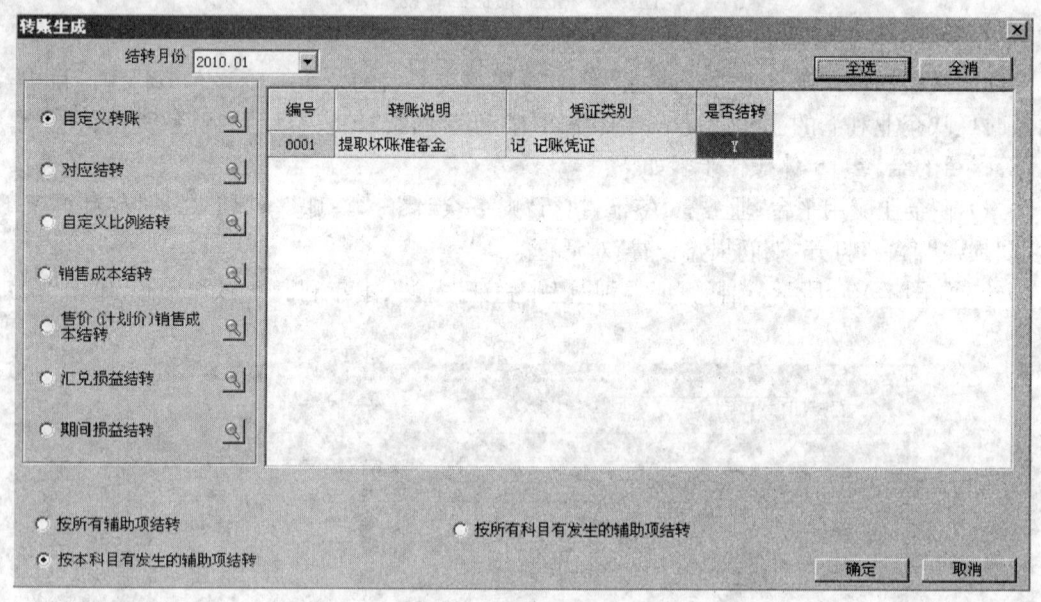

图 7-101 自定义转账生成

(3)如图 7-102 所示,生成自定义转账凭证,单击"保存"按钮。

按所有辅助项结转时,转账科目的每一个辅助项自动生成一笔分录;按所有发生的辅助项结转时,按转账科目下每一个有发生的辅助项自动生成一笔分录。生成的转账凭证,仍需审核才能记账。

(二)对应结转凭证生成

结转前应先将相关经济业务的记账凭证记账,转账凭证每月只需输出一次。具体操作步骤如下:

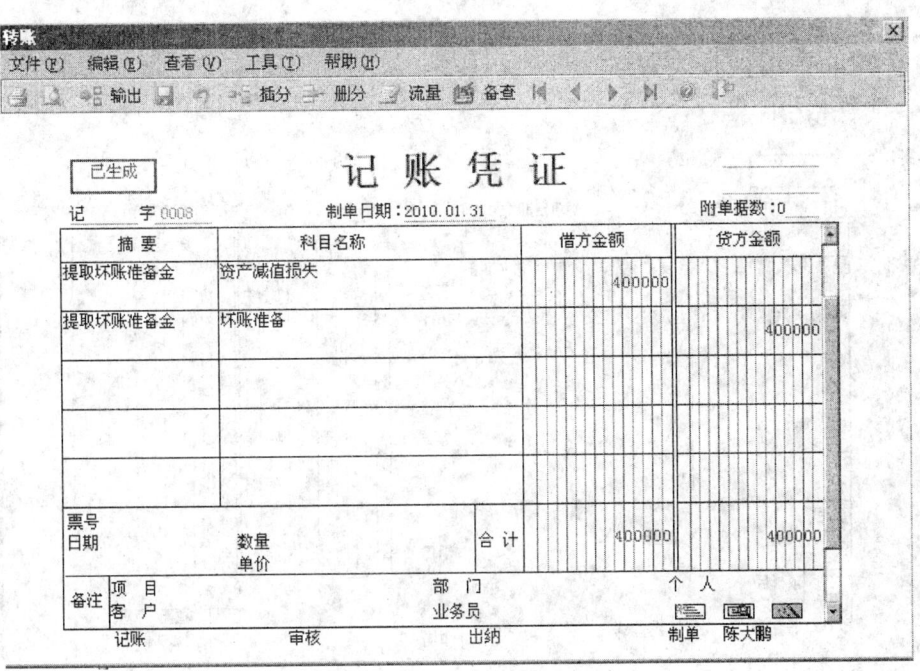

图 7-102　生成自定义转账凭证

（1）以制单员"陈大鹏"的身份注册登录企业应用平台,在"业务"页签下执行"财务会计"→"总账"→"期末"→"转账生成"命令,打开"转账生成"对话框。

（2）选择"对应结转",结转月份"2010.01",选择要生成的对应结转分类,双击该行"是否结转"栏,单击"确定"按钮。如图 7-103 所示。

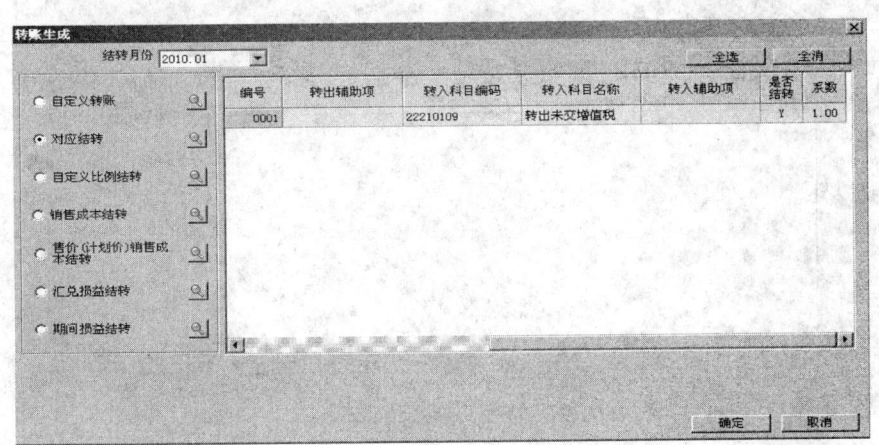

图 7-103　对应结转生成

（3）如图 7-104 所示,生成对应结转凭证,单击"保存"按钮。

（三）销售成本结转

月末执行该操作,系统将自动生成销售成本结转凭证。具体操作步骤如下:

（1）以制单员"陈大鹏"的身份注册登录企业应用平台,在"业务"页签下执行"财务会计"→"总账"→"期末"→"转账生成"命令,打开"转账生成"对话框。

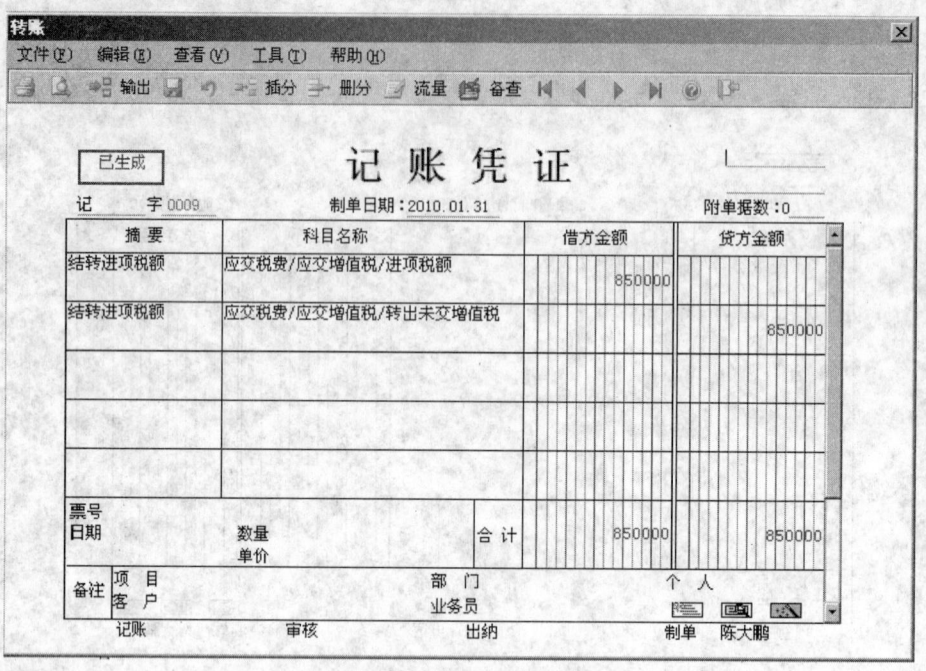

图 7-104 生成对应结转凭证

（2）选择"销售成本结转"，选择转账开始月份"2010.01"和结束月份"2010.01"，单击"确定"按钮，进入"销售成本结转一览表"对话框，如图 7-105 所示。

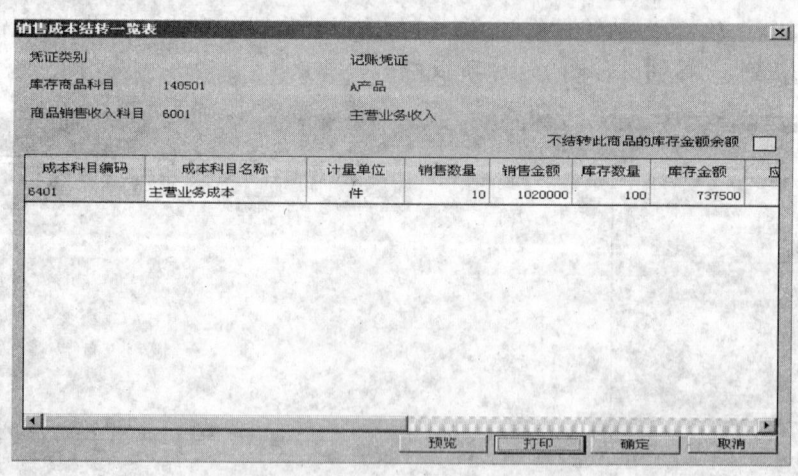

图 7-105 销售成本结转一览表

（3）单击"确定"按钮，系统自动计算生成结转凭证。如图 7-106 所示。

（四）汇兑损益结转

具体操作步骤如下：

（1）在汇兑损益结转生成之前，应先利用"外币及汇率"功能输入本期的期末汇率，然后在总账管理系统中执行"期末"→"转账生成"命令，选择"汇兑损益结转"单选框。

（2）如图 7-107 所示，在"外币币种"下拉列表中选择"美元＄"，选择要结转的转账分录，双击"是否结转"栏后，单击"确定"按钮。

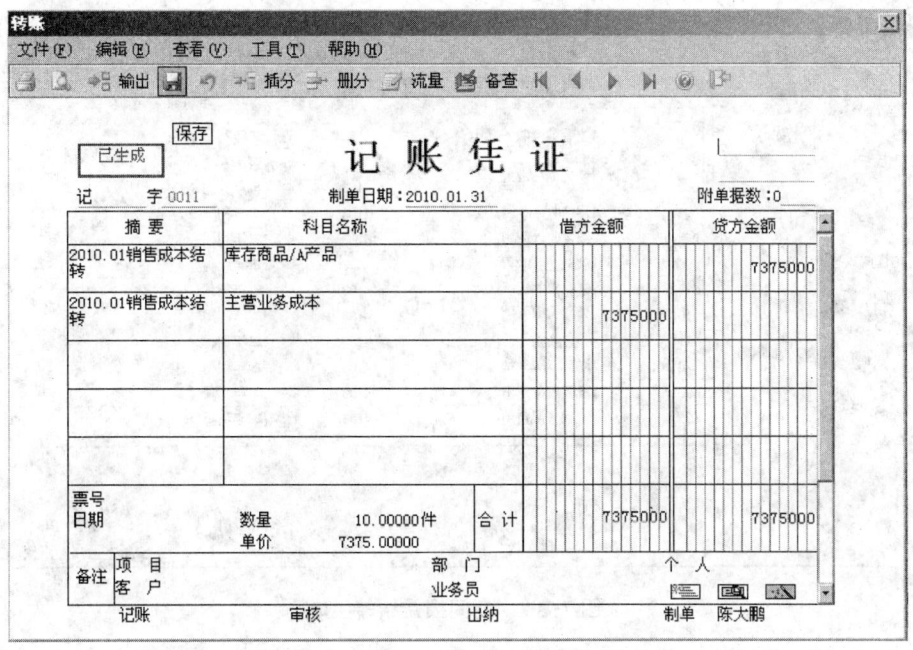

图 7-106 生成销售成本结转凭证

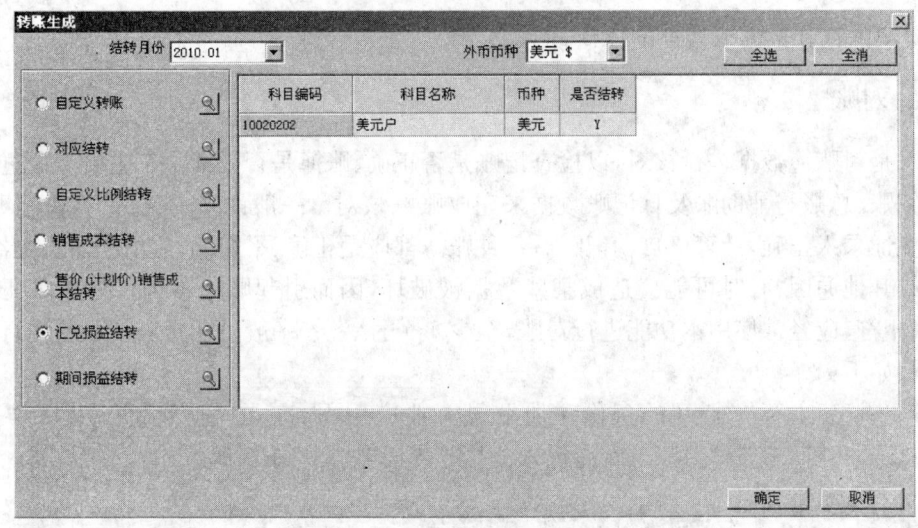

图 7-107 汇兑损益转账生成

（五）期间损益结转

在期间损益结转前应将所有未记账凭证审核记账后，再进行期间损益的结转。系统提供按"收入"、"支出"或"全部"科目三种结转方式。具体操作步骤如下：

（1）以操作员"陈大鹏"的身份注册登录企业应用平台，在"业务"页签下执行"财务会计"→"总账"→"期末"→"转账生成"命令，打开"转账生成"对话框。

（2）选择"期间损益结转"，选择转账月份"2010.01"，选择类型"全部"、"收入"、"支出"中的一项，选择要进行结转的期间损益科目，即在"是否结转"栏双击添加结转标记"Y"或单击"全选"按钮选择所有期间损益科目，如图 7-108 所示。

图 7-108 期间损益结转生成

（3）单击"确定"按钮，系统自动计算相关数据并生成转账凭证，对生成的凭证进行保存即可。

（4）更换操作员完成凭证的审核、记账操作。

三、对账

对账是对账簿数据进行核对，以检查记账是否正确、账簿是否平衡。它主要是通过核对总账与明细账、总账与辅助账及日记账数据来完成账账核对。一般说来，实行计算机记账后，只要记账凭证录入正确，计算机自动记账后各种账簿都应是正确、平衡的，但由于非法操作、计算机病毒或其他原因，有时可能会造成某些数据被破坏，因而引起账账不符。为了保证账证相符、账账相符，应经常使用本功能进行对账，至少 1 个月一次，一般可在月末结账前进行。具体操作步骤如下：

（1）以账套主管"刘芳"的身份注册登录企业应用平台，在"业务"页签执行"财务会计"→"总账"→"期末"→"对账"命令，进入"对账"界面，如图 7-109 所示。

图 7-109 对账

(2) 在 1 月份记录行"是否对账"双击打上对账标记"Y",然后单击工具栏上的"对账"按钮,系统自动对账,对账完毕后,显示对账结果,如图 7-110 所示。

图 7-110　对账结果

(3) 单击"试算"按钮,系统自动完成对 1 月份数据的试算检查,并显示试算结果,如图 7-111 所示。

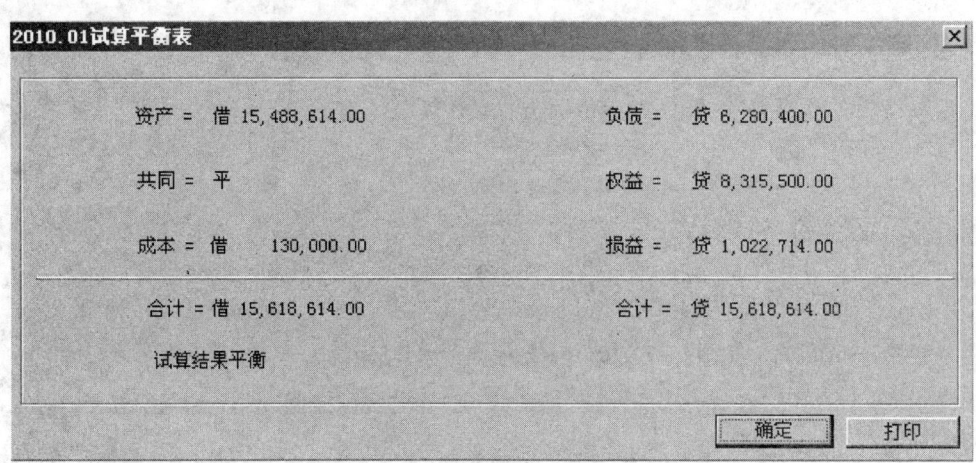

图 7-111　试算结果

四、结账

结账是一个会计期间工作的结束。在会计电算化中,结账工作非常简单,结账是一种成批数据处理,每月只结账一次。在结账之前应进行检查,主要是检查本月业务是否全部记账,否则本月不能结账;月末结转凭证是否全部生成并记账,否则本月不能结账;检查上月是否已结账,上月未结账,则本月不能结账。结账前,应进行数据备份;结账后,不能再输入该月的记账凭证,终止本月账户的记账工作,计算本月各账户发生额合计和本月各账户期末余额并将余额结转到下月初。

结账只能由拥有结账权限的操作员进行,具体操作步骤如下:

(1)以账套主管的身份注册登录企业应用平台,在"业务"页签执行"财务会计"→"总账"→"期末"→"结账"命令,进入"结账"向导一,选择结账月份,如图 7-112 所示。

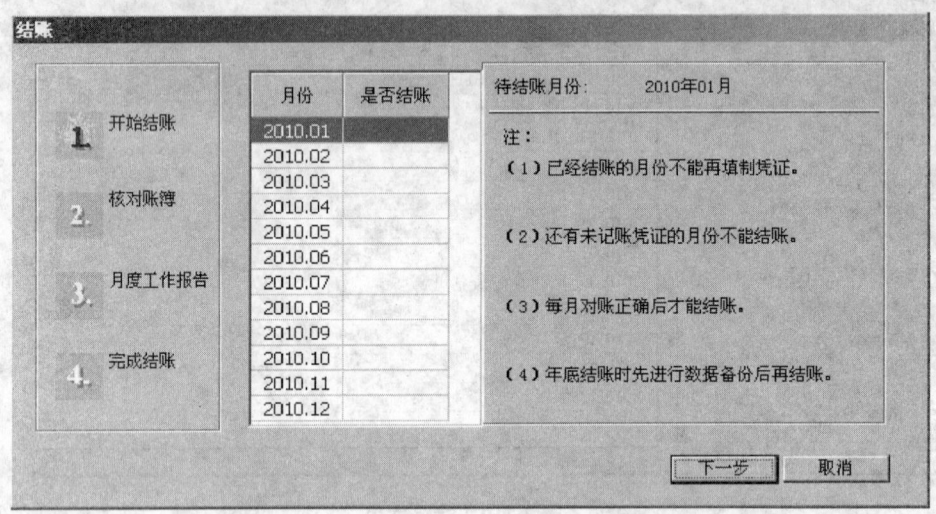

图 7-112　结账向导一:选择结账月份

(2)选择"2010.01",单击"下一步"按钮,进入"结账"向导二:对账,如图 7-113 所示。

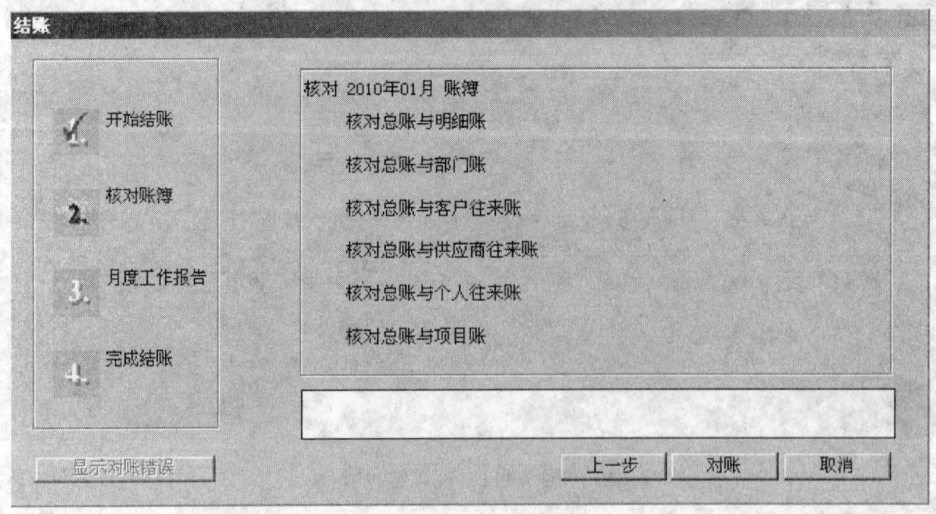

图 7-113　结账向导二:对账

(3)单击"对账"按钮,系统自动进行对账处理,对账完毕显示账簿核对结果,如图 7-114 所示。

(4)单击"下一步"按钮,进入"结账"向导三:月度工作报告,如图 7-115 所示。

(5)单击"下一步"按钮,进入"结账"向导四:完成结账,如图 7-116 所示。

(6)单击"结账"按钮,完成结账处理。

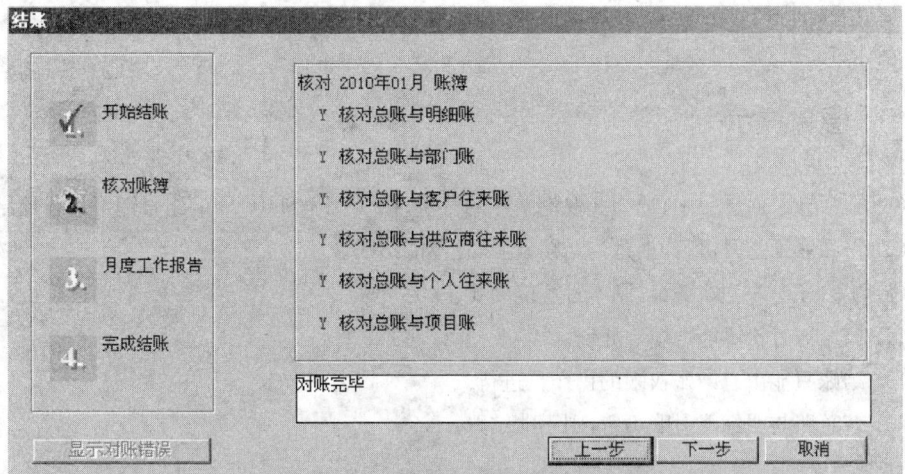

图 7-114 账簿核对结果

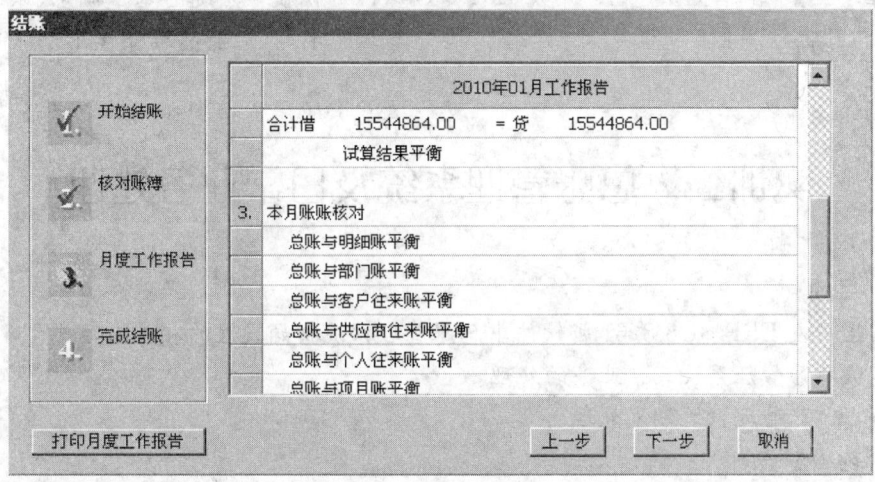

图 7-115 结账向导三：月度工作向导

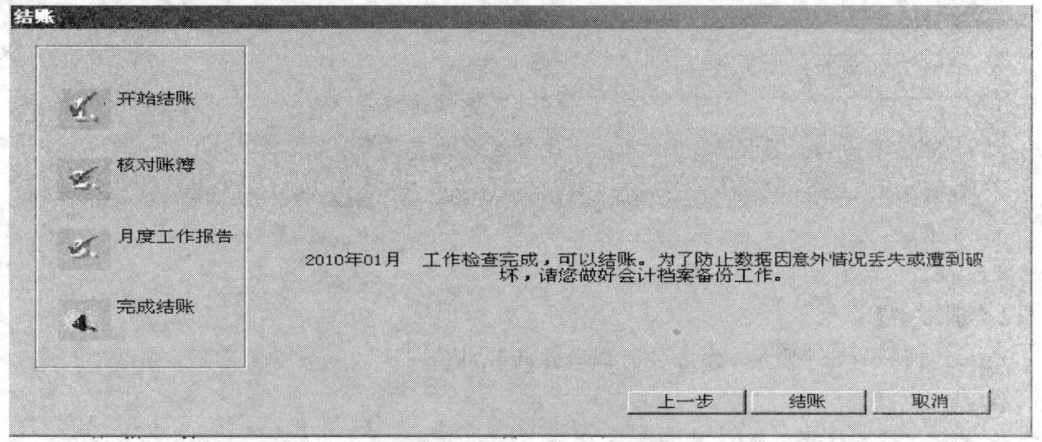

图 7-116 结账向导四：完成结账

温馨提示

(1) 在"结账"向导一中,选择要取消结账的月份,按"Ctrl+Shift+F6"组合键可进行反结账。
(2) 结账必须逐月进行,上月未结账,则本月不能结账。
(3) 本月还有未记账凭证,则本月不能结账。
(4) 已结账月份不能再填制凭证。
(5) 结账只能由有结账权限的操作员进行。
(6) 若总账与明细账对账不符,则不能结账。

【本章小结】 本章主要介绍了用友ERP-U8 8.61版账务系统的基本概念、系统参数初始化设置和日常经济业务处理及期末处理。通过本章的学习,应能熟练操作用友账务系统的各项功能。

实训二 总账管理系统及日常业务处理

【实训目的】
1. 掌握用友ERP-U8 8.61版软件中总账管理系统初始设置的相关内容。
2. 掌握总账管理系统日常业务的处理。
3. 掌握总账管理系统期末处理。

【实训内容】
1. 总账管理系统基础设置。
2. 基础档案设置:会计科目、凭证类别、外币及汇率、结算方式、辅助核算档案。
3. 期初余额录入。
4. 编制经济业务记账凭证。
5. 凭证处理:出纳签字、审核凭证、主管签字、凭证记账等。
6. 账簿管理:总账、日记账、明细账、科目余额表的查询等。
7. 转账生成。
8. 对账。
9. 结账。

【实训准备】
引入实训一的账套数据,作为实训二操作的基础。

【实训资料】
北京宏辉信息技术有限公司资料如下。
1. 2010年1月初的科目余额表(如表7-4所示)。

表 7-4　　　　　　　　　　　科 目 余 额 表

单位：元

科目编码	科 目 名 称	方向	辅助说明	期初余额
1001	库存现金	借	日记账	2 850
1002	银行存款	借	日记账、银行账	872 150
100201	工行存款	借	日记账、银行账	800 000
100202	中行存款	借	美元户	72 150
1012	其他货币资金	借		50 000
1101	交易性金融资产	借		50 000
110101	成本	借		50 000
1121	应收票据	借	客户往来	240 000
1122	应收账款	借	客户往来	450 000
1123	预付账款	借		21 000
1221	其他应收款	借	个人往来	35 000
1231	坏账准备	贷		850
1402	在途物资	借		55 000
140201	原料及主要材料	借		47 000
140202	其他	借		8 000
1403	原材料	借		288 000
140301	甲材料	借		271 500
140302	辅助材料	借		5 000
140303	燃料	借		11 500
1405	库存商品	借		1 357 500
140501	A 产品	借		737 500
140502	B 产品	借		620 000
1411	周转材料	借		17 500
1501	持有至到期投资	借		210 000
150101	成本	借		210 000
1601	固定资产	借		6 654 500
1602	累计折旧	贷		200 000
1604	在建工程	借		345 000
160401	生产线	借		45 000
160402	厂房	借		300 000
1606	固定资产清理	借		

(续表)

科目编码	科目名称	方向	辅助说明	期初余额
1701	无形资产	借		40 000
1702	累计摊销	贷		
1801	长期待摊费用	借		29 500
1901	待处理财产损益	借		
2001	短期借款	贷		1 700 000
200101	工行	贷		1 700 000
2201	应付票据	贷	供应商往来	130 000
2202	应付账款	贷	供应商往来	895 000
2203	预收账款	贷		103 000
2211	应付职工薪酬	贷		332 500
2221	应交税费	贷		56 650
222101	应交增值税	贷		51 000
22210101	进项税额	贷		
22210102	销项税额	贷		51 000
222102	应交营业税	贷		4 400
222103	应交城市维护建设税	贷		
222106	应交所得税	贷		
222107	应交教育费附加	贷		1 250
2231	应付利息	贷		32 000
2232	应付股利	贷		
2241	其他应付款	贷		43 000
2501	长期借款	贷		3 085 000
250101	农行	贷		2 300 000
250102	工行	贷		785 000
2701	长期应付款	贷		120 000
4001	实收资本	贷		2 500 000
4002	资本公积	贷		80 000
4101	盈余公积	贷		1 250 000
410101	法定盈余公积	贷		1 000 000
410102	任意盈余公积	贷		250 000
4104	利润分配	贷		320 000

(续表)

科目编码	科目名称	方向	辅助说明	期初余额
410401	未分配利润	贷		320 000
5001	生产成本	借		130 000
500101	直接材料	借	项目核算	90 000
500102	直接人工	借	项目核算	40 000
5101	制造费用	借		
510101	折旧	借	部门核算	
510102	工资	借	部门核算	
510103	其他费用	借	部门核算	
6001	主营业务收入	贷		
6051	其他业务收入	贷		
6111	投资收益	贷		
6301	营业外收入	贷		
6401	主营业务成本	贷		
6402	其他业务成本	贷		
6403	营业税金及附加	贷		

2. 辅助核算期初资料(如表 7-5~7-10 所示)。

表 7-5　　　　　　　　　"应收票据"科目期初余额

单位:元

日期	客户	摘要	业务员	金额	票号
2009.12.1	宏达公司	销售产品收到票据	王冲	170 000	J02
2009.12.8	新艺公司	销售产品收到票据	王冲	70 000	K21

表 7-6　　　　　　　　　"应收账款"科目期初余额

单位:元

日期	客户	摘要	业务员	金额	票号
2009.11.5	兴旺贸易公司	销售产品款未收	王冲	234 000	D120
2009.12.10	华夏公司	销售产品款未收	王冲	216 000	D127

表 7-7　　　　　　　　　"其他应收款"科目期初余额

单位:元

日期	部门	个人	事由	金额	方向
2009.12.20	采购部	孙健	出差	15 000	借
2009.12.14	综合部	李渊	住院押金	20 000	借

表 7-8　　　　　　　　　"应付票据"科目期初余额

单位：元

日　期	供应商	部　门	业务员	金　额	摘　要
2009.10.9	华远公司	采购部	孙健	87 750	买材料
2009.11.28	中达公司	采购部	孙健	42 250	买材料

表 7-9　　　　　　　　　"应付账款"科目期初余额

单位：元

日　期	供应商	部　门	业务员	金　额	摘　要
2009.11.10	泛美公司	采购部	孙健	725 400	买材料
2009.12.2	英联公司	采购部	孙健	169 600	买材料

表 7-10　　　　　　　　　项目辅助核算期初余额

单位：元

科目编码	科　目　名　称	项目名称	方向	期初余额
500101	生产成本/直接材料	A产品	借	67 500
500101	生产成本/直接材料	B产品	借	22 500
500102	生产成本/直接人工	A产品	借	30 000
500102	生产成本/直接人工	B产品	借	10 000

3. 2010年1月的业务如下：

(1) 1月3日，收到银行入账通知，收到兴旺贸易公司前欠货款150 000元。

(2) 1月5日，销售给新艺公司A产品100件，单价3 000元，增值税税率17％，收到商业汇票一张。

(3) 1月6日，提现120 000元备用。

(4) 1月7日，发放职工奖金120 000元。

(5) 1月8日，车间生产领用甲材料70 000元。

(6) 1月12日，销售给广州宏达公司B产品400件，单价200元，A产品50件，单价3 100元，增值税税率17％，款项尚未收到。

(7) 1月13日，制造车间报销市内交通费100元，现金支付；行政部门购买打印机1台，价税合计2 340元，以银行存款支付。

(8) 1月15日，财产清查盘亏办公用品一批，账面价值8 500元，经批准作为管理费用。

(9) 月16日，收到银行转来利息通知单，本月利息收入5 000元到账。

(10) 1月18日，从天津市英联公司购入M-1型车床2台，价款120 000元，增值税税率17％，款项未付。

(11) 1月18日，业务员孙进出差回来，报销差旅费12 000元，归还现金3 000元。

(12) 1月20日，购买电脑、打印机一批，价款共计70 000元，增值税税率17％，价税款均已银行存款支付。

(13) 1月21日,用转账支票支付12月办公室电费7 688.63元。
(14) 1月22日,归还工行生产周转借款400 000元,款项已从工行账户划转。
(15) 1月23日,开出转账支票预付2011年报刊订阅费1 200元。
(16) 1月24日,转账支付产品广告费3 000元。
(17) 1月25日,开出转账支票向中达公司购买甲材料100件,单价50元件,增值税税率17%,另支付材料运费300元,材料已验收入库。
(18) 1月30日,预提本月短期借款利息17 000元。
(19) 1月30日,摊销无形资产800元。
(20) 1月31日,结转本月A、B产品销售成本。

【实训要求】
1. 启用总账系统,设置业务参数、输入财务基础信息。
2. 在总账系统中完成1月份经济业务处理,包括填制凭证、审核凭证、对账、记账等。
3. 在总账系统中编制自动转账凭证,并进行期间损益结转。

【操作提示】
(一) 基本设置
1. 启动与注册
(1) 执行"开始"→"程序"→"用友ERP-U8院校专版V8.61"→"企业应用平台"命令,打开"登录"企业应用平台对话框。
(2) 输入操作员"201",输入密码"1",选择账套"666北京宏辉信息技术有限公司",选择会计年度"2010",输入操作日期"2010-01-01",单击"确定"按钮,进入"企业应用平台"窗口。
2. 设置总账控制参数
(1) 执行"业务"→"财务会计"→"总账"→"设置"→"选项"命令,打开"选项"对话框。
(2) 单击"编辑"按钮,激活选项编辑状态。
(3) 打开"凭证"、"账簿"和"会计日历"等选项卡,按照实验资料的要求进行相应的设置,完成后单击"确定"按钮。
3. 建立会计科目
(1) 修改会计科目。具体操作步骤如下:① 在"企业应用平台"窗口中,执行"设置"→"基础档案"→"会计科目"命令,进入"会计科目"窗口。② 在"会计科目"列表中,单击需要修改的会计科目。③ 单击"修改"按钮或双击该科目,进入"会计科目—修改"对话框。④ 单击"修改"按钮,选中需修改的选项,单击"确定"修改完毕。⑤ 按实训二资料内容修改完所有科目及辅助核算属性后,单击"返回"按钮。
(2) 增加会计科目。具体操作步骤如下:① 在"会计科目"窗口中单击"增加"按钮,进入"会计科目—新增"对话框,输入试验资料中所给的明细科目,完毕后单击"确定"按钮。② 继续单击"增加"按钮,输入实训资料中其他明细科目的相关内容。③ 全部输入完毕后,单击"返回"按钮。
(3) 删除会计科目。具体操作步骤如下:① 在"会计科目"列表中选择要删除的会计科目。② 单击"删除"按钮,在弹出的提示对话框中单击"确定"按钮,即可删除该会计科目。
(4) 指定会计科目。具体操作步骤如下:① 在"会计科目"窗口中,执行"编辑"→"指定科目"命令,进入"指定科目"对话框。② 选择"现金总账科目"单选框,将"1001库存现金"由"待选科目"列表框选入"已选科目"列表框中。③选择"银行总账科目"单选框,将"1002 银行存款"、"100201 工行存款"、"100202 中行存款"由"待选科目"列表框选入"已选科目"列表框中。④单击"确定"按钮。

4. 设置凭证类别

具体操作步骤如下:① 在"企业应用平台"窗口中,执行"设置"→"基础档案"→"财务"→"凭证类别"命令,打开"凭证类别预置"对话框。② 选择"记账凭证"单选按钮。③ 单击"确定"按钮,进入"凭证类别"设置对话框。④ 设置完毕后,单击"推出"按钮。

5. 设置项目目录

(1) 定义项目大类。具体操作步骤如下:① 在"企业应用平台"窗口中,执行"设置"→"基础档案"→"财务"→"项目目录"命令,进入"项目档案"对话框。② 单击"增加"按钮,打开"项目大类定义—增加"对话框。③ 输入新项目大类名称,如"生产成本"。④ 单击"下一步"按钮,输入要定义的项目级次,本实训采用系统默认值。⑤ 单击"下一步"按钮,输入要修改的项目栏目,本实训采用系统默认值。⑥ 单击"完成"按钮,返回"项目档案"对话框。

(2) 指定核算科目。具体操作步骤如下:① 在"项目档案"对话框中,选择"核算科目"选项卡。② 选择项目大类"生产成本"。③ 将"5001 生产成本"所属明细科目"500101 直接材料"、"500102 直接人工"由"待选科目"列表框选入"已选科目"列表框中,单击"确定"按钮。

(3) 定义项目分类。具体操作步骤如下:① 在"项目档案"对话框中,选择"项目分类定义"选项卡。② 单击"增加"按钮,输入分类编码"1",分类名称"自产产品成本",单击"确定"按钮。③ 同理,定义"委托生产产品成本"项目分类。

(4) 定义项目目录。具体操作步骤如下:① 在"项目档案"对话框中,打开"项目目录"选项卡。② 单击右侧的"维护"按钮,进入"项目目录维护"窗口。③ 单击"增加"按钮,输入项目编号"01"、项目"A 产品",选择所属分类码"1"。④ 同理,增加"B 产品"项目目录。

6. 录入期初余额

具体操作步骤如下:① 在"企业应用平台"窗口中,执行"业务"→"财务会计"→"总账"→"设置"→"期初余额"命令,进入"期初余额录入"窗口。② 直接输入末级科目(底色为白色)的期初余额。③ 设置为辅助核算的科目(底色为蓝色),期初余额要在相应的辅助账中录入。操作方法为:双击设置了辅助核算属性的科目的"期初余额"栏,进入相应窗口,按照实验资料录入每笔金额的明细资料,完成后单击"退出"按钮,辅助账余额自动转入总账中。④ 输入完所有科目的期初余额后,单击"试算"按钮,进行期初余额试算。⑤ 若期初余额不平衡,则修改期初余额;期初余额平衡后,单击"退出"按钮。

(二) 日常经济业务处理

1. 凭证管理

(1) 填制凭证。以 1 月份第一笔业务为例说明。具体操作步骤如下:① 在"企业应用平台"窗口中,执行"业务"→"财务会计"→"总账"→"凭证"→"填制凭证"命令,进入"填制凭证"对话框。② 单击"增加"按钮,增加一张空白凭证。③ 选择凭证类型"记账凭证",输入制单日期"2010.01.03",输入附单据数"1"。④ 输入摘要"收到新艺公司前欠货款",输入科目编码"100201",按"Enter"键,输入借方金额"150000"元,按"Enter"键,摘要自动转到下一行;输入科目编码"1122",贷方金额"150000"元。⑤ 单击"保存"按钮,系统弹出"凭证已成功保存!"提示信息对话框,单击"确定"按钮。

(2) 查询凭证和修改凭证。

第一步：查询凭证。具体操作步骤如下：① 在"企业应用平台"窗口中，执行"业务"→"财务会计"→"总账"→"凭证"→"查询凭证"命令，进入"凭证查询"对话框。② 选择"全部凭证"单选按钮，凭证类别为"记账凭证"，输入查询条件，单击"确认"按钮，系统将查找出符合条件的凭证。③ 双击某一条凭证，就可显示出此张凭证，可以对其进行相关操作。

第二步：修改凭证。具体操作步骤如下：① 在"企业应用平台"窗口中，执行"业务"→"财务会计"→"总账"→"凭证"→"凭证填制"命令，进入"凭证填制"窗口。② 找到要修改的凭证。将光标放在要修改的地方，直接修改即可。③ 如果要修改凭证辅助项信息，只需将光标移至备注栏辅助项，双击鼠标弹出"辅助项"对话框，在对话框中修改即可。④ 修改完毕，单击"保存"按钮，保存修改信息。

(3) 作废凭证和整理凭证。

第一步：作废凭证。具体操作步骤如下：① 查询到要作废的凭证。② 在"填制凭证"对话框，执行"制单"→"作废/恢复"命令。③ 凭证左上角显示"作废"字样，表示该张凭证已作废。

第二步：整理凭证。具体操作步骤如下：① 在"填制凭证"窗口中，执行"制单"→"凭证删除/整理"命令，打开"选择凭证期间"对话框。② 选择要整理的月份，单击"确定"按钮，打开"作废凭证表"对话框。③ 选择需要删除的作废凭证，单击"确定"按钮，系统将删除该张凭证并对剩余凭证重新编号。

(4) 出纳签字。具体操作步骤如下：① 在"企业应用平台"窗口中，执行"业务"→"财务会计"→"总账"→"凭证"→"出纳签字"命令，打开"出纳签字"查询条件对话框。② 输入查询条件。③ 单击"确定"按钮，进入"出纳签字"凭证列表对话框。④ 双击某张需要签字的凭证或者单击"确定"按钮，进入"出纳签字"的签字对话框。⑤ 单击"签字"按钮，凭证底部的"出纳"栏自动签上出纳员姓名。⑥ 单击"下张"按钮，对其他凭证进行出纳签字。

(5) 审核凭证。具体操作步骤如下：① 执行"凭证"→"审核凭证"命令，打开"凭证审核"查询条件对话框。② 输入查询条件，单击"确认"按钮，进入"凭证审核"凭证列表对话框。③ 双击某张需要审核的凭证或者单击"确定"按钮，进入"审核凭证"对话框。④ 检查要审核的凭证无误后，单击"审核"按钮在凭证底部"审核"栏自动签上审核人姓名。⑤ 单击"下张"按钮，对其他凭证进行审核签字。

(6) 凭证记账。具体操作步骤如下：① 执行"凭证"→"记账"命令，进入"记账"对话框。② 选择要进行记账的范围，本例选择"全选"，再单击"下一步"按钮。③ 系统显示记账报告，如需打印记账报告，单击"打印"按钮；如不需打印，单击"下一步"按钮。④ 单击"记账"按钮，打开"期初试算平衡表"对话框，单击"确认"按钮，系统开始登记有关总账和明细账、辅助账。登记完毕后，系统弹出"记账完毕！"提示信息对话框。⑤ 单击"确定"按钮，记账完毕。

(7) 取消和恢复记账。

第一步：激活"恢复记账前状态"菜单。具体操作步骤如下：① 在总账管理系统中执行"期末"→"对账"命令，进入"对账"对话框。② 按"Ctrl＋H"组合键，系统弹出"恢复记账前状态功能已被激活"提示对话框，此时在"凭证"下拉菜单下显示"恢复记账前状态"命令。③ 单击"确定"按钮，再单击工具栏"推出"按钮。

第二步：恢复记账。具体操作步骤如下：① 执行"凭证"→"恢复记账前状态"命令，打开"恢复记账前状态"对话框。② 选择"最近一次记账前状态"单选按钮。③ 单击"确定"按钮，系统弹出"请输入主管口令"提示信息对话框。④ 输入主管口令,单击"确认"按钮,系统弹出"恢复记账完毕!"提示信息对话框,单击"确定"按钮。

2. 出纳管理

(1) 现金日记账和银行存款日记账查询。具体操作步骤如下:① 执行"出纳"→"现金日记账"命令,打开"现金日记账查询条件"对话框。② 选择科目"1001 库存现金",默认月份"2010.01",单击"确认"按钮,进入"现金日记账"窗口。③ 双击某行或将光标移至某行,再单击"凭证"按钮,可查看相应的凭证。④ 单击"总账"按钮,可查看此科目的三栏式总账。

银行存款日记账查询的操作与现金日记账的查询操作基本相同。

3. 账簿管理

具体操作步骤如下:① 执行"账表"→"科目账"→"总账"命令,可查询总账。② 执行"账表"→"科目账"→"余额表"命令,可查询发生额及余额表。③ 执行"账表"→"科目账"→"明细账"命令,可查询月份综合明细账。

(三)总账管理系统期末业务处理

1. 期间损益结转设置与转账生成

(1) 期间损益结转设置。具体操作步骤如下:① 执行"期末"→"转账定义"→"期间损益"命令,进入"期间损益结转设置"对话框。② 选择凭证类别"记账凭证",选择本年利润科目"4103",单击"确定"按钮。

(2) 转账生成。具体操作步骤如下:① 执行"期末"→"转账生成"命令。进入"转账生成"对话框。② 选择"期间损益结转"单选按钮,单击"全选"按钮,再单击"确定"按钮。③ 系统自动生成记账凭证,单击"保存"按钮,系统自动将当前凭证追加到未记账凭证中。

2. 对账和结账

(1) 对账。具体操作步骤如下:① 执行"期末"→"对账"命令,进入"对账"对话框。② 将光标置于要进行对账的月份"2010.01",单击"选择"按钮。③ 单击"对账"按钮,开始自动对账,并显示对账结果。④ 单击"试算"按钮,可对各科目类别余额进行试算平衡。⑤ 单击"确认"按钮,退出对账。

(2) 结账。具体操作步骤如下:① 执行"期末"→"结账"命令,进入"结账"对话框。② 单击要结账的月份"2010.01",单击"下一步"按钮。③ 单击"对账"按钮,系统对要结账的月份进行账账核对。④ 单击"下一步"按钮,系统显示"2010 年 1 月工作报告"。⑤ 查看工作报告后,单击"下一步"按钮,再单击"结账"按钮。若符合结账要求,系统将进行结账,否则不予结账。

(3) 取消结账。具体操作步骤如下:① 执行"期末"→"结账"命令,进入"结账"对话框。② 选择要取消结账的月份。③ 按"Ctrl+Shift+F6"组合键,激活"取消结账"功能。④ 输入主管口令,单击"确认"按钮,取消结账标记。

第八章

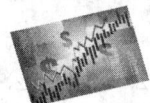

UFO 报表管理

内容提要 | 本章介绍了报表系统的功能、基本概念,报表的种类及格式,报表系统与其他系统的关系,以及报表管理系统的业务处理流程。要求掌握:报表格式设计和公式设置的方法;编制自定义会计报表和利用报表模板生成报表数据的方法。

第一节 系统概述

用友 ERP-U8 管理软件中的 UFO 报表是报表事务处理的工具。它与总账等各系统有完善的接口,具有方便的自定义报表功能和数据处理功能,内置多个行业的常用会计报表,同时支持 2007 年 1 月份实施的《企业会计准则》的会计报表。该系统也可以独立运行,用于处理日常办公事务。

一、功能概述

用友 UFO 报表管理系统具有强大的报表编制和数据处理功能,该功能是由报表管理系统的一系列功能模块来实现的,这些功能模块分别承担着报表编制、数据运算、汇总分析、报表输出和二次开发的操作。利用 UFO 报表管理系统,既可编制对外报表,又可编制各种内部报表。它的主要任务是设计报表的格式和编制公式,根据从总账系统或其他业务系统中取得的有关会计信息自动编制各种会计报表。UFO 报表系统是真正的三维立体表,提供了丰富的实用功能,完全实现了三维立体表的四维处理能力。

(一) 文件管理功能

对报表文件的创建、读取、保存和备份进行管理。除能完成一般的文件管理外,UFO 的数据文件还能够转换为不同的文件格式,如文本文件、MDB 文件、XLS 文件等。支持多个窗口同时显示和处理,可同时打开的文件和图形窗口多达 40 个。提供了标准财务数据的"导入"和"导出"功能,可以实现和其他流行财务软件之间的数据交换。

(二) 格式设计功能

UFO 提供的格式设计功能,可以设置报表尺寸、组合单元、画表格线、调整行高列宽、设置字体和颜色、设置显示比例等。对于用户单位内部常用的管理报表，UFO还提供了自定义模板功能。

（三）公式设计功能

UFO报表提供了绝对单元公式和相对单元公式，可以方便、迅速地定义计算公式、审核公式及舍位平衡公式；提供了种类丰富的函数，在系统向导的引导下轻松地从用友账务及其他子系统中提取数据，生成财务报表。

（四）数据处理功能

UFO报表以固定的格式管理大量不同的表页，能将多达99 999张具有相同格式的报表资料统一在一个报表文件中管理，并且在每张表页之间建立有机的联系。提供了排序、审核、舍位平衡和汇总等功能。

（五）图表功能

UFO报表可以很方便地对数据进行图形组织和分析，制作包括直方图、立体图、圆饼图和折线图等多种分析图表，并能编辑图表的位置、大小、标题、字体、颜色和打印输出。

（六）打印功能

UFO提供"所见即所得"和"打印预览"的功能，可以随时观看报表或图形的打印效果。报表打印时，可以打印格式或数据，可以设置表头和表尾，可以在0.3～3倍之间缩放打印，可以横向或纵向打印等。

（七）二次开发功能

强大的二次开发功能则使其又不失为一个精炼的MIS开发应用平台。系统提供批命令和自定义菜单，自动记录命令窗中录入的多个命令，可将有规律性的操作过程编制成批命令文件。提供了Windows风格的自定义菜单，综合利用批命令，可以在短时间内开发出本企业的专用系统。

二、UFO报表管理系统的基本概念

（一）格式状态和数据状态

UFO将报表制作分为两大部分处理。即报表格式与公式设计工作与报表数据处理工作。这两部分的工作是在不同状态下进行的。

1. 格式状态

在报表格式设计状态下进行有关格式设计的操作，如表尺寸、行高列宽、单元属性、单元风格、组合单元、关键字等；定义报表的单元公式（计算公式）、审核公式及舍位平衡公式。在格式状态下所看到的是报表格式，报表的数据全部隐藏。在格式状态下所做的操作对报表所有的表页都发生作用。在格式状态下不能进行数据和录入、计算等操作。

2. 数据状态

在报表的数据状态下管理报表的数据，如输入数据、增加或删除表页、审核、舍位平衡、制作图形、汇总和合并报表等。在数据状态下不能修改报表的格式，所看到的是报表的全部内容，包括格式和数据。

报表工作区的左下角有一个"格式/数据"按钮。单击这个按钮可以在"格式状态"和"数据状态"之间切换。

（二）单元

单元是组成报表的最小单位。单元名称由所在行、列来标志。例如，C8 表示第 3 列第 8 行的单元；B5 表示第 2 列第 5 行的单元。单元类型有数值单元、字符单元和表样单元三种。

1. 数值单元

用于存放报表的数据，在数据状态下输入。数值单元的内容可以直接输入或由单元中存放的单元公式运算生成。建立一个新表时，所有单元的类型默认为数值型。

2. 字符单元

字符单元也是报表的数据，也在数据状态下输入。字符单元的内容可以直接输入，也可由单元公式生成。

3. 表样单元

表样单元是报表的格式，是定义一个没有数据的空表所需的所有文字、符号或数字。一旦单元被定义为表样，那么在其中输入的内容对所有表页都有效。表样单元只能在格式状态下输入和修改。

（三）组合单元

组合单元由相邻的两个或更多的单元组成，这些单元必须是同一种单元类型（如表样、数值、字符等），UFO 在处理报表时将组合单元视为一个单元。组合单元的名称可以用区域的名称或区域中的任何一个单元的名称来表示。例如，把 B2 到 B7 定义为一个组合单元，这个组合单元可以用"B2"、"B7"或"B2:B7"表示。

（四）区域

区域由一张表页的一组单元组成，自起点单元至终点单元是一个完整的矩形块。在 UFO 报表中，区域是二维的，最大的区域是一个二维表的所有单元（整个表页），最小的区域是一个单元。在描述一个区域时，开始单元（左上角单元）与结束单元（右下角单元）之间用冒号":"连接。例如，从 C5 到 H9 的矩形区域表示为"C5:H9"。

（五）表页

表页是由若干行和若干列组成的一个二维表，一个报表中的所有表页具有相同的格式，但其中的数据不同，每一张表页是由许多单元组成。一个 UFO 报表最多可容纳 99 999 张表页。表页在报表中的序号在表页的下方以标签的形式出现，称为页标。页标用"第 1 页"至"第 99 999 页"表示，当前表的第 6 页，可以表示为@6。

（六）二维表和三维表

确定某一数据位置的要素称为"维"。在一张有方格的纸上填写一个数，这个数的位置可通过行（横轴）和列（纵轴）来描述，那么这个表就是二维表。

如果将多个相同的二维表叠在一起，并要从多个二维表中找到一个数据，则需要增加一个要素，即表页号（Z 轴）。这一叠表称为一个三维表。

如果将多个不同的三维表放在一起，要从多个三维表中找到一个数据，又需要增加一个要素，即表名。三维表的表间操作即为"四维运算"。因此，在 UFO 中要确定一个数据的所有要素为<表名>、<列>、<行>、<表页>。例如，利润表第 3 页的 D6 单元，表示为："利润表"—>D6@3。

（七）固定区及可变区

固定区是组成一个区域的行数和列数的数量是固定的数目。一旦设定好以后，在固定区内其单元总数是不变的。

可变区是组成一个区域的行数或列数是不固定的数字,可变区的最大行数或最大列数是在格式设计中设定的。在一个报表中只能设置一个可变区,或是行可变区或是列可变区。行可变区是指可变区中的行数是可变的;列可变区是指可变区中的列数是可变的。设置可变区后,屏幕只显示可变区的第一行或第一列,其他可变行列隐藏在表体内。在以后的数据操作中,可变行列数随着需要而增减。

有可变区的报表称为可变表,没有可变区的表称为固定表。

(八) 关键字

关键字是一种特殊的单元,可以唯一标志一个表页,用于在大量表页中快速选择表页。例如,一个资产负债表的表文件可放1年12个月的资产负债表(甚至多年的多张报表),要对某一张表页的数据进行定位,要设置一些定位标志,在UFO中称为关键字。

关键字的显示位置在格式状态下设置,关键字的值则在数据状态下录入,每个报表可以定义多个关键字。UFO报表共提供了以下六种关键字:

(1) 单位名称:字符型(最大28个字符),为该报表表页编制单位的名称。

(2) 单位编号:字符型(最大10个字符),为该报表表页编制单位的编号。

(3) 年:数字型(1980~2099),该报表表页反映的年度。

(4) 季:数字型(1~4),该报表表页反映的季度。

(5) 月:数字型(1~12),该报表表页反映的月份。

(6) 日:数字型(1~31),该报表表页反映的日期。

除此之外,UFO报表还增加了一个自定义关键字的功能,当定义名称为"周"和"旬"时有特殊意义,可以用于业务函数中代表取数日期。

三、会计报表的种类及格式

(一) 会计报表的种类

会计报表是综合反映企业一定时期财务状况和经营成果的书面文件,编制会计报表的目的是向会计报表的使用者提供对经营决策有用的会计信息。会计报表的使用者有投资者、债权人、金融机构、财政、审计和税收等相关部门,还有潜在的投资者和债权人。会计工作要编制的报表按照用途可划分为如下两类。

1. 对外的会计报表

按照我国会计制度的规定,企业的会计报表主要包括资产负债表、利润表、现金流量表、会计报表的相关附表和会计报表附注。

(1) 资产负债表是反映企业在某一特定日期财务状况的报表,它是根据"资产=负债+所有者权益"的会计平衡公式编制的,资产负债表应当按照资产、负债、所有者权益(或股东权益)分类分项列示,以表明企业在某一特定时期所拥有或控制的经济资源、所承担的经济义务和所拥有的权益。通过对资产负债表的分析,可以了解企业当前的偿债能力和未来的经济前景。

(2) 利润表是反映企业一定时期内(年度、季度、月度)经营成果(利润或亏损)的报表。利润表应当按照各项收入、费用以及利润和各个项目分类分项列示,并计算出企业当期的利润(或亏损)总额。通过对利润表的分析,可以考核企业的获利能力,分析企业利润增减变动的原因。

(3) 现金流量表是反映企业在一定会计期间现金和现金等价物流入和流出的报表。现金流量表是年度会计报表,它应当按照经营活动、投资活动和筹资活动的现金流量分项列示,以反映企业在一定时间经营活动、投资活动和筹资活动的现金流入量、现金流出量等动态指标。

(4) 会计报表的相关附表是反映企业财务状况、经营成果和现金流量的补充报表,主要包括利润分配表、资产减值准备明细表、所有者(或股东)权益增减变动表及应交增值税明细表等其他附表。

(5) 会计报表附注是为了便于会计报表使用者理解会计报表的内容而对会计报表的内容及主要项目所作的解释,如重要会计政策变更对财务状况和经营成果的影响、或有事项和资产负债表日后事项的说明、关联方关系及其交易的说明、重要资产转让及其出售情况、企业的合并和分立及重大的投资、融资活动等。

2. 内部管理报表

企业为了经营管理的需要,常编制适应企业内部经营管理需要的会计报表,这部分会计报表不需要企业对外公开,有时对企业来说还要有一定的保密性,如销售日报表、费用分配表等。这类报表没有统一的格式,也没有统一的指标体系,企业完全结合自己的管理需要来设置不同的格式,具有很大的灵活性。

(二) 会计报表的格式

报表的格式一般可划分为标题、表头、表体和表尾四部分。

(1) 标题:是用来描述报表的名称。报表的标题可能不只一行,有时会有副标题、修饰线等内容。

(2) 表头:是会计报表中描述报表整体性质的部分,位于每张报表的上端,一般包括报表名称、报表编号、报表编制单位、报表编制日期、计量单位和报表栏目。特别是报表的表头栏目名称,是表头最主要的内容,它决定着报表的纵向结构、列数以及每一列的宽度。

(3) 表体:是报表的主体,也是报表的核心。它是由若干项目和相关数据组成,或者说是由若干单元格组成的数据和字符的集合。表体的内容决定报表的横向组成,它是报表数据的表现区域。表体在纵向由若干行组成,这些行称为表行;在横向上,每个表行又由若干个栏目构成,这些栏目称为表列。

(4) 表尾:是表体下面进行辅助说明的部分及编制人、审核人等内容。

资产负债表的基本格式如表 8-1 所示。

表 8-1　　　　　　　　资产负债表　　　　　　　　　← 标题

会企 01 表

编制单位:　　　　　　年　月　日　　　　单位:元　　　}表头

资　产	期　末　余　额	年初余额
流动资产:		
货币资金		
应收账款		
……		
资　产　合　计		

会计主管:　　　　　　　　　　　制表人:　　　　← 表尾

四、UFO报表管理系统与其他系统的主要关系

编制会计报表是每个会计期末最重要的工作之一,从一定意义上说,编制完会计报表是一个会计期间工作完成的标志。在报表管理系统中,会计报表的数据来源一般由总账系统的账簿和会计凭证、其他报表、人工直接录入等,还可以从应收/应付、薪资管理、固定资产、销售管理、采购管理、库存管理等系统中提取数据,生成财务报表。UFO报表系统与其他子系统之间的数据传递关系如图8-1所示。

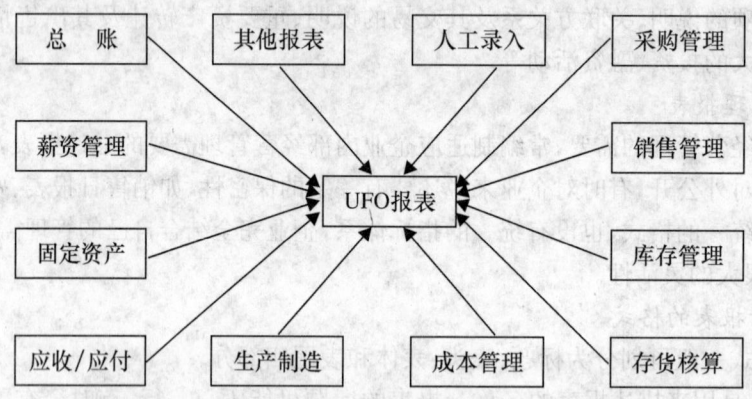

图 8-1 UFO报表系统与其他子系统之间的主要关系

五、UFO报表管理系统的业务处理流程

UFO报表管理系统的业务处理流程如图8-2所示。

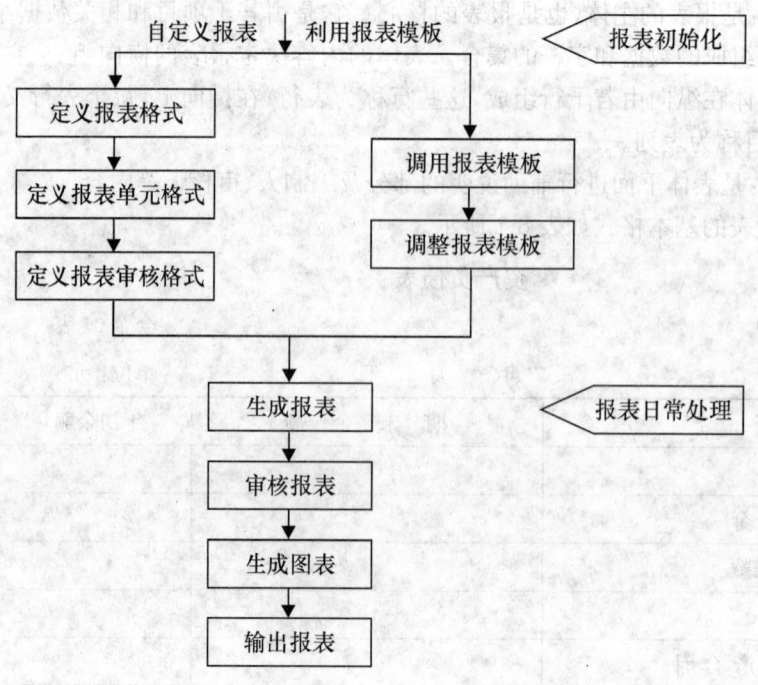

图 8-2 UFO报表管理系统的业务处理流程

知识链接　何为 UFO

UF 代表用友公司,是用友公司 UFIDA 的简称。O 是 Office 的缩写,UFO 即用友的办公模块。UFO 报表是用友公司自主开发的配合用友系列软件使用的财务报表系统,可以自动从用友软件中取数以生成财务报表。

第二节　报　表　管　理

一、报表定义

(一)报表格式定义

报表的格式设计在格式状态下进行,格式对整个报表都有效。具体包括以下操作。

1. 设置表尺寸

定义报表的大小即设定报表的行数和列数。

(1) 执行"格式"→"表尺寸"命令,打开"表尺寸"对话框,如图 8-3 所示。

图 8-3　"表尺寸"对话框

(2) 输入行数及列数,然后单击"确认"按钮。

2. 定义组合单元

即把几个单元作为一个单元使用。

(1) 选择要组合单元的单元格区域。

(2) 执行"格式"→"组合单元"命令,或单击工具栏上【组合单元】按钮"▦",即可打开"组合单元"对话框。如图 8-4 所示。

图 8-4　"组合单元"对话框

(3) 选择组合方式后,该单元即合并成一个单元格。

3. 画表格线

(1) 选择报表中需要画线的单元区域。

(2) 执行"格式"→"区域画线"命令,或单击工具栏上【区域画线】按钮"▦",即可打开"区域画线"对话框,如图 8-5 所示。

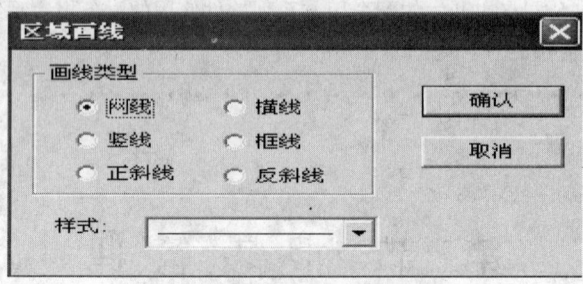

图 8-5 "区域画线"对话框

(3) 选择画线类型,然后单击"确认"按钮,所选区域即画上了选择的表格线。

4. 输入报表项目

包括表头、表体和表尾(关键字值除外)。在格式状态下,定义单元内容的自动默认为表样型,定义为表样型的单元在数据状态下不允许修改和删除。

(1) 选中需要输入内容的单元或组合单元。

(2) 在该单元或组合单元中输入相关文字内容。如图 8-6 所示。

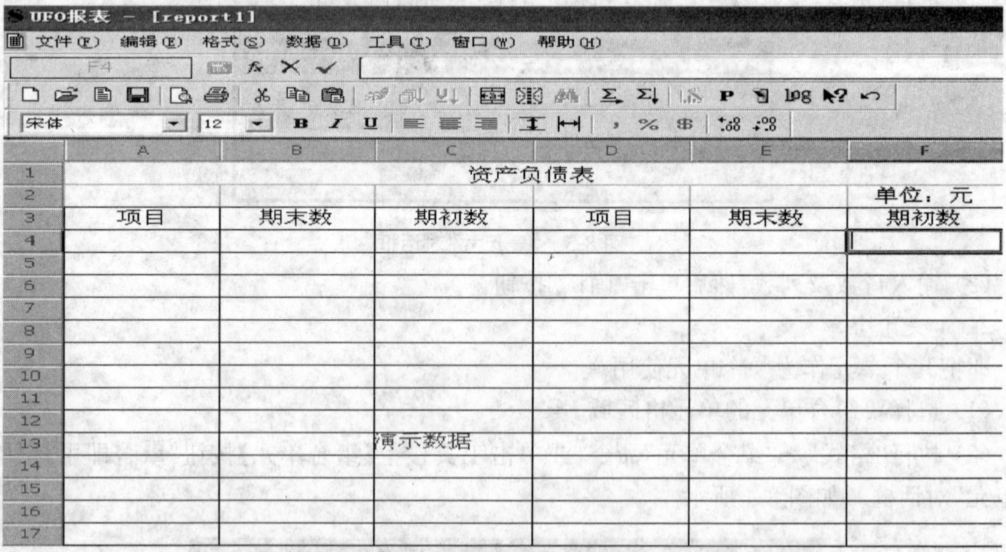

图 8-6 输入报表项目

5. 定义行高和列宽

(1) 选中需要调整行高的单元所在行。

(2) 执行"格式"→"行高"命令,或单击鼠标右键,选择"行高",即可打开"行高"对话框。如图 8-7 所示。

图 8-7 "行高"对话框

（3）输入行高数值，单击"确认"按钮。

（4）同理，选中需要调整的单元所在列，执行"格式"→"列宽"命令，输入列宽数值，可设置该列的宽度。

6．设置单元风格

设置单元的字型、字体、字号、颜色、图案、折行显示等。

（1）选中需要设置单元风格的单元。

（2）执行"格式"→"单元属性"命令，或单击鼠标右键，选择"单元属性"，即可打开"单元属性"对话框。如图 8-8 所示。

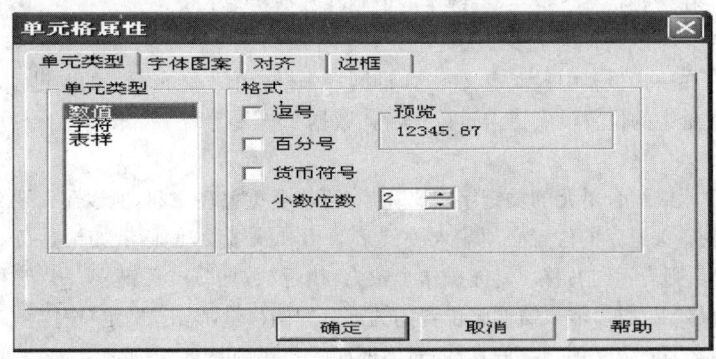

图 8-8 "单元属性"对话框

（3）可对单元的字型、字体、字号、颜色、图案、边框线等进行相应设置。

7．设置单元属性

把需要输入数字的单元定义为数值单元；把需要输入字符的单元定义为字符单元。

（1）选中需要设置单元类型的单元。

（2）执行"格式"→"单元属性"命令，或单击鼠标右键，选择"单元属性"，即可打开"单元属性"对话框。

（3）可将单元类型设置为数值型、字符型和表样型三种类型。

8．定义关键字

定义关键字是指设置关键字，并对其在报表中的位置进行适当调整。关键字主要包括单位名称、单位编号、年、月、季、日 6 项及一个自定义关键字。用户可以根据自己的需要，设置相应的关键字。

例如，在 A2 单元中定义"单位名称"，在 C2、D2、E2 单元中分别定义"年"、"月"、"日"，具体操作步骤如下：

（1）选中需要输入关键字的单元 A2。

（2）执行"数据"→"关键字"→"设置"命令，打开"设置关键字"对话框。如图 8-9 所示。

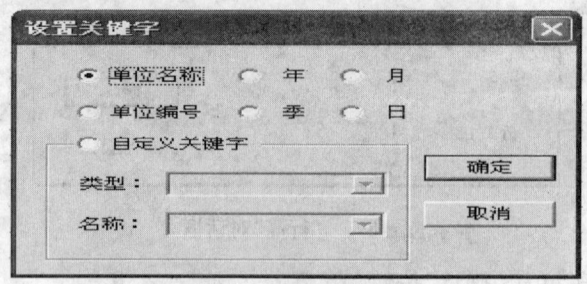

图 8-9 "设置关键字"对话框

（3）单击"单位名称"单选按钮，再单击"确定"按钮，完成 A2 单元关键字的设置。

（4）同理，在 C2、D2、E2 单元中分别定义关键字"年"、"月"、"日"。

 特别提醒

（1）关键字在格式状态下定义，关键字的值则在数据状态下录入。

（2）每张报表可以同时定义多个关键字。

（3）关键字在一张报表中只能定义一次，即同一张报表中不能有重复的关键字。

（4）如果关键字的位置设置错误，可以执行"数据"→"关键字"→"取消"命令，取消后再重新设置。

（5）同一单元或组合单元的关键字定义完后，可能会重叠在一起，所以还需要对关键字的位置进行调整。调整关键字的位置必须输入关键字的相对偏移量，偏移量如果是负数值表示向左移，如果是正数值则表示向右移。具体操作步骤为：执行"数据"→"关键字"→"偏移"命令，打开"定义关键字偏移"对话框，输入需调整位置的关键字的偏移量，单击"确定"按钮。

"取消关键字"和"定义关键字偏移"的对话框如图 8-10 和图 8-11 所示。

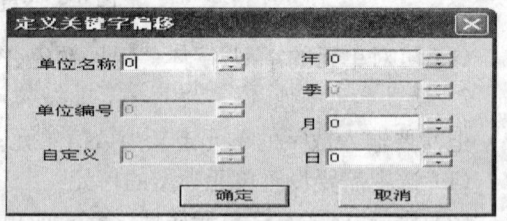

图 8-10 "取消关键字"对话框　　　　图 8-11 "定义关键字偏移"对话框

（二）报表公式定义

在财务报表中，由于各种报表之间存在着密切的数据间的逻辑关系，所以报表中各种数据的采集、运算的勾稽关系的检测就用到了不同的公式，报表主要有计算公式、审核公式和舍位平衡公式。

计算公式是指为报表单元赋值的公式，利用它可以将单元赋值为数值，也可以赋值为字符。对于需要从报表本身或其他子系统如总账、薪资、固定资产、存货核算等子系统中取数以及一些小计、合计、汇总等数据的单元，都可以利用单元公式进行取数。

由于报表中各个数据之间一般都存在某种勾稽关系，可以利用这种勾稽关系定义审核公式来进一步检验报表编制的结果是否正确。

报表的数据生成后往往非常庞大,不方便阅读。另外,在报表汇总时,各个报表的货币计量单位有可能不统一,这时,需要将报表的数据进行位数转换,将报表单位数据由个位转换为百位、千位或万位,如将"元"单位转换为"千元"或"万元"单位,这种操作称为进(舍)位操作。

1. 定义单元公式

在定义公式时,可以直接录入单元公式,也可以利用函数向导定义单位公式。

(1) 直接录入公式。

【例8-1】 直接录入 B4 单元"货币资金"、"期初余额"的计算公式。

具体操作步骤如下:① 选中 B4 单元格。② 执行"数据"→"编辑公式"→"单元公式"命令,或者单击工具栏上的"f_x"按钮,或者按键盘上的"="键,即可打开"定义公式"对话框。如图 8-12 所示。③ 直接录入总账期初函数公式:直接录入"货币资金"、"期初余额"的取数公式:QC("1001",全年,,,年,,)+QC("1002",全年,,,年,,)+QC("1012",全年,,,年,,)。即货币资金=库存现金+银行存款+其他货币资金。④ 单击"确认"按钮。

图 8-12 "定义公式"对话框

温馨提示

单元公式在录入时,凡是涉及数字符号和标点符号的均须录入英文半角字符;否则,系统将认为公式录入错误而不能被保存。

(2) 利用函数向导录入单元公式。

【例8-2】 利用函数向导录入 B4 单元"货币资金"、"期末余额"的计算公式。

具体操作步骤如下:

① 选中 B4 单元格。② 执行"数据"→"编辑公式"→"单元公式"命令,或者单击工具栏上的"f_x"按钮,或者按键盘上的"="键,即可打开"定义公式"对话框。③ 单击"函数向导"按钮,打开"函数向导"对话框。如图 8-13 所示。④ 在左侧的"函数分类"列表框中选择"用友账务函数",在右侧的"函数名"列表框中选择"期末(QM)",然后单击"下一步"按钮,打开"用友账务函数"对话框。如图 8-14 所示。⑤ 单击"参照"按钮,打开"账务函数"对话框。如图 8-15 所示。⑥ 输入会计科目:"1001",期间:"月",单击"确定"按钮,返回"定义公式"对话框,在"QM("1001",月,,,,,,,)"后输入"+"。如图 8-16 所示。⑦ 同理,利用函数向导输入会计科目:"1002",期间:"月",以及会计科目:"1012",期间:"月"。⑧ 单击"确认"按钮,生成"货币资

金"项目的单元公式：QM("1001",月,,,,,,,,) + QM("1002",月,,,,,,,,) + QM("1012",月,,,,,,,,)。如图 8-17 所示。

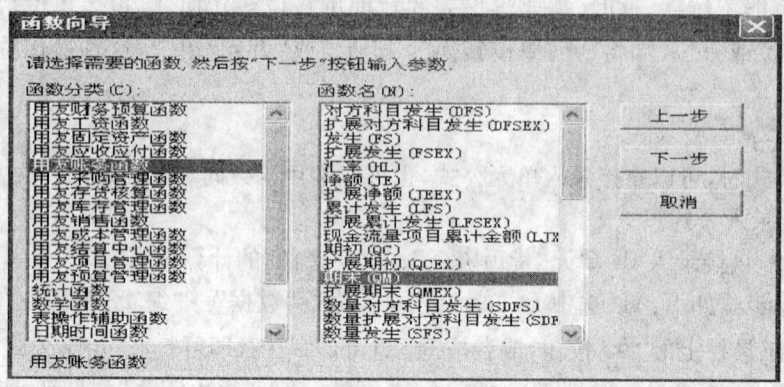

图 8-13 "函数向导"对话框

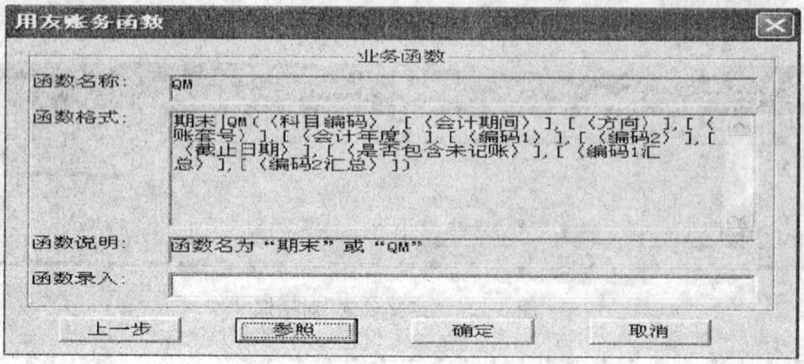

图 8-14 "用友账务函数"对话框

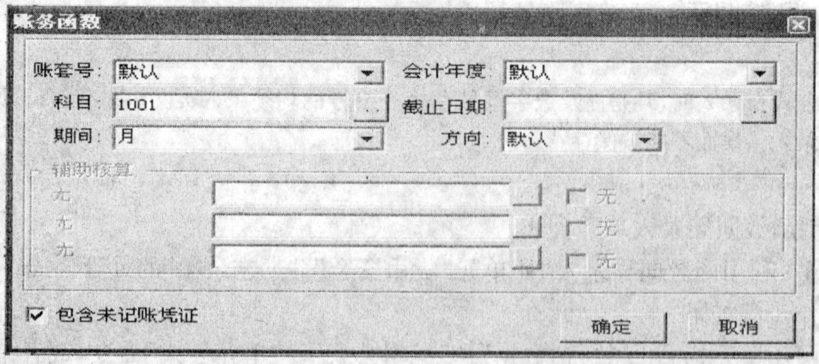

图 8-15 "账务函数"对话框

图 8-16 "货币资金"期末数单元公式(一)

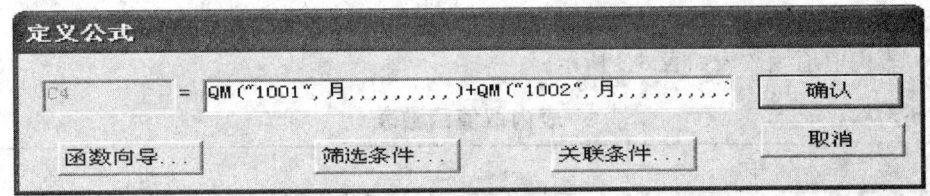

图 8-17 "货币资金"期末数单元公式(二)

(3) 主要的账务取数函数。常用的报表数据一般来源于总账系统或报表系统本身,因此,单元公式可分为账务取数公式、表页内部统计公式、本表他页取数公式和报表之间取数公式。在此,仅介绍账务取数公式和表页内部统计公式两种。

A. 账务取数公式。账务取数是会计报表数据的主要来源,账务取数函数架起了报表系统和总账等其他系统之间进行数据传递的桥梁。账务取数函数可实现报表系统从账簿、凭证中采集各种会计数据并生成相关报表,实现账表一体化。

账务取数公式是报表系统中使用最为频繁的一类公式,此类公式中的函数表达式也最为复杂,公式中往往要使用多种取数函数,每个函数中还要说明诸如科目编码、会计期间、发生额、余额、方向及账套号等的参数。

基本格式:函数名("科目编码",会计期间,["方向"],[账套号],[会计年度],[编码 1],[编码 2])

科目编码:也可以是科目名称,且必须用双引号括起来。

会计期间:可以是"年"、"季"、"月"等变量,也可以是用具体数字表示的年、季、月。

方向:即"借"或"贷",可以省略。

账套号:为数字,缺省时默认为第一套账。

会计年度:即数据取数的年度,可以省略。

账务取数公式一般依据主要的账务取数函数来设计。主要账务取数函数表如表 8-2 所示。

表 8-2 主要账务取数函数表

函 数 名	金 额 式	数 量 式	外 币 式
期初额函数	QC( )	SQC( )	WQC( )
期末额函数	QM( )	SQM( )	WQM( )
发生额函数	FS( )	SFS( )	WFS( )
累计发生额函数	LFS( )	SLFS( )	WLFS( )
条件发生额函数	TFS( )	STFS( )	WTFS( )
对方科目发生额函数	DFS( )	SDFS( )	WDFS( )
净额函数	JE( )	SJE( )	WJE( )
汇率函数	HL( )		

B. 表页内部统计公式。表页内部统计公式主要用于在本表页内的指定区域内作出的诸如求和、求平均值、计数、求最大值、求最小值及求统计方差等统计结果的运算。其主要功能是

实现表页中相关数据的计算和统计。使用时应该按照所要求的统计量选择公式的函数名和统计区域。表内取值函数表如表 8-3 所示。

表 8-3　　　　　　　　　　表内取值函数表

函　数　名　称	固　定　区	可　变　区
求和	PTOTAL( )	GTOTAL( )
平均值	PAVG( )	GAVG( )
计数	PCOUNT( )	GCOUNT( )
最大值	PMAX( )	GMAX( )
最小值	PMIN( )	GMIN( )
方差	PVAR( )	GVAR( )
片方差	PSTD( )	GSTD( )

2. 定义审核公式

在 UFO 报表系统中，各个数据之间一般都存在某种勾稽关系，利用这种勾稽关系可定义审核公式，检验报表编制的结果是否正确。审核公式可以验证表页中数据的勾稽关系，也可以验证同表中不同表页之间及不同报表之间的数据勾稽关系。

审核公式由验证关系公式和提示信息组成。定义报表审核公式，首先要分析报表中各单元之间的关系，以确定审核关系，然后再根据确定的审核关系定义审核公式。

审核关系必须确定正确；否则，所定义的审核公式会起相反的作用，如由于审核关系不正确导致一张正确的数据报表被审核为错误，使得编制报表者无从修改。审核公式把报表中某一单元或某一区域与另外某一单元或某一区域或其他字符之间用逻辑运算符连接起来。

审核公式格式：<表达式><逻辑运算符><表达式>[MESS"说明信息"]。

逻辑运算符：＝、＞、＜、＞＝、＜＝、＜＞。"＝"的含义不是赋值，是等号两边的值要相等。

定义审核公式时，营业利润＝营业收入－营业成本－营业税金及附加－销售费用－管理费用－财务费用－资产减值损失＋公允价值变动净收益＋投资收益；否则，将出现"营业利润计算有误！"的出错信息。

定义审核公式的具体操作步骤如下：

执行"数据"→"编辑公式"→"审核公式"命令，打开"审核公式"对话框，如图 8-18 所示。在"审核关系"文本框中输入要审核公式的相应内容，输入时按照"审核关系格式范例"的提示输入内容，单击"确定"按钮完成审核公式的定义。

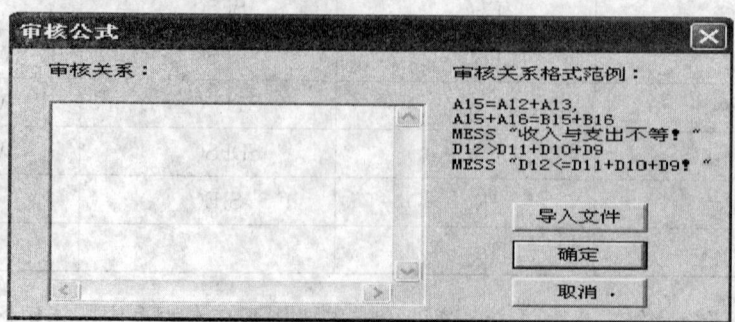

图 8-18　"审核公式"对话框

3. 定义舍位平衡公式

在报表汇总中,各种报表的数据计量单位有可能不统一,这时需要将报表的数据进行位数转换,将报表的数据单位由个位转换为百位、千位或万位,这种操作称为进位操作。

进位操作以后,原来的平衡关系可能会因为小数位的四舍五入而被破坏,因此,还需要对进位后的数据平衡关系重新调整,使舍位后的数据符合指定的平衡公式。这种用于对报表数据舍位及重新调整(舍位之后)平衡关系的公式称之为舍位平衡公式。

定义舍位平衡公式需要指明要舍位的表名、舍位范围以及舍位位数,并且必须输入平衡公式。

定义舍位平衡公式的具体操作步骤如下:

执行"数据"→"编辑公式"→"舍位公式"命令,打开"舍位平衡公式"对话框,如图 8-19 所示。在文本框中输入舍位的表名、舍位范围以及舍位位数和平衡公式,单击"完成"按钮,完成设置操作。

图 8-19 "舍位平衡公式"对话框

 温馨提示

(1) 舍位平衡公式是指用来重新调整报表数据进位后的小数位平衡关系的公式。每个公式一行,各公式之间用半角逗号隔开,最后一条公式不用写逗号;否则,公式无法执行。等号左边只能为一个单元(不带页号和表名)。

(2) 舍位平衡公式中只能使用"+"、"−"符号,不能使用其他运算符号及函数。

二、报表模板

报表管理系统按照《企业会计准则》的规定预置了多种常用的对外报表格式和公式,即报表模板。利用报表系统中提供的报表模板,根据自己的实际情况进行修改,可以最大限度地减轻用户编制报表的工作量。

(一) 利用报表模板生成资产负债表

具体的操作步骤如下:

(1) 在 UFO 报表中执行"文件"→"新建"命令,或者单击工具栏上的"新建"按钮" ",系统自动生成一张空表。如图8-20所示。

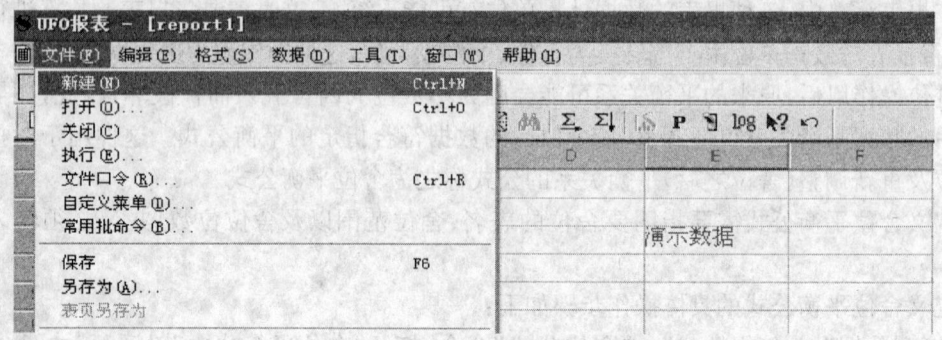

图8-20 新建表页

（2）执行"格式"→"报表模板"命令，如图8-21所示，打开"报表模板"对话框。

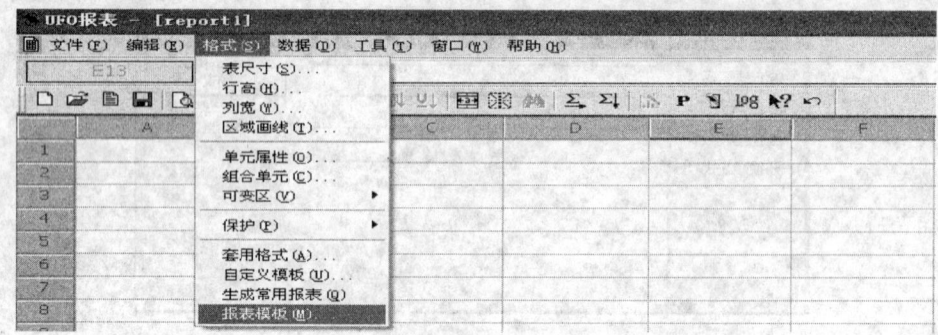

图8-21 调用"报表模板"

（3）如图8-22所示，在"报表模板"对话框中，选择所在行业"2007年新会计制度科目"，财务报表为"资产负债表"。

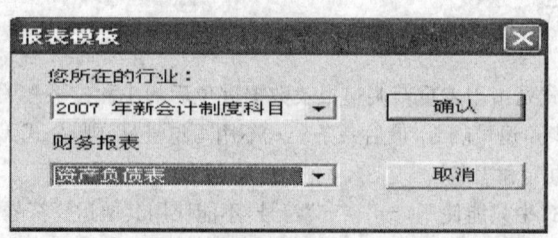

图8-22 "报表模板"对话框

（4）单击"确认"按钮，系统弹出"模板格式将覆盖本表格式！是否继续？"提示信息对话框，如图8-23所示。单击"确定"按钮，即可打开资产负债表模板。

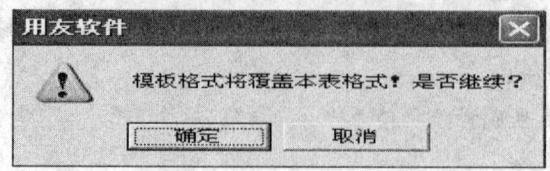

图8-23 模板格式覆盖提示

(5) 设置关键字。选中 A3 单元格,在"格式"状态下执行"数据"→"关键字"→"设置"命令,如图 8-24 所示。出现"设置关键字"对话框,选择"单位名称",单击"确定"按钮。如图 8-25 所示。

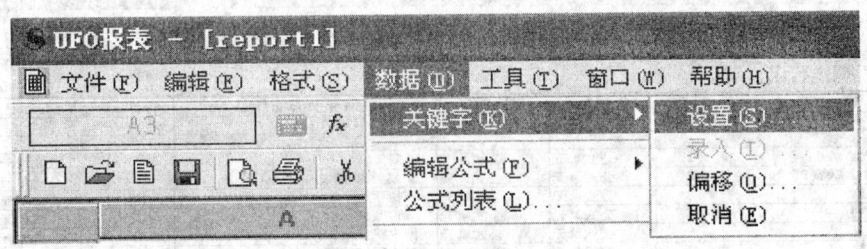

图 8-24 设置关键字(一)

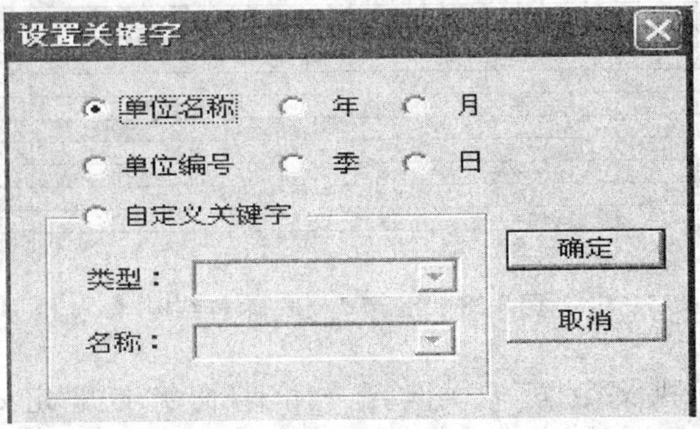

图 8-25 设置关键字(二)

(6) 录入关键字。在"数据"状态下执行"数据"→"关键字"→"录入"命令,如图 8-26 所示。打开"录入关键字"对话框,输入单位名称、年、月、日等信息,如图 8-27 所示。

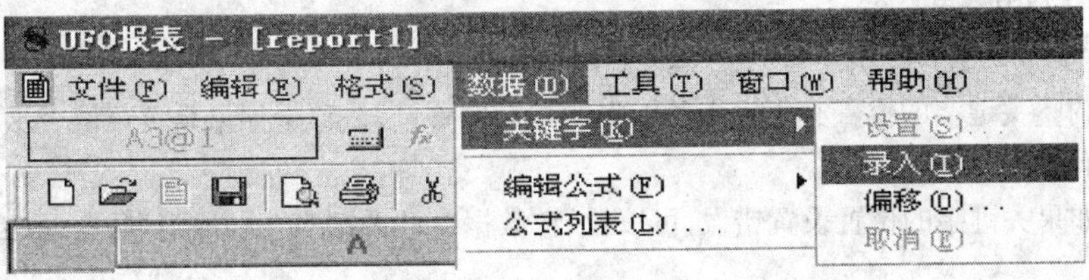

图 8-26 录入关键字(一)

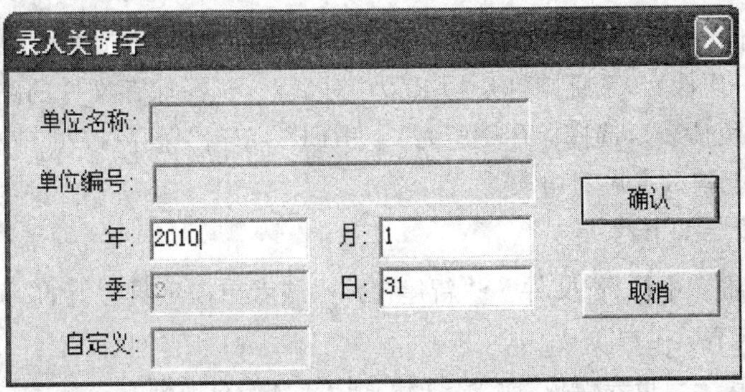

图 8-27 录入关键字(二)

（7）单击"确认"按钮，系统弹出"是否重算第 1 页?"提示信息对话框，单击"是"按钮，系统会自动根据单元公式计算 1 月份数据。资产负债表的表样结构如图 8-28 所示。

资产负债表

单位名称：xxxxxxxxxxxxxxxxxxxxxxxxxxxxxx xxxx 年 xx 月 xx 日 会

资　产	行次	年初数	期末数	负债和所有者权益（或股东权益）	行次	年初数	期末数
流动资产：				流动负债：			
货币资金	1	公式单元	公式单元	短期借款	34	公式单元	公式
交易性金融资产	2	公式单元	公式单元	交易性金融负债	35	公式单元	公式
应收票据	3	公式单元	公式单元	应付票据	36	公式单元	公式
应收股利	4	公式单元	公式单元	应付账款	37	公式单元	公式
应收利息	5	公式单元	公式单元	预收账款	38	公式单元	公式
应收账款	6	公式单元	公式单元	应付职工薪酬	39	公式单元	公式
其他应收款	7	公式单元	公式单元	应交税费	40	公式单元	公式
预付账款	8	公式单元	公式单元	应付利息	41	公式单元	公式
存货	9	公式单元	公式单元	应付股利	演示数据	公式单元	公式
一年内到期的长期债权投资	10			其他应付款	43	公式单元	公式
其他流动资产	11			一年内到期的非流动负债	44		
				其他流动负债	45		
流动资产合计	12	公式单元	公式单元	流动负债合计	46	公式单元	公式
非流动资产：				非流动负债：			
可供出售金融资产	13	公式单元	公式单元	长期借款	47	公式单元	公式
持有至到期投资	14	公式单元	公式单元	应付债券	48	公式单元	公式
投资性房地产	15	公式单元	公式单元	长期应付款	49	公式单元	公式
长期股权投资	16	公式单元	公式单元	专项应付款	50	公式单元	公式
长期应收款	17	公式单元	公式单元	预计负债	51	公式单元	公式

图 8-28 "资产负债表"表样结构

（8）关键字偏移。执行"数据"→"关键字"→"偏移"命令，打开"定义关键字偏移"对话框，输入需调整位置的关键字的偏移量，单击"确定"按钮。

特别提醒

（1）调整关键字的位置必须输入关键字的相对偏移量，偏移量如果是负数值表示向左移，如果是正数值则表示向右移。

（2）如果关键字的位置设置错误，可以执行"数据"→"关键字"→"取消"命令，取消后再重新设置。

（9）执行"文件"→"保存"命令，或者单击工具栏上的"保存"按钮" "，将生成的报表数据保存。如果是第一次保存，系统则打开"另存为"对话框，选择保存文件的路径，输入报表文件名"××公司资产负债表"，选择保存类型为"*.REP"，单击"保存"按钮。

（二）利用报表模板生成利润表

具体的操作步骤如下：

（1）在 UFO 报表中执行"文件"→"新建"命令，或者单击工具栏上的"新建"按钮" "，系统自动生成一张空表。

（2）执行"格式"→"报表模板"命令，打开"报表模板"对话框。

（3）在"报表模板"对话框中，如图 8-29 所示。选择所在行业"2007 年新会计制度科目"，

图 8-29 "报表模板"对话框

财务报表为"利润表"。

(4) 单击"确认"按钮,系统弹出"模板格式将覆盖本表格式!是否继续?"提示信息对话框,单击"确定"按钮,即可打开利润表模板。

(5) 设置关键字。选中 A3 单元格,在"格式"状态下执行"数据"→"关键字"→"设置"命令,选择"单位名称",单击"确定"按钮。

(6) 录入关键字。在"数据"状态下执行"数据"→"关键字"→"录入"命令,打开"录入关键字"对话框。输入单位名称、年、月等信息。

(7) 单击"确认"按钮,系统弹出"是否重算第 1 页?"提示信息对话框,单击"是"按钮,系统会自动根据单元公式计算 1 月份数据。

(8) 执行"文件"→"保存"命令,或者单击工具栏上的"保存"按钮"💾",将生成的报表数据保存。如果是第一次保存,系统则打开"另存为"对话框,选择保存文件的路径,输入报表文件名"××公司利润表",选择保存类型为"*.rep",单击"保存"按钮。利润表的表样结构如图 8-30 所示。

A	B	C	D
利润表			
			会企02表
单位名称:xxxxxxxxxxxxxxxxxxxxxxxxxxx	xxxx 年	xx 月	单位:元
项 目	行数	本月数	本年累计数
一、主营业务收入	1	公式单元	公式单元
减:主营业务成本	2	公式单元	公式单元
营业税费	3	公式单元	公式单元
销售费用	4	公式单元	公式单元
管理费用	5	公式单元	公式单元
财务费用(收益以"-"号填列)	6	公式单元	公式单元
资产减值损失	7	公式单元	公式单元
加:公允价值变动净收益(净损失以"-"号填列)	8	公式单元	公式单元
投资净收益(净损失以"-"号填列)	9	公式单元	公式单元
其中对联营企业与合营企业的投资收益	10		
二、营业利润(亏损以"-"号填列)	11	公式单元	公式单元
营业外收入	12	公式单元	公式单元
减:营业外支出	13	公式单元	公式单元
其中:非流动资产处置净损失(净收益以"-"号填列)	14		
三、利润总额(亏损总额以"-"号填列)	15	公式单元	公式单元
减:所得税	16	公式单元	公式单元
四、净利润(净亏损以"-"号填列)	17	公式单元	公式单元
五、每股收益			

图 8-30 "利润表"表样结构

（三）现金流量表的编制

具体的操作步骤如下：

(1) 在 UFO 报表中执行"文件"→"新建"命令，或者单击工具栏上的"新建"按钮" "，系统自动生成一张空表。

(2) 执行"格式"→"报表模板"命令，打开"报表模板"对话框。

(3) 在"报表模板"对话框中，选择所在行业"2007年新会计制度科目"，财务报表为"现金流量表"。

(4) 单击"确认"按钮，系统弹出"模板格式将覆盖本表格式！是否继续？"提示信息对话框，单击"确定"按钮，即可打开现金流量表模板。

(5) 采用引导输入法定义报表单元公式。单击选中 C6 单元格，定义"销售商品、提供劳务收到的现金"的本期金额的单元公式。执行"数据"→"编辑公式"→"单元公式"命令，或者单击工具栏上的" fx "按钮，或者按键盘上的"＝"键，即可打开"定义公式"对话框。

(6) 单击"函数向导"按钮，打开"函数向导"对话框。选择函数分类"用友账务函数"和函数名"现金流量项目金额（XJLL）"。单击"下一步"按钮，打开"用友账务函数"对话框。单击"参照"按钮，打开"账务函数"对话框。

(7) 因为关键字设置到"月"，所以会计期间选择"月"，选择了会计期间后，不再设置"起始日期"和"截止日期"。账套号和会计年度选择为默认，方向选择"借"。单击"项目编号"后的"…"按钮，弹出"参照"对话框，双击"01 销售商品、提供劳务收到的现金"。分别单击"参照"对话框的"确定"按钮、"账务函数"对话框的"确定"按钮、"用友账务函数"对话框的"确定"按钮，完成 C6 单元格的单元公式的设置。同理，设置其他项目的单元公式。

(8) 单击左下角的"格式"按钮，弹出"是否重算表页？"信息提示对话框，单击"是"按钮，进入现金流量的数据状态。

(9) 执行"数据"→"关键字"→"录入"命令，打开"录入关键字"对话框，录入关键字，系统提示"是否重算第1页？"信息，单击信息提示对话框的"是"按钮，系统生成现金流量表的数据资料。

特别提醒

(1) 现金流入项目方向选择"借"，现金流出项目方向选择"贷"。

(2) 按照这种方法编制现金流量表，前提是必须在总账系统中指定了"现金流量科目"，并在填制凭证的时候，录入了现金流量项目和金额。

现金流量表的表样结构如图 8-31 所示。

现金流量表部分单元公式如表 8-4 所示。

	A	B	C
1	现金流量表		
2			会企03表
3	编制单位：	年度	单位：元
4	项　　目	行次	金额
5	一、经营活动产生的现金流量：		
6	销售商品、提供劳务收到的现金	1	
7	收到的税费返还	2	
8	收到的其他与经营活动有关的现金	3	
9	现金流入小计	4	公式单元
10	购买商品、接受劳务支付的现金	5	
11	支付给职工以及为职工支付的现金	6	
12	支付的各项税费	7	
13	支付的其他与经营活动有关的现金	8	
14	现金流出小计	9	公式单元
15	经营活动产生的现金流量净额	10	公式单元
16	二、投资活动产生的现金流量：		
17	收回投资所收到的现金	11	
18	取得投资收益所收到的现金	12	
19	处置固定资产、无形资产和其他长期资产所收回的现金净额	演示数据 13	
20	处置子公司及其他营业单位收到的现金净额	14	
21	收到的其他与投资活动有关的现金	15	
22	现金流入小计	16	公式单元

图 8-31 “现金流量表”表样结构

表 8-4　　现金流量表部分单元公式

现 金 流 量 表

会企 03 表

单位名称：　　　　年　月　日　　　　单位：元

项　　目	行次	金　　额
一、经营活动产生的现金流量：		
销售商品、提供劳务收到的现金	1	XJLL(,,“借”,“01”,,,,月)
收到的税费返还	2	XJLL(,,“借”,“02”,,,,月)
收到的其他与经营活动有关的现金	3	XJLL(,,“借”,“03”,,,,月)
经营活动现金流入小计	4	C6＋C7＋C8
购买商品、接受劳务支付的现金	5	XJLL(,,“贷”,“04”,,,,月)
支付给职工以及为职工支付的现金	6	XJLL(,,“贷”,“05”,,,,月)
支付的各项税费	7	XJLL(,,“贷”,“06”,,,,月)
支付的其他与经营活动有关的现金	8	XJLL(,,“贷”,“07”,,,,月)
经营活动现金流出小计	9	C10＋C11＋C12＋C13
经营活动产生的现金流量净额	10	C9－C14
二、投资活动产生的现金流量：		
收回投资所收到的现金	11	XJLL(,,“借”,“08”,,,,月)
取得投资收益收到的现金	12	XJLL(,,“借”,“09”,,,,月)
处置固定资产、无形资产和其他长期资产所收回的现金净额	13	XJLL(,,“借”,“10”,,,,月)

（续表）

项　　　目	行次	金　　额
处置子公司及其他营业单位收到的现金净额	14	XJLL(,,"借","11",,,,月)
收到的其他与投资活动有关的现金	15	XJLL(,,"借","11",,,,月)
投资活动现金流入小计	16	C17+C18+C19+C21
购建固定资产、无形资产和其他长期资产所支付的现金	17	XJLL(,,"贷","12",,,,月)
投资所支付的现金	18	XJLL(,,"贷","13",,,,月)

（四）自定义报表模板

具体的操作步骤如下：

(1) 在 UFO 报表管理系统中制作出符合本单位的报表模板并保存好，执行"格式"→"自定义模板"命令，打开"自定义模板"对话框。如图 8-32 所示。

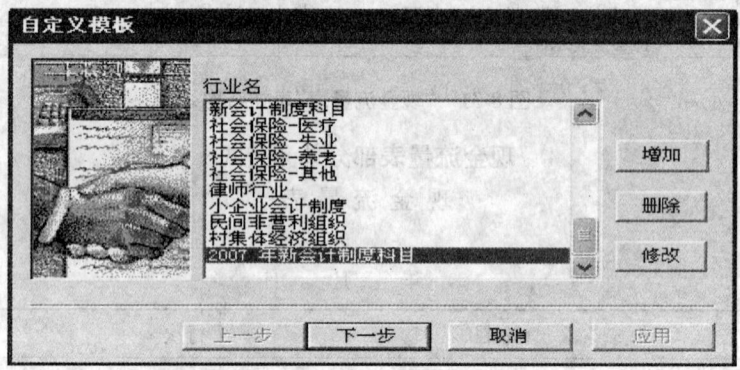

图 8-32 "自定义模板"对话框

(2) 选择行业名为"2007 年新会计制度科目"，单击"下一步"按钮。

(3) 在"自定义模板"对话框中，单击"增加"按钮，

(4) 在"添加模板"对话框中，选择原先已制作好的自定义报表模板，单击"添加"按钮，如图 8-33 所示。该模板则成功添加在"自定义模板"当中，单击"完成"按钮，结束自定义报表模板的操作。如图 8-34 所示。

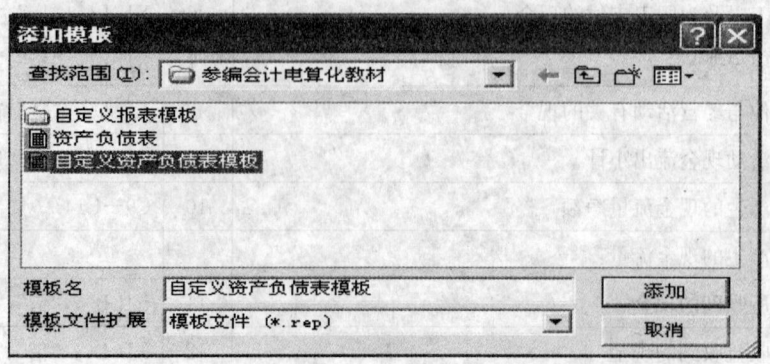

图 8-33 "添加模板"对话框

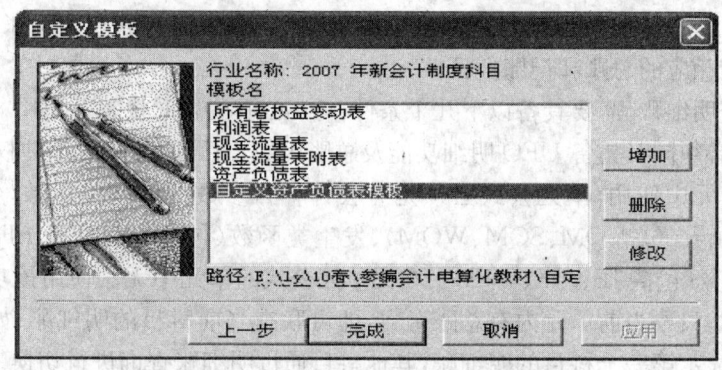

图 8-34 完成添加自定义报表模板

(5) 使用自定义报表模板。执行"格式"→"报表模板"命令,打开"报表模板"对话框。选择行业名为"2007 年新会计制度科目",财务报表为"自定义资产负债表",单击"确认"按钮。系统提示"模板格式将覆盖本表格式,是否继续?",单击"确定"按钮,系统显示自定义的报表模板。同理,可自定义利润表等其他报表模板。

三、报表数据处理

(一) 会计报表的数据处理

1. 打开报表

在报表窗口中新建一张报表,执行"格式"→"报表模板"命令,在"报表模板"对话框中选择行业和财务报表,单击"确认"按钮,则可打开相应的报表模板。

2. 追加表页

将报表调整到数据状态下,执行"编辑"→"追加"→"表页"命令,打开"追加表页"对话框,输入表页数,单击"确定"按钮即可。

3. 录入关键字

执行"数据"→"关键字"→"录入"命令,在"录入关键字"对话框中录入已设置好的关键字,单击"确定"按钮即可。

4. 报表计算

按计算公式计算报表中的数据。执行"数据"→"表页重算"命令,系统提示"是否重算第 1 页?"单击"是"按钮,系统会自动在已经存在的账套中和会计年度范围内根据单元公式计算,生成相应的会计报表。

(二) 会计报表的输出

会计报表输出的形式一般有报表查询、网络传输、报表打印等形式。

1. 报表查询

报表查询是会计报表管理系统应用的一项重要工作。在会计报表管理系统中,可以对当前正在编辑的报表予以查询,也可以对历史报表进行迅速、有效地查询。在进行报表查询时,一般以整张表页的形式输出,也可以将多张表页的局部内容同时输出,这种输出叫透视。

(1) 查找表页。查找表页可以以某关键字或某单元为查找依据,具体操作步骤如下:执行"编辑"→"查找"命令,打开"查找"对话框,选择"表页"单选按钮,输入查找条件,单击"查找"按钮,这里的表页为第一个符合条件的表页。

(2) 联查明细账。会计报表管理系统为用户提供了在报表上联查明细账的功能,并可以通过明细账查询相应的总账和记账凭证。

要实现联查明细账,需要具备以下几个条件:① 必须在数据状态下使用"联查明细账"功能,并且操作员必须同时具备 UFO 明细功能及总账函数、总账明细账查询的权限。② 必须在有单元公式的单元中使用,单元公式必须是有会计科目参数的期初类函数(包括 QC、SQC、WQC)、期末类函数(包括 QM、SQM、WQM)、发生类函数(包括 FS、SFO、LFS、WFS、SLFS、WLFS)、净额函数(包括 JE、SJE、WJE)。在无单元公式的单元中无法使用该功能。③ 当用户选择了某单元时,只要当前单元内有总账函数,即可联查当前科目的明细账;如果当前单元内有多个科目,则显示第一个科目的明细账,其他科目通过明细账查询进行切换。

2. 网络传输

网络传输方式是通过计算机网络将各种报表从一个工作站传送到另一个或另几个工作站的报表传输方式。使用计算机网络进行报表传输,可在各自的计算机上方便、快捷地查看相关会计报表,大大提高了会计数据的时效性和准确性,又有很好的安全性,并且可以节省报表报送部门大量的人力、物力、财力。随着计算机网络的日益普及,网络传输方式的优势越发明显,它正在逐步取代其他的传输方式。

用户只要将报表生成网页文件(HTML 文件),就可以将其发布在企业内部网和互联网上。

3. 报表打印

打印输出方式是指将编制出来的报表以纸介质的形式打印输出。打印输出是将报表进行保存和报送有关部门不可缺少的一种报表输出方式。打印之前必须在会计报表管理系统中对打印机进行有关设置以及报表打印的格式设置,并确认打印机已经和主机正常连接。

UFO 报表管理系统提供了不同文件格式的输出方式,方便不同软件之间进行数据交换,输出的格式有:报表文件(＊.rep)、文本文件(＊.txt)、数据库文件(＊.dbf)、Access 文件(＊.mdb)、MS Excel 文件(＊.xls)、Lotusl-2-3 文件(＊.wk4)。

此外,将各种报表以文件的形式输出到磁盘上也是一种常用的方式。

 知识链接 何为勾稽关系?

勾稽关系是会计在编制会计报表时常用的一个术语,它是指某个会计报表和另一个会计报表之间以及本会计报表项目的内在逻辑对应关系,如果不相等或不对应,这说明会计报表编制有问题。

举个简单的例子:在编制资产负债表时,固定资产净值要等于固定资产原值扣除累计折旧,这就叫做对应关系或叫勾稽关系。资产负债表的未分配利润和利润表的净利润之间也有对应关系,即用资产负债表中未分配利润的期末数扣除年初数,应该等于利润表的净利润的累计数。还有现金流量表中的"现金和现金等价物的净增加额",应该等于资产负债表的货币资金的期末数扣除期初数(假定没有现金等价物的数额),这些都叫对应关系、逻辑关系和勾稽关系。

【本章小结】 会计报表是会计核算工作的成果,是反映会计主体财务状况、经营成果和财务收支情况的书面文件,也是财务部门提供财务信息资料的重要手段。编制会计报表是财务部门的重要工作内容。报表管理系统提供了强大的会计报表模板和自定义会计报表模板功能,帮助用户及时、方便地编制需要的各种会计报表。本章首先介绍了报表管理系统的功能、基本概念、报表的种类及格式、报表管理系统与其他管理系统的关系以及报表管理系统的业务处理流程,详细介绍了报表格式设计和公式设置的方法、编制自定义会计报表和利用报表模板生成报表数据的方法。通过本章的学习,要求学生重点掌握利用报表模板功能生成资产负债表、利润表等常用会计报表,学会自定义报表格式及设置报表单元公式并产生报表数据的操作技能。

实训三 UFO 报表管理

【实训目的】
1. 理解报表编制的原理及流程。
2. 掌握报表格式定义、公式定义的操作方法;掌握报表单元公式的设置方法。
3. 学会如何使用报表模板生成常用的会计报表:① 资产负债表;② 利润表;③ 现金流量表。

【实训内容】
1. 自定义货币资金表。
2. 利用报表模板生成资产负债表。
3. 利用报表模板生成利润表。
4. 自定义利润表。
5. 利用报表模板生成现金流量表。

【实训准备】
引入"实训二"账套数据。

【实训资料】
1. 货币资金表的表样格式。如表 8-5 所示。

表 8-5　　　　　　　　　　　货币资金表

编制单位：　　　　　　　　　　年　月　日　　　　　　　　　　单位：元

项　目	行　次	期　初　数	期　末　数
现金	1		
银行存款	2		
合　计	3		

制表人：

说明:编制单位和年、月、日应设为关键字。

2. 报表模板中的资产负债表模板。
3. 报表模板中的利润表模板。
4. 自定义利润表的表样格式。
5. 报表模板中的现金流量表模板。

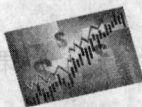

【实训要求】

以账套主管的身份进行 UFO 报表管理操作。

【操作提示】

（一）自定义货币资金表

1. 启动 UFO 报表管理系统

（1）执行"财务会计"→"UFO 报表"命令，进入 UFO 报表管理系统。

（2）执行"文件"→"新建"命令，建立一张空白报表，报表名默认为"report1"。

2. 自定义一张货币资金表

（1）报表状态设置。单击报表底部左下角的"格式/数据"按钮，使当前状态为"格式"状态。

（2）报表格式定义。

A. 设置报表尺寸。具体操作步骤如下：① 执行"格式"→"表尺寸"命令，打开"表尺寸"对话框。② 输入行数"7"，列数"4"，单击"确认"按钮。

B. 定义组合单元。具体操作步骤如下：① 选择需合并的区域"A1:D1"。② 执行"格式"→"组合单元"命令，打开"组合单元"对话框。③ 选择组合方式"整体组合"或"按行组合"，该单元即合并成一个单元格。

C. 画表格线。具体操作步骤如下：① 选中报表需要画线的区域"A3:D6"。② 执行"格式"→"区域画线"命令，打开"区域画线"对话框。③ 选择"网线"，单击"确认"按钮，将所选区域画上表格线。

D. 取消表格线。具体操作步骤如下：① 选中报表需要取消表格线的区域。② 执行"格式"→"单元属性"命令。③ 单击"边框"选项卡，选择"无框线"，单击"确认"按钮，将取消所选区域的表格线。

E. 输入报表项目。具体操作步骤如下：① 选中需要输入内容的单元或组合单元。② 在该单元或组合单元中输入相关文字内容，如在 A1 组合单元输入"货币资金表"。

特别提醒

（1）报表项目是指报表的文字内容，主要包括表头内容、表体项目和表尾项目等。不包括关键字。

（2）编制单位、日期一般不作为文字内容输入，而是需要设置为关键字。

F. 定义报表行高和列宽。具体操作步骤如下：① 选中需要调整的单元所在行。② 执行"格式"→"行高"命令，打开"行高"对话框。③ 输入行高，单击"确定"按钮。④ 选中需要调整的单元所在列，执行"格式"→"列宽"命令，可设置该列的宽度。

温馨提示

行高、列宽的单位为毫米。

G. 设置单元风格。具体操作步骤如下：① 选中标题所在组合单元"A1"。② 执行"格式"→"单元属性"命令,打开"单元格属性"对话框。③ 单击"字体图案"选项卡,设置字体和字号。④ 单击"对齐"选项卡,设置对齐方式"居中",单击"确定"按钮。⑤ 同理,可设置其他单元的字体、字号及对齐方式。

H. 定义单元属性。具体操作步骤如下：① 选定单元格"D7"。② 执行"格式"→"单元属性"命令,打开"单元格属性"对话框。③ 单击"单元类型"选项卡,单击"字符"选项,单击"确定"按钮。

特别提醒

(1) 格式状态下输入内容的单元均默认为表样单元,未输入数据的单元均默认为数值单元,在数据状态下可输入数值。若希望在数据状态下输入字符,应将其定义为字符单元。
(2) 字符单元和数值单元输入后只对本表页有效,表样单元输入后对所有表页有效。

I. 设置关键字。具体操作步骤如下：① 选中需要输入关键字的单元"A2"。② 执行"数据"→"关键字"→"设置"命令,打开"设置关键字"对话框。③ 单击"单位名称"单选按钮,单击"确定"按钮。④ 同理,设置"年"、"月"、"日"关键字。

特别提醒

(1) 每个报表可以同时定义多个关键字。
(2) 如果要取消关键字,须执行"数据"→"关键字"→"取消"命令。

J. 调整关键字位置。具体操作步骤如下：① 执行"数据"→"关键字"→"偏移"命令,打开"定义关键字偏移"对话框。② 在需要调整位置的关键字后面输入偏移量。③ 单击"确定"按钮。

特别提醒

(1) 关键字的位置可以用偏移量来表示,负数值表示向左移,正数值表示向右移。在调整时,可以通过输入正或负的数值来调整。
(2) 关键字偏移量单位为像素。

(3) 报表公式定义。分为以下几种情形：

A. 定义单元公式——直接输入公式。以现金期初数为例,具体操作步骤如下：① 选定需要定义公式的单元"C4",即"现金"的期初数。② 执行"数据"→"编辑公式"→"单元公式"命令,打开"定义公式"对话框。或者单击工具栏上的"fx"按钮或双击某公式单元或按

"＝"键也可打开"定义公式"对话框。③ 在定义公式对话框内直接输入总账期初函数公式，然后单击"确认"按钮。如图 8-35 所示。④ 同理，直接输入其他项目的单元公式。银行存款期初数、现金期末数、银行存款期末数、期初数合计、期末数合计的公式定义如图 8-36～8-40 所示。

图 8-35 "现金期初数"公式定义

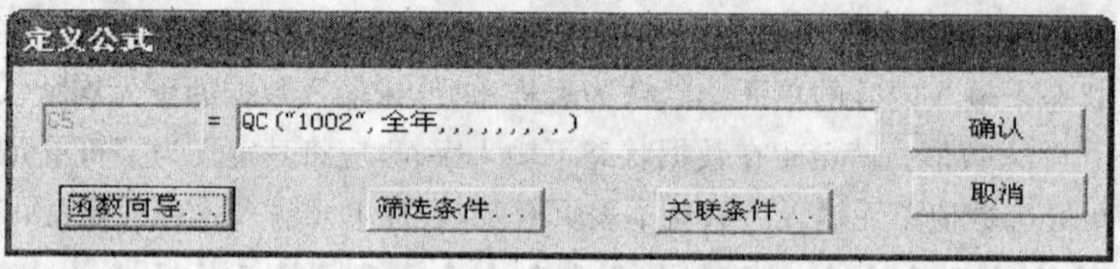

图 8-36 "银行存款期初数"公式定义

图 8-37 "现金期末数"公式定义

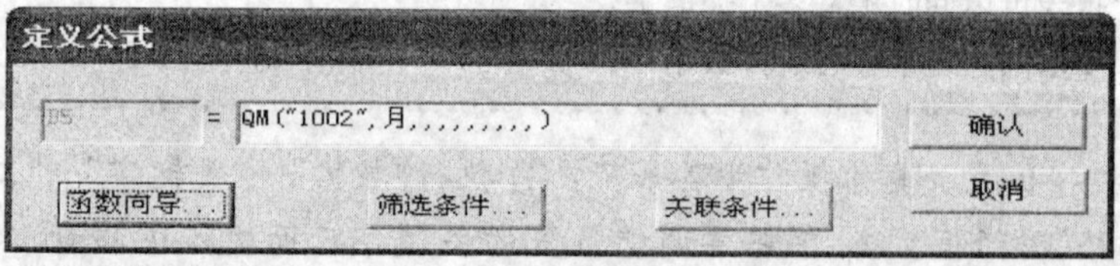

图 8-38 "银行存款期末数"公式定义

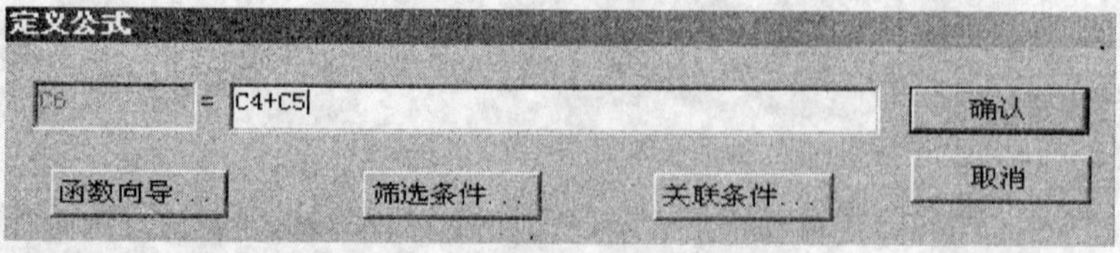

图 8-39 "期初数合计"公式定义

图 8-40 "期末数合计"公式定义

特别提醒

(1) 单元公式中涉及的符号均为英文半角字符。

(2) 单击工具栏上的"*fx*"按钮或双击某公式单元或按"="键,都可打开"定义公式"对话框。

(3) 期初数和期末数合计也可通过选择工具栏上的"向下求和"按钮 完成。

B. 定义单元公式——引导输入公式。以"银行存款"期末数为例,具体操作步骤如下:① 选定被定义单元"D5",即"银行存款"期末数。② 单击"*fx*"按钮,打开"定义公式"对话框。③ 单击"函数向导"按钮,打开"函数向导"对话框。如图 8-41 所示。④ 在函数分类列表框中选择"用友账务函数",在右边的函数名列表框中选择"期末(QM)",单击"下一步"按钮,打开"用友账务函数"对话框。⑤ 单击"参照"按钮,打开"账务函数"对话框。⑥ 选择科目"1002",期间"月",其他各项均采用系统默认值,单击"确定"按钮,返回"用友账务函数"对话框。如图 8-42 所示。⑦ 单击"确定"按钮,返回"定义公式"对话框,单击"确认"按钮。⑧ 同理,输入其他单元公式。

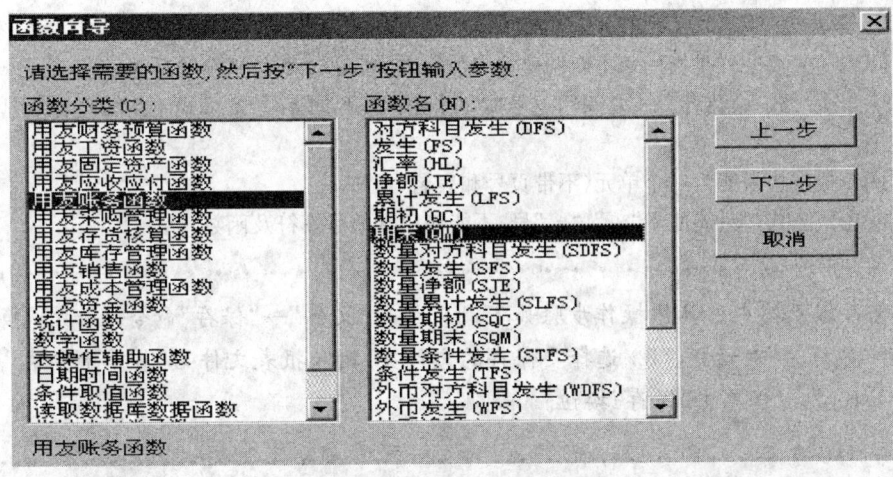

图 8-41 "函数向导"对话框

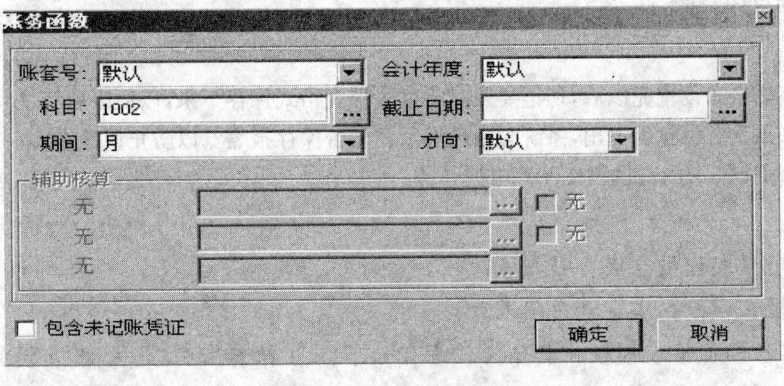

图 8-42 "账务函数"对话框

C. 定义单元公式——舍位平衡公式。具体操作步骤如下：① 执行"数据"→"编辑公式"→"舍位公式"命令,打开"舍位平衡公式"对话框。如图 8-43 所示。② 确定如下信息：舍位表名"SW1",舍位范围"C4：D6",舍位位数"3",平衡公式"C6＝C4＋C5,D6＝D4＋D5"。③ 单击"完成"按钮。

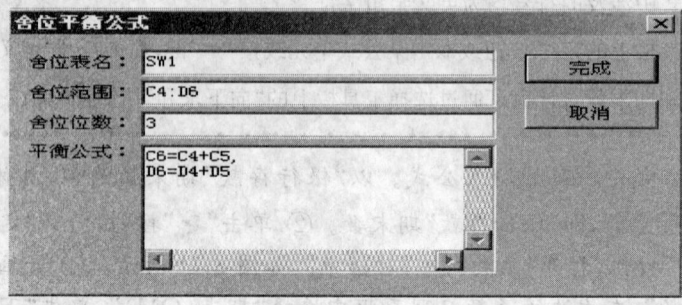

图 8-43　"舍位平衡公式"对话框

特别提醒

（1）舍位平衡公式是指用来重新调整报表数据进位后的小数位平衡关系的公式。

（2）每个公式一行,各公式之间用逗号","(半角)隔开,最后一条公式不用写逗号;否则,公式无法执行。

（3）等号左边只能为一个单元(不带页号和表名)。

（4）舍位公式中只能使用"＋"、"－"号,不能使用其他运算符及函数。

（4）保存报表格式。具体操作步骤如下：① 执行"文件"→"保存"命令。如果是第一次保存,则打开"另存为"对话框。② 选择要保存的文件夹,输入报表文件名"货币资金表";选择保存类型"＊.rep"。③ 单击"保存"按钮。

特别提醒

（1）报表格式设置完以后,切记要及时将这张报表格式保存下来,以便以后随时调用。

（2）如果没有保存就退出,系统会出现提示："是否保存报表？"以防止误操作。

（3）".REP"为用友报表文件专用扩展名。

（二）利用报表模板生成会计报表

1. 利用报表模板生成资产负债表

（1）调用资产负债表模板。具体操作步骤如下：① 执行"格式"→"报表模板"命令,打开"报表模板"对话框。② 选择所在的行业为"2007年新会计制度科目",财务报表为"资产负债表"。③单击"确认"按钮,系统弹出"模板格式将覆盖本表格式!是否继续?"提示框。④单击"确定"按钮,即可打开"资产负债表"模板。

(2)调整报表模板。具体操作步骤如下:①单击"数据/格式"按钮,将"资产负债表"处于格式状态。②根据本单位的实际情况,调整报表格式,修改报表公式。③保存调整后报表模板。

(3)生成资产负债表数据。具体操作步骤如下:①在数据状态下,执行"数据"→"关键字"→"录入"命令,打开"录入关键字"对话框。②输入关键字:"年"、"月"、"日"。③单击"确认"按钮,系统弹出"是否重算第1页?"提示框。④单击"是"按钮,系统会自动根据单元公式计算1月份数据;单击"否"按钮,系统不计算1月份数据,以后可利用"表页重算"功能生成1月数据。

2. 可利用报表模板生成利润表

3. 利用报表模板生成现金流量表

(三)自定义利润表

1. 自定义利润表的表样格式(如表8-6所示)

表8-6　　　　　　　　　自定义利润表的表样格式

1	利　润　表	
2	编制单位:	年　月
3	项　　目	本　期　金　额
4	一、营业收入	
5	减:营业成本	
6	营业税金及附加	
7	销售费用	
8	管理费用	
9	财务费用	
10	资产减值损失	
11	加:投资收益(损失以"—"号填列)	
12	二、营业利润(亏损以"—"号填列)	
13	加:营业外收入	
14	减:营业外支出	
15	三、利润总额(亏损以"—"号填列)	
16	减:所得税费用	
17	四、净利润(净亏损以"—"号填列)	

2. 报表中的计算公式(如表 8-7 所示)

表 8-7　　　　　　　　报表中的计算公式

位　　置	单　元　公　式
B4	FS("6001",月,"贷",,年)+FS("6051",月,"贷",,年)
B5	FS("6401",月,"借",,年)+FS("6402",月,"借",,年)
B6	FS("6403",月,"借",,年)
B7	FS("6601",月,"借",,年)
B8	FS("6602",月,"借",,年)
B9	FS("6603",月,"借",,年)
B10	FS("6701",月,"借",,年)
B11	FS("6111",月,"贷",,年)
B12	B4－B5－B6－B7－B8－B9－B10＋B11
B13	FS("6301",月,"贷",,年)
B14	FS("6711",月,"借",,年)
B15	B12＋B13－B14
B16	FS("6801",月,"借",,年)
B17	B15－B16

第九章

薪 资 管 理

内容提要 薪资管理是每个单位财会部门最基本的工作之一,不仅关系到每个职工的切身利益,也是直接影响到成本核算的重要因素。薪资管理子系统的功能主要包括系统初始化设置、日常业务处理、账表管理和期末处理。

第一节 薪资管理系统概述

一、薪资管理系统功能概述

薪资管理是人力资源管理的重要组成部分。用友 ERP U8 应用系统中的薪资管理子系统适用于企业、行政、事业及科研单位,它提供了简单、方便的薪资核算和发放功能,以及强大的工资分析和管理功能,并提供了同一企业存在多种工资核算类型情况下的不同解决方案。它的主要功能包括以下几个方面。

（一）薪资类别管理

薪资管理系统提供处理多个工资类别的功能。每一套账中可以同时处理多种不同的工资类别。例如,单位中有在职人员、离退休人员、临时聘用人员,由于这些人员的工资项目、计算公式不相同,就需要建立不同的工资发放表,或者需要每月多次发放工资时,此时就需要建立多个不同的工资类别,按不同的工资类别分别汇总工资数据。

如果单位中的人员没有区分类别,如新成立的公司中只有在职人员,单位对所有人员的工资实行统一管理,工资项目、计算公式全部相同,此时则只需要建立单个工资类别,以提高系统的运行效率。

（二）人员档案管理

人员档案管理用于设置人员的基础信息,如工资发放人的姓名、职工编号、所在部门、人员类别等信息,并对人员的增减变动进行调整。同时,系统也提供了人员的附加信息(如人员的性别、年龄、学历等)、人员类别设置功能(如车间管理人员、销售人员等)。

(三)薪资数据管理

本系统可以根据不同企业的需要设计工资项目、计算公式、录入、修改各种工资数据和资料;自动计算个人所得税,结合工资发放形式进行扣零设置或向代发工资的银行传输工资数据;自动计算、汇总工资数据,对工资等各项费用进行分摊,并通过转账方式向总账系统传输会计处理结果。

(四)薪资报表管理

工资核算的结果最终通过报表和凭证体现。系统提供了各种工资表、汇总表、明细表、统计表和分析表等,并且提供了凭证查询和自定义报表查询功能。齐全的工资报表形式和简便的工资资料查询方式满足了单位多层次、多角度查询的需要。

二、薪资管理系统与其他系统的主要关系

薪资管理系统与企业应用平台共享基础数据。薪资管理系统将工资计提、分摊结果自动生成记账凭证,传递到总账系统,两个系统可互相查询凭证,在总账中还可联查工资系统原始单据。薪资系统向成本管理系统传送人员的人工费用数据。报表管理系统可以从薪资管理系统取得数据,进行加工分析。

三、薪资管理系统业务处理流程

薪资管理系统业务处理流程如图 9-1 所示。

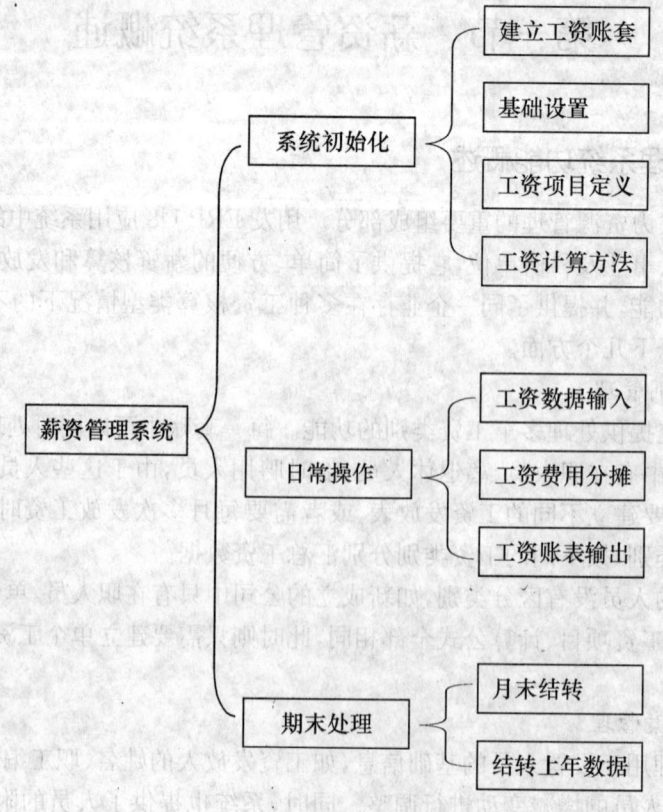

图 9-1 薪资管理系统业务处理流程

第二节 薪资管理系统初始化

一、建立工资账套

工资账套与企业核算账套是两个不同的概念,企业核算账套是在系统管理中建立,是针对整个 ERP 系统而言;而工资账套只针对于用友 ERP 系统中的薪资管理系统。也就是说,工资账套是企业核算账套的一个组成部分。所以,在建立工资账套之前,必须首先建立企业的核算账套。

单位核算账套建立完成后,以账套主管身份注册进入企业应用平台,在企业应用平台中启用薪资管理系统。薪资管理系统启用之后,如果是初次进入,可通过系统提供的建账向导,逐步完成整套工资账套的建立工作。该项工作分为四步,即参数设置、扣税设置、扣零设置和人员编码。

1. 启动薪资系统并建立工资账套操作方法

(1) 打开"企业应用平台",选择一套账进行注册,打开左下角"设置"→"基本信息"→"系统启用",单击选中"薪资管理"前的复选框,即可启用薪资管理系统。如图9-2所示。

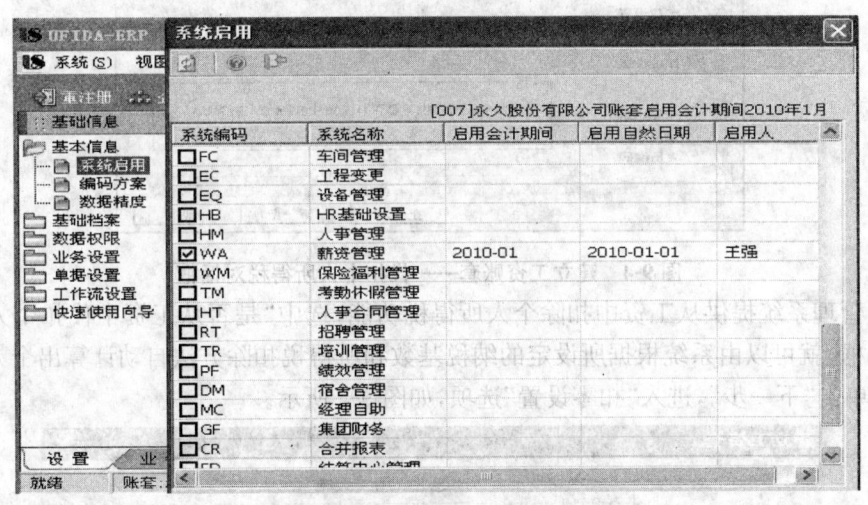

如图 9-2 启用"薪资系统"对话框

(2) 点击左下角"业务"→"人力资源",打开"薪资管理"。

(3) 第一次进入该系统时,系统自动打开"建立工资套"对话框,进行参数的设置的选择,如图9-3所示。

A. 选择单个还是多个工资类别:如果企业中所有员工的工资发放项目相同、工资计算方法也相同,那么可以对全部员工进行统一工资核算,对应地选用系统提供的"单个"工资类别方案。当单位需要按不同类别的人员发放工资,或者企业在不同的地区设置分支机构,而工资由总部统一管理,或者每月进行多次工资发放(如工资、奖金、劳务费分开发放),则选择"多个"工资类别。

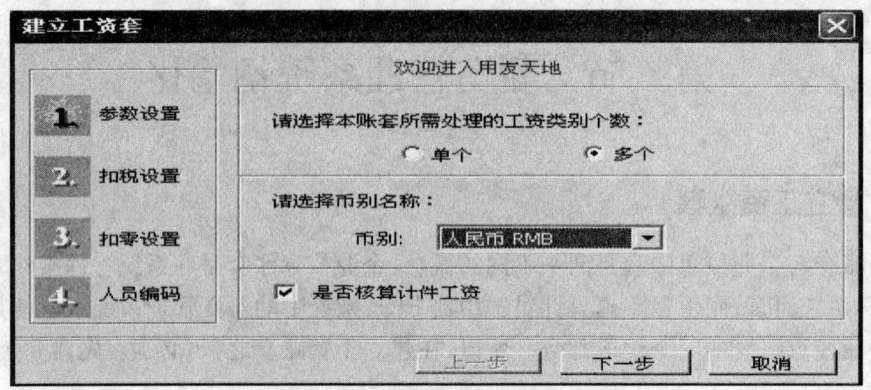

图 9-3 建立工资套——参数设置对话框

B. 选择该账套工资的核算币种和"是否核算计件工资"。系统提供币别参数设置供用户选择。若选择账套本位币以外的其他币别,则还须在工资类别参数设置维护中设置汇率,如果选中"是否核算计件工资"前的复选框,则本套工资可以核算计件工资。

(4) 单击"下一步",进入"扣税设置"选项。如图 9-4 所示。

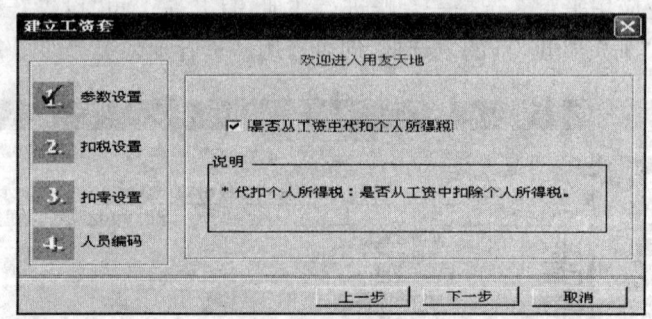

图 9-4 建立工资账套——代扣个人所得税对话框

薪资管理系统提供从工资中扣除个人所得税功能,选中"是否从工资中代扣个人所得税"前的复选框,就可以由系统根据所设定的纳税基数和所得税扣除方法自动计算出个人所得税。

(5) 单击"下一步",进入"扣零设置"选项,如图 9-5 所示。

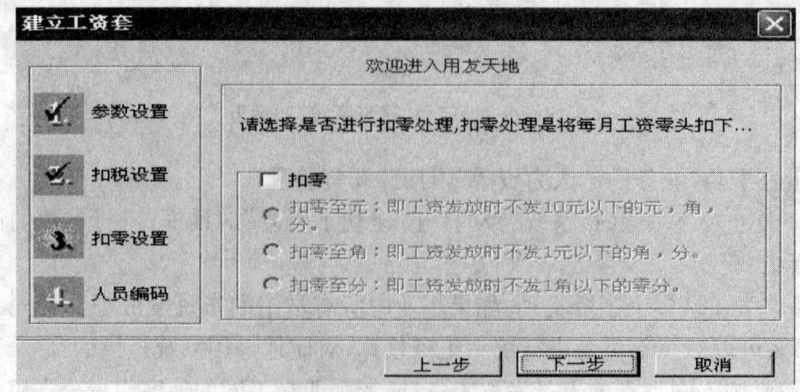

图 9-5 建立工资账套——扣零设置对话框

扣零是将工资的零头扣下,本月不发放,下月累积起来,再发放。选择扣零后,系统在计算工资时,依据扣零至元或扣零至角的不同类型进行扣零计算。一旦选择了"扣零处理",系统自动在固定项目中增加"本月扣零"和"上月扣零"两个项目,不必在计算公式中设置有关扣零处理的计算公式,"应发合计"中也不用包括"上月扣零","扣款合计"中不用包括"本月扣零"。扣零处理通常是在发放现金工资的时候使用,如今工资一般通过银行代发,则无需设置此项。

（6）单击"下一步",进入"人员编码"选项,如图9-6所示。

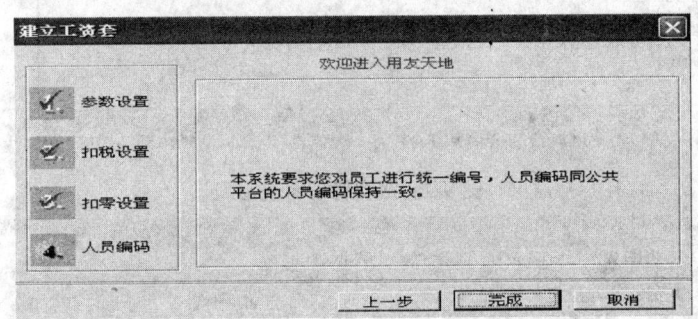

图9-6　建立工资账套——人员编码设置对话框

人员编码即单位人员的编码长度,以数字表示,人员编码长度的确定应结合企业员工的人数而定,人员编码与公共平台的人员编码保持一致。

（7）点击"完成"按钮,结束建立工资类别的过程,也可以单击"取消"按钮,放弃本次建账,退出薪资管理。

温馨提示

薪资管理系统可以建立999个工资账。

2. 建立工资类别

工资类别是指在一套工资账中,根据不同情况而设置的工资数据管理类别。工资系统是按工资类别来进行管理的,每个工资类别下均有职工档案、工资变动、工资数据、扣税处理和银行代发等功能。如果工资核算为多个类别,完成工资项目设置后,要建立工资类别。如要增加"在职人员"和"离退休人员"两个工资类别,具体操作步骤如下:

（1）在"业务"窗口打开"薪资管理",选择"工资类别"下的"新建工资类别",如图9-7所示。

（2）输入工资类别名称"在职人员",单击"下一步"按钮。如图9-8所示。

（3）选择该类别工资所包含的部门,单击"完成"按钮。如图9-9所示。

（4）系统提示"是否以2010年1月6日为当前工资类别的启用日期?"单击"是"按钮,完成工资类别的设置。如图9-10所示。用同样的方法完成"离退休人员"工资类别设置。

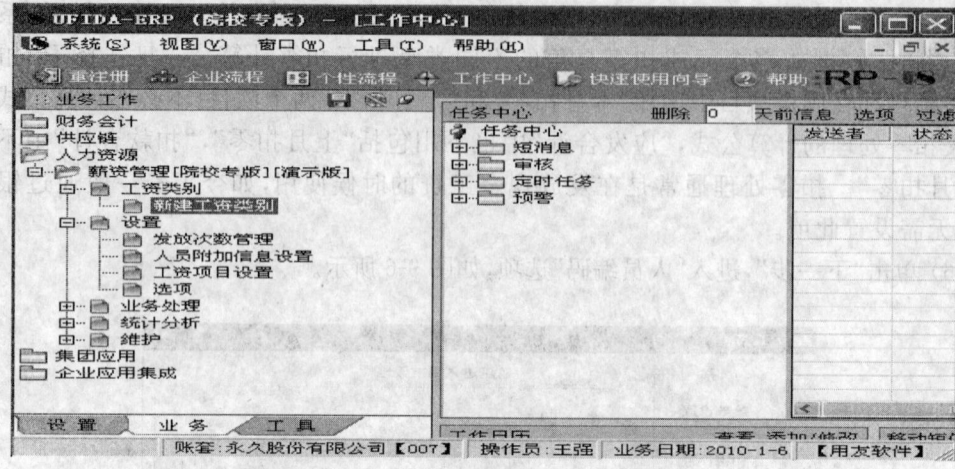

图9-7 薪资管理系统窗口

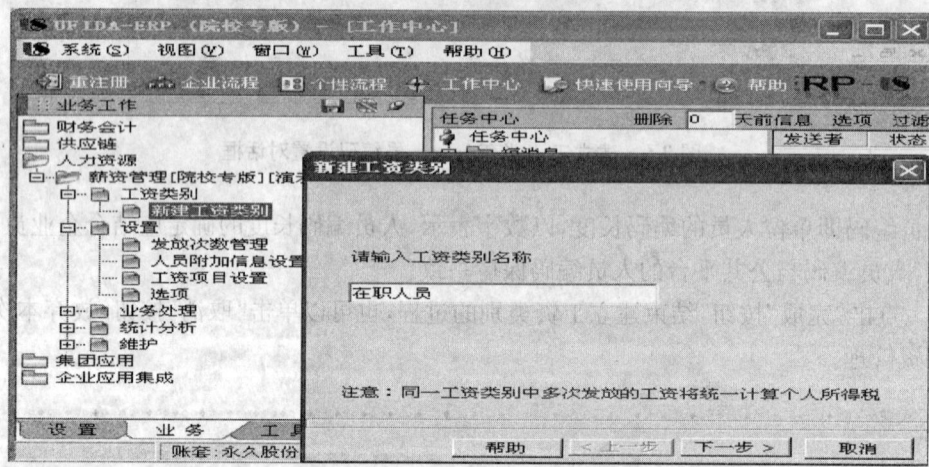

图9-8 工资类别设置——类别名称

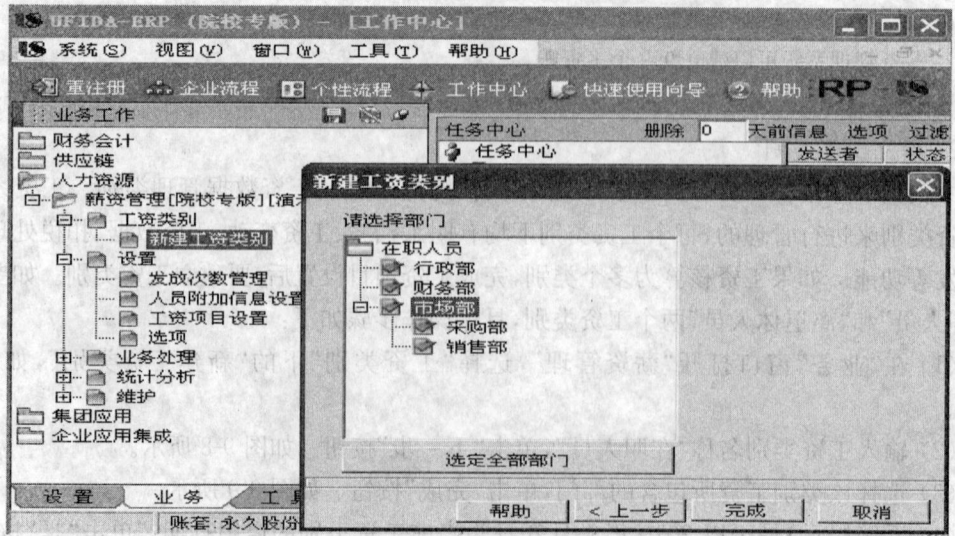

图9-9 工资类别设置——选择部门

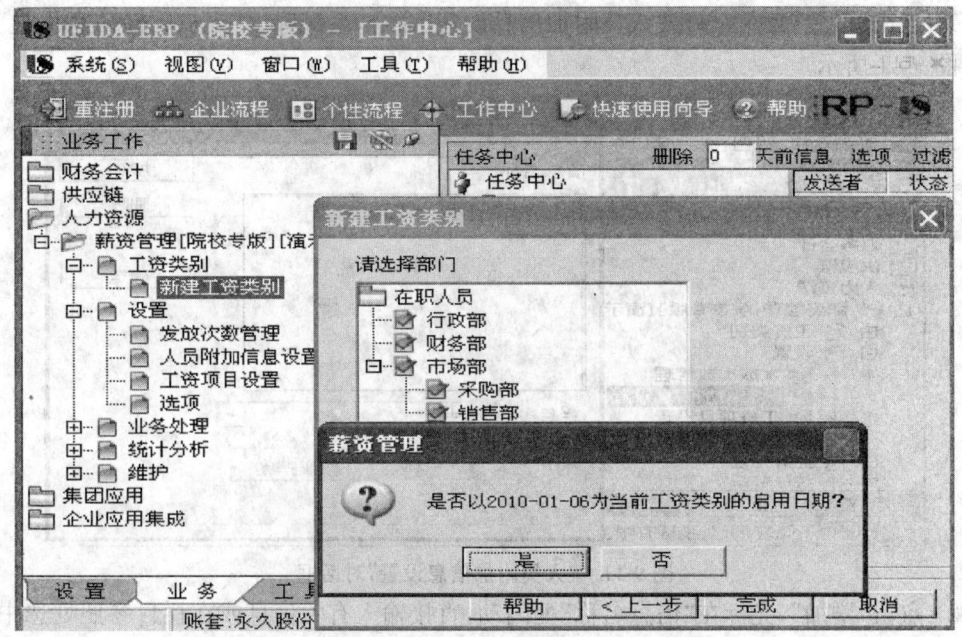

图 9-10 工资类别设置——确定工资套启用日期

(5) 建立工资类别后,在"工资类别"下多了一个"关闭工资类别"命令,单击它,就可以关闭正在使用的工资类别。

(6) 关闭工资类别后,在"工资类别"下又多了一个"删除工资类别"命令,单击它就可以删除选中的工资类别,工资类别只有账套主管才能执行该操作,工资类别删除后数据不可恢复。

3. 账套选项修改

工资账建账完成后,部分建账参数可以在"设置"子目录菜单的"选项"命令中进行修改。值得注意的是,对于多个工资类别的账套,必须在建立工资类别而且打开具体的工资类别的状态下才能对参数进行修改。工资类别未建立时,"选项"菜单不可用,提示"没有打开的工资类别"。建立工资账套时,系统将工资账套的参数进行统一设置,新增加的工资类别默认使用此设置,而在打开工资类别时,修改参数,系统将只修改当前打开的工资类别参数。如打开选项卡,取消计件工资,只需点击页面中"编辑"按钮,取消是否核算计件工资前的复选框即可。

有些参数在建账后就不能修改了,如建立"单个"还是"多个"工资类别,在建账后就不可以修改了,所以建立工资账之前对有关参数的设定须慎重考虑。

二、设置基础信息

建立工资账套以后,为了在日常操作中对工资进行有效管理,需要对整个系统运行的一些基础信息进行设置。基础信息设置的内容有:人员附加信息设置、人员类别设置、银行名称设置和工资项目设置等。

1. 人员附加信息设置

薪资系统不仅可以核算人员工资,还可以管理人员的一些基本档案信息,实现一个简单的人事档案管理功能。

(1) 点击"设置"菜单，单击"人员附加信息设置"命令，系统弹出"人员附加信息设置"对话框，如图9-11所示。

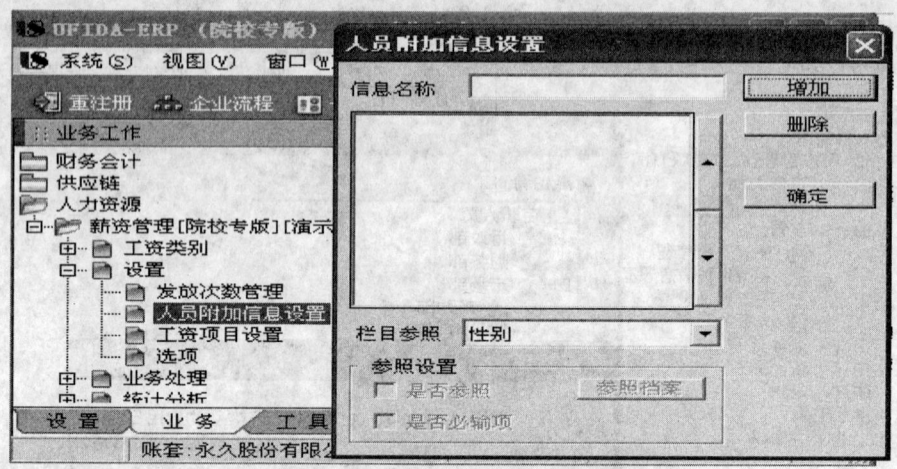

图9-11 "人员附加信息设置"对话框

(2) 点击"增加"，光标在"信息名称"处闪动，直接输入有关信息或在栏目参照处选中所需信息后，再点击"增加"按钮。点击"确定"退出。如图9-12所示。

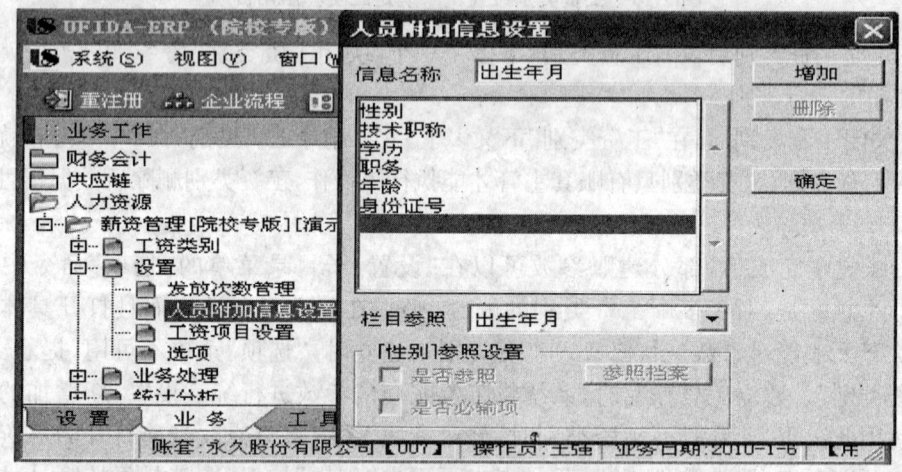

图9-12 已设置的人员附加信息

2. 人员类别设置

所谓人员类别，是指按某种特定分类方式将企业的人员分为若干类型。不同类型人员的工资水平可能不同，设置人员类别的名称，是便于按人员类别进行汇总计算，根据不同的人员类别进行工资费用的分配、分摊。

对企业的人员类别进行分类设置和管理，一般是按树形层次结构进行分类，系统预置在职人员、离退休人员、离职人员和其他人员四类顶级类别，用户可以自定义扩充人员子类别。增加的方法是在左侧人员类别目录中选择一个人员类别，单击"增加"按钮，输入档案编码、档案名称、档案简称等信息，点击"确定"按钮，保存增加的人员类别，并作为当前人员类别的下级。顶级类别由系统预置，不能增加，如果顶级类别已被引用，则不能在该类别下再扩展。

如要增加"管理人员"、"采购人员"、"销售人员"，具体操作步骤如下：

(1) 选中左侧人员类别目录中的"在职人员"，点击"增加"按钮，输入档案编码"1001"，输入档案名称"管理人员",点击"确定"即可。

(2) 用同样的方法增加"采购人员"、"销售人员"。如图 9-13 所示。

图 9-13　增加人员类别对话框

3. 银行名称设置

银行档案用于设置企业所用的各银行的名称和编码,用于工资、网上报销和网上银行等系统。用户可以根据业务的需要方便地增加、修改、删除、查询、打印银行档案。银行名称设置中可设置多个发放工资的银行,以适应不同的需要。银行名称设置中,账号的长度可以选定系统默认的 11 位,也可以自行设定。

系统已预置有"中国光大银行"、"中国银行"、"中国工商银行"、"中国建设银行"等银行名称。对于这些预置的数据,除银行编码和银行名称不能修改外,其他属性可以修改。

【例 9-1】　增加银行名称"南宁市工行大学路分理处"。

具体操作步骤如下:单击"增加"按钮,输入银行编码"05"、银行名称"南宁市工行大学路分理处",在"个人账户规则"里选中"定长"前的复选框,在"账号长度"处输入"11","自动带出账号长度"处输入"8",鼠标离开当前行后退出。如图 9-14 所示。

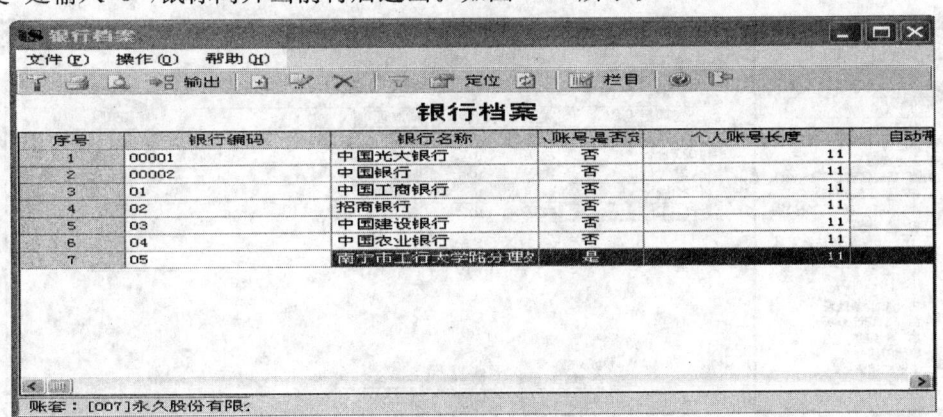

图 9-14　银行档案设置窗口

特别提醒

输入完成后,如果鼠标不离开当前行就退出,则表示放弃增加。

4. 工资项目设置

工资数据最终由各个工资项目的数据组成。工资项目设置即定义工资核算所涉及的工资项目名称、类型、宽度、小数和增减项等。

【例 9-2】 增加表 9-1 中的工资项目。

表 9-1　　　　　　　　　　工 资 项 目 表

工资项目名称	类　型	长　度	小数位数	增减项
基本工资	数字	8	2	增项
奖励工资	数字	8	2	增项
交通补贴	数字	8	2	增项
请假扣款	数字	8	2	减项
养老保险金	数字	8	2	减项
住房公积金	数字	8	2	减项
计税基数	数字	8	2	其他
请假天数	数字	8	2	其他

具体操作步骤如下：

（1）点击"设置"→"工资项目设置"命令，系统弹出"工资项目设置"对话框，如图 9-15 的所示。

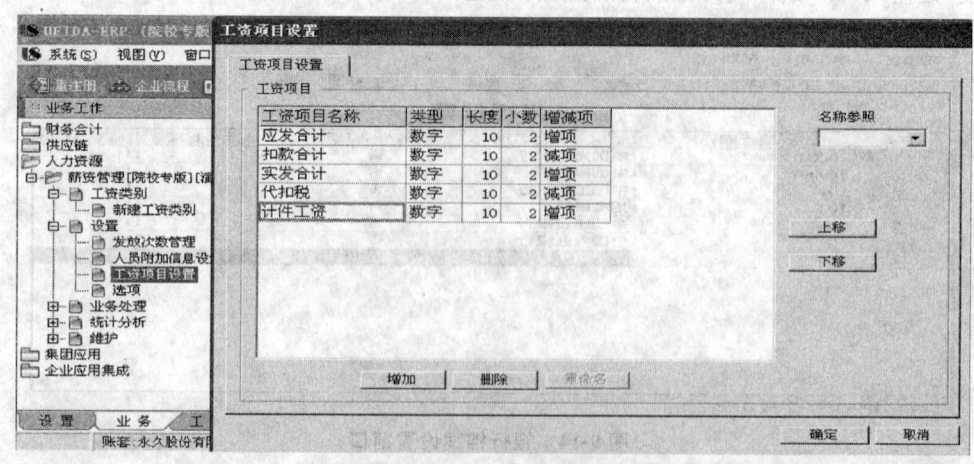

图 9-15 "工资项目设置"对话框

（2）单击"增加"按钮，在工资项目列表的末尾增加一空行，可在此空行输入工资项目名称，或在"名称参照"下拉列表中选择工资项目名称，并设置新建项目的类型、长度、小数位数和工资增减项。设置完毕通过"上移"、"下移"可以调整工资项目的排放顺序。如图 9-16 所示。

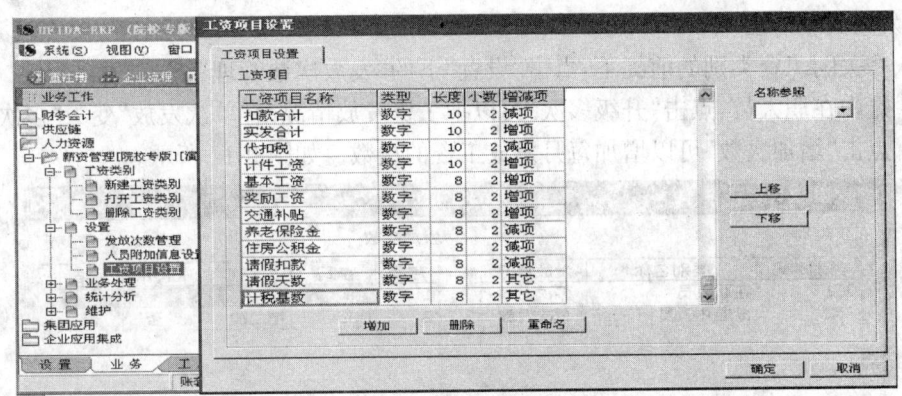

图 9-16 设置工资项目

(3) 单击"确定"按钮,保存设置。单击"取消"按钮,则取消设置并返回。
(4) 单击"重命名"按钮,可以修改工资项目名称。
(5) 选择要删除的工资项目,单击"删除"按钮确认后即可删除。

说明:增项直接计入应发合计,如表 9-1 中的基本工资、奖励工资、交通补贴、住房补贴;减项直接计入扣款合计,如表 9-1 中请假扣款、养老保险、住房公积金;增减项为其他时,该项不参与数据合计,如表 9-1 中的请假天数等。如果工资项目类型为字符型,则小数位不可用。

薪资管理系统中提供了一些固定的工资项目,如"应发合计"、"扣款合计"、"实发合计"等。这些项目是工资账中不可缺少的,不能删除和修改。若在工资建账时设置了"扣零处理",则系统在工资项目中自动生成"本月扣零"和"上月扣零"两个指定的项目;若选择了"从工资中代扣个人所得税",则系统在工资项目中自动生成"代扣税"项目。这些项目也不能删除和重命名。其他项目则根据实际情况进行或参照增加,如增加基本工资、岗位工资、奖金、请假天数等。

特别要注意的是,在多工资类别的情况下,在系统初始设置的工资项目包括本单位各种工资类别所需要的全部工资项目。由于不同的工资类别,工资发放项目、计算公式不同,因此应对某个指定工资类别所需的工资项目再进行选择,并定义此工资类别的工资数据计算公式。若只有单个工资类别,所设置的工资项目就是此工资账套所使用的全部工资项目。

温馨提示

(1) 项目名称必须唯一。
(2) 已使用的工资项目不可删除,不能修改。
(3) 系统提供的固定工资项目不能修改、删除。

三、指定工资类别中的基础设置

在工资账套中的基础设置完成后,即可为某一工资类别进行基础设置。需要为某一工资类别进行的基础设置主要有发放次数管理、人员附加信息设置、部门设置、工资项目设置、人员档案设置和工资计算公式设置等项目。

1. 发放次数管理
(1) 在关闭工资类别的前提下,点击"设置"下的"发放次数管理"。
(2) 选中在职人员,点击"升级多次"可以把工资发放情况由"单次发放"变为"多次发放"。
(3) 点击"增加次数"可以增加每月发放工资的次数。如图 9-17 所示。

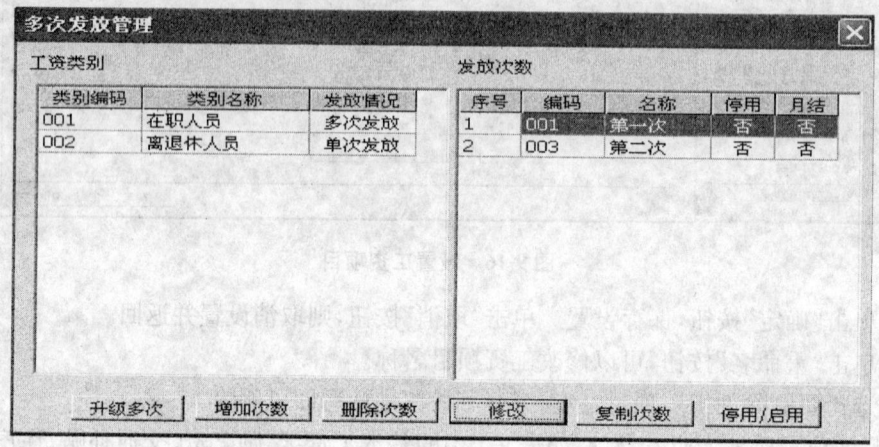

图 9-17 发放次数管理

2. 人员附加信息设置

人员附加信息如果和总的工资账套相同,此处不必再设置,如有调整,也可在此处进行。打开"人员附加信息"设置菜单后,设置的方法如前所述。

3. 部门设置

员工薪资一般是按部门进行管理,设置部门可以按部门汇总、统计、分发职工工资。若在总账系统中进行了部门设置,此处则不必再进行设置。如果仍需进行部门设置,可在企业应用平台选择"设置"→"基础档案"→"机构人员"→"部门档案"进行部门设置。

4. 工资项目设置

在总的工资账下增加工资项目后,还需要打开指定的工资类别,选择本工资类别所需要的工资项目。具体操作步骤如下:

(1) 在"在职人员"工资类别中,单击"设置"→"工资项目设置"后打开,如图 9-18 所示。

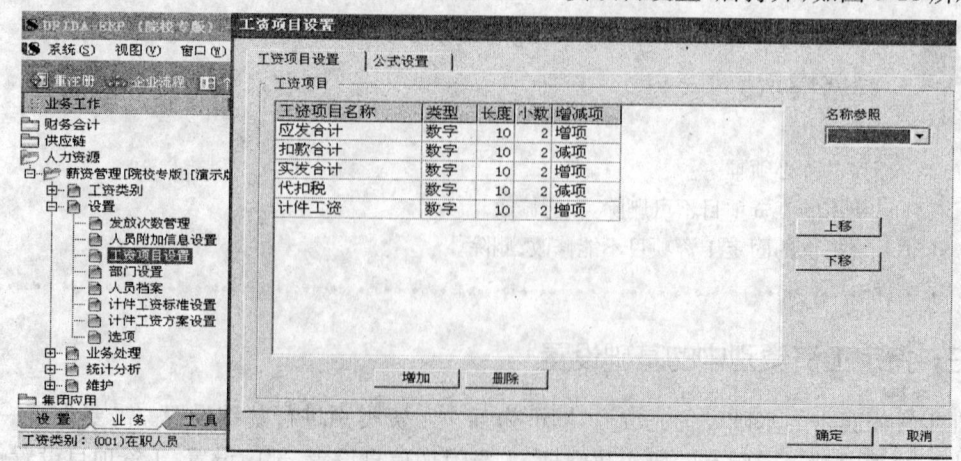

图 9-18 选择工资项目对话框

(2) 单击"增加"按钮,再单击"名称参照"下拉列表框中的下三角按钮,依次选择所需要的工资项目,并利用"上移"、"下移"进行正确排序。单击"确定"完成工资项目的选择。如图9-19所示。

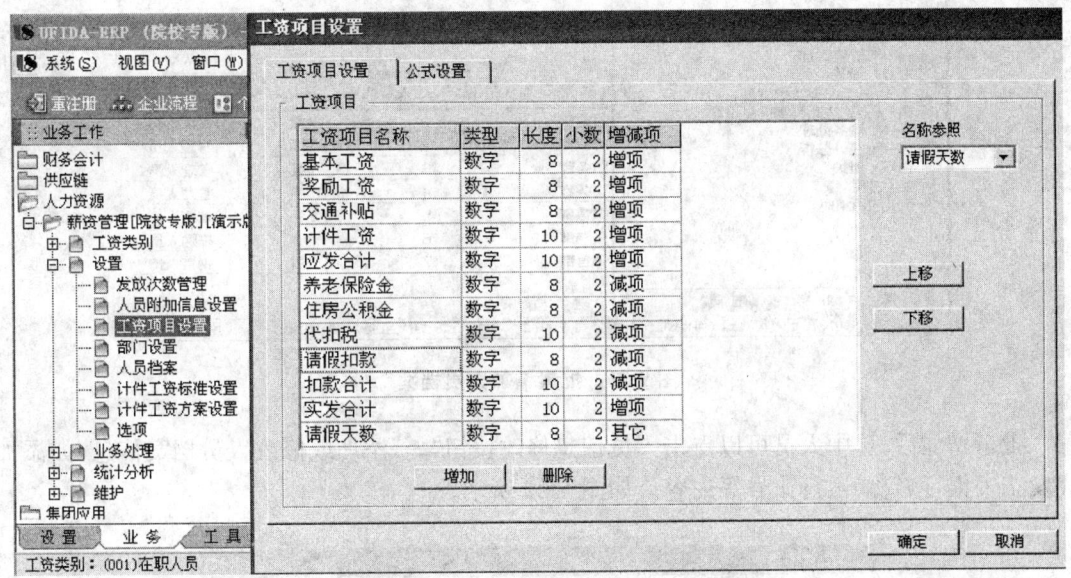

图 9-19 "工资项目设置"对话框

5. 人员档案设置

人员档案用于登记工资发放人员的姓名、职工编号、所在部门、人员类别等信息,处理员工的增减变动等。点击"设置"菜单下的"人员档案",进入功能界面。

(1) 点击"增加"按钮,或选择右键菜单,显示人员档案增加界面。如图9-20所示。

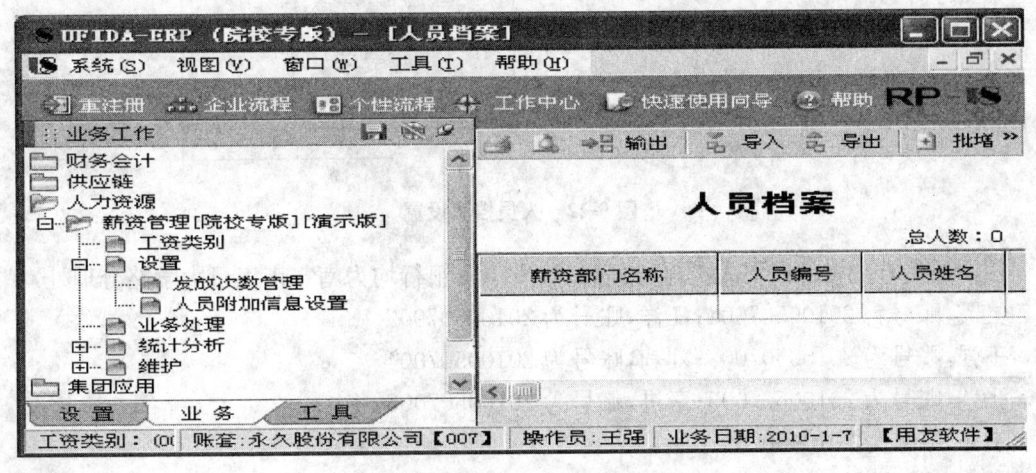

图 9-20 人员档案设置

(2) 若在总账系统中已增加了人员档案,此处可以点击"批增"按钮,进入批增界面,在左边窗口选中人员类别,点中"确定"即可批量增加人员档案。如图9-21所示。

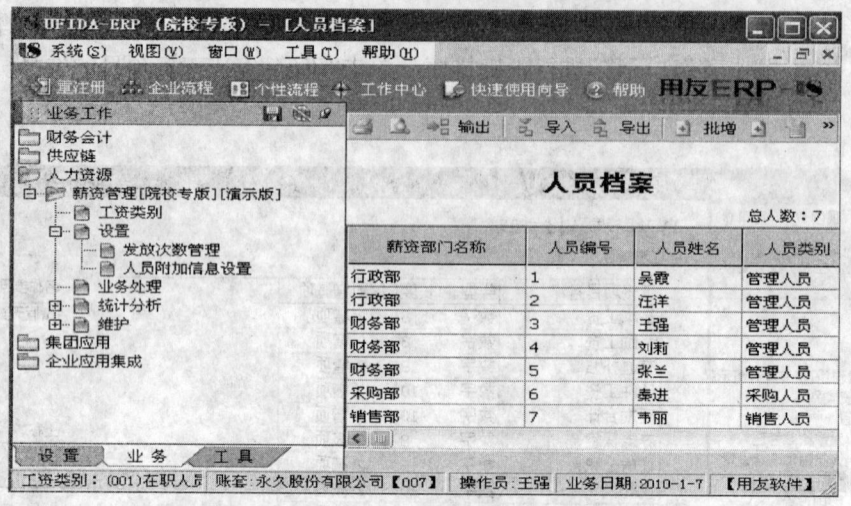

图 9-21 批量增加人员档案

批量增加后,选中人员可以点击人员信息修改按钮"▤"添加或修改人员档案信息,如添加代发工资银行名称、银行账号等内容。如图 9-22 所示。

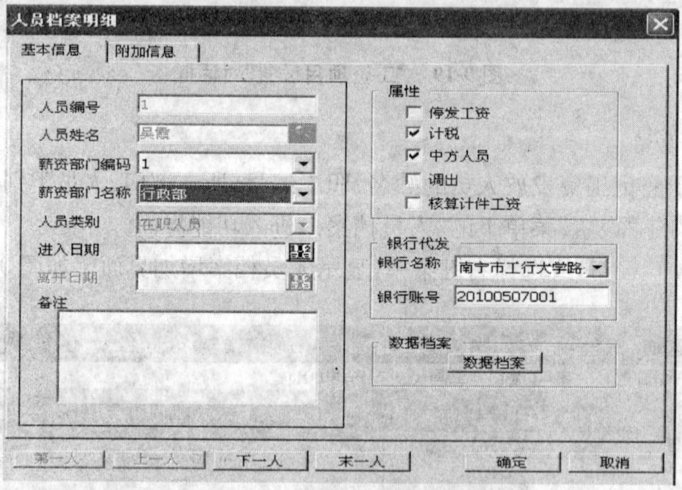

图 9-22 人员档案设置

用同样的方法增加以下人员账号信息(代发工资银行均为南宁市工行大学路分理处):
吴霞,账号为 20100507001;汪洋,账号为 20100507002
王强,账号为 20100507003;刘莉,账号为 20100507004
张兰,账号为 20100507005;秦进,账号为 20100507006
韦丽,账号为 20100507007

(3) 除批量增加人员档案外,还可以单个增加,在图 9-22 界面,在"基本信息"页签中选择人员姓名、薪资部门编码、薪资部门名称、选择是否"计税",计税人员是否"中方人员",该人员是否"核算计件工资"、选择代发工资银行的名称和银行账号;选择输入人员进入本单位的"进入日期"(人员的进入日期不应大于当前的系统注册日期)、在"附加信息"页签中输入人员附加信息,输入完毕后,点击"确认"按钮保存并继续增加。

6. 工资计算公式设置

设置工资计算公式必须在设置人员档案后才能进行。通用的工资管理系统提供了十分灵活的公式定义功能,不仅能够进行简单的加、减、乘、除运算,还提供了丰富的工资计算函数和完备的逻辑判断语句,以满足用户对工资计算不同层次的需求。

由于工资类别不同,工资发放的项目也不一定相同,工资项目的数据生成方法也不相同。所以在总的工资账套下是没有公式设置选项的,只有在进入指定的工资类别后,才需要定义工资项目之间的运算关系即设置计算公式。计算公式的正确与否,关系到工资核算的最终结果。

(1) 定义公式的操作步骤。① 在薪资管理系统中,打开"在职人员"工资类别,打开"设置"→"工资项目设置"对话框。如图 9-23 所示。② 通过该窗口的"工资项目"页签中的"增加"按钮,将要进行公式设置的项目引入该窗口。③ 在已增加的工资项目中进行选定,即要对哪个工资项目设置公式。④ 选定工资项目后,在公式编辑窗口既可以直接输入公式,也可以通过公式向导引导输入。利用该窗口提供的运算符、函数、人员类别、部门等内容,可以轻松完成公式的设置。公式设置完毕,单击"公式确认"按钮。

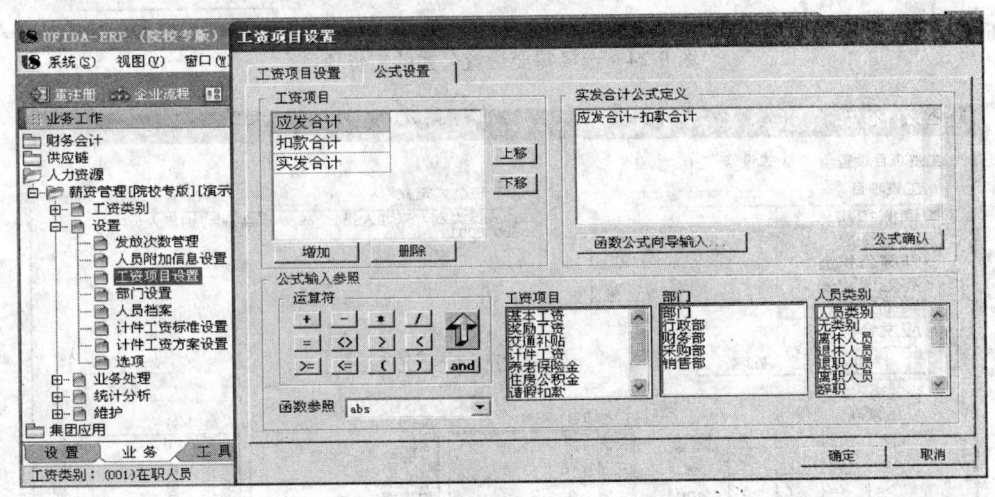

图 9-23 "公式设置"窗口

(2) 公式设置举例:

A. 设置奖励工资计算公式:人员类别是采购人员或者是销售人员,其奖励工资为 1 500元,其他人员的奖励工资为 800 元,则奖励工资公式为:IFF(人员类别="采购人员"or 人员类别="销售人员",1 500,800)。具体操作步骤如下:① 点击图 9-23 中的"增加"按钮,在出现的工资项目下拉列表中选择"奖励工资",如图 9-24 所示。用同样的方法选择需要定义公式的养老保险、住房公积金等项目。② 单击选中"奖励工资"项目。③ 在"函数参照"下拉列表中选中"iff",在"人员类别"菜单下选中"人员类别",在"运算符"区域选中"=",在"人员类别"下选中"采购人员",在"运算符"区域选中"or",有同样的方法选中"人员类别和销售人员",然后在"运算符"区域单击"↑"图标变成数字键后,输入数字"1 500"和"800"。④ 公式设置完毕,单击"公式确认"按钮保存所设置的公式,最后单击"确认"按钮退出。如图 9-25 所示。

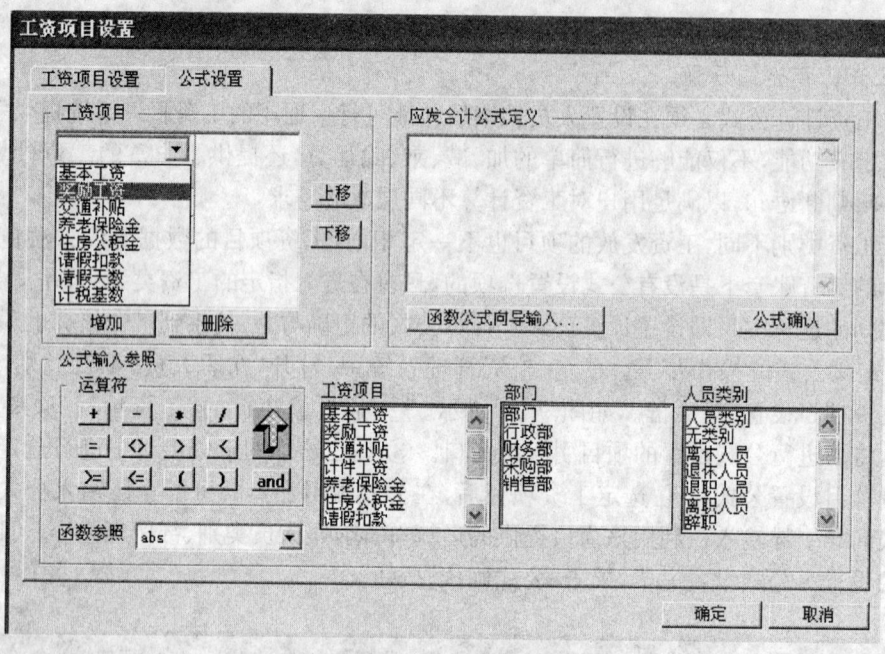

图 9-24 选择需要设置公式的工资项目

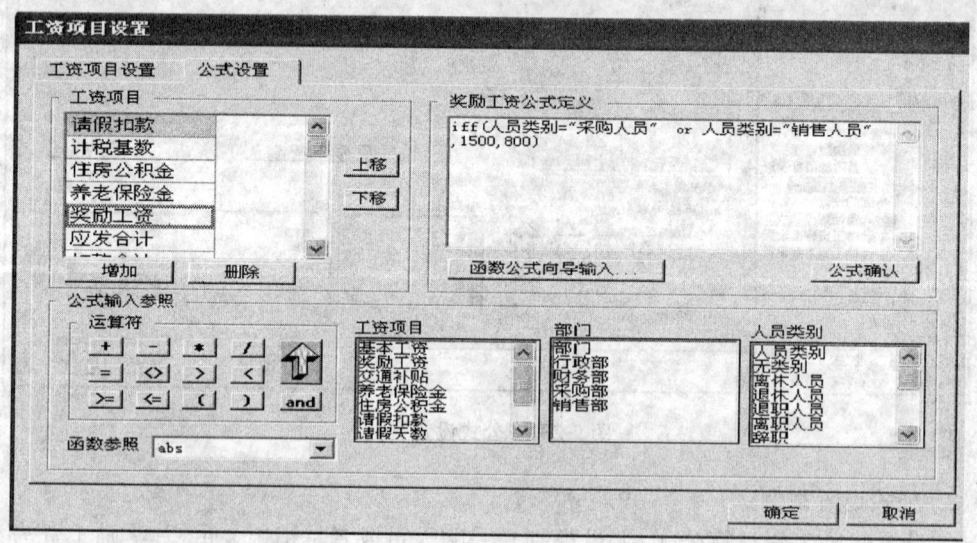

图 9-25 工资公式设置——奖励工资

B. 设置养老保险金计算公式:(基本工资＋奖励工资)×3％操作步骤如下：① 选中"养老保险金"项目,在"养老保险公式定义"区输入公式:(基本工资＋奖励工资)×0.03。② 公式设置完毕,单击"公式确认"按钮保存所设置的公式,最后单击"确认"按钮退出。如图 9-26 所示。如输入的公式格式不符合要求,系统将会提示"非法的公式定义"。

C. 设置住房公积金计算公式:(基本工资＋奖励工资＋交通补贴)×0.12。

D. 设置计税基数计算公式:基本工资＋奖励工资＋交通补贴－养老保险金－住房公积金。

E. 请假扣款:请假天数×30。

C、D、E 三个项目的公式设置方法同 B 项目。

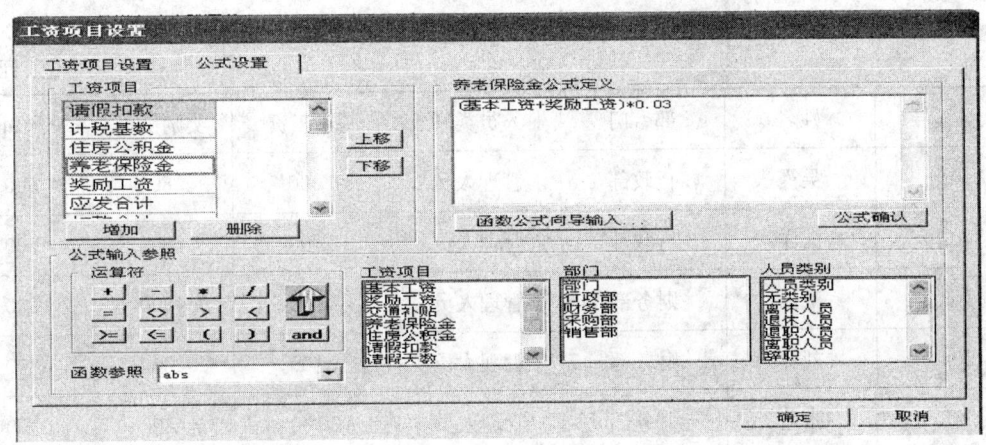

图 9-26 工资公式设置——养老保险金

第三节 薪资管理系统日常业务处理

薪资管理系统日常业务处理的内容主要有：工资变动、工资分钱清单、扣缴所得税、银行代发、工资分摊等内容。如图 9-27 所示。

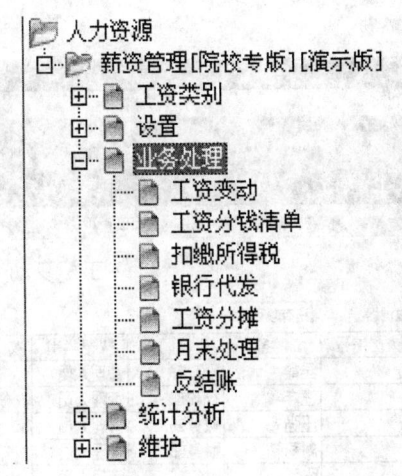

图 9-27 薪资管理系统业务处理主窗口

一、工资变动管理

第一次使用薪资管理系统必须把所有人员的基本工资数据录入计算机，以后每月发生的工资变动也在此进行调整，如奖励工资、请假天数的变动等。

1. 录入工资数据

在第一次使用薪资系统时，可在"工资变动"功能中录入每一项工资数据，也可在打开的"人员档案"对话框中通过"数据档案"录入。如果已设置公式的项目，可不必一一输入，由公式自动生成。如在录入表 9-2 中的数据时，若奖励工资已设置有计算公式，则此项不必手工一一

表 9-2　　　　　　　　　　　在职人员工资数据表

单位：元

人员编号	姓名	部门	人员类别	基本工资	奖励工资	交通补贴
101	吴霞	行政部	管理人员	3 000	800	500
102	汪洋	行政部	管理人员	2 000	800	300
103	王强	财务部	管理人员	2 000	800	500
104	刘莉	财务部	管理人员	1 800	800	300
105	张兰	财务部	管理人员	2 500	800	300
106	秦进	采购部	采购人员	3 200	1 500	800
107	韦丽	销售部	销售人员	3 500	1 500	800

录入。随工资发放时扣除的养老保险金、住房公积金也由系统根据公式自动生成。

假设吴霞请假3天。

录入方法如下：

（1）打开"薪资管理"→"业务处理"→"工资变动"，打开"工资变动"窗口。如图9-28所示。

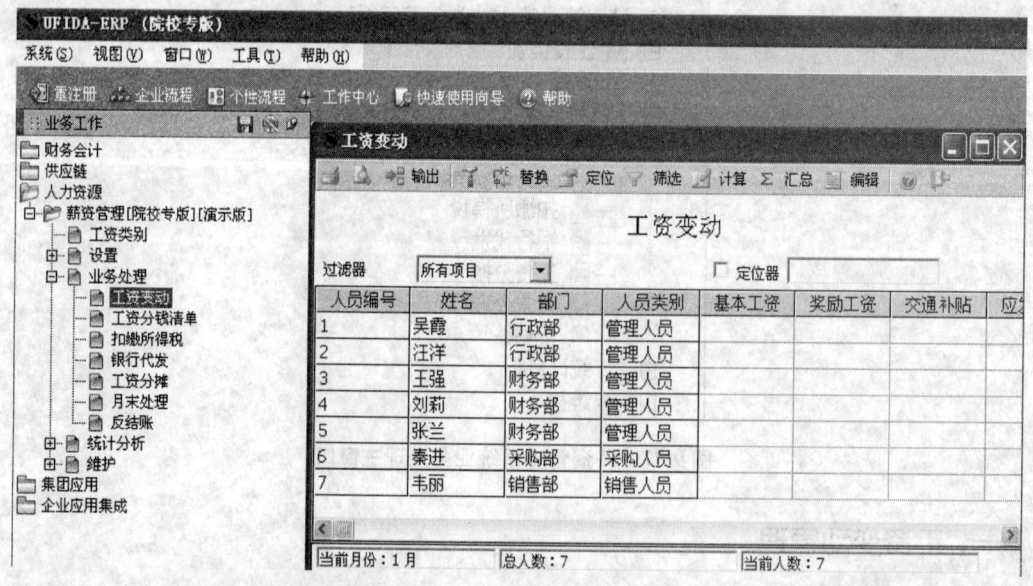

图 9-28　工资变动设置窗口

（2）依次录入每个职工的"基本工资"和"交通补贴"数据。

（3）单击"计算"和"Σ 汇总"按钮，计算所有的工资数据。此时会发现已设置公式的"奖励工资、养老保险、住房公积金、请假扣款"等的项目数据已自动生成。如图9-29和图9-30所示。

人员编号	姓名	部门	人员类别	奖励工资	交通补贴	应发合计	养老保险金	住房公积金
1	吴霞	行政部	管理人员	800.00	500.00	4,300.00	114.00	516.00
2	汪洋	行政部	管理人员	800.00	300.00	3,100.00	84.00	372.00
3	王强	财务部	管理人员	800.00	500.00	3,300.00	84.00	396.00
4	刘莉	财务部	管理人员	800.00	300.00	2,900.00	78.00	348.00
5	张兰	财务部	管理人员	800.00	300.00	3,600.00	99.00	432.00
6	秦进	采购部	采购人员	1,500.00	800.00	5,500.00	120.00	576.00
7	韦丽	销售部	销售人员	1,500.00	800.00	5,800.00	129.00	612.00

图 9-29　已录入并已计算汇总的工资数据

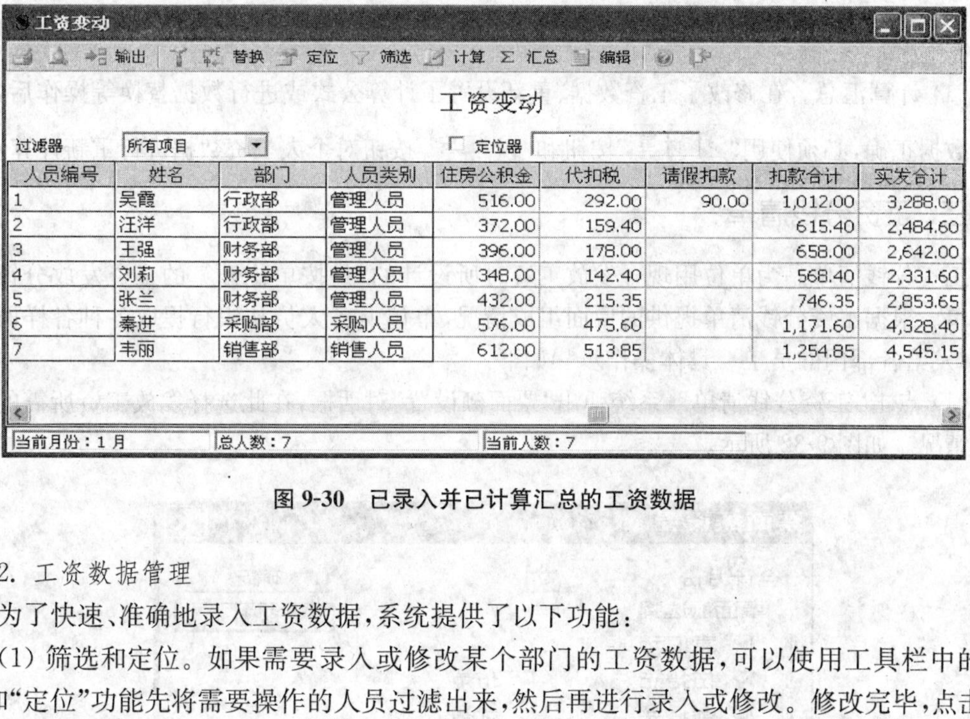

人员编号	姓名	部门	人员类别	住房公积金	代扣税	请假扣款	扣款合计	实发合计
1	吴霞	行政部	管理人员	516.00	292.00	90.00	1,012.00	3,288.00
2	汪洋	行政部	管理人员	372.00	159.40		615.40	2,484.60
3	王强	财务部	管理人员	396.00	178.00		658.00	2,642.00
4	刘莉	财务部	管理人员	348.00	142.40		568.40	2,331.60
5	张兰	财务部	管理人员	432.00	215.35		746.35	2,853.65
6	秦进	采购部	采购人员	576.00	475.60		1,171.60	4,328.40
7	韦丽	销售部	销售人员	612.00	513.85		1,254.85	4,545.15

图 9-30　已录入并已计算汇总的工资数据

2. 工资数据管理

为了快速、准确地录入工资数据，系统提供了以下功能：

（1）筛选和定位。如果需要录入或修改某个部门的工资数据，可以使用工具栏中的"筛选"和"定位"功能先将需要操作的人员过滤出来，然后再进行录入或修改。修改完毕，点击"计算"和"汇总"按钮。

（2）页编辑。在工资变动窗口提供了"编辑"按钮，点此按钮可以对指定的个人进行快速录入，还可以通过"上一个"、"下一个"按钮变更人员，录入或修改其他人员的工资数据。

（3）替换。将符合条件人员的某个工资项目数据，全部替换成某个数据，起到批处理的作用。如可以通过"替换"功能将采购部全部人员的交通补贴都增加100元。操作方法如下：选择"替换"按钮，在"工资项目"右侧的下拉列表中选择"交通补贴"，在"替换成"右侧区域输入"交通补贴＋100"即可，点击"确定"后表中每个人的交通补贴就自动增加了100。如图9-31

所示。如要将某个项目的数据变成"0",也可以用此方法。

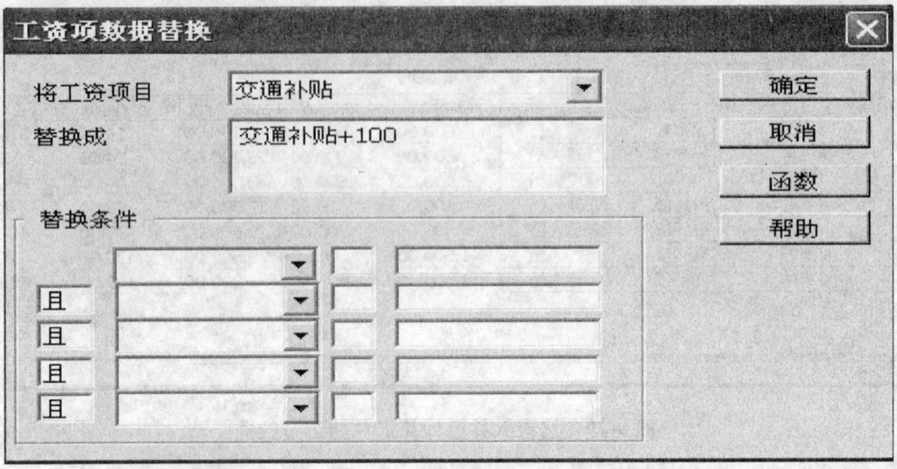

图 9-31 工资数据替换

（4）计算汇总。在修改了工资数据、重新设置了计算公式或进行数据替换等操作后，为了保证数据正确，必须使用"计算"按钮和"Σ 汇总"按钮对个人工资数据进行重新计算。

二、工资分钱清单

工资分钱清单是为单位用现金发放工资时所设计的，是按单位计算的工资发放分钱票面额清单。根据工资分钱清单提供的票面组成情况，单位财务人员从银行提取各种各样面额的现金，发给各部门的员工。具体操作步骤如下：

（1）点击"工资分钱清单"，系统弹出"票面额设置"对话框，在此选择发放工资所需的钞票面额情况。如图 9-32 所示。

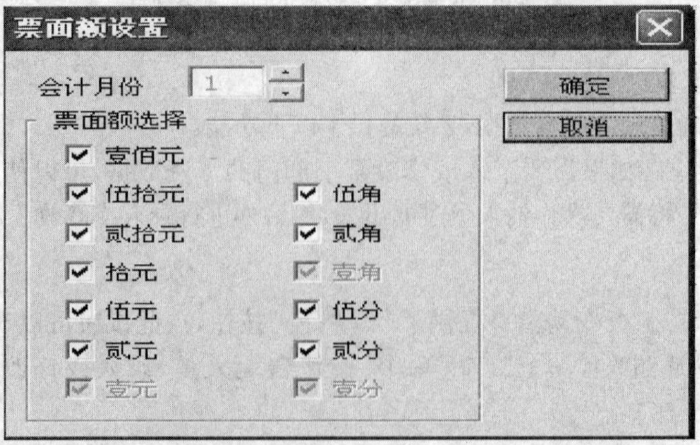

图 9-32 工资分钱清单——面额选择

（2）点击"确定"后，系统立即显示本次发放工资所需的钞票面额组成情况，财务人员可根据此面额情况到银行提款发放工资。如图 9-33 所示。

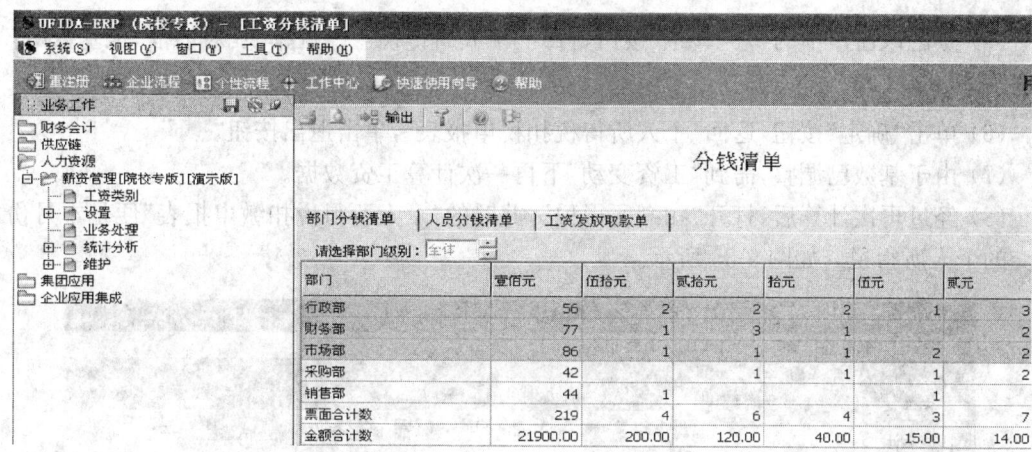

图 9-33 工资分钱清单

三、扣缴个人所得税

薪资管理系统提供个人所得税计算功能,只需要自定义所得税税率,确定计提基数,系统就可以自动计算个人所得税,减轻了财务人员的工作量,提高了工作效率。

以表 9-2 中"在职人员"的工资数据为例,个人所得税应纳税所得额按"计税工资"计算,扣税基数为 2 000 元,执行九级超额累进税率。具体操作步骤如下:

(1)单击"薪资管理"→"业务处理"→"扣缴所得税",打开"栏目选择"对话框。如图 9-34 所示。

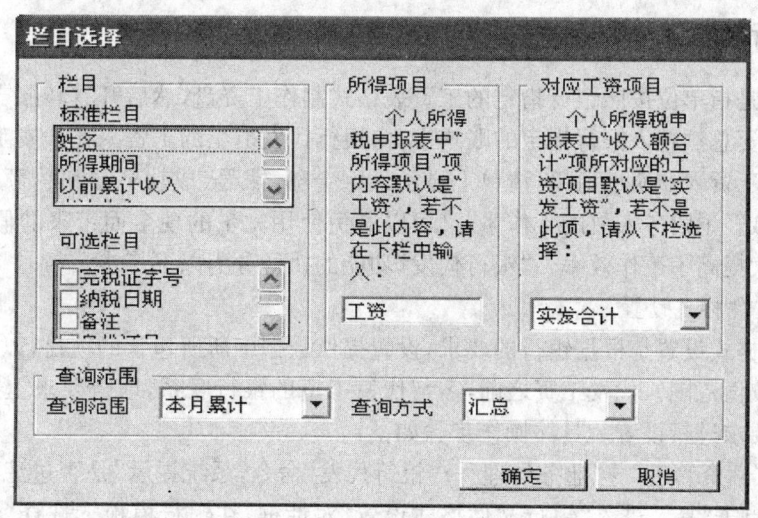

图 9-34 个人所得税扣缴——栏目选择

(2)左边的"栏目"主要是设置个人所得税申报表项目用,其中"标准栏目"里的栏目不能修改,"可选栏目"里的栏目可以自行选择,但不能修改。

(3)"所得项目"默认为工资,若不是工资,可自选输入所得名称。如劳务报酬等。

(4)在对应工资项目下拉列表中选择"计税基数",单击"确定"按钮,即可进入"个人所得税申报表"窗口。

(5) 点击该窗口中的"税率"按钮,打开"个人所得税——税率表"对话框,把基数由800调整为2 000。

(6) 单击"确定"按钮,返回"个人所得税扣税申报表",单击退出按钮" "。

(7) 由于基数已调整,需到"工资变动"下再一次计算工资数据。

(8) 经过再次计算后,打开"扣缴所得税",此时的"个人所得税扣缴申报表"便是本月份应上交的个人所得税。如图9-35所示。

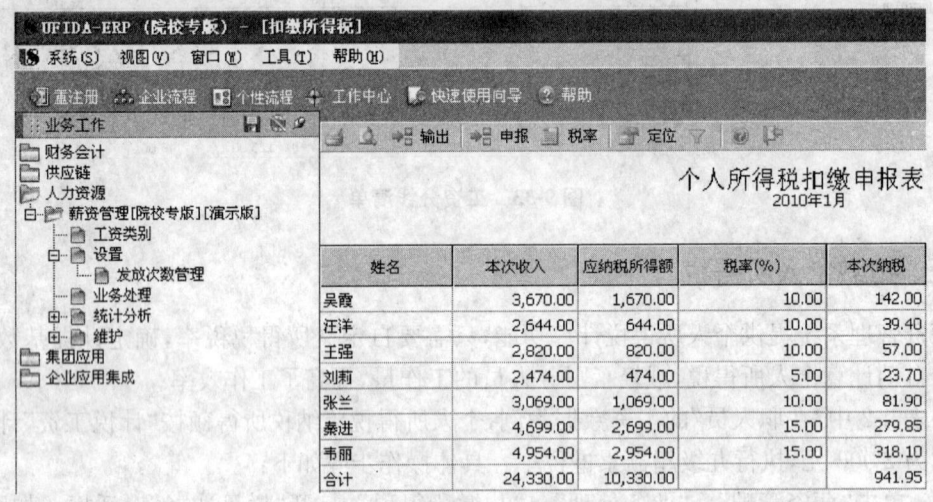

图9-35 个人所得税扣缴申报表

四、银行代发

银行代发是指单位按照银行指定的工资表格式制作工资盘,然后开具转账支票、填一份进账单将代发工资总额转入银行指定的账户中,由银行代发员工的工资。在代发工资后,银行会打印一份代发工资入账明细清单,清单上显示入账金额、账号、成功笔数和总额等。通过银行代发工资,既减轻了财务人员的工作量,又可以避免使用大量的现金而带来的假币、长短款等情况,同时大大提高了工作效率。"银行代发"功能的执行分为以下三步。

1. 银行文件格式设置

银行文件格式设置是根据银行的要求,设置提供数据中所所包含的项目,以及项目的数据类型、长度和取值范围。代发工资之前,需与代发工资的银行联系,取得要求上报的银行文件格式,并按此要求进行设置。具体操作步骤如下:

(1) 单击"薪资管理"→"业务处理"→"银行代发"命令,系统提示"是否过滤实发合计不大于0"的员工,点击"是",进入"银行文件格式设置"对话框,在银行模板下选择"南宁市工行大学路分理处"。如图9-36所示。

(2) 在"请设置代发银行所要求的数据内容"中,系统已提供有"单位编号"、"人员编号"、"账号"、"金额"、"录入日期"5个项目,如需要增加新的项目,可点击"插入行"后输入相关项目内容。

(3) 单击"确定"后,系统提示"确认设置的文件格式",单击"是",出现银行代发一览表。如图9-37所示。

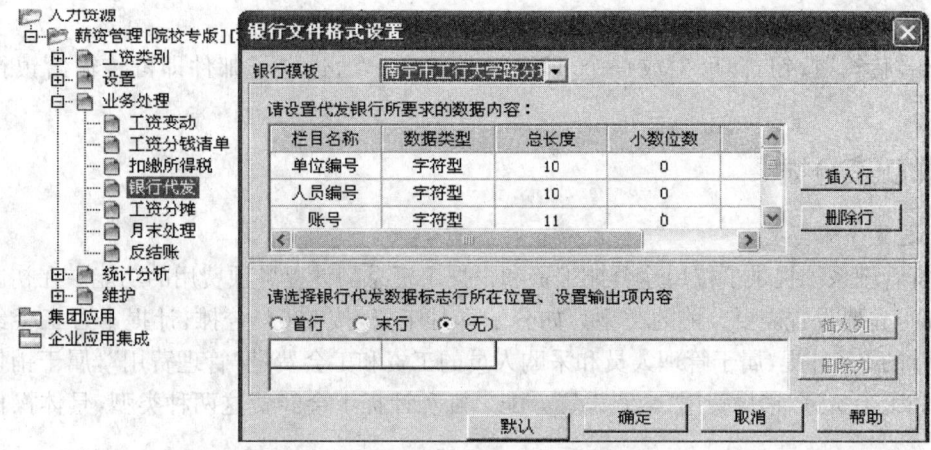

图 9-36 银行文件格式设置对话框

输出 | 格式 | 方式 | 传输 | 定位

银行代发一览表

名称：南宁市工行大学路分理处

单位编号	人员编号	账号	金额	录入日期
1234934325	1	20100507001	3438.00	20100508
1234934325	2	20100507002	2604.60	20100508
1234934325	3	20100507003	2763.00	20100508
1234934325	4	20100507004	2450.30	20100508
1234934325	5	20100507005	2987.10	20100508
1234934325	6	20100507006	4419.15	20100508
1234934325	7	20100507007	4635.90	20100508
合计			23,298.05	

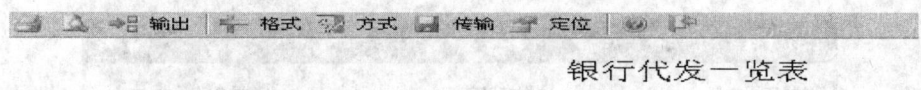

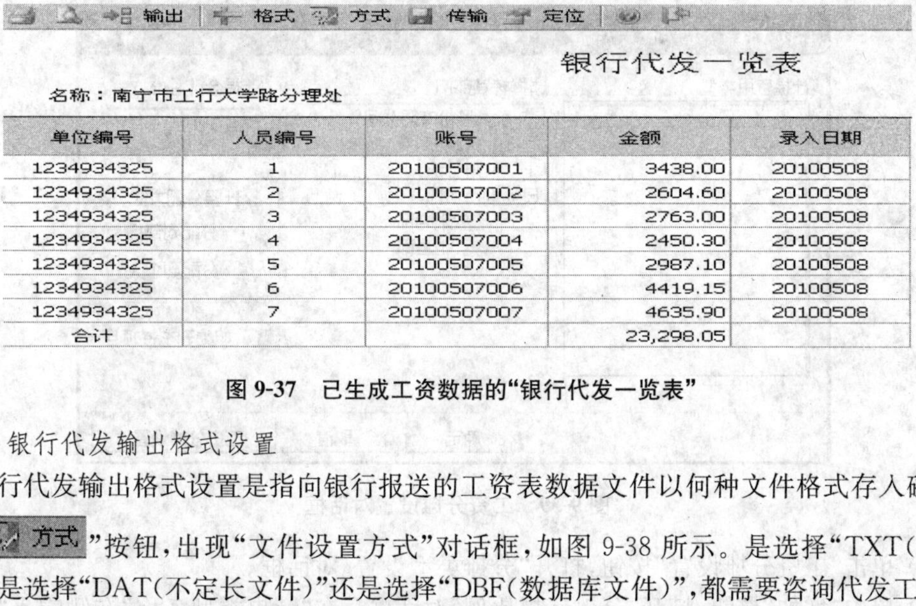

图 9-37 已生成工资数据的“银行代发一览表”

2. 银行代发输出格式设置

银行代发输出格式设置是指向银行报送的工资表数据文件以何种文件格式存入磁盘中，点击“方式”按钮，出现“文件设置方式”对话框，如图 9-38 所示。是选择“TXT(定长文件)”或是选择“DAT(不定长文件)”还是选择“DBF(数据库文件)”，都需要咨询代发工资的那家银行，比如工行要求选择 TXT，就选择第一种。

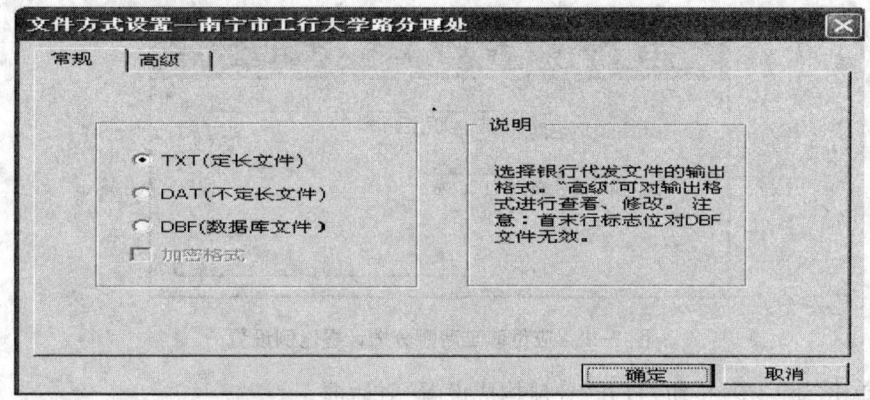

图 9-38 “文件方式设置”对话框

3. 磁盘输出设置

点击"传输"按钮,即可生成一个 TXT 文本文件。通过电子邮件即可传输给银行代发工资。

五、工资分摊

1. 设置分摊类型

薪资管理系统提供了按用途分摊工资和根据工资总额计提各项费用的功能。在初次使用该功能时,先要设置需要分摊的类型。如分配本月工资,按 100% 分摊,计提本月工会经费按应发合计的 2% 计提,属于管理人员和采购人员的工资和工会费进"管理费用",属于销售人员的工资和工会费进"销售费用"。要设置分配工资和计提工会经费这两种类型,具体操作步骤如下:

(1) 单击"薪资管理"→"业务处理"命令,打开"工资分摊"对话框,如图 9-39 所示。

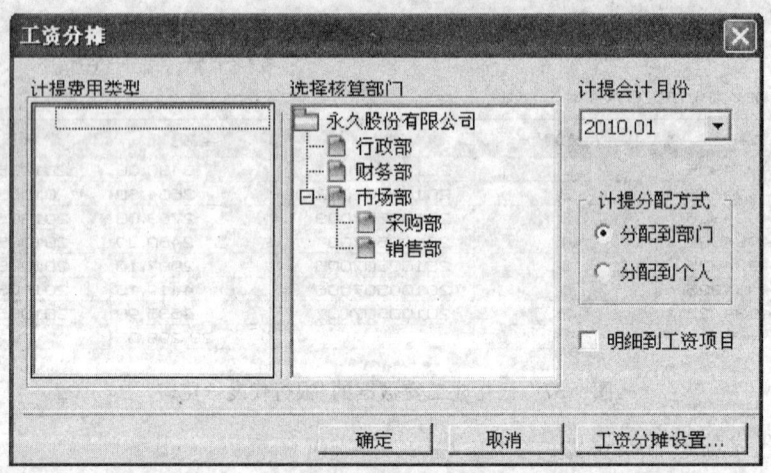

图 9-39　工资分摊设置对话框

(2) 单击"工资分摊设置"按钮,打开"分摊类型设置"对话框。

(3) 单击"增加"按钮,打开"分摊计提比例"对话框。在"计提类型名称"右侧输入"应付职工薪酬"。如图 9-40 所示。

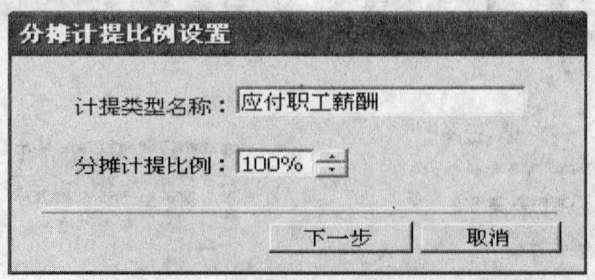

图 9-40　应付职工薪酬分摊计提比例设置

(4) 单击"下一步"按钮,打开"分摊构成设置"对话框。

(5) 双击"部门名称",在参照中选入"行政部、财务部",在"人员类别"中选入"管理人员",

在借方科目里选入或输入科目编码“6602”(管理费用),在贷方科目里输入科目编码“2211”(应付职工薪酬)。同理,依此方法设置采购人中和销售人员。如图 9-41 所示。

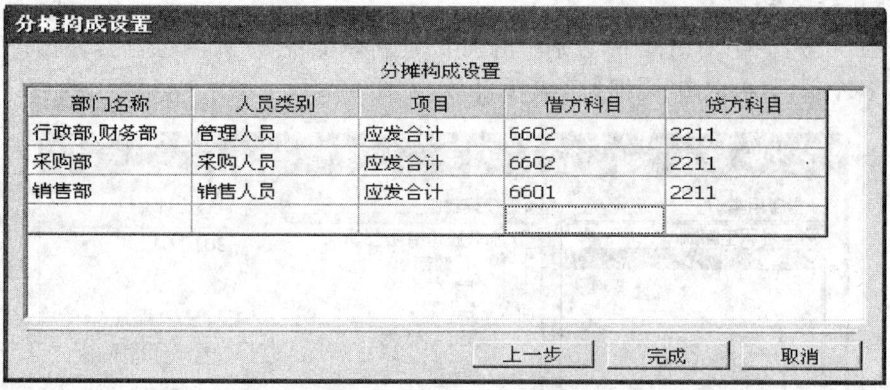

分摊构成设置
分摊构成设置
部门名称 | 人员类别 | 项目 | 借方科目 | 贷方科目
行政部,财务部 | 管理人员 | 应发合计 | 6602 | 2211
采购部 | 采购人员 | 应发合计 | 6602 | 2211
销售部 | 销售人员 | 应发合计 | 6601 | 2211
上一步
完成
取消

图 9-41 工资分摊构成设置

(6) 单击“完成”,返回“分摊类型设置”对话框。

(7) 在“分摊类型设置”对话框中点击“增加”,在“计提类型名称”右侧输入“工会经费”,在“分摊计提比例”中选择“2%”,如图 9-42 所示。

分摊计提比例设置
计提类型名称:工会经费
分摊计提比例:2%
下一步
取消

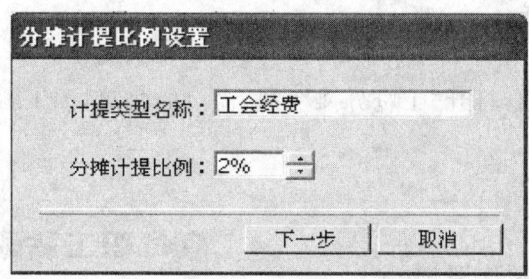

图 9-42 工会经费计提比例设置

(8) 单击“下一步”按钮,打开“分摊构成设置”对话框,分别选择分摊构成的各个项目内容。如图 9-43 所示。

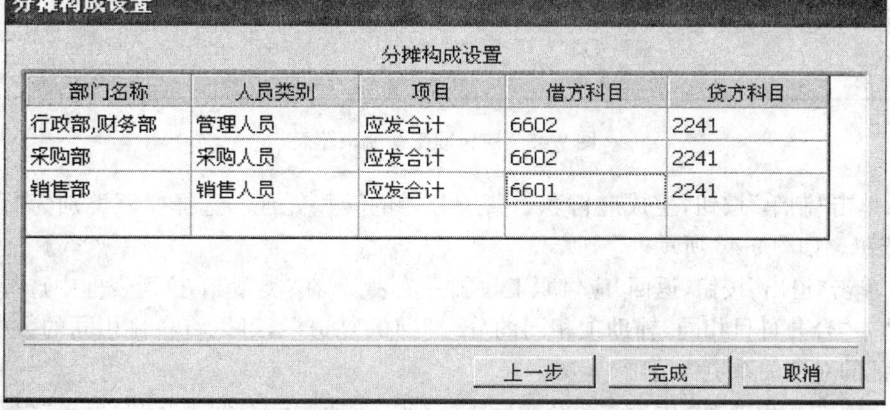

分摊构成设置
分摊构成设置
部门名称 | 人员类别 | 项目 | 借方科目 | 贷方科目
行政部,财务部 | 管理人员 | 应发合计 | 6602 | 2241
采购部 | 采购人员 | 应发合计 | 6602 | 2241
销售部 | 销售人员 | 应发合计 | 6601 | 2241
上一步
完成
取消

图 9-43 工会经费分摊构成设置

(9) 单击"完成"按钮,返回到"分摊类型设置"对话框,再单击"返回"按钮,返回到"工资分摊"对话框。

2. 生成转账凭证

(1) 在"工资分摊"对话框中,分别单击选中"应付职工薪酬"和"工会经费"前的复选框,并单击选中各个部门,再选中"明细到工资项目"。如图 9-44 所示。

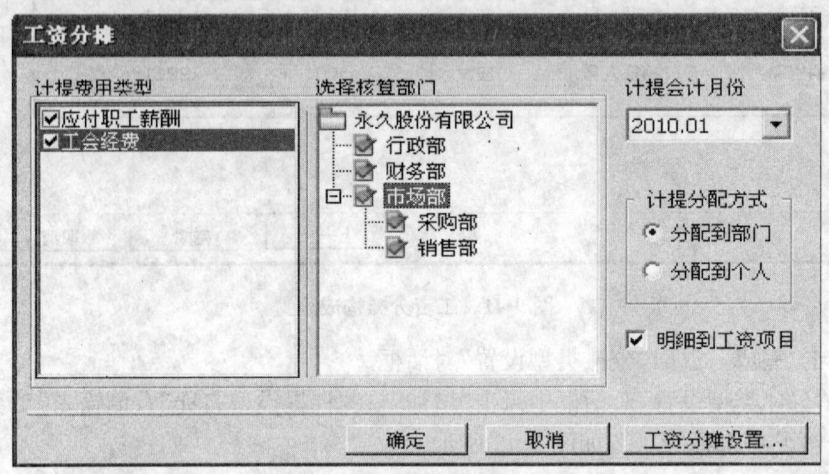

图 9-44 工资分摊设置

(2) 单击"确定"按钮,打开"工资分摊明细"窗口的"应付职工薪酬一览表"。如图 9-45 所示。

应付职工薪酬一览表

☐ 合并科目相同、辅助项相同的分录

类型 应付职工薪酬

部门名称	人员类别	应发合计		
		分配金额	借方科目	贷方科目
行政部	管理人员	7400.00	6602	2211
财务部	管理人员	9800.00	6602	2211
采购部	采购人员	5500.00	6602	2211
销售部	销售人员	5800.00	6601	2211

图 9-45 应付职工薪酬一览表

(3) 单击"制单"按钮,生成应付职工薪酬分摊的转账凭证。选择凭证类别为"记",单击"保存"按钮。如图 9-46 所示。

(4) 单击"退出"按钮,返回"应付职工薪酬一览表"。在"类型"下拉列表框中选择"工会经费",若选中"合并科目相同,辅助项相同的分录"前的复选框,可以将科目相同的数据进行合并,使凭证的对应关系更为清晰。

(5) 单击"制单"按钮,生成工会经费分摊凭证。选择凭证类型为"记",单击"保存"按钮,如图 9-47 所示。

填制凭证

文件(F) 制单(E) 查看(V) 工具(T) 帮助(H)

已生成

记账凭证

记 0001 - 0001/0002 制单日期：2010.01.08 附单据数：0

摘要	科目名称	借方金额	贷方金额
应付职工薪酬	管理费用	740000	
应付职工薪酬	应付职工薪酬		740000
应付职工薪酬	管理费用	980000	
应付职工薪酬	应付职工薪酬		980000
应付职工薪酬	管理费用	550000	
票号 日期	数量 单价 合计	2850000	2850000

备注 项目 客户 部门 业务员 个人

记账 审核 出纳 制单 王强

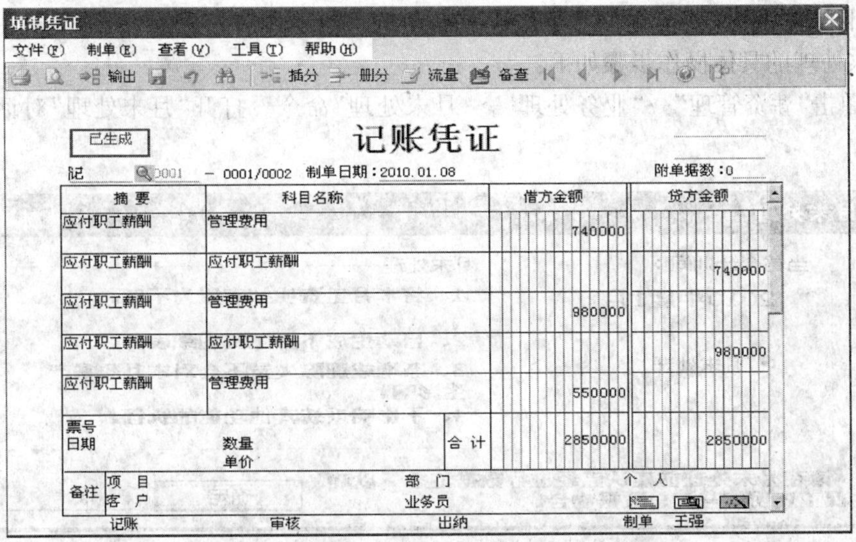

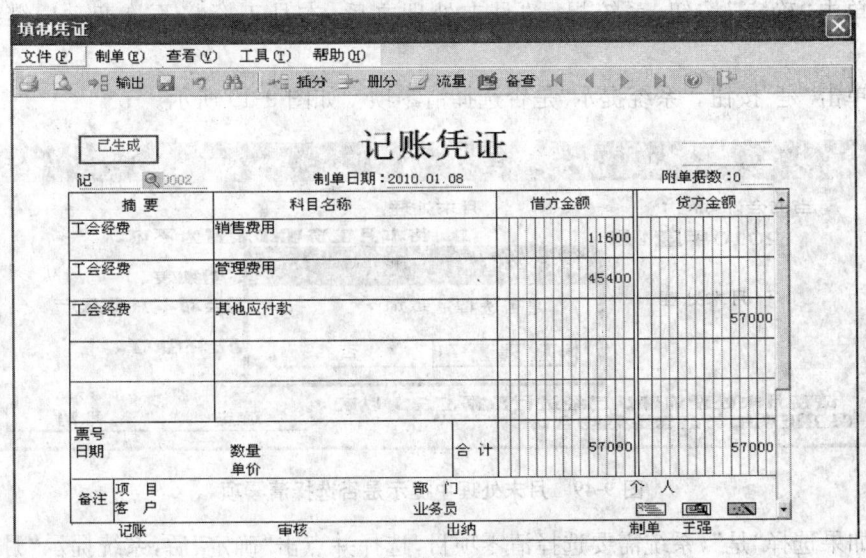

图 9-46 已生成的应付职工薪酬记账凭证

填制凭证

文件(F) 制单(E) 查看(V) 工具(T) 帮助(H)

已生成

记账凭证

记 0002 制单日期：2010.01.08 附单据数：0

摘要	科目名称	借方金额	贷方金额
工会经费	销售费用	11600	
工会经费	管理费用	45400	
工会经费	其他应付款		57000
票号 日期	数量 单价 合计	57000	57000

备注 项目 客户 部门 业务员 个人

记账 审核 出纳 制单 王强

图 9-47 已生成的工会经费记账凭证

第四节 薪资管理系统的期末处理

一、月末处理

月末处理是将当月数据处理后结转到下月，月末处理后会将本月工资明细表置为不可修改状态，自动生成下月工资明细表。月末处理之后本月工资将不允许变动，在月末处理时，系统提示是否选择“清零项目”，是因为在工资项目中，有些项目每个月的数据均不相同，将这些变动的项目数据清为 0 后，输入当月数据，如将请假天数项目清为 0 等。月末处理由账套主管进行，月末处理的具体操作步骤如下：

（1）单击"薪资管理"→"业务处理"→"月末处理"命令。打开"月末处理"对话框。如图 9-48 所示。

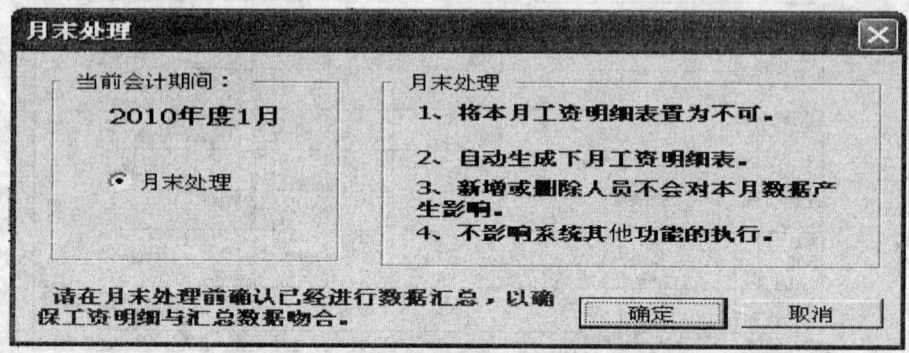

图 9-48　月末处理

（2）单击"确定"按钮，系统提示"月末处理之后，本月工资将不许变动！继续月末处理吗？"

（3）单击"是"按钮。系统提示"是否选择清零项？"如图 9-49 所示。

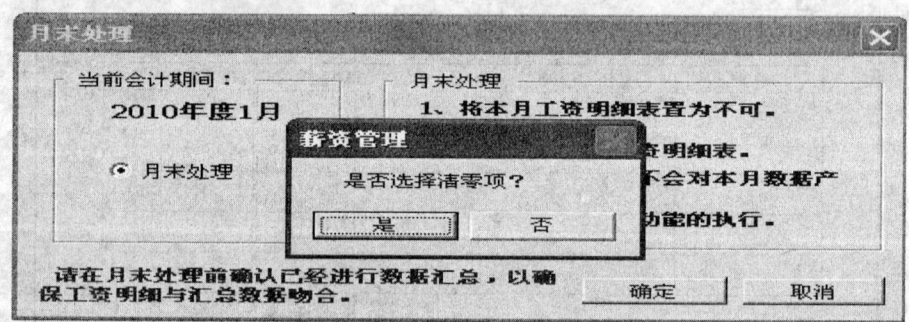

图 9-49　月末处理中提示是否选择清零项

（4）如果选择"是"，系统需要选择清零项目，选择并点击"确定"后，系统提示"月末处理完毕！"选择"否"，系统提示"月末处理完毕"。如图 9-50 所示。

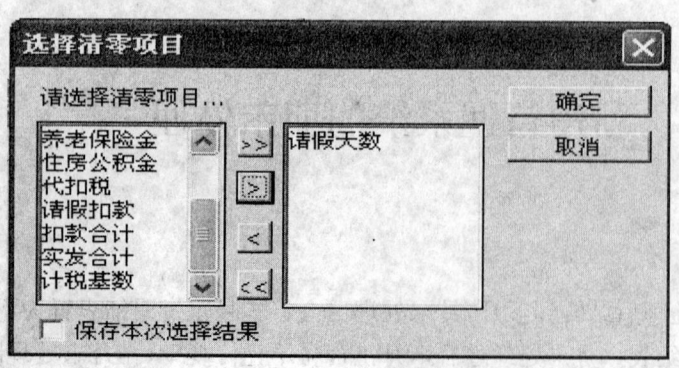
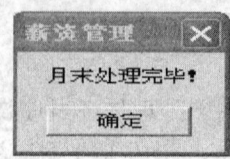

图 9-50　月末处理

温馨提示

(1) 月末处理只有在会计年度的 1~11 月进行。
(2) 如果本月工资未汇总,当月数据将不允许月末处理。如果处理多个工资类别,则应打开工资类别,分别进行月末处理。如果有未进行期末处理的工资类别,则总账系统不能结账。
(3) 如果本月工资数据未汇总,系统将不允许进行月末结转。
(4) 进行期末处理后,当月数据将不再允许变动。
(5) 月末处理功能只有账套主管才能执行。

二、年末结转

年末结转是将工资数据经过处理后结转到下年。进行年末结转后,新年度账将自动建立。对多个工资类别,应关闭所有工资类别,然后在系统管理中选择"年度账",进行上年数据结转。其他操作与月末结转相类似。进行年末结转后,本年各月数据将不允许变动。年末处理功能只有账套主管才能进行。

三、反结账

在进行月末处理后,发现有一些业务或其他事项需要在已结账月份进行修改,此时就需要用到反结账功能。具体操作步骤如下:

由账套主管以第二个月的日期登录,如上一次月末处理为 1 月份,则用 2 月份的日期登录,在未打开具体的工资账套前,选择"业务处理"菜单中的"反结账",系统提示"进行反结账的月份:2 月,执行本功能,系统将自动清空本月已完成的工资变动数据",点击"确定"按钮,系统提示"反结账已成功完成",点击"确定"按钮,完成反结账工作。

四、统计分析

工资业务处理完成后,工资数据处理结果最终通过工资报表的形式反映,薪资管理系统提供了多种形式的报表反映工资核算的结果。统计分析功能菜单提供了工资表和凭证查询功能。如图 9-51 所示。

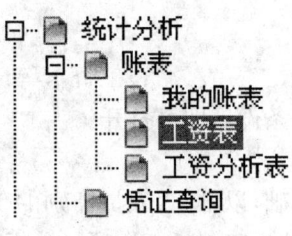

图 9-51 统计分析主窗口

1. 我的账表
(1) 单击"统计分析"→"账表"→"我的账表"命令,系统弹出"我的账表"对话框。

(2) 单击"账簿"下的工资表，从中选择需要查询的工资表，如选中"工资发放签名表"，选择"重建表"（或直接双击，选中部门后打开），选择重新生成"工资发放签名表"，点击"确定"。如图9-52所示。

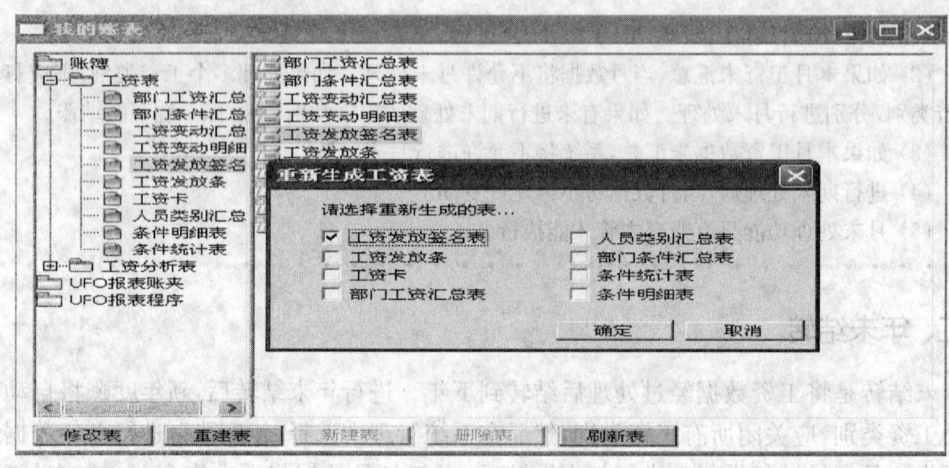

图 9-52　重建表选择

(3) 双击"工资发放签名表"，生成"工资发放签名表"。如图9-53所示。

图 9-53　工资发放签名表

2. 工资表

工资表包括有工资发放签名表、工资发放条、工资卡等。单击"工资表"，选中指定的工资表，点击"查看"，根据需要输入所需条件后即可打开。

3. 工资分析表

工资分析表是以工资数据为基础，以部门、人员类别的工资数据进行分析和比较，产生各种分析表，供决策人员使用。工资分析表包括工资项目分析表、工资增长情况等。

4. 凭证查询

在"凭证查询"窗口提供了已生成的凭证情况，在此可以查询到已生成的凭证；同时，还可以对已生成尚未审核的凭证进行删除、冲销操作。如图9-54所示。

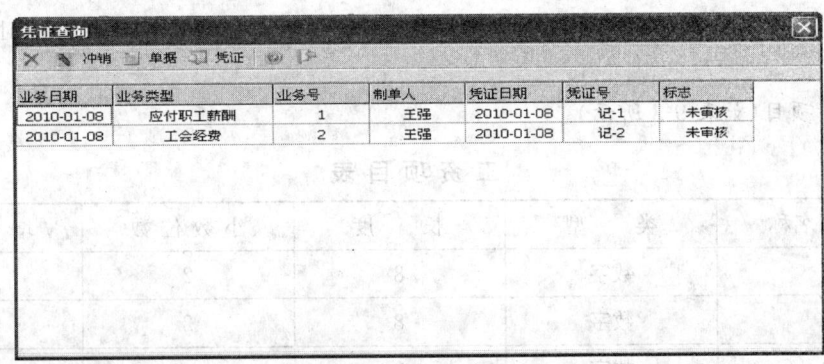

图 9-54　凭证查询窗口

【本章小结】　薪资管理是人力资源管理的重要组成部分。薪资是企业在一定时期内以货币形式支付给职工的劳动报酬。薪资管理系统的主要任务是正确及时地计算和发放职工工资,反映和监督职工工资的结算情况,按部门和人员类别进行汇总,进行个人所得税计算。本章从薪资核算和管理的需要出发分析了薪资管理系统的功能和工作任务,着重介绍了薪资管理系统从启用薪资管理系统、薪资管理系统的初始化设置、基础档案设置、日常业务处理和期末处理的全过程。该系统提供多种方式的查询、打印工资发放表、各种汇总表及个人工资条功能;同时,可以自动进行工资费用的分配与计提,自动生成个人所得税申报表,大大提高了工作效率。

实训四　薪资管理

【实训目的】
学习薪资管理软件操作,掌握薪资管理系统初始化设置、基础档案设置、日常业务处理和期末处理的全过程的操作。

【实训准备】
引入实训二账套数据。

【实训内容】
1. 启用"薪资管理"系统(启用日期:2010 年 1 月 1 日)。
2. 建立工资账套、基础设置、设置工资项目、设置人员档案、设置计算公式。
3. 录入并计算 1 月份的工资数据。
4. 扣缴个人所得税。
5. 分摊工资并生成凭证。
6. 月末处理。

【实训资料】
一、薪资系统初始化
1. 工资账套参数。
工资类别为"单个",工资核算本位币为"人民币",从工资中代扣所得税,不必进行扣零设置。人员编码与公共平台的人员编码保持一致,薪资管理系统的启用日期为"2010年1月1日"。

2. 工资项目(如表9-3所示)。

表9-3　　　　　　　　　　　　工资项目表

工资项目名称	类型	长度	小数位数	增减项
基本工资	数字	8	2	增项
奖励工资	数字	8	2	增项
交通补贴	数字	8	2	增项
缺勤扣款	数字	8	2	减项
养老保险金	数字	8	2	减项
住房公积金	数字	8	2	减项
计税基数	数字	8	2	其他
请假天数	数字	8	2	其他

3. 人员档案(如表9-4所示)。

表9-4　　　　　　　　　　　　人员档案表

人员编码	职员姓名	人员类别	性别	银行账号	所属部门
1	李渊	管理人员	女	20100515001	行政部
2	刘远	管理人员	男	20100515002	行政部
3	利敏	管理人员	男	20100515003	财务部
4	邓为	管理人员	女	20100515004	财务部
5	王冲	管理人员	女	20100515005	财务部
6	孙健	采购人员	男	20100515006	采购部
7	白雪	销售人员	女	20100515007	销售部

代发工资银行为:南宁市工行公园路支行。

4. 计算公式:

奖励工资:IFF(人员类别="采购人员"or人员类别="销售人员",1 500,2 000)

养老保险金:(基本工资+奖励工资)×0.03

住房公积金:(基本工资+奖励工资+交通补贴)×0.12

计税基数:基本工资+奖励工资+交通补贴-养老保险金-住房公积金

缺勤扣款:请假天数×45

【实训要求】

1. 启用"薪资管理"系统(启用日期:2010年1月1日)。

2. 建立工资账套。

3. 基础设置。

4. 设置工资项目。
5. 设置人员档案。
6. 设置计算公式。

二、薪资业务处理

1. 扣税基数。

个人收入中"计税基数"项目扣除 2 000 元后计税。

2. 2010 年 1 月份有关的工资数据(如表 9-5 所示)。

表 9-5　　　　　　　　　　　工　资　数　据　表

单位：元

人员编号	姓名	部门	人员类别	基本工资	奖励工资	交通补贴	请假天数(天)
1	李渊	行政部	管理人员	3 000	800	500	
2	刘远	行政部	管理人员	2 000	800	300	1
3	利敏	财务部	管理人员	2 000	800	500	
4	邓为	财务部	管理人员	1 800	800	300	
5	王冲	财务部	管理人员	2 500	800	300	
6	孙健	采购部	采购人员	3 200	1 500	800	2
7	白雪	销售部	销售人员	3 500	1 500	800	

3. 工资分摊类型。

工资分摊的类型为"应付职工薪酬"和"工会经费"。

4. 有关比例。

按工资总额 2% 计提工会经费，工资按 100% 分摊。

5. 分摊构成设置(如表 9-6 所示)。

表 9-6　　　　　　　　　　　分摊构成设置表

计提类型名称	部门名称	人员类别	项目	借方科目	贷方科目
应付职工薪酬	行政部	管理人员	应发合计	管理费用——工资	应付职工薪酬
	财务部	管理人员	应发合计	管理费用——工资	应付职工薪酬
	采购部	管理人员	应发合计	管理费用——工资	应付职工薪酬
	销售部	销售人员	应发合计	销售费用	应付职工薪酬
工会经费	行政部	管理人员	应发合计	管理费用——工资	其他应付款
	财务部	管理人员	应发合计	管理费用——工资	其他应付款
	采购部	管理人员	应发合计	管理费用——工资	其他应付款
	销售部	销售人员	应发合计	销售费用	其他应付款

【操作提示】

以账套主管"王强"的身份进行工资业务处理。

1. 在企业应用平台中启用薪资管理系统

(1) 执行"开始"→"程序"→"用友 ERP - U8"→"企业应用平台"命令,打开"登录"对话框。

(2) 输入操作员代码"201",输入密码"1",在"账套"下拉表框中选择"666 北京宏辉信息技术有限公司",更改操作日期为"2010-01-01",单击"确定"按钮,进入企业应用平台。

(3) 执行"设置"→"基本信息"→"系统启用"命令,打开"系统启用"对话框,选中"WA 薪资管理"复选框,弹出"日历"对话框,选择薪资管理系统启用日期"2010-01-01",单击"确定"按钮,系统弹出"确实要启用当前系统吗?"信息提示对话框,单击"是"按钮返回。

(4) 进入企业应用平台,打开"业务"选项卡,选择"人力资源"中的"薪资管理"选项,打开"建立工资套"对话框。

2. 建立工资账套

(1) 在建账第一步"参数设置"中,选择本账套所需处理的工资类别个数"单个",默认货币名称为"人民币",单击"下一步"按钮。

(2) 在建账第二步"扣税设置"中,选中"是否从工资中代扣个人所得税"复选框,单击"确定"按钮,再单击"下一步"按钮(注意:选择代扣个人所得税后,系统将自动生成工资项目,单击"代扣税",并自动进行代扣税金的计算)。

(3) 在建账第三步"扣零设置"中,不选择,直接单击"下一步"按钮。

(4) 在建账第四步"人员编码"中,系统要求和公共平台中的人员编码保持一致。

(5) 单击"完成"按钮,系统弹出"未建立工资类别!"信息提示对话框,单击"确定"按钮,打开"打开工资类别"对话框,单击"取消"按钮。

3. 基础信息设置

(1) 工资项目设置。具体操作步骤如下:① 在薪资管理系统中,执行"设置"→"工资项目设置"命令,打开"工资项目设置"对话框。② 单击"增加"按钮,工资项目列表中增加一空行。③ 单击"名称参照"下拉列表框,从下拉列表中选择"基本工资"选项。④ 双击"类型"栏,单击下拉列表框,从下拉列表框中选择"数字"选项。⑤ "长度"采用系统默认值8。双击"小数"栏,单击上三角按钮,将小数设置为2。⑥ 双击"增减项"栏,单击下拉列表框,从下拉列表框中选择"增项"选项。⑦ 单击"增加"按钮,增加其他工资项目。⑧ 单击"确认"按钮,系统弹出"工资项目已经改变,请确认各工资类别的公式是否正确?"信息提示对话框,单击"确定"按钮。

(2) 银行名称设置。具体操作步骤如下:① 在企业应用平台"设置"中,执行"基础档案"→"收付结算"→"银行档案"命令,打开"银行档案"对话框。② 单击"增加"按钮,增加"南宁市工行公园路支行",默认个人账号"定长",账号长度11,自动带出个人账号长度8,将鼠标离开当前行后退出。

(3) 设置人员档案。薪资管理系统各工资类别中的人员档案一定是来自于在企业应用平台基础档案设置中设置的人员档案。企业应用平台中设置的人员档案是企业全部职工信息;薪资管理系统中的人员档案是需要进行工资发放和管理的人员,它们之间是包含关系。具体操作步骤如下:① 在薪资管理系统中,执行"设置"→"人员档案"命令,进入"人员档案"窗口。② 单击工具栏上的"批增"按钮,打开"人员批量增加"对话框。③ 在左侧的"人员类别"列表框中,选择人员类别,所选人员档案出现在右侧列表框中。单击"确定"按钮返回。④ 修改人员档案信息,补充输入银行账号信息。最后单击工具栏上的"退出"按钮。

(4) 选择工资项目。具体操作步骤如下：① 执行"设置"→"工资项目设置"命令，打开"工资项目设置"对话框。② 打开"工资项目设置"选项卡，单击"增加"按钮，工资项目列表中增加一空行。③ 单击"名称参数"下拉列表框，从下拉列表中选择"基本工资"选项，工资项目名称、类型、长度、小数、增减项都自动带出，不能修改。④ 单击"增加"按钮，增加其他工资项目。⑤ 所有项目增加完成后，单击"工资项目设置"窗口上的"上移"、"下移"按照实验资料所给的顺序调整工资项目的排列位置。

特别提醒

工资项目不能重复选择。没有选择的工资项目不允许在计算公式中出现。不能删除已输入数据的工资项目和已设置计算公式的工资项目。

(5) 设置计算公式。

设置奖励工资公式：IFF（人员类别＝"企业管理人员"or 人员类别＝"车间管理人员"，1 500，2 000）

具体操作步骤如下：① 在"工资项目设置"对话框中，打开"公式设置"对话框。② 单击"增加"按钮，在工资项目列表中增加一空行，单击该行，在下拉列表框中选择"奖励工资"选项。③ 在"函数参照"下拉列表中选中"iff"，在"人员类别"菜单下选中"人员类别"，在"运算符"区域选中"＝"，在"人员类别"下选中"采购人员"，在"运算符"区域选中"or"，有同样的方法选中"人员类别和销售人员"，然后在"运算符"区域单击，变成数字键后，输入数字"1 500"和"2 000"。④ 公式设置完毕，单击"公式确认"按钮保存所设置的公式，最后单击"确认"按钮退出。

特别提醒

在 or 前后应有空格。

(6) 设置所得税纳税基数。具体操作步骤如下：① 执行"业务处理"→"扣缴所得税"命令，打开"栏目选择"对话框。② 在对应工资项目下拉列表中选择"计税基数"，单击"确定"按钮，即可进入"个人所得税申报表"窗口。③ 点击该窗口中的"税率"，打开"个人所得税——税率表"对话框，把基数由 800 调整为 2 000。④ 单击"确定"按钮，返回"个人所得税扣税申报表"，单击"退出"按钮。

4. 日常业务

(1) 输入基本工资数据。具体操作步骤如下：① 单击"业务处理"→"工资变动"命令，进入"工资变动"窗口。② 通过"页编辑"按钮，依次录入每个职工的"基本工资"和"交通补贴"数据。如有缺勤则输入缺勤天数。③ 此时每个人的工资项目只显示两项（有缺勤的则是三项）。④ 单击工具栏上的"计算"按钮，计算工资数据，单击变动工具栏上的"汇总"按钮。

⑤此时设置了公式的项目数据将会自动生成。⑥单击工具栏上的"退出"按钮,退出"工资变动"窗口。

(2)查看个人所得税。具体操作步骤如下:①执行"业务处理"→"扣缴所得税"命令,打开"栏目选择"对话框。②在对应工资项目下拉列表中选择"计税基数",单击"确定"按钮,即可进入"个人所得税申报表"窗口,查看个人所得税扣缴情况。

(3)工资分摊。分两个步骤:

第一步:工资分摊类型设置。具体操作步骤如下:①执行"业务处理"→"工资分摊"命令,打开"工资分摊"对话框。②单击"工资分摊设置"按钮,打开"分摊类型设置"对话框。③单击"增加"按钮,打开"分摊计提比例设置"对话框。④输入计提类型名称为"应付职工薪酬";单击"下一步"按钮,打开"分摊构成设置"对话框。⑤按实验资料内容进行设置,返回"分摊类型设置"对话框。继续设置工会经费分摊项目。

第二步:分摊工资项目、生成分摊凭证。具体操作步骤如下:①执行"业务处理"→"工资分摊"命令,打开"工资分摊"对话框。②选择需要分摊的计提费用类型,确定分摊计提的月份"2010.01"。③选择核算部门:行政部,财务部。④选中"明细到工资项目"复选框。⑤单击"确定"按钮,打开"应付职工薪酬一览表"对话框。⑥选中"合并科目相同、辅助项相同的分录"复选框,单击工具栏上的"制单"按钮,即生成记账凭证。⑦单击右上角的"字"位置,选择"记账凭证",输入附单据数,单击"保存"按钮,凭证左上角出现"已生成"字样,代表该凭证已传递到总账。

5. 月末处理

具体操作步骤如下:

(1)执行"业务处理"→"月末处理"命令,打开"月末处理"对话框。单击"确定"按钮,系统弹出"月末处理之后,本月工资将不许变动,继续月末处理吗?"对话框,单击"是"按钮,系统继续弹出"是否选择清零项?"信息提示对话框,单击"是"按钮,打开"选择清零项目"对话框。

(2)在"请选择清零项目"列表框中,单击鼠标选择"缺勤天数"项目。

(3)单击"确定"按钮,系统将弹出"月末处理完毕!"信息提示对话框,单击"确定"按钮返回。

第十章

固定资产管理

内容提要　固定资产管理子系统主要用于企事业单位进行固定资产核算和管理,帮助企业进行固定资产总值、累计折旧资料的动态管理,生成固定资产卡片,按月反映固定资产的增加、减少、原值变化及其他变动,并输出相应的增减变动明细账,按月自动计提折旧,生成折旧分配凭证,同时输出相关报表和账簿。

第一节　固定资产管理系统概述

一、固定资产管理系统功能概述

固定资产管理系统的主要工作是通过固定资产卡片来完成企业的固定资产和日常业务的核算和管理,按月反映固定资产的增加、减少、原值以及其他的变动等,并输出相应的增减变动明细账,按月自动计提折旧,生成折旧分配凭证,同时输出相关的报表和账簿。

固定资产管理系统的功能主要体现在如下几个方面:与账务系统接口、固定资产的折旧计算、资产卡片以及变动的管理、月末的对账、结账以及账表查询。

固定资产管理系统的主要内容是对核算单位的固定资产按照类别设置固定资产卡片,对卡片进行增加、删减、修改等管理,并可以按月自动计提折旧;对固定资产评估数据录入,生成变动表,对多种账簿和报表进行核算分析和管理;固定资产系统日常发生增减、清理以及折旧凭证的传递时,直接调用账务系统的凭证写入,经过确认以后生成凭证,然后在总账系统处理。

(一) 固定资产管理系统的特点

固定资产管理系统与其他系统相比有三个明显的特点。

1. 数据存储量大

在一般企业中,固定资产不仅价值高,而且数量也比较多,同时反映每一项资产的信息项目也比较多,必需根据管理的要求为每项固定资产建立卡片,所以数据存储量大。

2. 日常输入数据少

固定资产管理系统运行后，一般只有在固定资产发生购入以及内部调动等情况下需要输入新数据。除此之外，需要输入的数据一般很少，这对于固定资产管理系统来说，减少了出错的可能性。

3. 输出数据多

在固定资产管理系统中，系统日常输出的数据比日常输入的数据要多。由于使用的目的不同，往往同一项固定资产数据要反映在不同的账表上。在手工方式上，这种账表编制的工作量不仅很大，而且受手工条件的限制，容易出现数据不一致的差错。采用计算机进行处理后，输出的速度不但可以提高，且可以避免数据的不一致现象。

（二）固定资产管理系统的业务流程

固定资产管理系统中资产的增加、减少以及原值和累计折旧的调整、折旧计提都要将有关数据通过记账凭证的形式传输到总账管理系统；同时，通过对账，保持固定资产账目与总账的平衡，并可以查询凭证。固定资产管理系统为成本管理系统提供折旧费用数据，UFO报表管理系统可以通过使用相应的取数函数，从固定资产管理系统中提取分析数据。

在企业会计制度中，不同性质的企业，其固定资产的会计处理方法不同。固定资产管理系统提供企业单位应用方案和行政事业单位应用方案两种选择。行政事业单位应用方案与企业单位应用方案的区别在于行政事业单位整个账套不提折旧。从操作流程来看，所有与折旧有关的操作环节在行政事业单位操作流程中均不体现。

年度最后一个会计期间月末结账后，该年工作结束。以新年度会计期间进入，在"系统管理"模块中完成结转上年操作，将上年的各项资料转入本年账套后，可对部分账套参数或基础设置信息进行调整，再开始日常处理工作。固定资产手工业务流程如图10-1所示。

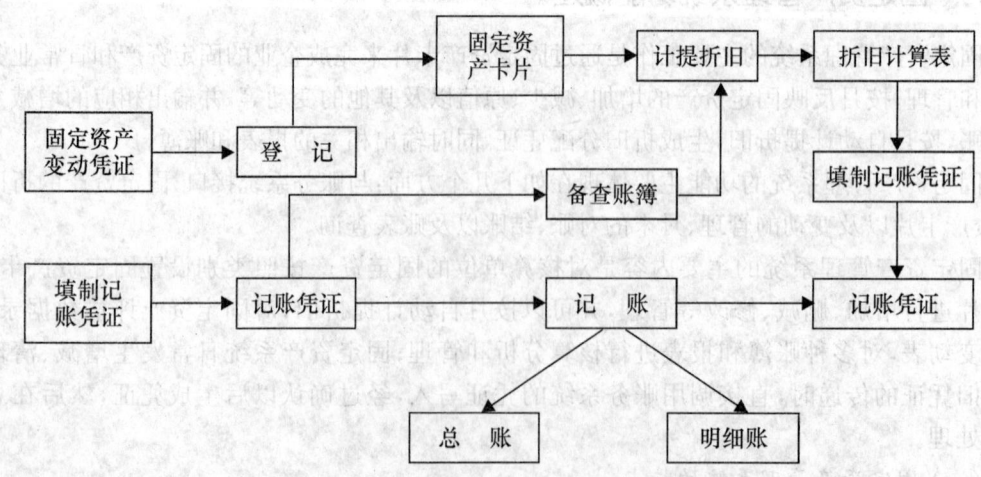

图10-1 固定资产手工业务流程

固定资产管理系统业务流程如图10-2所示。

（三）固定资产管理系统的数据流程

固定资产管理系统的数据流程如图10-3所示。

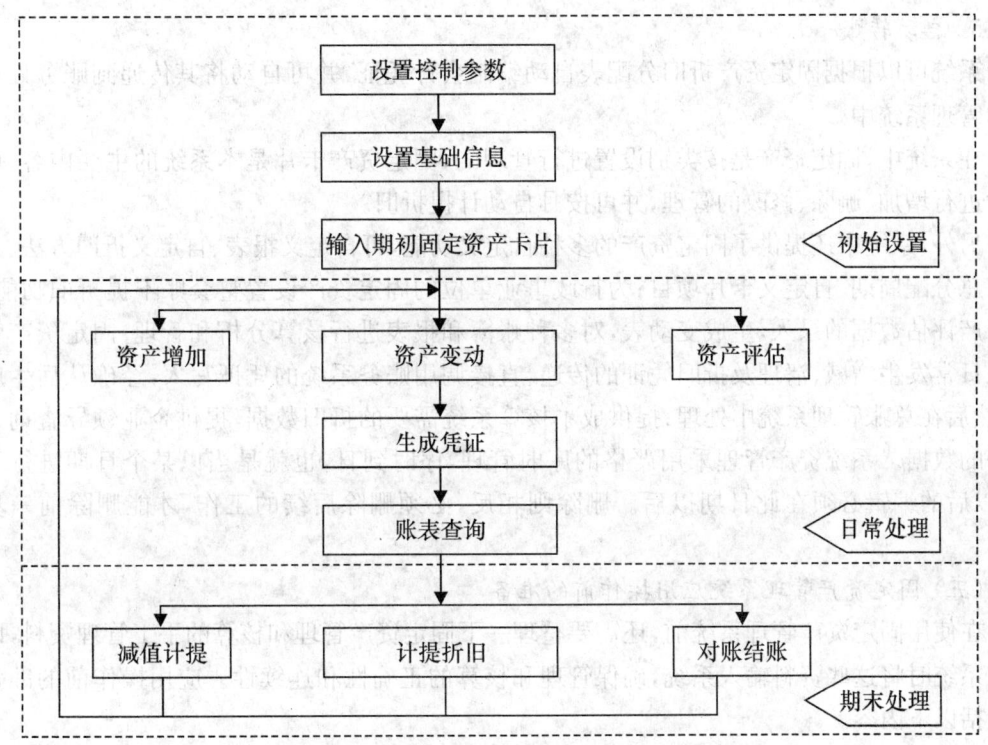

图 10-2　固定资产管理系统业务流程图

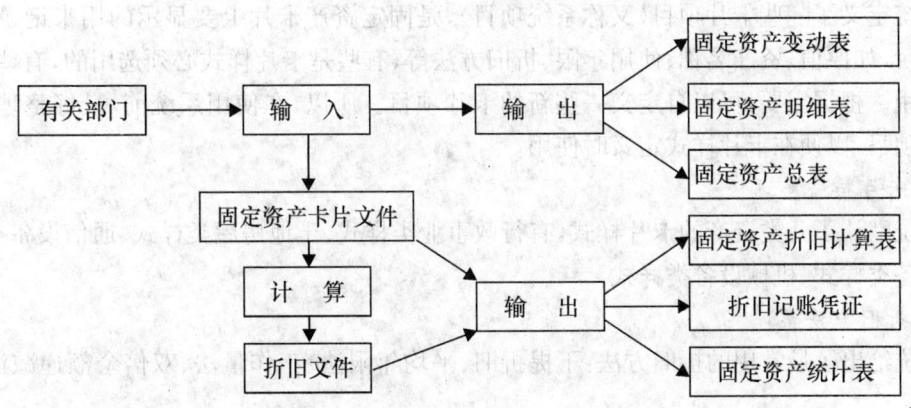

图 10-3　固定资产管理系统的数据流程图

（四）固定资产管理系统的功能

1. 管理固定资产卡片

系统提供固定资产卡片的增加、删除、修改、查询、统计和汇总等功能,并可以随时输出固定资产的各种综合信息。

2. 计提折旧,计算固定资产净值

自动实现固定资产折旧计提和分配,并输出计提折旧分配表。

3. 输出各种报表

根据管理需要生成各种报表,如固定资产折旧计算表和固定资产统计表等。

4. 数据查询

根据管理需要进行各种数据的查询与调阅。

5. 自动转账

系统可以根据固定资产折旧分配表自动编制会计凭证,并可自动将其传递到账务处理或成本管理系统中。

在系统中,固定资产是按类别设置进行管理的,固定资产卡片是本系统的主要内容,可对卡片进行增加、删除、修改的管理,并可按月自动计提折旧。

另外,系统中还提供了固定资产的多种自定义功能,可自定义报表、自定义折旧方法、自定义汇总分配周期、自定义卡片项目;为行政事业单位的固定资产设置整套账不提折旧功能;固定资产评估数据的录入,生成变动表,对多种账簿和报表进行核算分析和管理;固定资产管理系统日常发生增减、清理及折旧凭证的传递,直接调用账务系统的凭证写入,经确认后生成凭证,然后在总账管理系统中处理;提供成本核算系统需要的折旧数据,提供企业领导查询系统所需的数据。系统资产管理采用严格的序时管理,序时到日,也就是当以某个日期进行编辑后,以后的编辑必须在此日期以后。删除则相反,必须删除后续的工作,才能删除前一步的工作。

(五)固定资产管理系统应用操作前的准备

在使用固定资产管理系统前,还需要整理一下固定资产管理和核算的手工管理资料,以便使用系统时将这些资料输入系统,确保管理和核算的正确性和连续性。应用操作前的准备主要包括以下内容。

1. 卡片项目整理

系统定义了一些卡片项目(又称系统项目),是固定资产卡片上要显示的用来记录资产资料的栏目,如原值、资产名称、使用年限、折旧方法等,有些是卡片样式必须选用的,有些可根据需要选用。根据需要,可以自定义一些新的卡片项目。所以,在使用系统前,最好整理出所有需要的项目,以便在卡片样式定义时使用。

2. 卡片样式整理

系统默认了几类资产的卡片样式,有行政事业类样式、土地房屋类样式、通信设备类样式、运输设备类样式、机械设备类样式。

3. 折旧方法整理

系统给出了最常用的折旧方法:不提折旧、平均年限法、工作量法、双倍余额递减法、年数总和法。

4. 资产类别整理

资产一般要按类别管理,用户应整理出所在单位的固定资产是如何分类的,包括编码、名称及其净残值率、使用年限、计量单位、折旧方法等属性。在使用系统时,必须进行资产类别设置。

5. 建账期初数据整理

整理单位内所有资产截至建账月份月初的数据及其他资料,目的是将这些原始资料录入系统,保持管理和核算的连贯。

6. 报表整理

常用的资产账和报表,与系统默认的报表及格式进行对照,看是否符合要求;如有不符合要求的,可通过报表自定义或自定义查询表得到。

7. 其他信息整理

系统中还涉及资产使用状况、增减方式、部门对应折旧科目等设置。这些设置系统有默认的内容,检查一下是否能满足要求;如果不能满足,则需要整理出需要设置的内容,以便使用系统录入卡片前先进行设置。

二、固定资产管理系统与其他系统的主要关系

固定资产管理系统中,资产的增加、减少以及原值和累计折旧的调整、折旧计提都要将有关数据通过记账凭证的形式传输到总账系统;同时,通过对账,保持固定资产账目与总账的平衡。固定资产系统为成本管理系统提供折旧费用数据。财务报表系统也可以通过相应的取数函数从固定资产系统中提取分析数据。

三、固定资产管理系统与其他系统业务处理流程

固定资产管理系统与其他子系统的主要关系如图 10-4 所示。

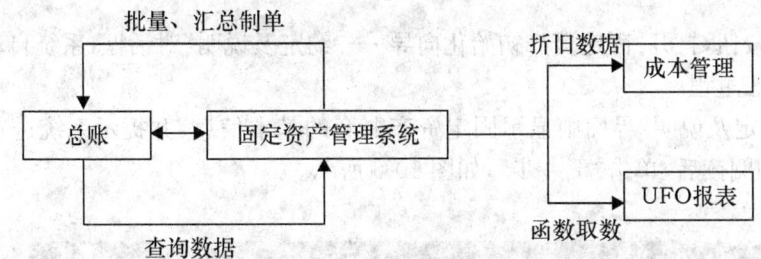

图 10-4 固定资产管理系统与其他子系统的主要关系

第二节 固定资产管理系统初始化设置

一、建立固定资产账套

固定资产管理系统初始化是用户第一次使用系统时,建立一个适合企业自身特点的固定资产账套的过程,它是使用固定资产管理系统管理资产的基础。初始设置包括建立固定资产账套、基础设置和原始卡片录入三项内容。

在新建账套初次使用固定资产管理系统时,系统会提示"这是第一次打开此账套,还未进行过初始化,是否进行初始化?"系统初始化是使用固定资产管理系统管理资产的首要操作,是根据单位的具体情况,建立一个适合自己需要的固定资产子账套的过程。建立固定资产账套之前要设置的内容主要包括约定及说明、启用月份、折旧信息、编码方式、账务接口和完成设置六部分。

(一)约定及说明

具体操作步骤如下:

(1) 先注册进入"企业应用平台",然后选择"财务会计",进入"固定资产"菜单项。

(2) 首次使用固定资产管理系统时,系统自动提示"是否进行账套初始化",如图 10-5 所示。

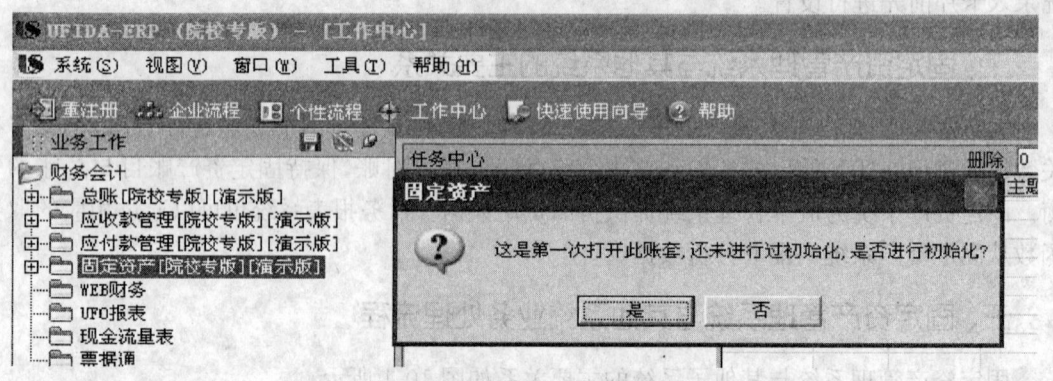

图 10-5　固定资产管理系统账套初始化

单击"是"按钮,打开"固定资产初始化向导——约定及说明"对话框,系统自动引导用户完成固定资产建账过程。

(3) 在"约定及说明"界面中显示固定资产账套的基本信息,并提示系统进行资产管理的基本原则,仔细阅读后,单击"下一步",如图 10-6 所示。

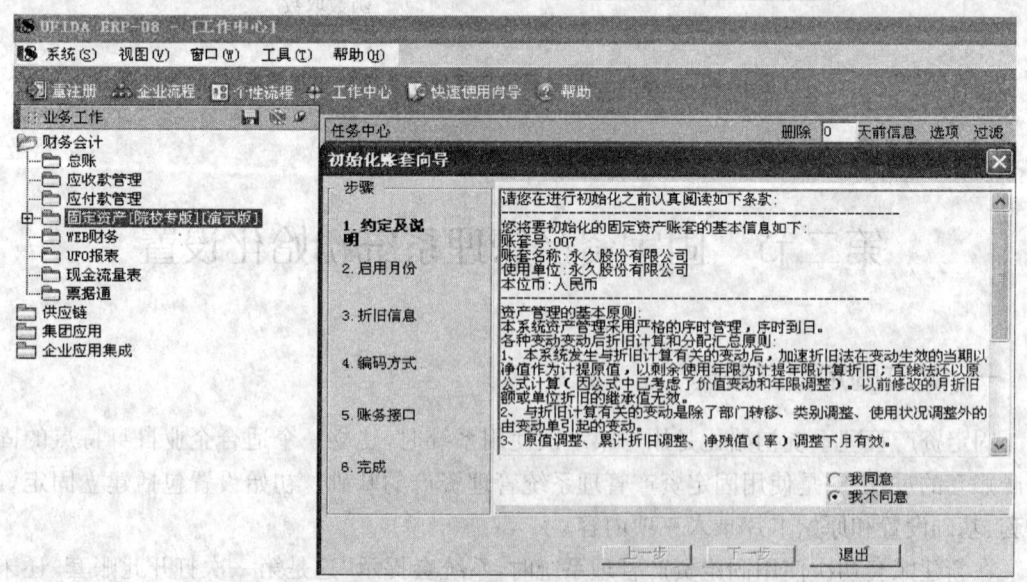

图 10-6　账套初始化——约定及说明

(二) 启用月份设置

在"启用月份"界面中,可以查看本账套固定资产开始使用的年份和会计期间,但启用日期只能查看不能修改。当确定启用日期后,在该日期前的所有固定资产都将作为期初数据,在启用月份开始计提折旧。单击"下一步",如图 10-7 所示。

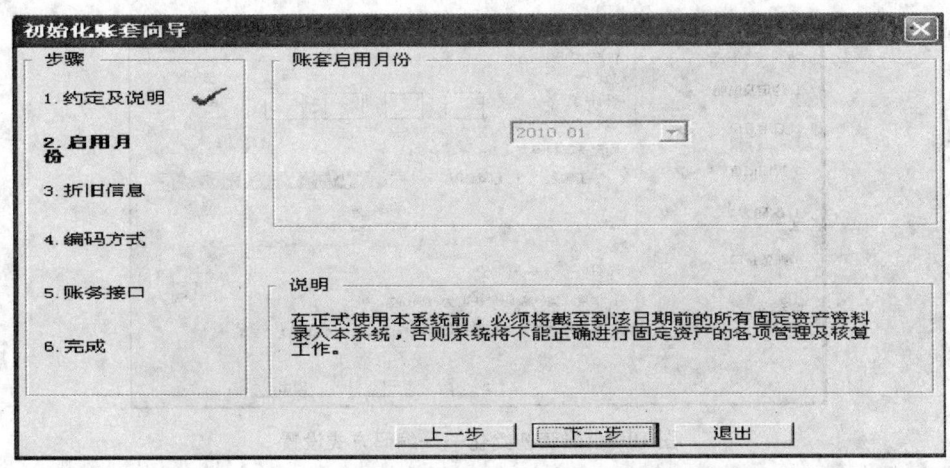

图 10-7　账套初始化——启用月份

(三) 折旧信息设置

企业在实际计提折旧时,不一定每个月计提一次,可以因行业和自身情况,每季度、半年或1年计提一次,折旧费用的归集也按照这样的周期进行。

系统设定的处理方式是:每个月均计提折旧,但折旧的汇总分配原则按选择的周期进行,一旦选定,系统将自动在相应的月末生成折旧分配表,提示制作记账凭证。系统提供1、2、3、4、6、12个月等分配周期。如果选中"当(月初已计提月份＝可使用月份－1)时将剩余折旧全部提足(工作量法除外)"项,则除工作量法外,只要上述条件满足,该月月折旧额＝净值－净残值,并且不能用手工修改。如果不选该项,则该月不提足折旧,并且可手工修改,但若以后各月按照公式计算的月折旧率或月折旧额是负数时,则认为公式无效,令月折旧率＝0,月折旧额＝净值－净残值。设置完毕,单击"下一步",如图10-8所示。

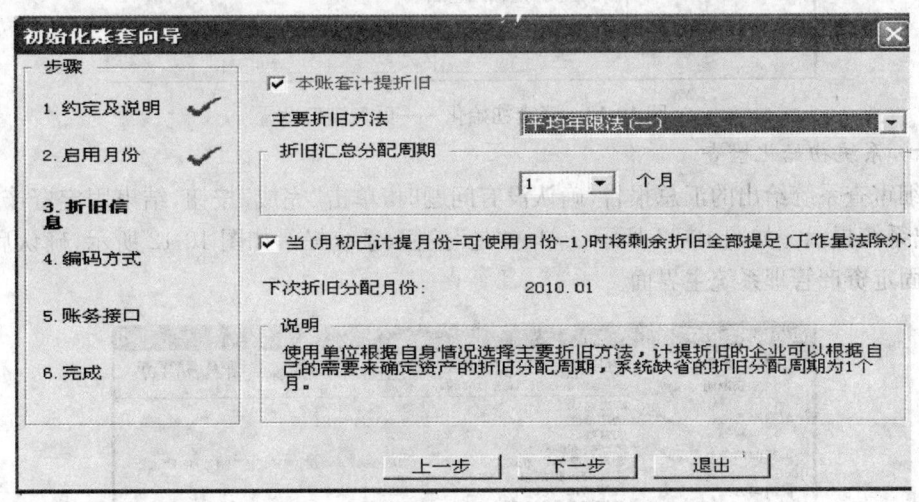

图 10-8　账套初始化——折旧信息设置

(四) 编码方式设置

资产类别编码方式设定以后,一旦某一级设置了类别,则该级的长度不能修改,未使用过的各级长度可修改;每一个账套的资产自动编码方式只能选择一种,一经设定,该自动编码方式不得修改;设置完成后,单击"下一步",如图10-9所示。

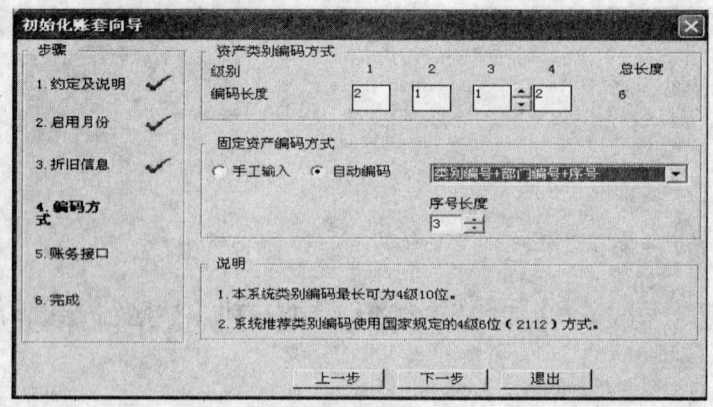

图 10-9 账套初始化——编码方式设置

（五）账务接口设置（对账设置）

在"固定资产初始化向导——账务接口"中，如果选中"与账务系统进行对账"复选框，表示本系统要与账务系统对账。"固定资产对账科目"选择"科目参照"对话框中账务系统"固定资产"的一级科目。"累计折旧对账科目"选择"科目参照"对话框中账务系统"累计折旧"一级科目。完成以上的设置后，单击"下一步"对话框，如图 10-10 所示。

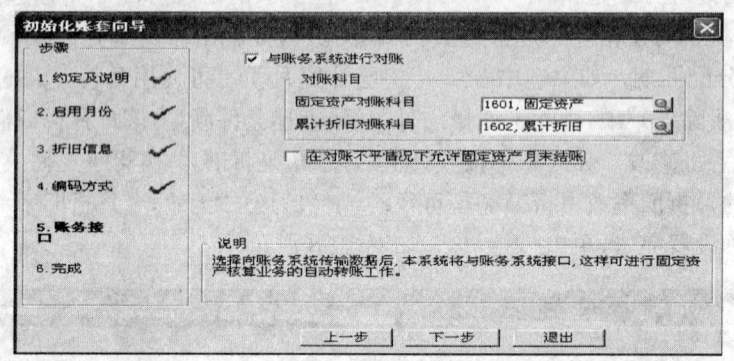

图 10-10 账套初始化——财务接口设置

（六）系统初始化检查

仔细审查系统给出的汇总报告，确认没有问题时，单击"完成"按钮，结束固定资产建账过程，弹出系统提示。如图 10-11 所示。单击"是"按钮，系统提示如图 10-12 所示，确认后，系统将进入固定资产管理系统主界面。

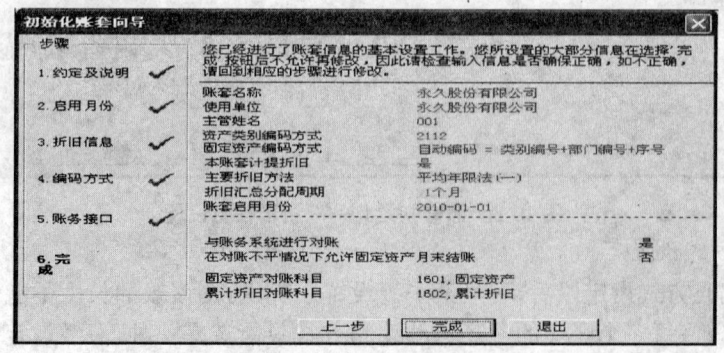

图 10-11 账套初始化——系统初始化检查

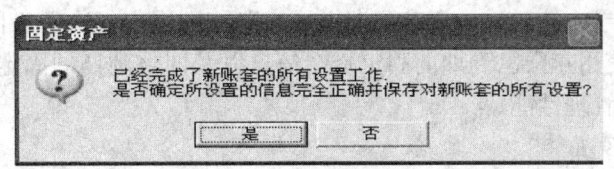

图 10-12　账套初始化完成

完成建账后,当需要对账套中某些参数进行修改时,可在固定资产管理系统中执行"设置"→"选项"命令进行修改,若发现某些设置(如本账套是否计提折旧)错误而又不允许修改但必须纠正时,则只能通过"重新初始化"功能实现,但应注意重新初始化将清空对该账套所做的一切工作。

二、基础设置

在开始记账前,必须将手工记账时采用的信息在账套内进行设置,这些基础设置是使用固定资产管理系统进行资产管理和核算的基础。在系统的各项基础设置中,除资产类别和建账期初数据必须由用户设置外,其他各部分都有系统默认的内容。

(一) 基本信息设置

选项中包括在账套初始化中设置的参数和其他一些在账套运行中使用的参数或判断,在此只对账套初始化中没有设置的参数进行说明,账套初始化中可修改的参数可以在这里修改。具体操作步骤如下:

在固定资产管理系统中执行"设置"→"选项"命令,打开"选项"对话框,如图 10-13 所示。该对话框中包括"基本信息"、"折旧信息"、"与账务系统接口"、"其他"四个选项卡,单击"编辑"按钮可进行修改。其中,"基本信息"选项卡中的内容均为初始默认设置,不可对其修改。在"其他"选项卡中,设置已发生资产减少卡片可删除时限为"5"年。

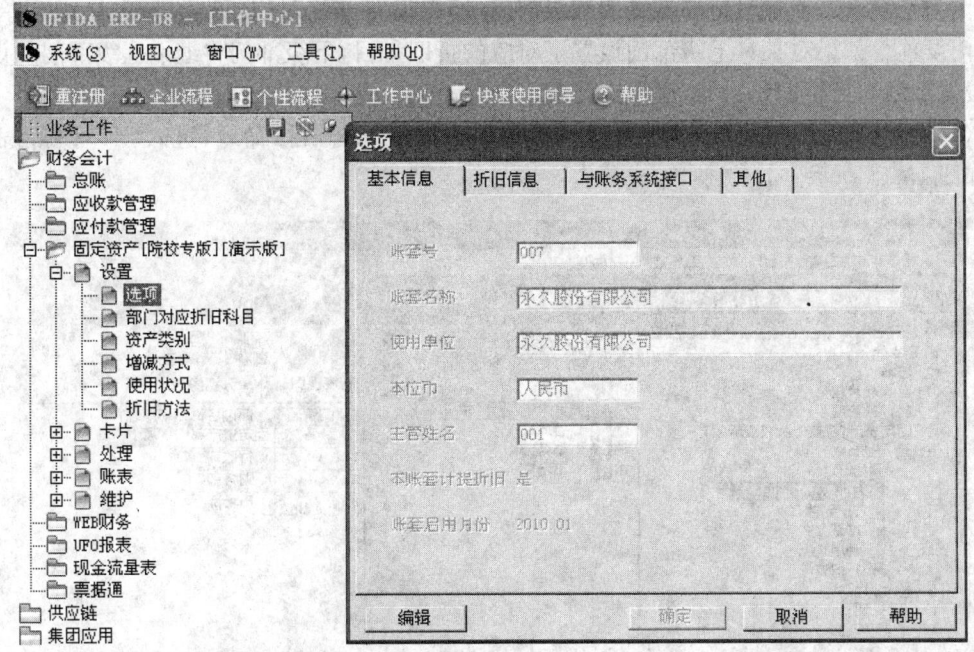

图 10-13　基本信息设置——选项

如果选择了"登录系统时显示资产到期提示表"项，则用户每次登录固定资产管理系统时自动显示当前期间使用年限已到期的固定资产信息以及即将到期的固定资产信息，以丰富查询分析，提高产品的管理性能。

（二）部门档案设置

在"基础档案/部门档案"进入如图10-14所示的"部门档案"窗口，在部门设置中可对企业的各职能部门进行分类和描述，以便确定资产的归属。

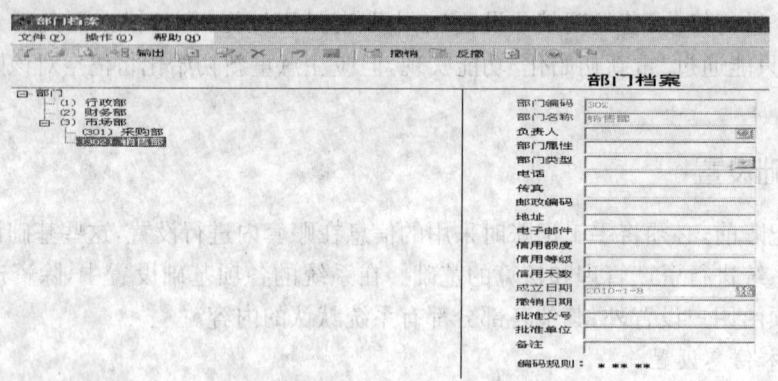

图10-14 部门档案设置

（三）部门对应折旧科目的设置

对应折旧科目是指折旧费用的入账科目。资产计提折旧后必须把折旧数据归入成本或费用科目，根据不同企业的具体情况，有按部门归集的，也有按类别归集的。当按部门归集折旧费用时，在一般情况下，某一部门内的资产折旧费用将归集到一个比较固定的科目，部门对应折旧科目的设置就是给每个部门选择一个折旧科目，这样在录入卡片时，该科目自动填入卡片中，不必一个一个输入。

因为系统录入卡片时只能选择明细级部门，所以设置部门对应折旧科目也只能选择明细级部门设置。如果对某一上级部门设置了对应的折旧科目，下级部门将继承上级部门的设置，即：设置部门对应折旧科目时，必须选择末级会计科目。具体操作步骤如下：

（1）在固定资产管理系统中执行"设置/部门对应折旧科目"命令，进入"部门编码表"窗口，如图10-15所示。

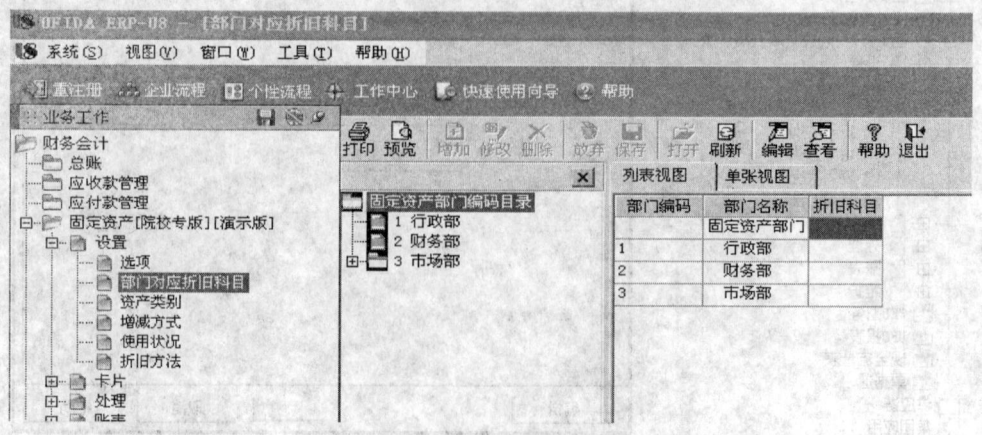

图10-15 部门对应折旧科目设置

(2) 在"列表视图"选项卡中显示所有已设置的部门对应折旧科目。

(3) 在左侧的"固定资产部门编码目录"中选择该部门,单击工具栏上的"修改"按钮,系统自动打开"单张视图"选项卡,如图 10-16 所示。

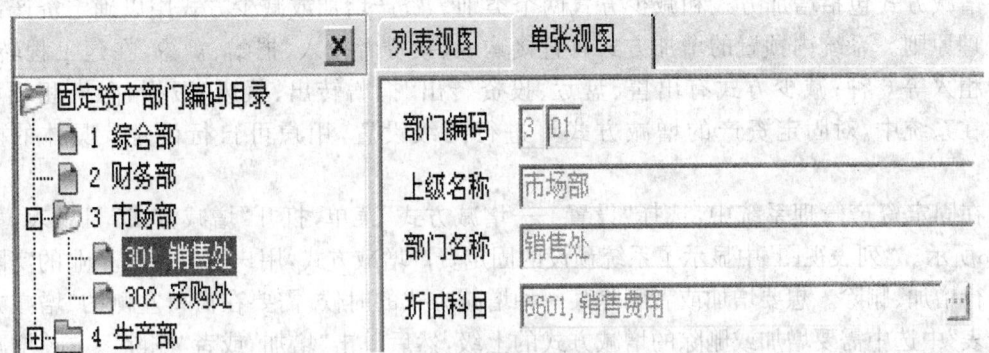

图 10-16 部门对应折旧科目录入

(4) 在"折旧科目"中参照选择或直接输入科目编码,系统将自动显示出该科目所对应的名称。

(5) 单击"保存"按钮,弹出系统提示,可将设置结果保存并返回到"列表视图"。单击"刷新"按钮,系统自动将选定部门的所有下级部门的折旧科目更新为新科目。设置上级部门的折旧科目,下级部门可以自动继承,也可以选择不同的折旧科目,即上、下级部门的折旧科目可以相同,也可以不同。设置部门对应折旧科目时,必须选择末级会计科目。

(四) 资产类别设置

固定资产的种类繁多,规格不一,要强化固定资产管理,及时、准确地做好固定资产核算,必须科学地对固定资产进行分类,为核算和统计管理提供依据。企业可根据自身特点和管理要求,确定一个较为合理的资产分类方法。

具体操作步骤如下:

(1) 在固定资产管理系统中执行"设置/资产类别"命令,进入"类别编码表"窗口,如图 10-17 所示,在本系统中提供了资产类别的列表视图和单张视图两种显示方式。

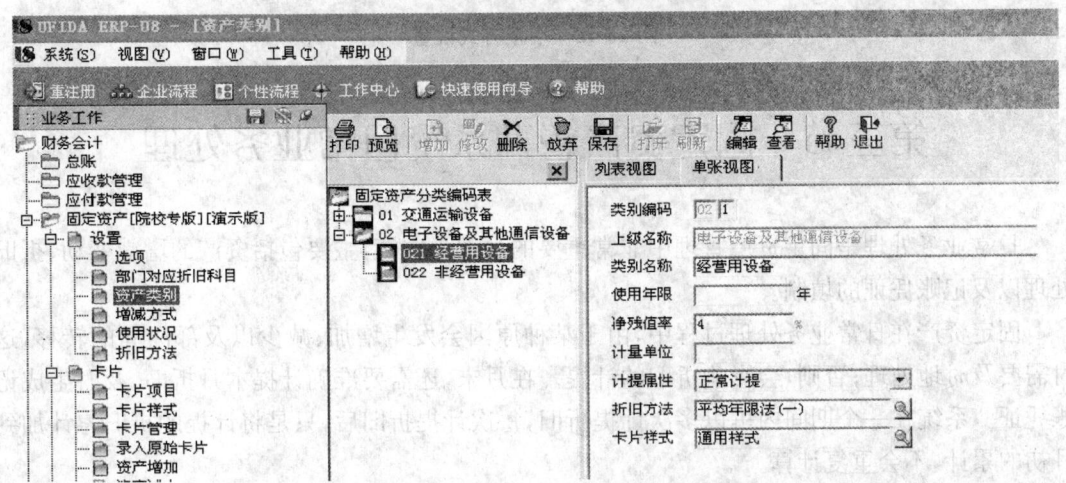

图 10-17 资产类别设置

(2) 输入类别编码、类别名称、使用年限、净残值率、计量单位、计提属性、折旧方法和卡片样式等信息。

(五) 增减方式设置

增减方式包括增加方式和减少方式两个类别。资产增加或减少方式用以确定资产计价和处理原则。系统内预置的增加方式有直接购入、投资者投入、捐赠、盘盈、在建工程转入、融资租入等6种；减少方式有出售、盘亏、投资转出、捐赠转出、报废、毁损、融资租出等7种。在系统中，对固定资产的增减方式可进行两级设置，用户可自行设定。具体的操作如下：

在固定资产管理系统中，选择"设置——增减方式"菜单，打开"增减方式"目录表，如图10-18所示。"列表视图"中显示了系统预设的固定资产增减方式，用户可以根据企业的实际情况进行增加、删除。想要增加或者删除某一种增减方式的时候，需要在窗口左侧的"增减方式目录表"中选中需要增加或删除的增减方式的上级，然后单击"增加"或者"删除"。在"增减方式目录表"中选中想要进行修改的增减方式，单击"修改"，固定资产管理系统会自动地将"列表视图"选项卡切换到"单张视图"选项卡页面，修改对应入账科目，保存即可。

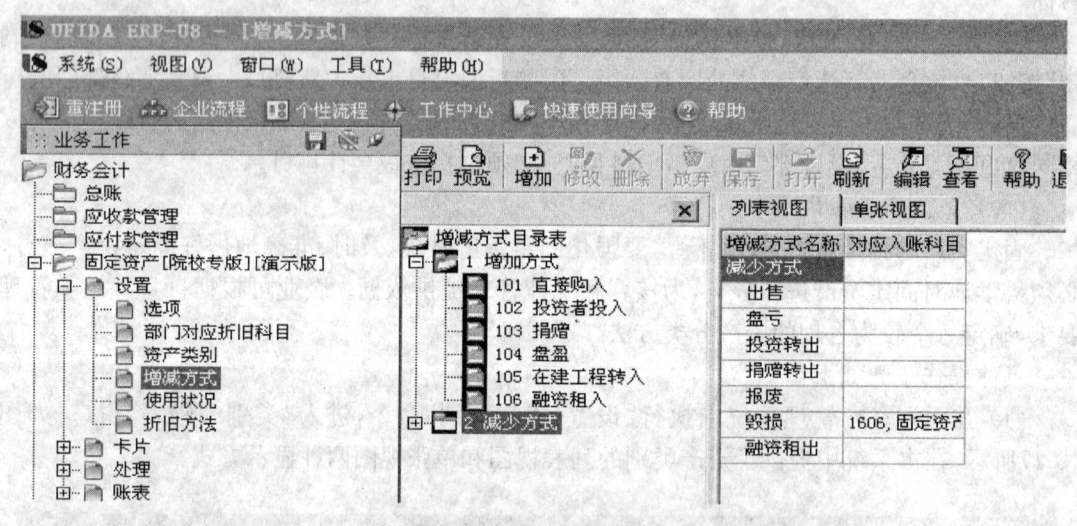

图 10-18 增减方式设置

第三节 固定资产管理系统日常业务处理

日常业务处理是固定资产管理中非常重要的一部分内容，主要包括资产的增减变动、折旧处理以及记账凭证的填制。

固定资产在日常业务处理过程中，由于某种原因会发生增加、减少以及部门间的转移，这时需要及时地处理；否则，会影响折旧的计提。在月末，还需要准确计提本月折旧，及时生成记账凭证。系统在一个期间内可以多次计提折旧，每次计提折旧后，只是将计提的折旧累计加到月初的累计，不会重复计算。

卡片是系统处理的对象和起点，卡片操作主要包括卡片录入（包括原始卡片资料和新增资产卡片)、卡片修改、卡片删除、资产减少、卡片查询和卡片打印等工作。

一、原始卡片录入

在使用固定资产管理系统进行核算前,必须将建账日期以前的数据录入到系统中,以保持历史数据的连续性。原始卡片的录入不要求必须在第一个期间结账前,任何时候都可以录入。具体操作步骤如下:

(1) 在固定资产管理系统中执行"卡片——录入原始卡片"命令,系统弹出"固定资产类别档案"对话框,如图10-19所示,选择录入卡片所属的资产类别,以便确定卡片的样式。

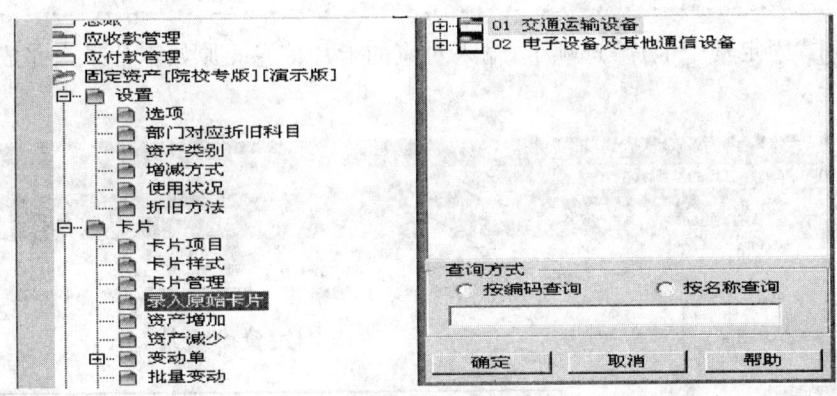

图10-19 录入原始卡片

(2) 单击"确认"按钮,进入"固定资产卡片"窗口,如图10-20所示。

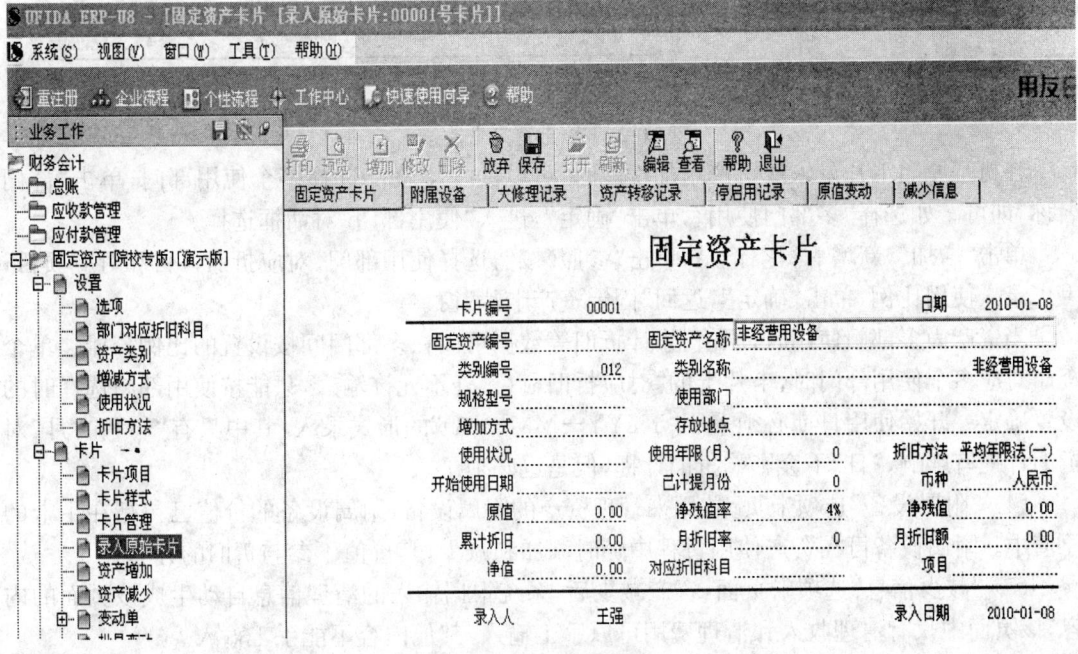

图10-20 固定资产卡片

特别提醒

(1) 卡片中的固定资产编号根据初始化或选项设置中的编码方式自动编码或用户手工录入。录入人自动显示为当前操作员,录入日期为当前登录日期。

(2) 在该窗口中,除主卡的"固定资产卡片"外,还有若干附属选项卡,附属选项卡上的信息只供参考,不参与计算。

(3) 在录入固定资产数据时,有些卡片项目需要直接手工录入,有些则可以进行选择。如单击卡片项目出现参照按钮,则单击该按钮显示"参照"界面,选择需要的内容即可。

(3) 单击"固定资产卡片"选项卡,输入对应的卡片信息。原始卡片录入完成结果如图10-21所示。

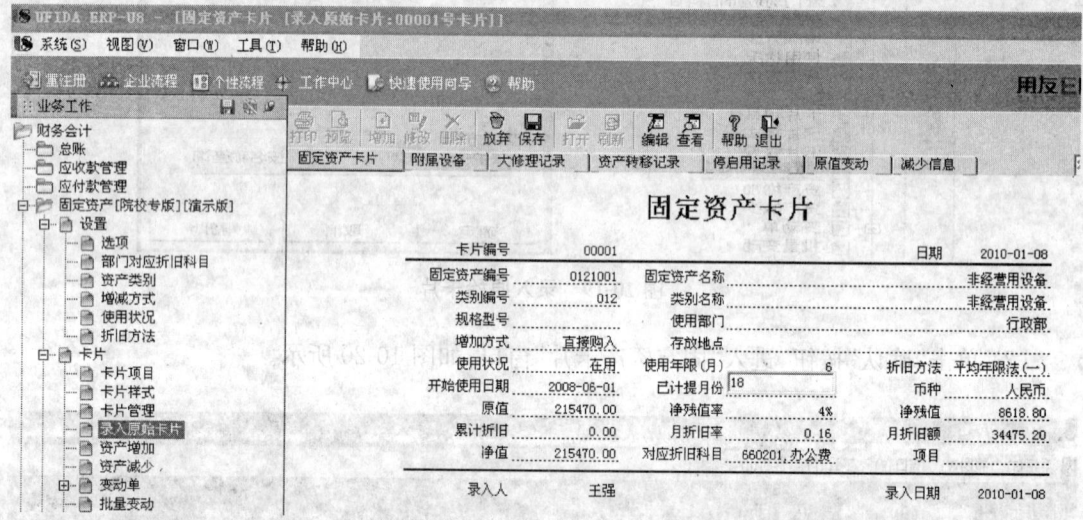

图 10-21 固定资产卡片录入

在执行原始卡片录入或资产增加功能时,可以为一个资产选择多个使用部门,单击"部门名称"即可。如选择"多部门使用",单击"确定",进入"使用部门"对话框选择。

单击"增加",新增一行空记录,单击"参照"按钮选择使用部门、对应折旧科目和对应项目,手工录入使用比例,单击"确定",返回"固定资产卡片"窗口。

当资产为多部门使用时,原值、累计折旧等数据可以在多部门间按设置的比例分摊。单个资产对应多个使用部门时,卡片上的"对应折旧科目"处不允许输入,只能按使用部门选择时的设置确定。开始使用日期必须采用"YYYY—MM—DD"的形式录入,其中只有"年"和"月"对折旧计提有影响,"日"不会影响折旧计提,但是也必须录入。

(4) "附属设备"选项卡页面:用来管理资产的附属设备,附属设备的价值已包括在主卡的原值中。附属设备可在资产使用过程中随时添加和减少,其价值不参与折旧的计算。

(5) "减少信息"选项卡页面:资产减少后,系统根据输入的清理信息自动生成该页面的内容,该页面中只有清理收入和清理费用可以手工输入,其他内容不能手工输入。

(6) "大修理记录"、"资产转移记录"、"停启用记录"、"原值变动"选项卡页面,均以列表的形式来显示记录,第一次结账后或第一次做过相关的变动单后将根据变动单自动填写,不得手工输入。

(7) 录入完成后,单击"保存"按钮,弹出系统提示"数据成功保存!",并自动显示新卡片以供录入。

二、固定资产增加

在系统日常使用过程中,可能会增加企业资产,如直接购入、接受捐赠、盘盈、在建工程转入、融资租赁等,该部分资产通过"资产增加"功能录入系统。但资产通过原始卡片录入还是通过"资产增加"功能录入,在于资产的开始使用日期。只有当开始使用日期的月份与录入的月份相同时,才能通过"资产增加"功能录入。具体操作步骤如下:

(1) 执行"卡片/资产增加"命令,打开"资产类别档案"对话框。
(2) 选择要录入的固定资产类别,确认后进入"固定资产卡片"窗口。
(3) 按需要输入各项内容,其录入过程与录入原始卡片相同。
(4) 录入完成后,单击"其他"选项卡,输入附属设备及其他信息。附属选项卡上的信息只供参考,不参与计算。
(5) 单击"保存"按钮,保存录入的卡片。

特别提醒

(1) 新卡片录入的第一个月不计提折旧,折旧额为空或零。原值录入的必须是卡片录入月月初的值;否则,将会出现计算错误。如果录入的累计折旧、累计工作量大于零,则说明是旧资产,该累计折旧或累计工作量是在进入本单位前的值。

(2) 已计提月份必须严格按照该资产已经计提或估计已计提的月份数录入,不包括使用期间停用等不计提折旧的月份;否则,不能正确计算折旧。

(3) 只有在固定资产系统下的"设置/选项"中选择"业务发生后立即制单",系统才会在新增加的固定资产卡片之后自动弹出"填制凭证"对话框;否则,必须在固定资产系统下的"处理/批量制单"子项中进行凭证处理。

三、固定资产减少

资产在使用过程中,会由于各种原因退出企业,如毁损、出售、盘亏、投资转出、捐赠转出、报废和融资租出等。此时,企业可以履行正常手续,对各项资产的减少通过系统提供的"资产减少"功能来实现。系统也提供资产减少的批量操作,为同时清理一批资产提供方便。

具体操作步骤如下:

(1) 执行"卡片/资产减少"命令,打开"资产减少"对话框。
(2) 选择要减少的资产,有以下两种方法:① 如果要减少的资产较少或没有共同点,则通过输入资产编号或卡片编号,然后单击"增加"按钮,将资产添加到资产减少表中。② 如果要减少的资产较多并且有共同点,则通过单击"条件"按钮,屏幕显示的界面与卡片管理中自定义查询的条件查询界面一样。输入查询条件,将符合该条件集合的资产挑选出来进行减少。

(3) 在表内输入资产减少的信息：减少日期、减少方式、清理收入、清理费用、清理原因。如果当时清理收入和清理费用还不知道,以后可在该卡片的附表"清理信息"选项卡中输入。

(4) 单击"确定"按钮,即可完成该(批)资产的减少。

 特别提醒

(1) 只有当账套开始计提折旧后才可以使用"资产减少"功能；否则,减少资产只有通过删除卡片来完成。

(2) 对于因失误减少的资产,可以使用系统提供的纠错功能来恢复。

(3) 只有当月减少的资产才可以恢复。如果资产减少操作已制作凭证,则必须删除凭证后才能恢复。

(4) 只要卡片未被删除,就可以通过卡片管理中"已减少资产"来查看减少的资产。

四、资产变动

资产在使用过程中,可能会调整卡片上的某些项目,这种变动要求留下原始凭证,制作的原始凭证称为变动单。资产的变动包括原值变动、部门转移、使用状况变动、折旧方法调整、累计折旧调整、使用年限调整、工作总量调整、净残值(率)调整、资产类别调整、变动单管理等。其他项目的修改,如名称、编号、自定义项目等,可直接在卡片上进行。

由于本月录入的卡片和本月增加的资产不允许进行变动处理,因此,要进行上述变动处理,必须先计提上月份折旧并制单、结账后,再以本月1日注册进入固定资产管理系统。

1. 原值变动

原值变动包括原值增加和原值减少两部分。下面以增加资产原值为例,说明原值变动的操作过程。具体操作步骤如下：

(1) 执行"卡片/变动单/原值增加"命令,进入"固定资产变动单"窗口,如图10-22所示。

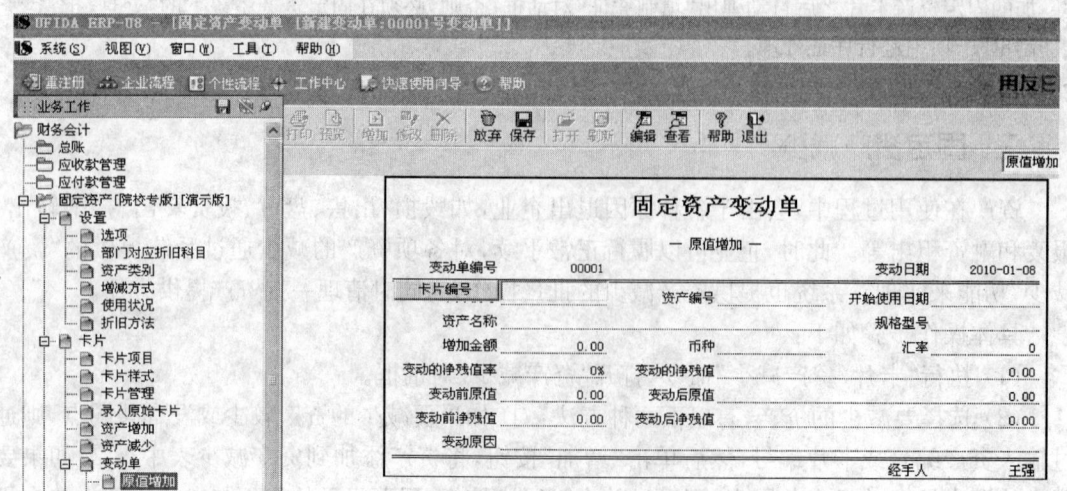

图10-22 固定资产变动单

(2)选择"卡片编号"或"资产编号"项输入数据后,自动带出"开始使用日期"、"固定资产名称"、"变动前原值"、"变动前净残值"和"变动的净残值率"等相关信息。

(3)输入"增加金额",系统自动计算"变动后原值"、"变动后净残值"且不允许修改。如果"变动的净残值率"或"变动的净残值"不正确,可手工修改其中之一,另一个系统会自动计算。

(4)输入变动原因,单击"保存"按钮,完成原值增加,卡片上相应的项目如"原值"、"净残值"、"净残值率"根据变动单而改变。减少资产原值与增加资产原值是相对的,可参照上述方法操作。

特别提醒

变动单保存后不能修改,只能在当月删除后重新填制,所以保存前要慎重。如果在选项中选择了"业务发生后立即制单",则可制作记账凭证。

2.部门转移

资产在使用过程中,因企业内部调配而发生的部门变动应及时处理;否则,将影响部门的折旧计算。资产的部门转移可通过系统提供的"部门转移"功能完成。

具体操作步骤如下:

(1)执行"卡片/变动单/部门转移"命令,打开"固定资产变动单/部门转移"窗口,如图10-23所示。

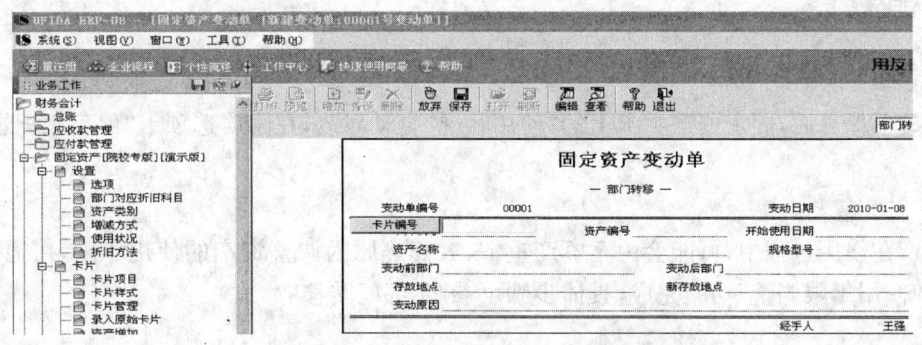

图10-23　固定资产变动——部门转移

(2)选择"卡片编号"或"资产编号"项输入数据后,自动带出"开始使用日期"、"固定资产名称"、"变动前部门"等相关信息。

(3)选择变动后部门,输入变动原因。单击"保存",弹出系统提示,确认后保存本次变动结果。

特别提醒

变动单保存后,固定资产主卡上的"部门名称"自动修改,在附属选项卡"资产转移记录"上自动登记。

3. 使用状况变动

资产使用状况分为在用、未使用、不需用、停用和封存五种。

资产在使用过程中,可能会因为某种原因使得资产的使用状况发生变化,这种变化会影响到设备折旧的计算,因此应及时进行调整。使用状况变动可通过系统提供的"使用状况变动"功能来完成,如图10-24所示,具体步骤可参照"部门转移"。

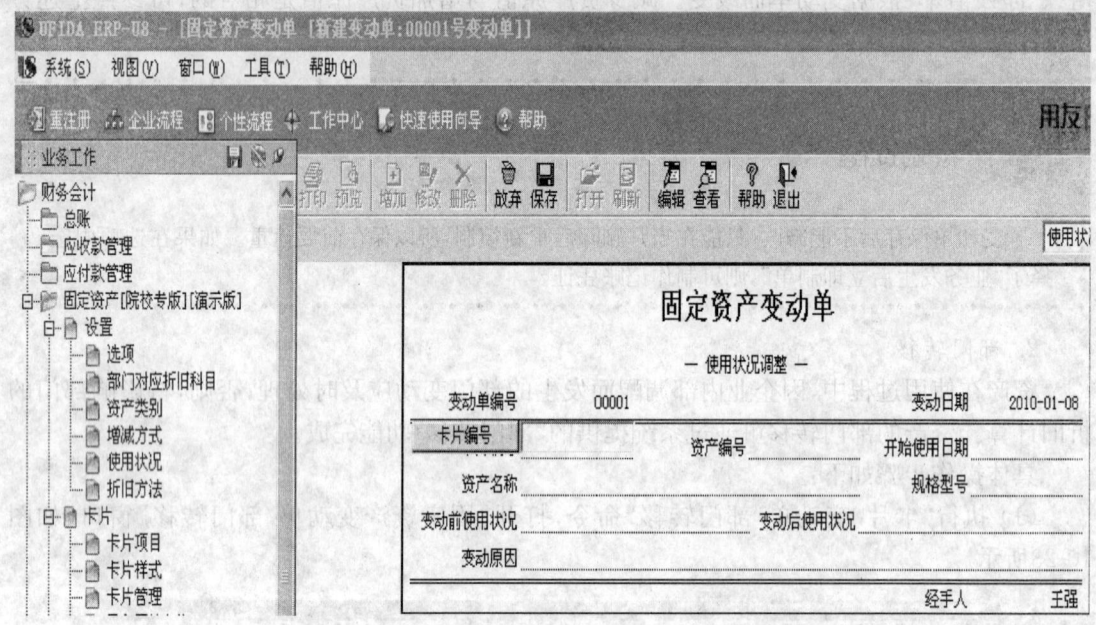

图10-24 固定资产变动——使用状况变动

变动单保存后,固定资产主卡上的"使用状况"自动修改,在附属选项卡"停启用记录"上自动登记。

4. 使用年限调整

资产在使用过程中,可能会由于资产重估、大修等原因调整资产的使用年限,可通过系统提供的"使用年限调整"功能完成,具体步骤可参照"部门转移"。

> **特别提醒**
>
> 进行使用年限调整的资产在调整的当月就按调整后的使用年限计提折旧。

5. 折旧方法调整

在一般情况下,资产的折旧方法1年之内不应改变,进行折旧方法调整的资产在调整的当月就按调整后的折旧方法计提折旧。

如有特殊情况需调整的,可通过执行"卡片/变动单/折旧方法调整"命令来完成,如图10-25所示。具体步骤可参照"部门转移"。

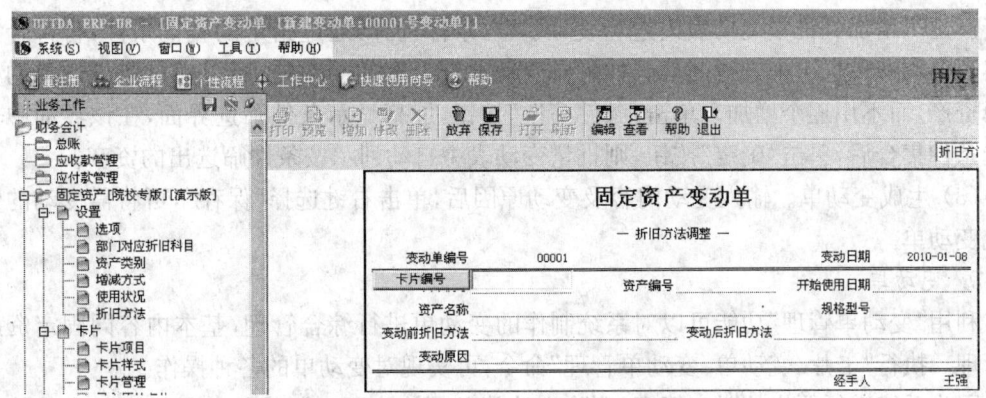

图 10-25　固定资产变动——折旧方法调整

特别提醒

- （1）所属类别是"总提折旧"的资产，调整后的折旧方法不能是"不提折旧"。
- （2）所属类别是"总不提折旧"的资产，折旧方法不能调整。

6．累计折旧调整

由于上述折旧方法调整属于会计政策变更，根据企业会计制度的规定，应采用追溯调整法进行调整。系统只在当月按照新的方法计提折旧，以前期间的数据不能自动调整，只能手工调整累计折旧额。

7．其他调整

其他项目的调整可参照上述方法进行。

特别提醒

- （1）资产累计折旧的调整：调整后的累计折旧必须保证大于或等于净残值。
- （2）调整资产的工作总量：调整后的工作总量不能小于累计用量。
- （3）调整资产的净残值（率）：调整后净残值必须小于净值。
- （4）调整资产所属的类别：调整后的类别和调整前的类别的计提属性必须相同。

8．批量变动

为提高工作效率，系统还提供了批量处理固定资产变动的功能，可通过"批量变动"功能来完成。

具体操作步骤如下：

（1）在固定资产管理系统中执行"卡片/批量变动"命令，进入"批量变动单"窗口，在"变动类型"下拉列表中选择需变动的类型。

（2）选择批量变动的资产，有以下两种方法：① 手工选择：如果需批量变动的资产没有共同点，则可在"批量变动单"窗口中，直接输入"卡片编号"或"资产编号"，也可使用"参照"按钮，将资产逐个增加到批量变动表内进行变动。② 条件选择：通过指定的查询条件，将符合该条件集合的资产挑选出来进行变动。如果要变动的资产有共同之处，可以通过条件选择的方式选择资产，而不用逐个增加。单击"条件筛选"按钮，屏幕显示条件筛选界面，在该界面中输入筛选条件集合后，单击"确定"按钮，则批量变动表中自动列示按条件筛选出的资产。

（3）生成变动单。输入变动内容及变动原因后，单击右键选择"保存"，可将需变动的资产生成变动单。

9. 变动单

利用"变动单管理"功能可以对系统制作的变动单进行综合管理，基本内容同固定资产卡片管理。执行"卡片/变动单/变动单管理"命令，可实现对变动单的各种操作。

因为系统遵循严格的时序管理，删除变动单必须从该资产制作的编号最大的变动单开始删除。

五、资产评估

随着市场经济的发展，企业在经营活动中，根据业务需要或国家要求对部分资产或全部资产进行评估或重估，而其中固定资产评估是资产评估的重要组成部分。

（一）固定资产评估管理的主要功能

用友 ERP-U8 应用系统提供对固定资产评估作业的管理，主要包括：将评估机构的评估数据手工录入或定义公式录入到系统；根据国家政策要求手工录入评估结果或根据定义的评估公式生成评估结果；对评估单的管理。系统资产评估功能提供可评估的资产内容共六项，包括原值、累计折旧、净值、使用年限、工作总量和净残值率，使用时可根据需要进行选择。

（二）实施资产评估

实施资产评估包括以下五个步骤。

1. 选择评估项目

进行资产评估时，每次要评估的内容可能不一样，可以根据需要从系统给定的可评估项目中选择（提示：原值、累计折旧和净值 3 项中必须且只能选择两项），此外通过公式"原值－累计折旧＝净值"推算得到。选择"卡片/资产评估"命令，打开"资产评估"窗口，单击"增加"按钮，打开"资产评估选择"对话框，如图 10-26 所示。

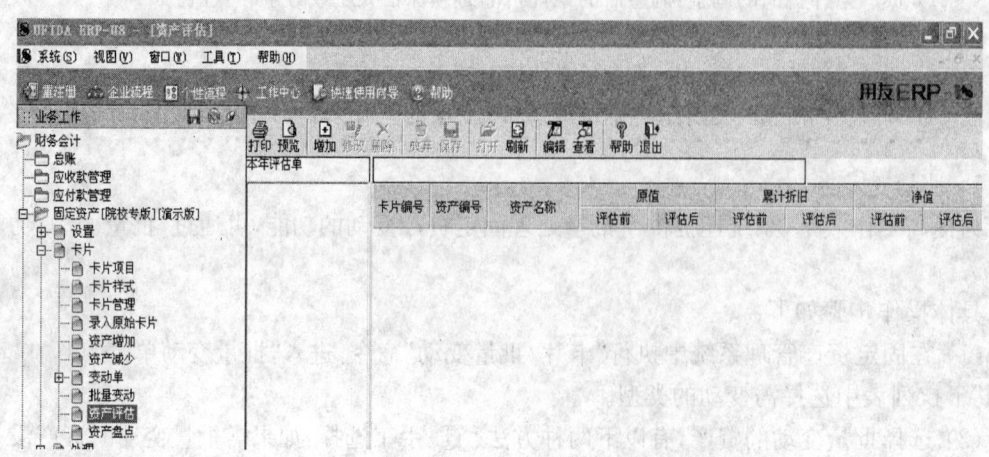

图 10-26 资产评估

2. 选择要评估的资产

每次要评估的资产也可能不同，可以采用手工选择或条件选择的方式挑选出要评估的资产。选择要评估的项目"原值"和"累计折旧"，如图 10-27 所示。然后单击"确定"。

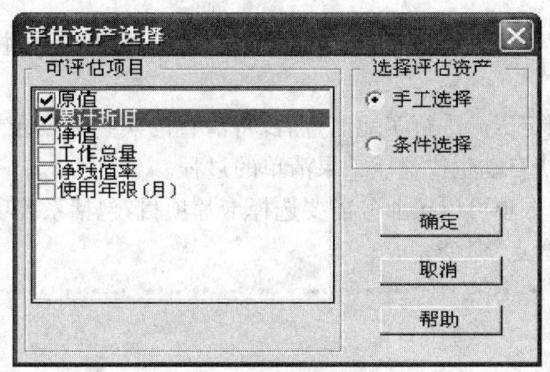

图 10-27　资产评估项目选择

3. 录入评估数据

选择了评估项目和评估资产后，录入评估后数据或通过自定义公式生成评估后数据，评估单显示被评估资产所评估的项目在评估前和评估后的数据。

 特别提醒

计算时公式中所包含的项目的值是评估前该项目的值；定义的公式中折旧年限是以月份表示的；定义公式中净残值率是指没有换算成百分数的数据。

在"资产评估"窗口中选择要评估的资产的卡片编号，并输入评估后数据，如图 10-28 所示。

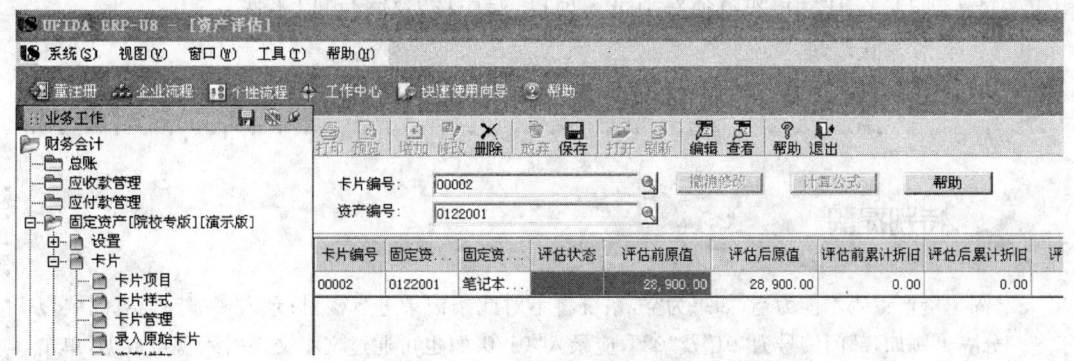

图 10-28　资产评估数据录入

4. 确认评估

评估单完成后，单击"退出"按钮并确认评估，卡片上的数据根据评估单而改变。

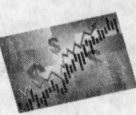

5. 变动数据输送

当评估变动表中，评估后的原值和累计折旧的合计数与评估前的数据不同时，通过"制单"按钮将变动数据输送到账务系统。

六、资产盘点

企业要定期对固定资产进行清查，至少每年清查一次，清查是通过盘点来实现的。

（一）资产盘点

资产盘点是在对固定资产进行实地清查后，将清查的实物数据录入固定资产系统与账面数据进行对比，并由系统自动生成盘点结果清单的过程。

系统中盘点单的录入项可以按业务需要选择卡片项目，包括系统项目和自定义项目，通过"卡片"菜单中的"资产盘点"命令完成。

特别提醒

盘点日期为实际盘点的发生日期，最后生成的盘点结果清单是根据盘点日期系统数据与实际盘点数据的对比结果生成的；系统提供三种盘点方式：按资产类别盘点、按使用部门盘点、按使用状态盘点。操作时只能选择一种盘点方式；选好盘点方式后，必须选择对应的明细分类，例如，选中"按资产类别盘点"，必须选择按照哪一种资产类别盘点，但不允许选择上级类别。

（二）进行项目设置

每次盘点的侧重点不同，要录入的盘点数据与要核对的数据也不尽相同，系统提供相关卡片项目选择。

（1）核对项目：生成盘点结果清单时要与系统内卡片项目进行核对。

（2）录入项目：为实际盘点数据需要录入的项目。

核对项目与录入项目的供选项目完全一致，均为系统内相关卡片项目。选中核对项目则相应的录入项目自动选中，若单独选中录入项目，对应核对项目可以不选。

（三）录入盘点数据

单击"增行"按钮，系统新增一行，录入对应各项目的实际盘点数据。

特别提醒

固定资产编码不能为空，如果为空，系统将不对此条记录进行核对；录入多部门信息时要以"/"分隔。例如，部门编号为"01"及"02"，应录入"01/02"；也可通过文本文件引入盘点数据，单击"引入"按钮，选择存有盘点数据的"TXT"文件，系统可以将该文件中的盘点数据追加到当前编辑的盘点单中。

（四）生成盘点结果清单

单击"核对"按钮，系统将根据当前盘点单中的数据同系统内盘点日期的卡片数据相比较生成结果清单，可以查看固定资产是与实际相符还是出现了盘盈、盘亏，也可单击"过滤掉相符情况"按钮，单独查看盘盈、盘亏的资产清单。

（五）保存盘点单

要将本次录入的盘点单保存在系统内供查询，单击工具栏中的"保存"按钮。

特别提醒

由于固定资产的单位价值较高，系统推荐使用先盘点再录入数据的盘点办法。如果单位需要将固定资产目录打印出来进行盘点，进入"卡片/卡片管理"窗口，单击工具栏中的"编辑"按钮，选择"列头编辑"后，选中清单中需要显示的项目打印出来。

七、生成凭证

固定资产系统和总账系统之间存在着数据的自动传输，这种传输是固定资产系统通过记账凭证向总账系统传递有关数据的，如资产增加、减少、累计折旧调整以及折旧分配等生成的记账凭证。

生成记账凭证可以采取"立即制单"或"批量制单"的方法实现。在完成任何一笔需要制单的业务同时，可以通过单击"制单"按钮制作记账凭证并传输到总账系统，也可以当时不制单（选项中制单时间的设置必须为"不立即制单"），而在某一时间（比如月底）利用本系统提供的批量制单功能，完成制单工作。

具体操作步骤如下：

（1）展开"处理"菜单，单击"批量制单"命令，系统弹出"批量制单"窗口，如图 10-29 所示。

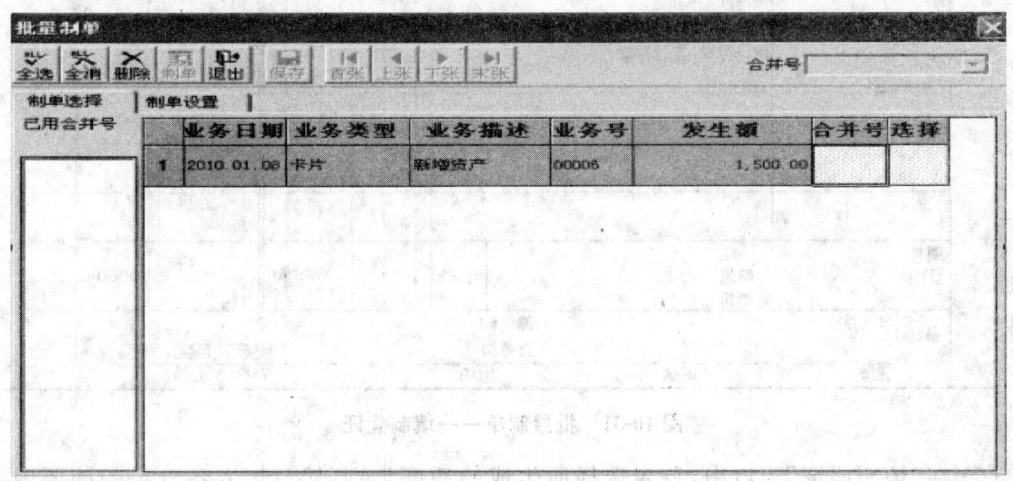

图 10-29　批量制单

（2）单击工具栏中的"全选"按钮，则在所有记录的"制单"标记项上打上红色的"Y"，表示全部记录进行制单。如果不需要全部制单,则在需要进行制单的记录的"制单"标记项上双击鼠标左键,打上红色的"Y"标记即可。

(3) 单击选择标"制单设置"页签,如图 10-30 所示。在此选择生成凭证的科目和部门,注意借贷方向,单击工具栏中的"保存"按钮保存设置。

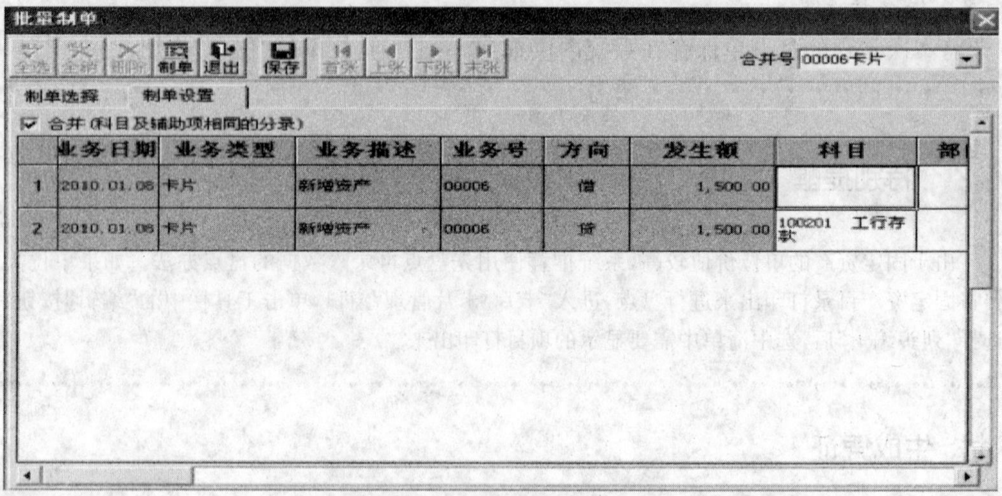

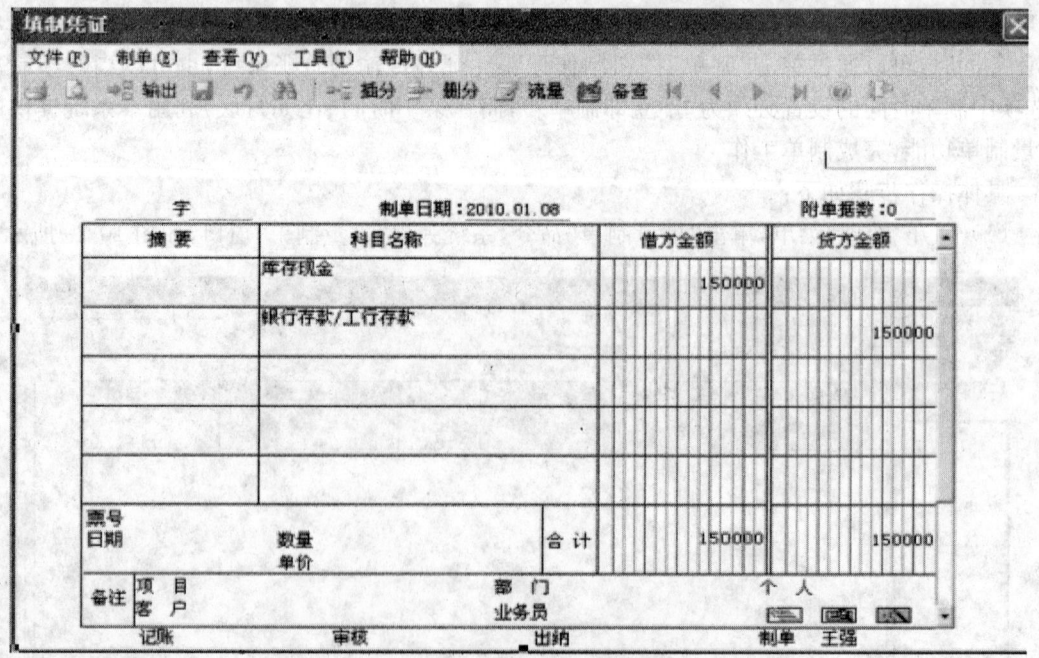

图 10-30　批量制单——制单设置

(4) 单击工具栏中的"制单"按钮,系统弹出"填制凭证"窗口。如图 10-31 所示。

图 10-31　批量制单——填制凭证

(5) 在"填制凭证"窗口中,首先选择所生成的凭证类别,然后填入各分录的摘要内容,最后单击"保存"按钮进行保存,该张凭证出现"已生成"字样,并将该张凭证传递到总账系统中。

八、账簿管理

固定资产管理的任务是及时反映和监督企业固定资产的增加、调出、保管、使用及清理报废等情况,起到保护企业财产的安全完整,充分发挥固定资产效能的作用,也便于成本计算。

在固定资产管理过程中,需要及时统计资产的各类信息,并以账表的形式将这些信息提供给财务人员和资产管理人员。系统所提供的报表分为五类:分析表、统计表、账簿、折旧表和自定义报表,选择相应账表可查看报表各种信息。同时,账表管理提供了强大的联查功能,将各类账表与部门、类别明细和原始单据等有机地联系起来,真正实现了方便、快捷的查询模式。

(一)分析表

分析表主要通过对固定资产的综合分析,为管理者提供管理和决策依据。系统提供了四种分析表:部门构成分析表、价值结构分析表、类别构成分析表和固定资产使用状况分析表。管理者可以通过这些表了解本企业资产计提折旧的程度和固定资产净值的大小。

(二)统计表

统计表是出于管理资产的需要,按管理目的统计的数据。系统提供了八种统计表:固定资产原值一览表、固定资产到期提示表、固定资产统计表、评估汇总表、评估变动表、盘盈盘亏报告表、逾龄资产统计表和役龄资产统计表。这些表从不同的侧面对固定资产进行统计分析,使管理者可以全面、细致地了解企业对资产的管理和分布情况,为及时掌握资产的价值、数量以及新旧程度等指标提供依据。其中,固定资产到期提示表主要用于显示当前使用年限已到期的固定资产信息,以及即将到期的资产信息,以丰富查询分析功能,提高产品的管理性能。

与此相对应,在"选项"中增加"是否每次登录系统时显示资产到期提示表"的选项,根据该参数判断是否当用户每次登录固定资产系统时自动显示该表。

特别提醒

固定资产到期提示表显示所选期间使用年限恰好到期的资产信息,期间可以选择1~12月,对于未处理的期间也可以提前查看资产的即将到期数据,但折旧数据仅为已计提期间的数据。如果在"选项"中选择了"每次登录系统时显示固定资产到期提示表",则无论是否有到期的固定资产,都会显示固定资产到期提示表。

(三)账簿

系统自动生成的账簿有:(单个)固定资产明细账、(部门、类别)明细账、固定资产登记簿、固定资产总账。这些账簿以不同方式,序时地反映资产变化情况,在查询过程中可联查某时期(部门、类别)明细及相应原始凭证,从而获得所需财务信息。

(四)折旧表

系统提供了五种折旧表:(部门)折旧计提汇总表、固定资产折旧清单表、固定资产折旧计算明细表、固定资产及累计折旧表(一)和(二)。通过该类表可以了解并掌握本企业所有资产本期、本年乃至某部门计提折旧及其明细情况。

(五)自定义报表

当系统提供的报表不能满足企业要求时,可以自己定义报表,可存放在自定义账夹中。

（六）图形分析

所谓图形分析，是将报表中的数据用图形反映出来。可进行图形分析的报表有：固定资产总账、部门折旧计提汇总表、固定资产使用状况分析表、固定资产部门构成分析表、固定资产及累计折旧表。

第四节 固定资产管理系统期末处理

一、折旧的处理

自动计提折旧是固定资产管理系统的主要功能之一。系统每期计提折旧一次，根据录入系统的资料自动计算每项资产的折旧，并自动生成折旧分配表，然后制作记账凭证，将本期的折旧费用自动登账。

影响折旧计提的因素有原值、减值准备、累计折旧、净残值（率）、折旧方法、使用年限和使用状况等。

（一）工作量输入

当账套内的资产有使用工作量法计提折旧的时候，每月计提折旧前必须录入资产当月工作量，本功能提供当月工作量的录入和以前期间的工作量信息的查询（输入的本期工作量必须保证使累计工作量小于或等于工作总量）。具体操作步骤如下：

（1）在固定资产管理系统中执行"处理/工作量输入"命令，进入"工作量"输入窗口。窗口中显示了当月需要计提折旧并且折旧方法是工作量法的所有资产的工作量信息。

（2）如果本月是最新的未结账的月份，则该表可以编辑，输入本月工作量。当某些资产的本月工作量与上月相同时，选中该区域，单击"继承上月工作量"按钮，选中区域资产的本月工作量自动录入。累计工作量显示的是截至本次工作量输入后的资产的累计工作量。

（3）单击"保存"按钮，即可完成工作量输入工作。

特别提醒

在选择"继承上月工作量"情况下，如果上期期末累计工作量加上本期继承值大于工作总量，则系统不执行继承上月工作量，而是根据"本月工作量＝工作总量－上期期末累计工作量"自动进行计算，然后在本月工作量后的单元格内标上"＊"号。如果对自动计算的值不满意，可手工修改。

（4）查询工作量。单击"期间选择"框，从第 1～12 期中任选一个期间，列表中的各项数据就是要查看的期间的工作量数据，选择"全年"，则列表列出的数据是各资产在全年 12 期各期间的工作量数据。

(二)计提本月折旧

当开始计提折旧时,系统将自动计提所有资产当期折旧额,并将当期的折旧额自动累加到累计折旧项目中。计提工作完成后,需要进行折旧分配,形成折旧费用。系统除了自动生成折旧清单外,同时还生成折旧分配表,从而完成本期折旧费用登账工作。

具体操作步骤如下:

(1)执行"处理/计提本月折旧"命令,弹出系统提示如图10-32所示。

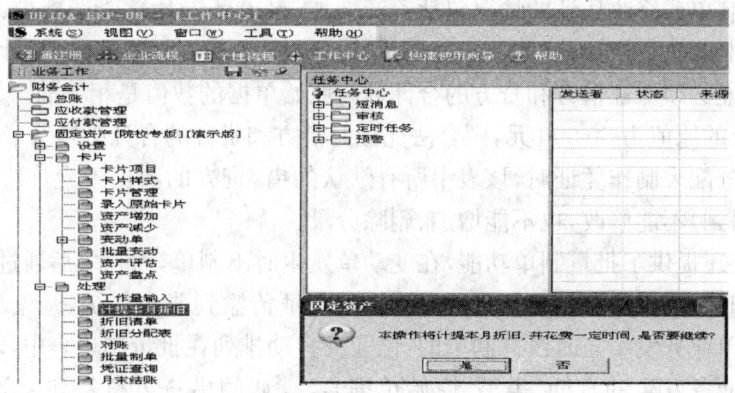

图10-32 计提本月折旧

(2)单击"是"按钮,系统再次提示,再次单击"是"按钮,系统计提折旧完毕,自动打开"折旧清单"对话框,如图10-33所示。

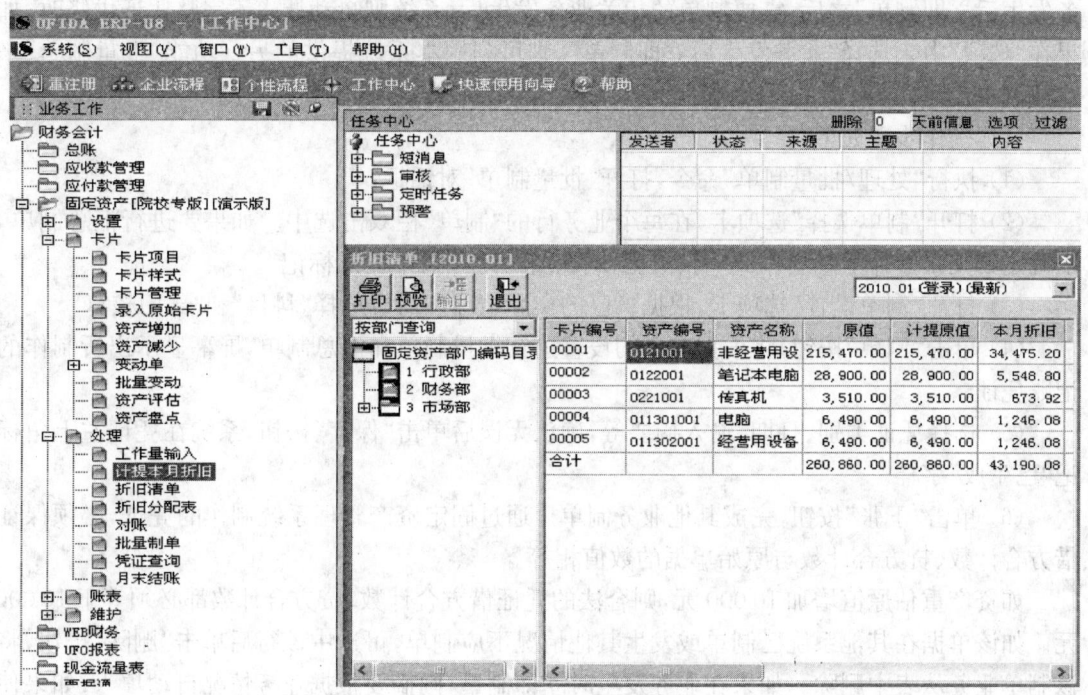

图10-33 计提本月折旧清单

(三)折旧清单

折旧清单显示所有应计提折旧的资产所计提折旧数额的列表。单期的折旧清单中列示了资产名称、计提原值、月折旧率、单位折旧、月工作量和月折旧额等信息,全年的折旧清单中同时列出了各资产在 12 个计提期间中月折旧额和本年累计折旧等信息。

二、制单

制作记账凭证即制单。固定资产管理系统和账务系统之间存在着数据的自动传输,该传输通过制单实现。

系统需要制单或修改凭证的情况包括资产增加(录入新卡片)、资产减少、卡片修改(涉及原值或累计折旧时)、资产评估(涉及原值或累计折旧变化时)、原值变动、累计折旧调整、折旧分配。制作凭证必须保证借方和贷方的合计数与原始单据的数值是相等的。如增加资产制作凭证,增加资产的原值为 50 000 元,则合法凭证的借方和贷方的合计必须等于 50 000 元。

利用折旧分配表制作凭证时,该表中所有默认的借、贷方的数据不允许修改,所有默认的科目(从卡片得到)不能修改,也不能增加、删除分录。

另外,系统还提供了批量制单功能,在变动单发生时不制单,而是之后通过此功能来完成。批量功能可同时将一批需要制单业务连续制作的凭证传输到账务系统,避免了多次制单的繁琐。凡是应制单业务发生当时没有制单的,该业务自动排列在批量制单表中,表中列示应制单而没有制单的业务发生的日期、类型、原始单据号、默认的借贷方科目和金额以及制单选择标志。

(一)制作记账凭证

制作记账凭证可以采取"立即制单"或"批量制单"两种方法实现。在"选项"中选择了"业务发生后立即制单"之后,需要制单的相关业务发生后,系统则自动调出不完整凭证供修改;如果在"选项"中未选择"业务发生后立即制单",则可利用本系统提供的另一功能"批量制单"来完成制单工作。

具体操作步骤如下:

(1) 执行"处理/批量制单"命令,打开"批量制单"对话框。

(2) 打开"制单选择"选项卡,在每个业务行的"制单"栏双击选中。如果要进行汇总制单,以确定哪几张卡片汇总制作成一张单据,则在"合并号"栏中输入标记。

(3) 打开"制单设置"选项卡,根据自己的实际情况和需要选择"科目"和"部门核算"。

(4) 单击"制单"按钮,将根据自己的设置进行批量制单和汇总制单,屏幕显示出所制作的记账凭证。

(5) 选择凭证类别、日期,输入摘要等,确认无误后单击"保存"按钮,系统在凭证左上角标记"已生成"字样。

(6) 单击"下张"按钮,完成其他业务制单。通过固定资产管理系统制作的凭证,必须保证借方合计数、贷方合计数与原始单据的数值相等。

如资产重估原值增加 10 000 元,则合法的凭证借方合计数、贷方合计数都必须等于 10 000 元。如该单据在其他系统已制单或发生其他情况不应制单,可选中该行后单击"删除"按钮,将该制单业务从表中删除。如果在业务发生时立即制单,则摘要根据业务情况自动填入;如果使用批量制单方式,则摘要为空,需要手工录入。

(二)查询、修改、删除凭证

系统所产生的凭证的查询、修改和删除可通过执行"处理/凭证查询"命令来完成。在进行凭证修改时,能修改的内容仅限于摘要、用户自行增加的凭证分录、系统默认分录的折旧科目,而系统默认分录的金额是与原始单据相关的,不能修改。总账无权修改和删除固定资产管理系统传递到总账中的凭证。

三、对账与结账

(一) 对账

当在初始化或"选项"中选择了"与账务系统进行对账",才可使用本系统的对账功能。为保证固定资产管理系统的资产价值与总账管理系统中固定资产科目的数值相等,可随时使用对账功能对两个系统进行审查。系统在执行月末结账时自动对账一次,并显示对账结果。

在固定资产管理系统中执行"处理/对账"命令,系统自动完成对账工作并显示出对账结果。

特别提醒

只有在设置账套参数时选择了"与财务系统进行对账",本功能才能操作;如果对账不平衡,需要根据初始化时是否选中"在对账不平情况下允许固定资产月末结账"来判断是否可以进行结账处理。

(二) 月末结账

当固定资产管理系统完成了本月全部制单业务后,可以进行月末结账。月末结账每月进行一次,结账后当期的数据不能修改。12月底结账时,系统要求完成本年应制单业务,即必须保证批量制单表是空的才能结账。

具体操作步骤如下:

(1) 执行"处理/月末结账"命令,阅读系统提示,系统自动进行一系列的处理,直至结账完成。

(2) 结账完成后,系统会提示操作员系统的可操作日期已转成下一期间的日期,只有在下一期间的日期登录,才可对账套进行操作。

至此,用户不能再对此账套本月任何数据进行修改,如果要开始下一会计期间的业务处理,则需要重新注册登录系统。

特别提醒

如果本期不结账,将不能处理下期的数据;结账前一定要进行数据备份;否则,数据丢失,将造成无法挽回的后果。

(三) 反结账

反结账又称恢复结账前状态,是系统提供的一个纠错功能。如果由于某种原因,在结账后发现结账前的操作有误,而结账后不能修改结账前的数据,则使用此功能恢复到结账前状态去修改错误。如果结账后发现有未处理的业务或者需要修改的事项,可通过系统提供的"恢复月末结账前状态"功能进行反结账。

反结账完成后,系统提示"成功恢复账套月末结账前状态",单击"确定"按钮返回。不能跨年度恢复数据,即系统年末结转后,不能利用本功能恢复年末结转。由于成本子系统每月从固定资产子系统提取折旧费数据,因此,一旦成本系统提取了某期的数据,该期则不能反结账。恢复到某月月末结账前状态后,本账套内对该结账后所做的所有工作都无痕迹删除(即不可恢复性删除)。

【本章小结】 本章主要介绍了固定资产管理系统。读者应掌握如何进行固定资产日常业务的核算和管理,生成固定资产卡片,反映固定资产的增加、减少、原值变化情况,按月自动计提折旧,生成分配凭证,输出明细账及相关账簿报表,使企业固定资产充分发挥其效能。

实训五 固定资产管理

【实训目的】

掌握软件中有关固定资产管理的相关内容,掌握固定资产系统初始化、日常业务处理、月末处理的操作。

【实训内容】

1. 固定资产系统参数设置、原始卡片录入、修改固定资产卡片。
2. 日常业务:资产增减、资产变动、资产评估、直接生成凭证、批量制单、账表查询。
3. 月末处理:计提减值准备、计提折旧、对账和结账,账套备份。

【实训准备】

引入实训一账套数据。

【实训资料】

1. 账套固定资产系统的参数(如表10-1所示)。

表10-1 账套固定资产系统的参数表

控制参数	参 数 设 置
约定与说明	我同意
启用月份	2010.01
折旧信息	本账套计提折旧;折旧方法:平均年限法;折旧汇总分配周期:1个月,当(月初已计提月份=可使用月份-1)时,将剩余折旧全部提足
编码方式	资产类别编码方式:2112;固定资产编码方式:按"类别编码+部门编码+序号"自动编码;卡片序号长度为5
财务接口	与账务系统进行对账;对账科目:固定资产对账科目1601固定资产,累计折旧对账科目1602累计折旧
补充参数	业务发生后立即制单;固定资产系统与总账进行对账;对账不平衡的情况下不允许固定资产月末结账。月末结账前一定要完成制单登账业务

2. 部门对应折旧科目(如表10-2所示)。

表10-2　　　　　　　　　　部门对应折旧科目表

部 门 名 称	贷 方 科 目
综合部	管理费用(6602)
财务部	管理费用(6602)
销售处	销售费用(6601)
生产部	制造费用(5101)

3. 固定资产类别(如表10-3所示)。

表10-3　　　　　　　　　　固定资产类别表

编码	类别名称	使用年限	净残值率	折旧方法	计提属性
01	房屋及建筑物			平均年限法(一)	正常计提
011	办公楼	30	2%	平均年限法(一)	正常计提
012	厂房	30	2%	平均年限法(一)	正常计提
02	机器设备			平均年限法(一)	正常计提
021	生产线	10	3%	平均年限法(一)	正常计提
022	办公设备	5	3%	平均年限法(一)	正常计提

4. 固定资产增减方式(如表10-4所示)。

表10-4　　　　　　　　　　固定资产增减方式表

增加方式	对应入账科目	减少方式	对应入账科目
直接购入	银行存款(100201)	出售	固定资产清理(1606)
投资转入	实收资本(4001)	投资转出	长期股权投资(1511)
捐赠转入	资本公积(4002)	捐赠转出	固定资产清理(1606)
盘盈	待处理财产损溢(1901)	盘亏	待处理财产损溢(1901)
在建工程	在建工程(1604)	报废	固定资产清理(1606)

5. 固定资产原始卡片(如表10-5所示)。

表10-5　　　　　　　　　　固定资产原始卡片表

单位:元

卡片编号	00001	00002	00003	00004	00005
固定资产编号	01100001	01200001	02100001	02100002	02200001
固定资产名称	1号楼	2号楼	A生产线	B生产线	电脑
类别编号	011	012	021	021	022
类别名称	办公楼	厂房	生产线	生产线	办公设备
部门名称	综合部	加工车间	加工车间	加工车间	财务部

(续表)

卡片编号	00001	00002	00003	00004	00005
增加方式	在建工程转入	在建工程转入	在建工程转入	在建工程转入	直接购入
使用状况	在用	在用	在用	在用	在用
使用年限(年)	30	30	10	10	5
折旧方法	平均年限法(一)	平均年限法(一)	平均年限法(一)	平均年限法(一)	平均年限法(一)
开始使用日期	2008-01-08	2009-03-10	2008-01-20	2008-04-08	2009-06-01
币种	人民币	人民币	人民币	人民币	人民币
原值	400 000	450 000	150 000	180 000	20 000
净残值率%	2	2	3	3	3
净残值	8 000	9 000	4 500	5 400	600
累计折旧	37 800	25 515	39 375	45 198	1 944
净值	362 200	424 485	110 625	134 802	18 056
对应折旧科目	管理费用	制造费用	制造费用	制造费用	管理费用

6. 业务资料：

(1) 2010年2月15日，直接购入并交付销售处使用一台电脑，预计使用年限为5年，原值为12 000元，净残值为3%，采用"年数总和法"计提折旧。

(2) 2010年2月20日，将财务部使用的电脑"00005"号固定资产捐赠给希望工程。

(3) 2010年2月28日，根据企业需要，将卡片号码为"00004"号的固定资产(B生产线)的折旧方法由"平均年限法(一)"更改为"工作量法"。工作总量为"60 000"小时，累计工作量为"10 000"小时。

(4) 2010年2月28日，对A生产线进行资产评估，评估结果为原值"200 000"元，累计折旧"45 000"元。

【实训要求】

以"201刘远"的身份进行固定资产管理，根据以上资料操作。

【操作指导】

引入实训一账套数据，以"201刘远"的身份注册进入"企业应用平台"，在"设置/基本信息/系统启用"中选择"FA固定资产"，启用会计期间为2010年1月，启用自然日期为2010年1月1日，确认后退出。选择"业务/财务会计/固定资产"菜单项，运行固定资产管理系统。

1. 账套初始化

由于是首次使用固定资产管理系统，此时系统自动提示是否进行账套初始化，单击"是"按钮，打开"固定资产初始化向导"对话框，系统自动引导用户完成固定资产建账过程。

(1) 在"约定及说明"界面中显示固定资产账套的基本信息，并提示系统进行资产管理的基本原则，仔细阅读后，单击"下一步"。

(2) 在"启用月份"界面中可以查看本账套固定资产开始使用的年份和会计期间，但启用日期只能查看不能修改。当确定启用日期后，在该日期前的所有固定资产都将作为期初数据，在启用月份开始计提折旧,单击"下一步"。

(3) 在"折旧信息"界面中,选择本账套计提折旧;主要折旧方法:平均年限法(一);折旧汇总分配周期:1个月;"当(月初已计提月份＝可使用月份－1)时将剩余折旧全部提足(工作量法除外)"项,设置完毕,单击"下一步"。

(4) 在"编码方式"界面中,确定资产类别编码方式:2112;固定资产编码方式:按"类别编码＋部门编码＋序号"自动编码;卡片序号长度为5,设置完成后,单击"下一步"。

(5) 在"财务接口"界面中,选中"与账务系统进行对账"复选框,"固定资产对账科目"选择"科目参照"对话框中账务系统"固定资产"的一级科目。"累计折旧对账科目"选择"科目参照"对话框中账务系统"累计折旧"一级科目。完成以上的设置后,单击"下一步"。

(6) 在"完成"界面中,系统进行初始化检查,仔细审查系统给出的汇总报告,确认没有问题时,单击"完成"按钮,结束固定资产建账过程,弹出系统提示,单击"是"按钮,确认后,系统将进入固定资产管理系统主界面。

2. 基础设置

(1) 部门档案设置。在"设置/基础档案/机构设置/部门档案"进入"部门档案"窗口,增加"加工车间"。

(2) 部门对应折旧科目的设置。在固定资产管理系统中执行"设置/部门对应折旧科目"命令,进入"部门编码表"窗口,按实训资料选择该部门,单击工具栏上的"修改"按钮,系统自动打开"单张视图"选项卡,在"折旧科目"中参照选择或直接输入科目编码,系统将自动显示出该科目所对应的名称。单击"保存"按钮,弹出系统提示,可将设置结果保存并返回到"列表视图"。设置部门对应折旧科目时,必须选择末级会计科目。

(3) 资产类别设置。在固定资产管理系统中执行"设置/资产类别"命令,进入"类别编码表"窗口,单击"增加"按钮,输入类别编码、类别名称、使用年限、净残值率、计量单位、计提属性、折旧方法、卡片样式等信息。

(4) 增减方式设置。在固定资产管理系统中,选择"设置/增减方式"菜单,打开"增减方式",在"列表视图"中显示了系统预设的固定资产增减方式,用户可以根据企业的实际情况进行增加、删除。单击"直接购入"增加方式,再单击"修改",输入对应入账科目"银行存款(100201)",单击"保存";同理,依据实训资料设置其他增减方式。

3. 原始卡片录入

在固定资产管理系统中执行"卡片/录入原始卡片"命令,系统弹出"固定资产类别档案"对话框,选择录入卡片所属的资产类别"01房屋及建筑物"的下级项目"011办公楼",单击"确认"按钮,进入"固定资产卡片"窗口,单击"固定资产卡片"选项卡,输入对应的卡片信息。如:"卡片编号"处输入"00001";"固定资产编号"处输入"01100001";"固定资产名称"处输入"1号楼"等信息,录入完成后,单击"保存"按钮,弹出系统提示"数据成功保存!",同理,依据实训资料录入其他固定资产卡片。

4. 日常业务处理

(1) 资产增加(业务1)。执行"卡片/资产增加"命令,打开"资产类别档案"对话框。选择要录入的固定资产类别"办公设备"确认后进入"固定资产卡片"窗口。输入固定资产名称"电脑",单击"部门名称",选择"销售处",单击"增加方式",选择"直接购入",单击"使用状况"选择"在用",输入原值"12 000.00",使用年限"5年0月",开始使用日期"2010-01-15",折旧方法

"年数总和法"、净残值率"3%"等各项内容,其录入过程与录入原始卡片相同。录入完成后,单击"保存"按钮,保存录入的卡片。

(2) 固定资产减少(业务2)。执行"卡片/资产减少"命令,打开"资产减少"对话框。选择要减少的资产"卡片编号00005",然后单击"增加"按钮,将资产添加到资产减少表中。在表内输入资产减少的信息:减少日期"2010-01-20"、减少方式"捐赠转出"。单击"确定"按钮,即可完成该资产的减少。

(3) 资产变动(业务3)。执行"卡片/变动单/折旧方法调整"命令,打开"折旧方法调整"窗口,选择"卡片编号00004",系统自动带出"开始使用日期"、"固定资产名称"、"变动前部门"等相关信息。选择折旧方法,把折旧方法由"平均年限法(一)"更改为"工作量法"。工作总量为"60 000"小时,累计工作量为"10 000"小时。单击"保存",弹出系统提示,确认后保存本次变动结果。

(4) 资产评估(业务4)。选择"卡片/资产评估",打开"资产评估窗口",单击"增加"按钮,打开"资产评估选择"选择要评估的资产"A生产线"、"原值"和"累计折旧",然后单击"确定"录入评估数据"原值200 000"和"累计折旧45 000"。生成的评估单显示被评估资产所评估的项目在评估前和评估后的数据。

(5) 生成凭证。展开"处理"菜单,单击"批量制单"命令,系统弹出"批量制单"窗口,单击工具栏中的"全选"按钮,则在所有记录的"制单"标记项上打上红色的"Y"表示全部记录进行制单。单击选择"制单设置"页签,在此选择生成凭证的科目和部门,单击工具栏中的"保存"按钮保存设置。单击工具栏中的"制单"按钮,系统弹出"填制凭证"窗口。在"填制凭证"窗口中,首先选择所生成的凭证类别,然后填入各分录的摘要内容,最后单击"保存"按钮进行保存,该张凭证出现"已生成"字样,并将该张凭证传递到总账系统中。

(6) 计提本月折旧。执行"处理/计提本月折旧"命令,弹出系统提示,单击"是"按钮,系统再次提示,再次单击"是"按钮,系统计提折旧完毕,自动打开"折旧清单"对话框,执行"处理/批量制单"命令,打开"批量制单"对话框。打开"制单选择"选项卡,在每个业务行的"制单"栏双击选中。打开"制单设置"选项卡,根据自己的实际情况和需要选择"科目"和"部门核算"。单击"制单"按钮,将根据自己的设置进行批量制单和汇总制单,屏幕显示出所制作的记账凭证。选择凭证类别、日期、输入摘要等,确认无误后单击"保存"按钮,系统在凭证左上角标记"已生成"字样。单击"下张"按钮,完成其他业务制单。

5. 月末结账

系统生成的凭证均为未审核凭证,此时应到总账系统中进行审核及记账,只有总账记账完毕,固定资产系统才可以进行对账,对账平衡,才开始月末结账。具体操作步骤如下:

(1) 执行"处理/月末结账"命令,打开"月末结账"对话框,阅读系统提示,系统自动进行一系列的处理,直至结账完成。

(2) 结账完成后,系统弹出"月末结账成功完成",单击"确定"按钮。

第十一章

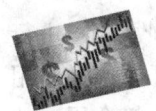

应收/应付款管理

内容提要　应收/应付款管理系统是财务软件中的一项重要内容，可分别实现对客户和供应商的往来业务进行管理，并能够对其相关信息进行统计与分析，从而为用户决策提供必要的依据。应收/应付款管理系统扩展了总账系统中对往来业务的管理，它使用户对往来账款的管理工作更加明晰。

第一节　应收款管理

在用友 ERP-U8　8.61 版企业应用平台窗口中单击左侧的"财务会计"选项，进入"财务会计"设置界面，单击"应收款管理"选项，即可进入"应收款管理"设置界面，如图 11-1 所示。

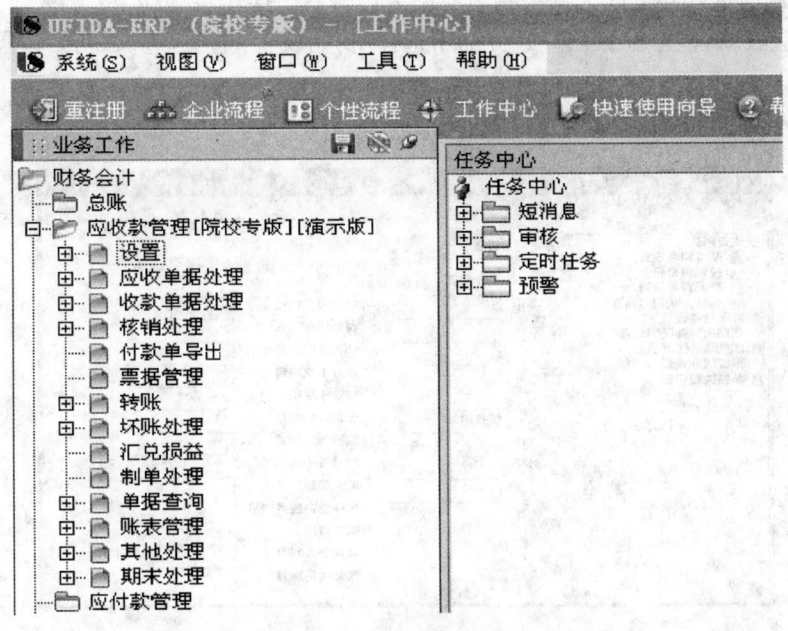

图 11-1　应收款管理系统

一、应收款管理系统初始化

进行初始设置是为了建立应收款管理的基础数据,确定使用哪些单据处理应收业务,进行账龄管理的账龄区间及各个业务类型的凭证科目。只有具备这些功能,企业才可以选择使用自己定义的单据类型,进行单据的录入、处理、统计分析并制单,使应收业务管理更符合用户的需要。

1. 账套参数设置

在运行应收款管理系统之前,应设置运行所需要设置的各项账套参数,以便系统根据用户所设定的选项进行相应的操作处理。操作步骤如下:进入"应收款管理/设置"选项,在此可分别选择"常规"、"凭证"、"权限与预警"选项卡,然后单击"编辑"按钮进行设置修改。如图11-2所示。

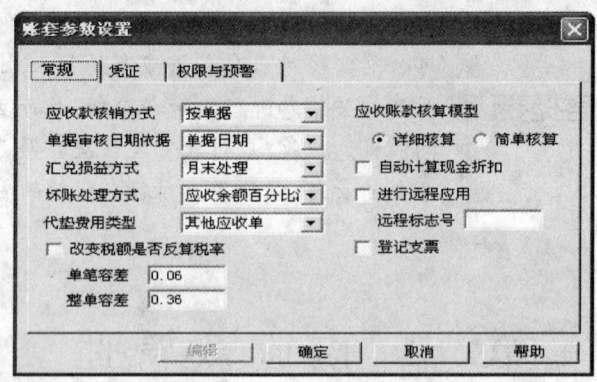

图 11-2 账套参数设置

2. 应收款管理系统科目设置

进行科目设置的目的,是为了应收款系统中所处理的各种单据制单生成凭证并传递到总账系统中时,自动带入其生成凭证中相对应的会计科目。操作步骤如下:

(1)在"应收款管理/设置/选项"界面中选择"初始设置"选项,进入"初始设置"窗口,如图11-3所示。

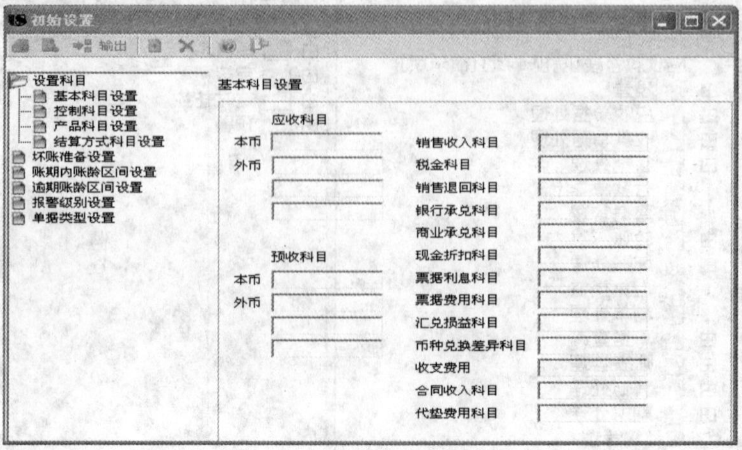

图 11-3 初始设置

(2)双击"基本科目设置"选项,在此进行各科目的设置,可单击"参照"按钮进行科目选择。

(3)双击"控制科目设置"选项,进入"基本科目设置"录入各控制科目,进行应收科目、预收科目的设置。录入的控制科目不仅与应收系统账套参数设置中的控制科目保持一致,而且与总账系统中的科目设置保持一致,如图 11-4 所示。

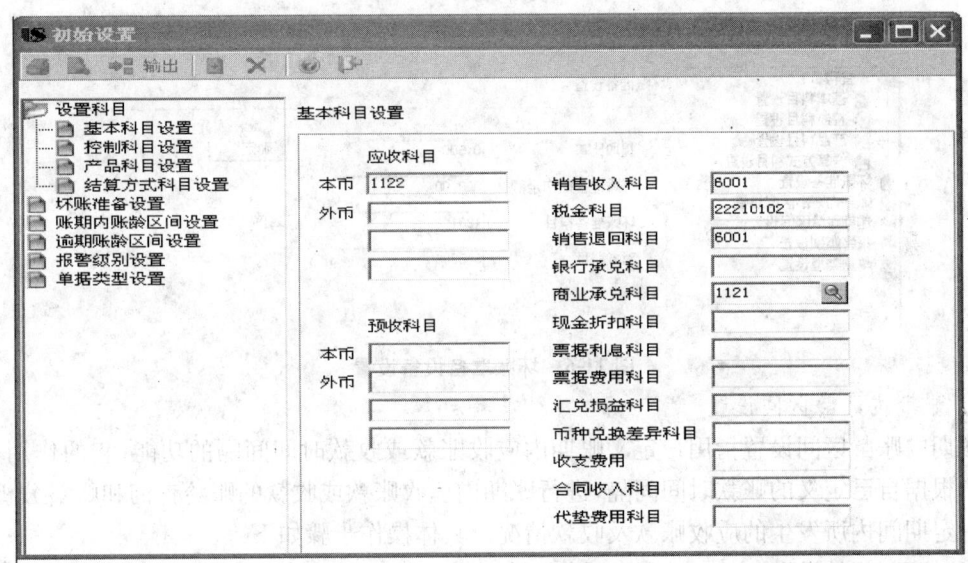

图 11-4　基本科目设置

(4)双击"产品科目设置"选项,进行产品科目设置。如果在总账系统中针对不同的存货设置了不同的销售收入、应交税费、销售退货科目,则在此针对每一种存货进行具体设置,如果这几个科目与基本科目的设置一样,则不必再设置。

(5)双击"结算方式科目设置"选项,进行结算方式、币种、科目的设置,如图 11-5 所示。

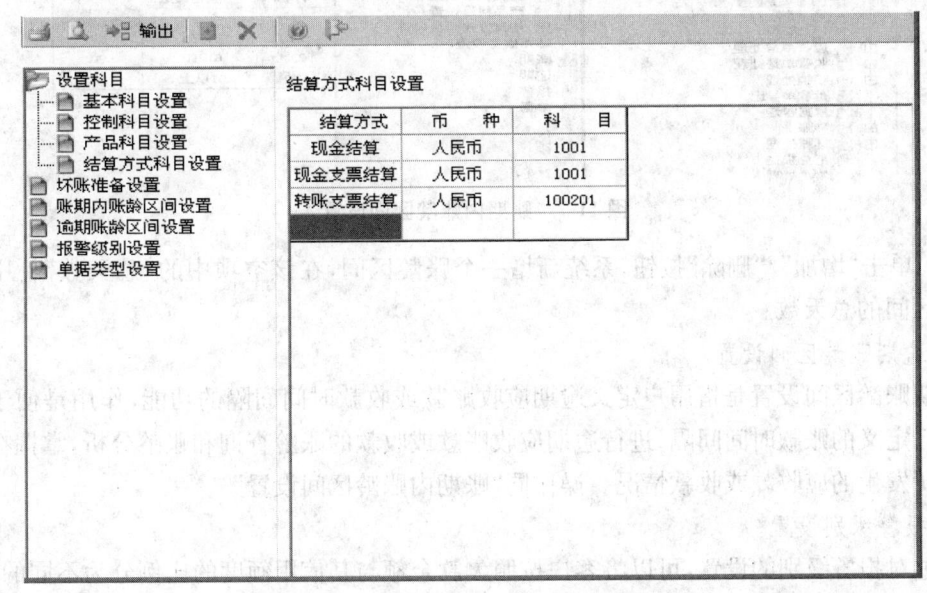

图 11-5　结算方式科目设置

3. 坏账准备设置

应收款系统可以根据发生的应收业务情况,提供自动计提坏账准备金功能。根据应收系统选项中选取的坏账处理方式不同,相应的坏账准备设置也不同,以应收账款余额百分比法为例,设置计提坏账准备。操作步骤如下:打开"初始设置"窗口,选择"坏账准备设置",输入各项内容,单击"确定"。如图11-6所示。

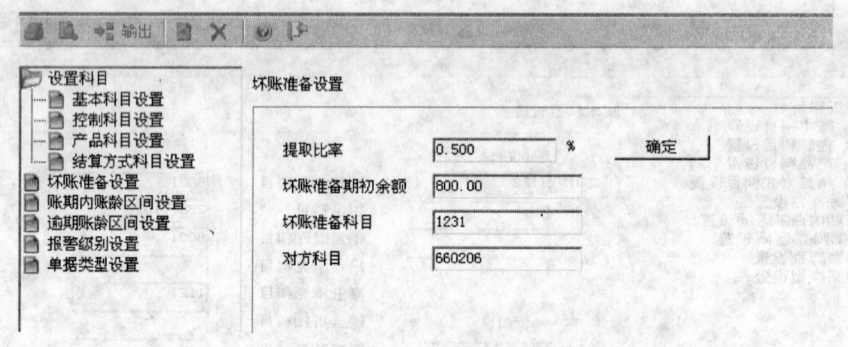

图11-6 坏账准备设备设置

4. 账期内账龄区间设置

账期内账龄区间设置指用户定义账期内应收账款或收款时间间隔的功能,它的作用是便于用户根据自己定义的账款时间间隔,进行账期内应收账款或收款的账龄查询和账龄分析,掌握在一定期间内所发生的应收账款及收款情况。具体操作步骤如下:

(1)打开"初始设置"窗口,选择"账期内账龄区间设置"如图11-7所示。

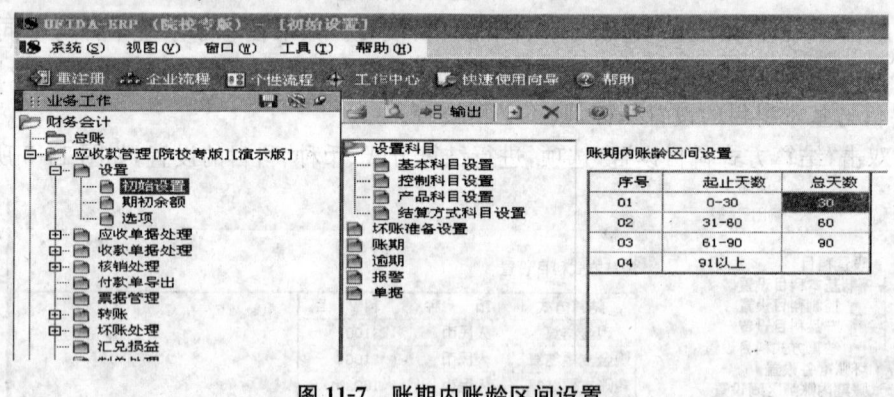

图11-7 账期内账龄区间设置

(2)单击"增加"/"删除"按钮,系统新增一个账龄区间,在该空项中的"总天数"栏中填入该账龄区间的总天数。

5. 逾期账龄区间设置

逾期账龄区间设置是指用户定义逾期应收账款或收款时间间隔的功能,作用是便于用户根据自己定义的账款时间间隔,进行逾期应收账款或收款的账龄查询和账龄分析,掌握在一定期间内所发生的应收款或收款情况。操作同"账期内账龄区间设置"。

6. 报警级别设置

通过对报警级别的设置,可以将客户按照欠款余额与其信用额度的比例分为不同的类型,以便于掌握各个客户的信用情况。操作同"账期内账龄区间设置"。如图11-8所示。

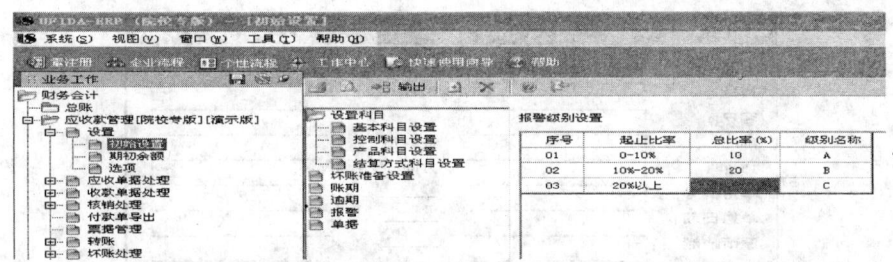

图 11-8　报警级别设置

7. 单据类型设置

用户将自己的往来业务与单据类型建立起对应关系，从而实现对业务快速处理以及进行分类汇总、查询和分析。在"单据类型设置"选项中设置单据的类型，系统提供了"发票"和"应收单"两大类型的单据。在应收款系统中发票的类型包括增值税专用发票和普通发票。根据应收单记录销售业务之外的应收款情况，如将应收单分为应收代垫费用款、应收利息款、应收罚款和其他应收款等，应收单的对应科目由操作员自己定义，如图11-9所示。

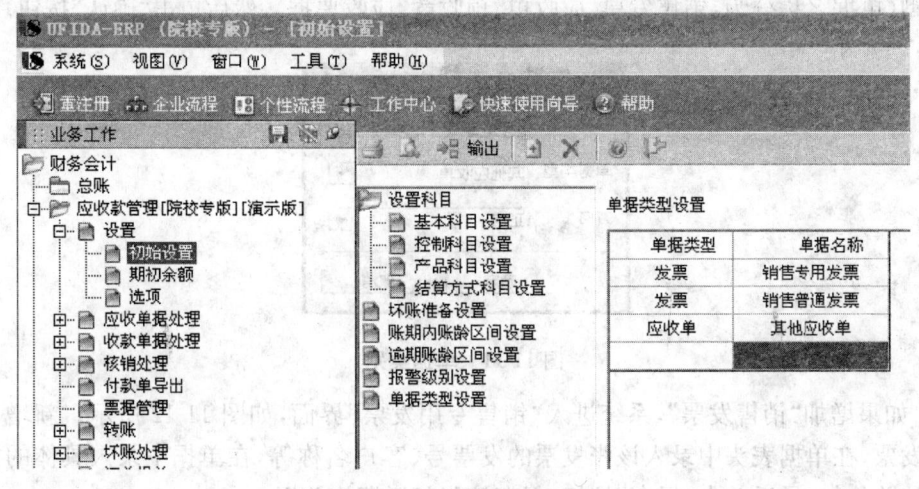

图 11-9　单据类型设置

8. 录入期初余额

在启动应收款系统时，需要将以前还未处理完毕的单据全部录入到系统中，用以作为系统的期初余额。通过期初余额功能，用户可以将正式启用账套前的所有应收业务数据录入到系统当中，作为期初建账的数据，系统就可以对其进行管理，这样不但保证了数据的连续性，还保证了数据的完整性。

在初次使用应收款系统的时候，要将上期还没有处理完毕的单据都录入到系统中，以便在以后进行处理。当进入第二年度再处理时，系统自动将上年度未处理完毕的单据转成下一年度的期初余额。

在以年度为单位的第一个会计期间里，可以进行期初余额的调整。在期初余额的主界面，列出了所有客户、所有科目的期初余额，用户可以通过过滤功能，查看某一个客户或者某一个科目的期初余额。具体的操作步骤如下。

（1）展开"设置"菜单中的"期初余额"选项，系统弹出"期初余额——查询"对话框，如图11-10所示。

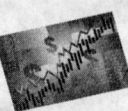

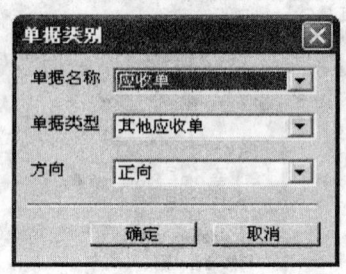

图11-10　期初余额——查询

(2) 选择需要查询的条件(如果不加入任何条件,即为所有记录),单击"确认"按钮,系统打开"期初余额明细表"窗口。

(3) 单击"增加",系统弹出"单据类别"对话框,如图11-11所示。选择需增加的期初余额单据类型(单据名称分为:销售发票、应收单、预收款、应收票据),然后单击"确认"按钮。

图11-11　单据类别

A. 如果增加"销售发票",系统进入"销售专用发票"界面,如图11-12所示。新增一张期初销售发票,在单据表头中录入该张发票的发票号、客户名称等,在单据中录入具体的货物名称、数量、单价等,最后单击"保存"按钮,保存该张新增期初单据。

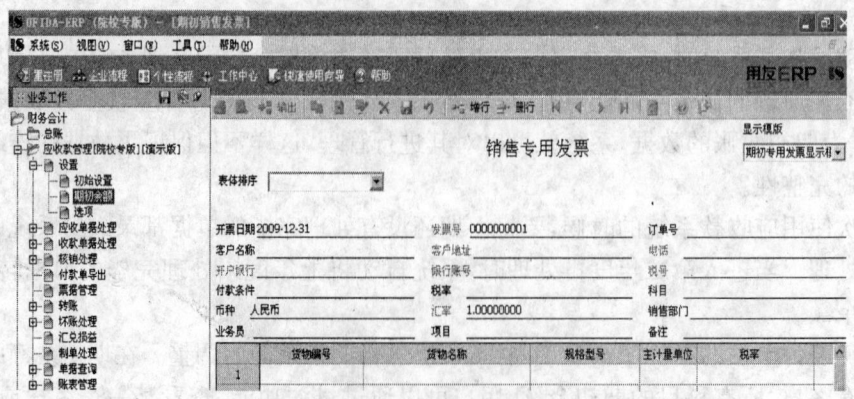

图11-12　销售发票

B. 如果增加"应收单",系统进入"应收单"窗口,如图11-13所示。新增一张期初其他应收单,录入客户名、金额等,录入完毕,单击"保存"按钮,保存新增的单据,如图11-14所示。

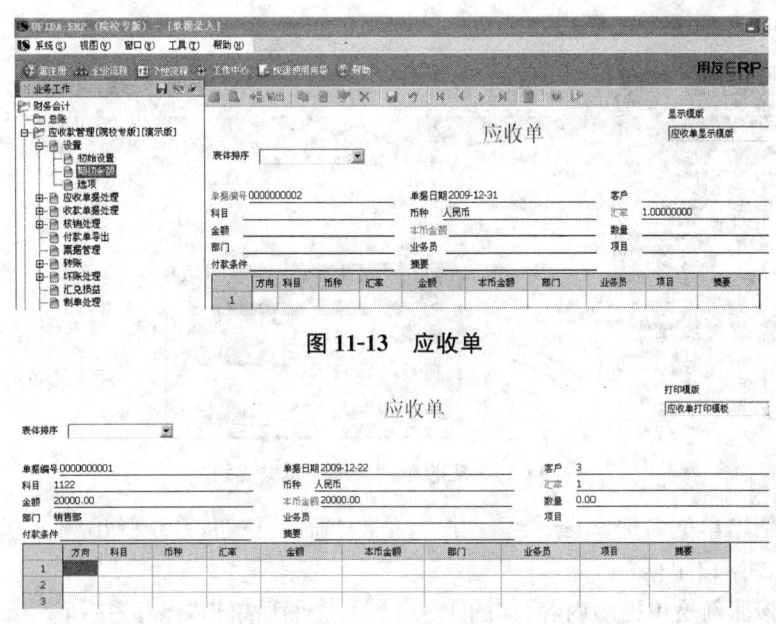

图 11-13　应收单

图 11-14　增加应收单

C. 如果增加期初"预收款",系统进入"收款单"窗口,如图 11-15 所示。在此录入期初预收款,录入完毕,单击"保存"按钮保存。

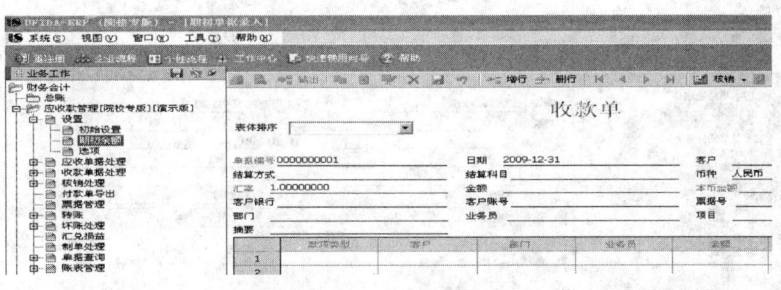

图 11-15　预收款

D. 如果增加期初"应收票据",系统进入"期初票据"窗口,在"期初票据"窗口录入新增期初票据的客户名、金额等。录入完毕后,单击"保存"按钮,保存新增的单据。

(4) 在录入完成应收款的期初余额后,应进行"期初对账"工作,在"期初余额明细表"中,单击"对账"按钮,系统弹出"期初对账"窗口。

(5) 查看应收款系统与总账系统的期初余额是否平衡。如果不平衡,需再检查是否录入有误,若有误,则修改,直至达到平衡。

二、日常业务

往来业务的单据处理在流程上一般来说分成两个阶段:一是单据的录入,目的是把业务发生时的原始单据资料输入系统,这时的单据尚未形成记账凭证;二是对单据进行审核,主要是对已经录入的单据内容进行校对,检查其正确性,经过审核后的单据才能制单形成记账凭证。

1. 增加应收款

(1) 展开"应收款管理"菜单、单击"应收单据处理",选择"应收单录入"选项,系统弹出"单据类别"对话框,如图 11-16 所示。

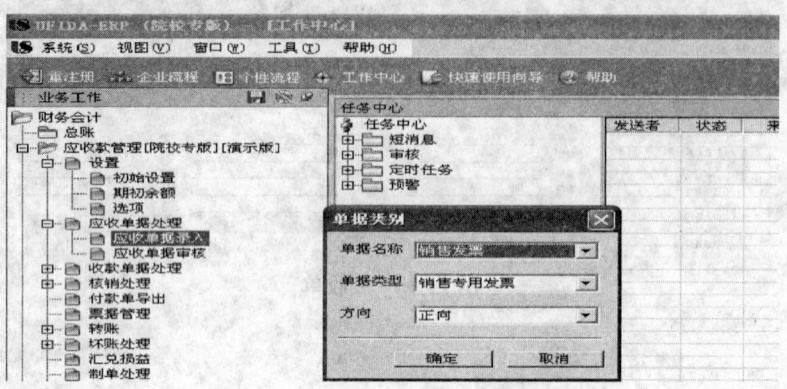

图 11-16 应收单据处理—单据类别

（2）选择新增单据名称、单据类型、方向,单击"确定"按钮,系统弹出"应收单"窗口,增加一张所选类型的空白单据,

（3）录入该张新增单据的内容,如图 11-17 所示。然后单击"保存"按钮。

图 11-17 应收单

2. 修改、审核应收款单据

用户如果对添加的应收款单据不满意,则可以对其进行修改,修改之后审核该单据,只有经过审核之后的应收款单据才可以被系统正式认为该笔应收账款是有效的。具体操作步骤如下：

（1）打开"应收单据处理"菜单,单击"应收单据审核"选项,系统弹出"单据过滤条件"对话框,如图 11-18 所示。在选择相应的查询条件之后,单击"确定",即可打开"应收单据列表",如图 11-19 所示。

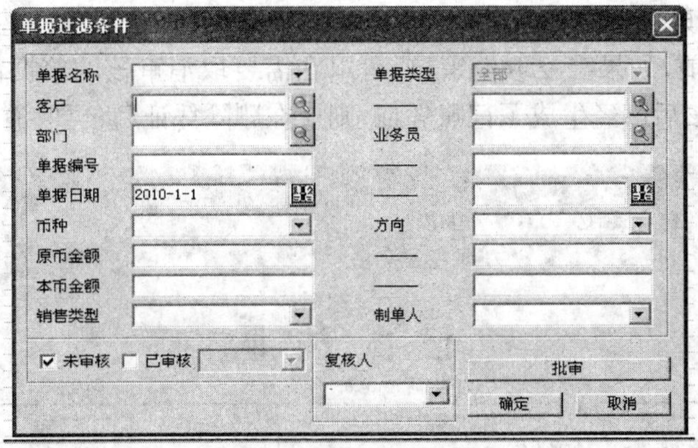

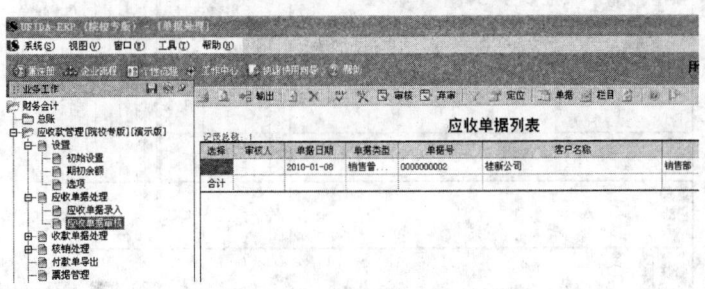

图 11-18　应收单据过滤条件

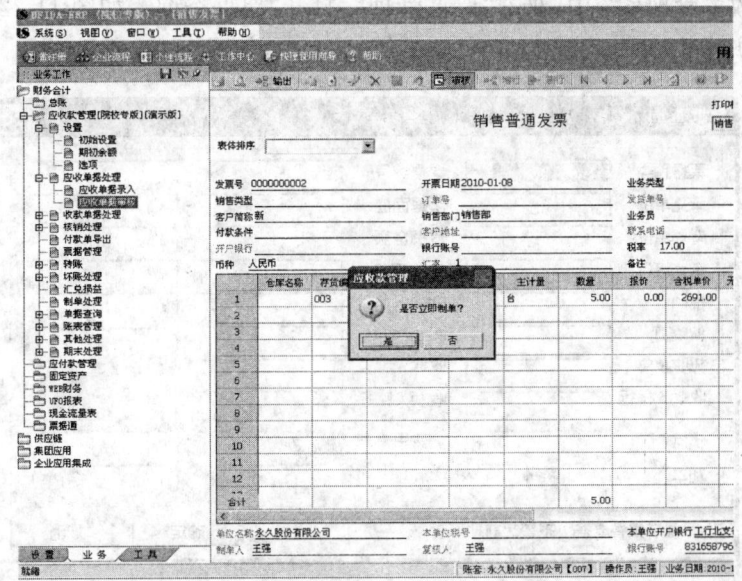

图 11-19　应收单据列表

(2) 单击"单据",打开"应收单"窗口,在其中通过"定位"、"首张"、"上张"、"下张"、"末张"等按钮查找到需要修改的单据。单击"修改",就可以对当前单据进行修改;单击"删除"可以对当前单据进行删除操作。单据的名称和类型是不能修改的,只能将这张单据删除,然后再新增一张单据;已经审核或已经成为凭证的单据不能进行修改和删除;被删除的单据是无法恢复的。

(3) 对需要进行审核的单据进行查找,单击"审核",弹出制单提示框,如图 11-20 所示。

图 11-20　审核单据

单击"是"按钮,即可直接生成记账凭证,如图 11-21 所示。对于一些已经审核过的单据,在没有生成凭证之前,如果需要取消审核,可以在需要取消审核的单据窗口中,单击"弃审"。如果应收单据在审核后已经生成了记账凭证,则应在删除凭证后,再取消审核。

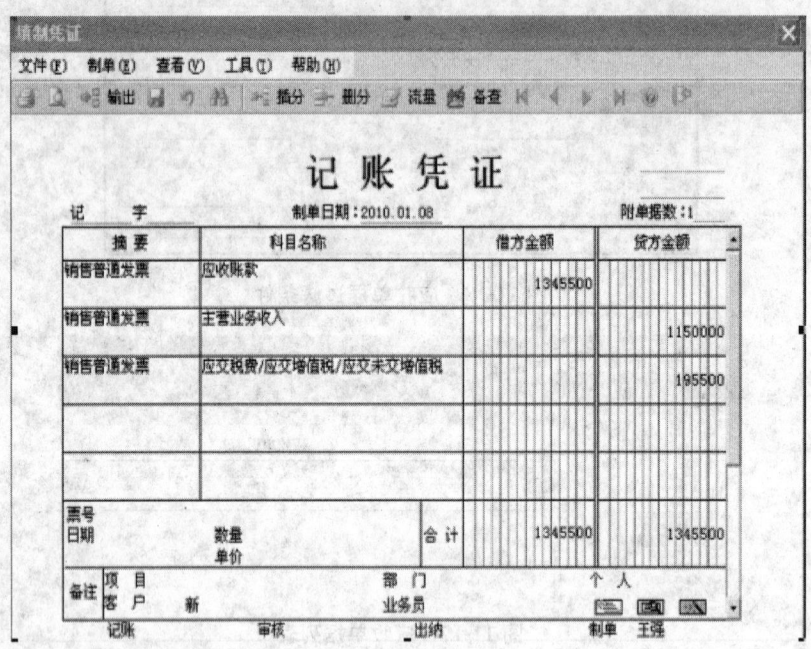

图 11-21　生成记账凭证

3. 票据管理

在应收款系统中可以对银行承兑汇票和商业承兑汇票进行管理,包括记录票据详细信息、记录票据处理情况。如果要进行票据登录簿管理,必须将应收票据科目设置成为带有客户往来辅助核算的科目。具体操作步骤如下:

(1) 在应收款管理系统中,双击"票据管理",打开"票据查询",如图 11-22 所示。输入相应的查询条件并单击"确定"按钮,打开"票据管理"窗口,如图 11-23 所示。

图 11-22　票据查询

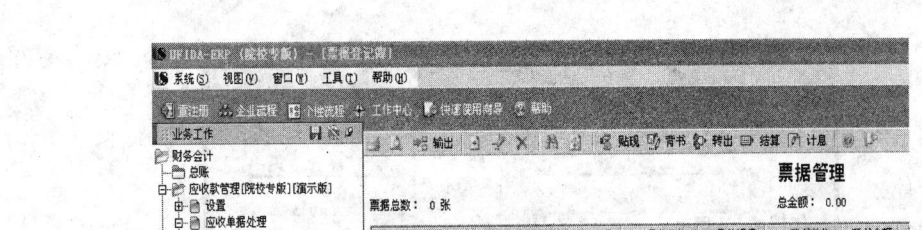

图 11-23　票据管理

（2）要增加新的票据，单击"增加"，进入"票据输入"窗口，并根据提示输入相应的内容，如图 11-24 所示。单击"保存"，一张新的票据就增加成功了，也可以进行票据内容更改，如图 11-25所示。

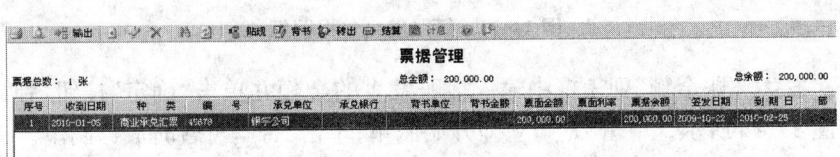

图 11-24　增加新票据

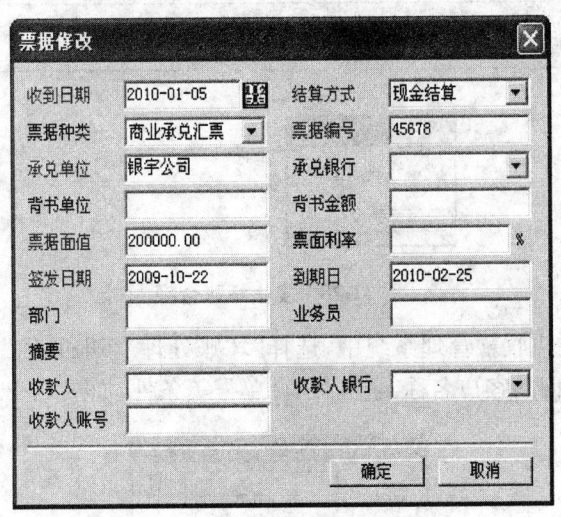

图 11-25　票据修改

（3）单击"背书"、"贴现"、"转出"、"结算"和"计息"等按钮可进行相应的操作。

4．坏账处理

坏账的处理包括坏账发生、坏账收回和坏账的计提。其中，坏账的发生和收回是根据往来款项业务情况在日常核算中进行的，而坏账的计提只能在年末进行，并且由应收款系统根据用户对坏账计提方法的设置自动计算，然后制单完成的。

（1）坏账发生。在应收款管理系统中，选择"坏账处理/坏账发生"，打开"坏账发生"对话框，在其中输入客户名称等内容，如图 11-26 所示。

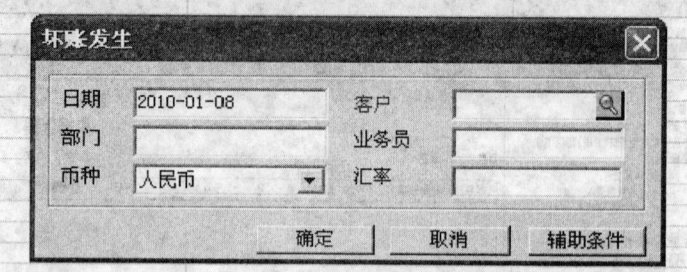

图 11-26　坏账发生

单击“确定”，打开“坏账发生单据明细”窗口，如图 11-27 所示。

坏账发生单据明细

单据类型	单据编号	单据日期	合同号	合同名称	到期日	余额	部门	业务员	本次发生坏账金额
销售普通发票	0000000001	2010-01-08			2010-01-08	10,500.00	销售部		
合计						10,500.00			0.00

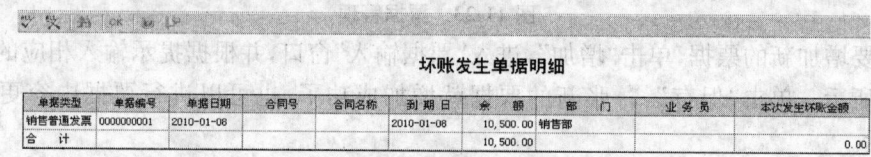

图 11-27　坏账发生单据明细

在“本次发生坏账金额”列表框中输入坏账发生的金额并单击“确定”按钮，弹出一个信息提示框，如图 11-28 所示。单击“是”，立即开始制单；单击“否”，可暂时放弃制单。

坏账发生单据明细

单据类型	单据编号	单据日期	合同号	合同名称	到期日	余额	部门	业务员	本次发生坏账金额
销售普通发票	0000000001	2010-01-08			2010-01-08	15,500.00	销售部		5000
合计						15,500.00			5,000.00

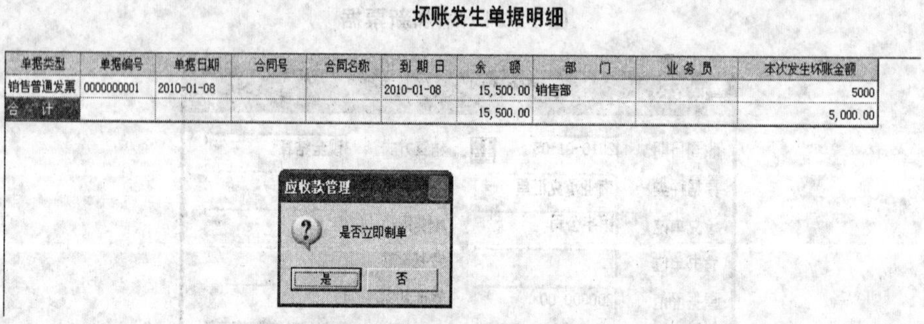

图 11-28　发生坏账金额

（2）坏账收回。在应收款管理系统中，选择“坏账处理/坏账收回”，打开“坏账收回”对话框，在其中输入坏账收回的客户名称、金额、结算单号等条件，如图 11-29 所示。

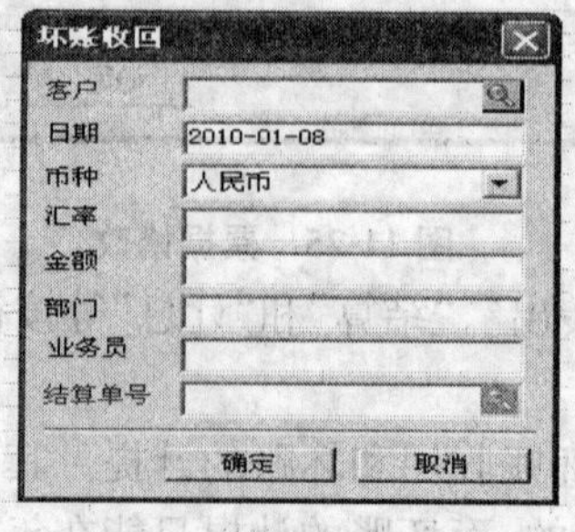

图 11-29　坏账收回

单击“确定”，出现一个制单的信息提示框。单击“是”，可立即开始制单；单击“否”，可暂时放弃制单。

5. 坏账计提

在应收款管理系统中选择"坏账处理/计提坏账准备",打开"应收账款百分比法",单击"确定",弹出制单的信息提示框。单击"是",可立即开始制单;单击"否",可暂时放弃制单。坏账计提应该在进入系统时的基础设置处预先进行设置,主要方法有销售收入百分比法、应收账款百分比法和账龄分析法。如果坏账准备已经计提成功,则本年度将不能再计提坏账准备。

6. 取消坏账处理

取消坏账处理的方法和取消单据核销的方法相同:在应收款管理系统中选择"其他处理/取消操作",打开"取消操作条件",在其中输入要取消坏账处理的相关信息,单击"确定",可取消坏账处理。

7. 转账处理

在日常往来的业务中,由于频繁发生往来款项,在账面上对于一个往来单位可能既存在债权关系,又存在债务关系。如果对此不及时进行清理,一方面会导致往来账过于庞大,不易管理;另一方面也不利于理清与往来单位的债权债务关系。

应收/应付款管理系统的转账处理功能可以帮助用户对往来账做进一步的清理:

(1) 应收冲应收:将某一家客户所欠的应收款转入另一家客户名下。

(2) 预收冲应付:当某一家客户欠有应收款的时候,用其预收款来冲其应收款。

(3) 应收冲应付:当某一家客户同时又是供应商,可以用该家客户的应付款来冲其应收款。

(4) 红票对冲:当发生退货事件的时候,可以用红字发票来对冲蓝字发票。

下面以应收冲应付为例来讲解操作过程,具体操作步骤如下:在应收款管理系统中选择"转账/应收冲应付",打开"应收冲应付"对话框,如图11-30所示。

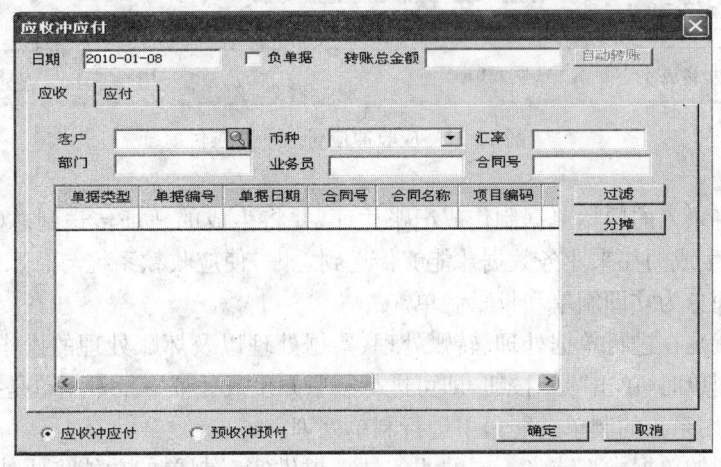

图11-30 应收冲应付

在其中输入客户名称,单击"过滤",系统自动列出该客户的应收款,如图11-31所示,输入要转账的金额,选择"应付"选项卡,进入"应付"设置界面,如图11-32所示。输入供应商的名称和转账金额并单击"确定",系统会提示"是否立即制单"。单击"是",系统立即制单;单击"否",系统暂时放弃制单。

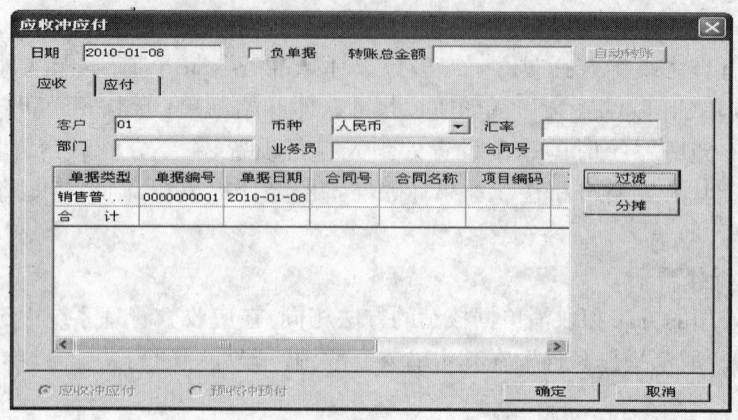

图 11-31 应收冲应付——录入应收

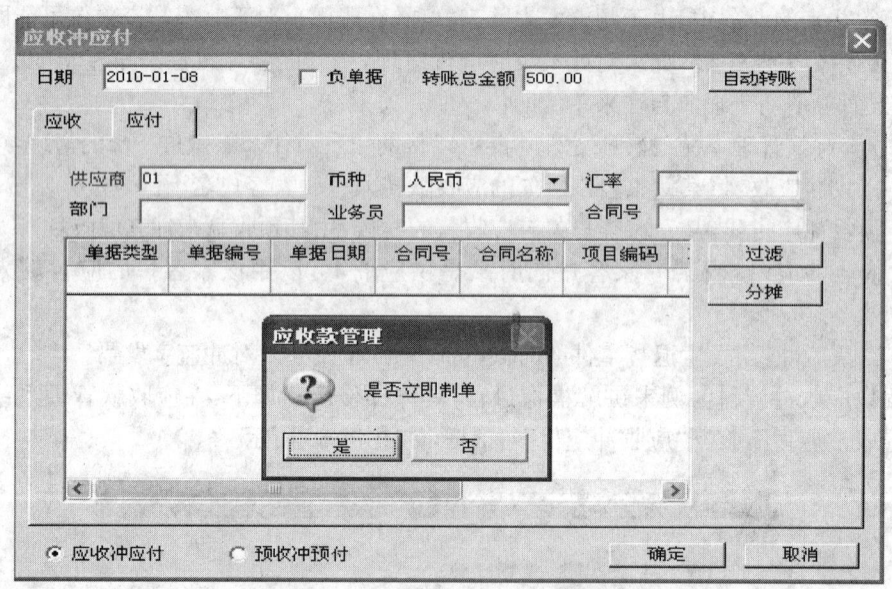

图 11-32 应收冲应付——冲应付

8. 制单

制单就是将录入的原始单据制作成记账凭证,并将生成的凭证传送到总账记账。通过制单,应收款系统生成的往来业务数据才能够传送到总账,使应收款系统与总账系统的信息能够共享。制单处理分为立即制单和批量制单。

立即制单就是在进行单据处理、转账处理、票据处理以及坏账处理的操作过程中,当系统提示是否立即制单时,单击"是"按钮,即可进行制单并生成凭证。批量制单是指在所有业务处理完成之后,使用系统的制单功能集中进行制单处理。

系统对不同的单据类型或者不同的业务处理提供实时制单的功能。此外,还提供了一个统一制单的平台,用户可以在此快速、批量地生成凭证,并且可以依据规则进行合并制单等处理操作。具体操作步骤如下:

在应收款管理系统中,双击"制单处理"选项,打开"制单查询"对话框,如图 11-33 所示。在其中输入需要查询的条件,单击"确定",打开相应的记录列表,如图 11-34 所示。

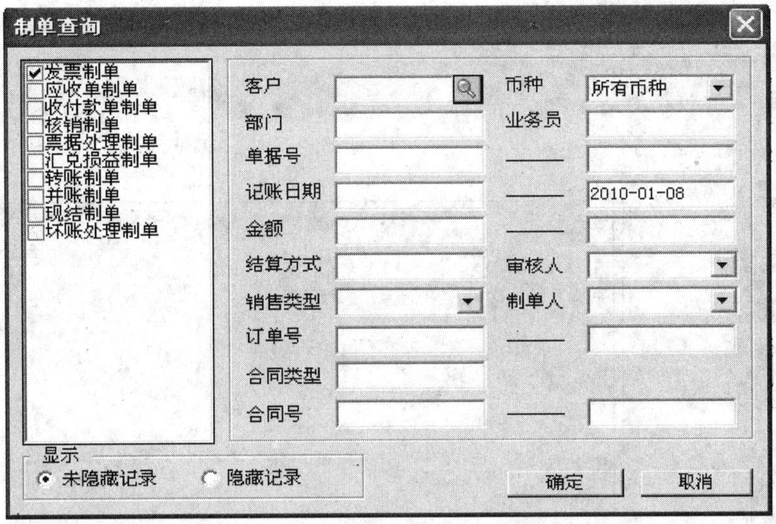

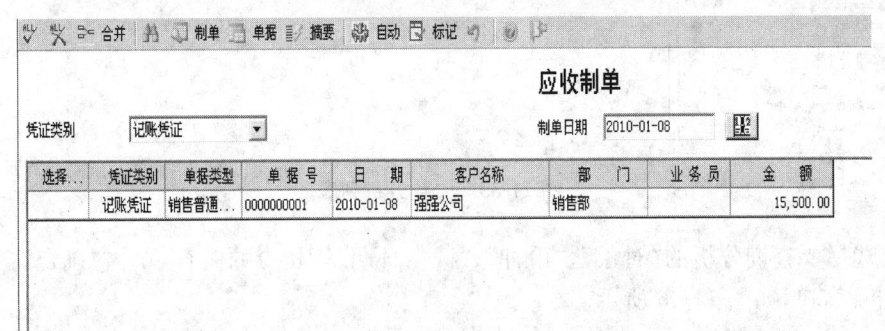

图 11-33 制单处理——制单查询

图 11-34 制单处理——制单列表

对需要生成凭证的单据,在"选择"中输入任意一个序号。如果需要几张单据合并制单,可以在这几张单据的"选择"中都输入相同的序号。单击"全选",系统将所有单据都分别制单。双击选择需要制单的单据,单击"制单",出现"填制凭证",对生成的凭证进行检查,如果没有错误,单击"保存",凭证的左上角将出现"已生成"三个字,并且直接传递到总账系统中。

三、期末处理

对应收款业务进行期末处理,即是对往来款项进行汇总整理,有利于定期向顾客送对账单并对往来账款进行分析。并且到了年底,会计人员还要根据应收账款计提调整坏账准备,在完成所有的记账工作后,进行程序性结账和账表打印工作。

1. 账表查询与分析

应收系统依据用户输入的账龄区间和信用度等参数的不同,进行相应的分析,如应收账龄分析、收款账龄分析、欠款分析、收款预测等。下面以欠款为例,介绍账表的查询与分析方法。具体操作步骤如下:

(1) 在应收款管理系统中,选择"账表管理/统计分析/欠款分析",打开"欠款分析"对话框,如图 11-35 所示。

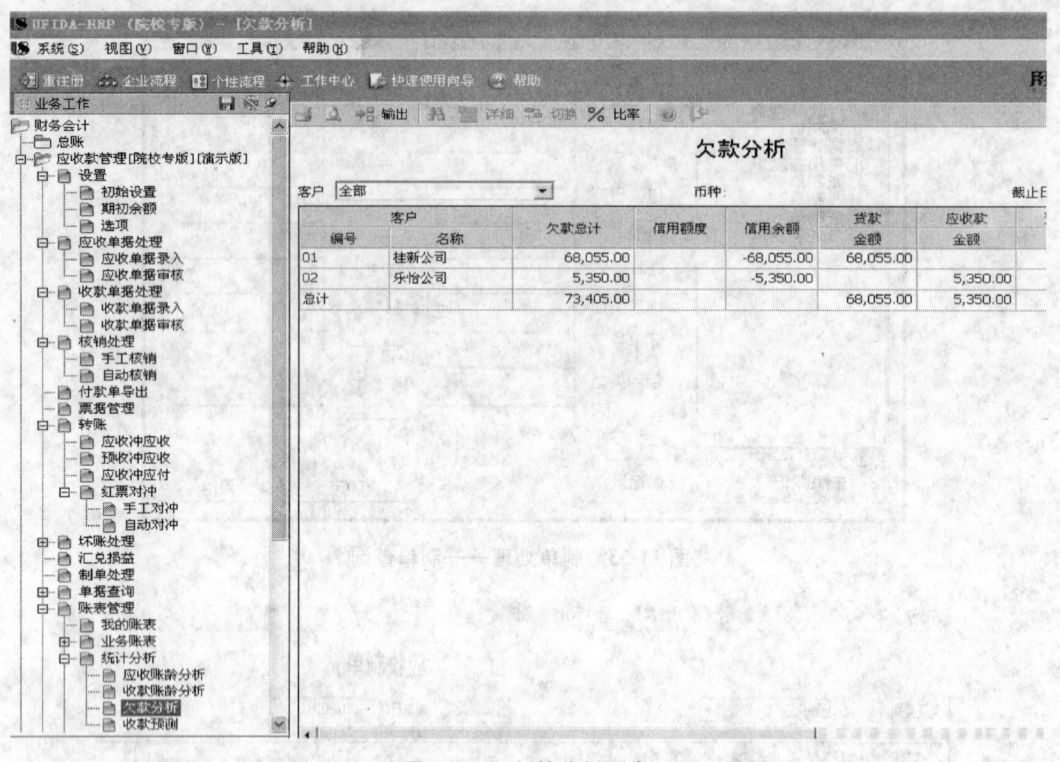

图 11-35 欠款分析列表

(2) 选择要查询分析的"对象"、"币种"、"截止日期"等相应的内容,单击"确定"按钮,进入"欠款分析"窗口,如图 11-36 所示。

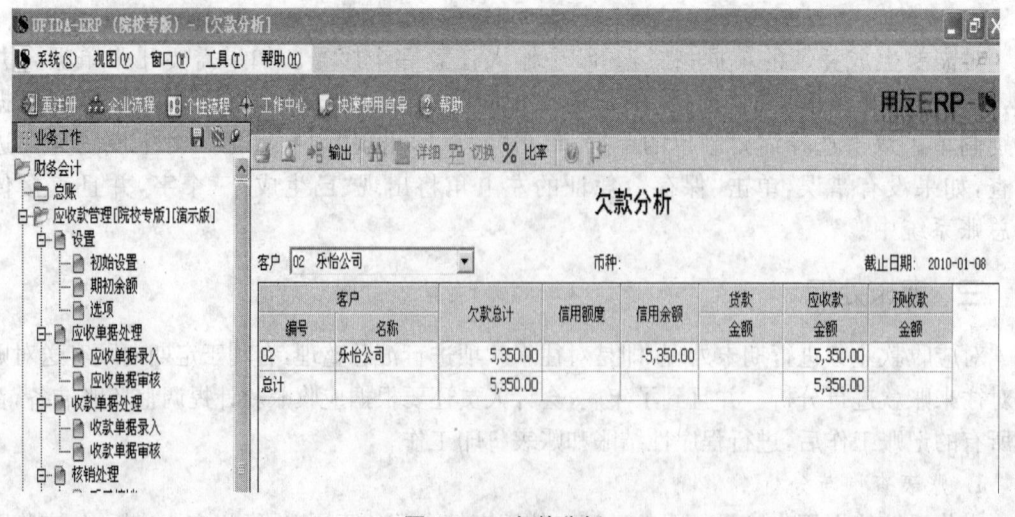

图 11-36 欠款分析

2. 月末结账

如果确认本月的各项处理已经结束,则可以选择执行月末结账功能。当执行了月末结账功能后,该月将不能再进行任何处理。具体操作步骤如下:

(1) 双击"期末处理/月末结账"选项,打开"月末处理"对话框,如图 11-37 所示。

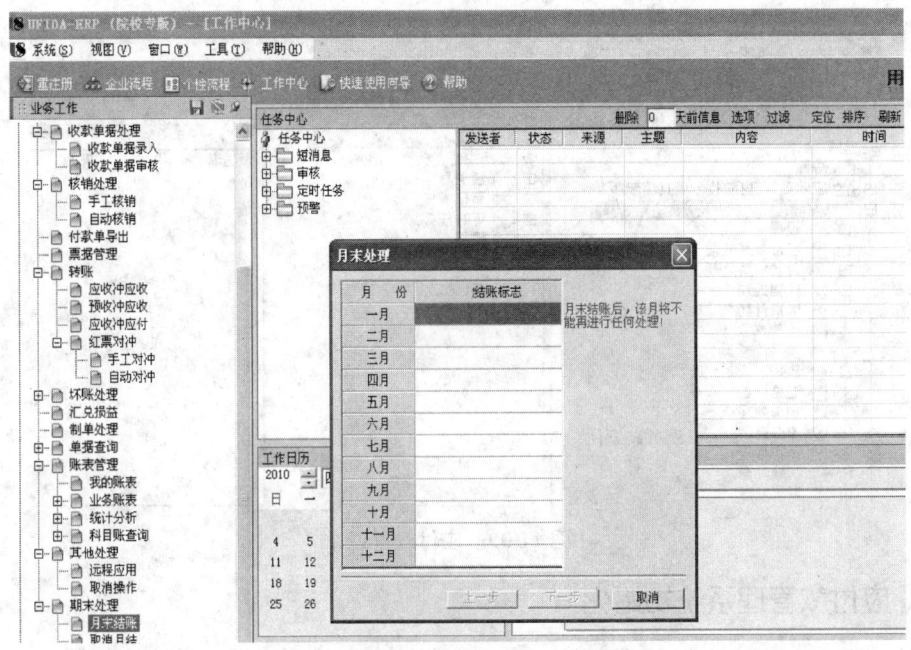

图 11-37　月末处理——月份选择

（2）双击需要结账月份的"结账标志"栏，出现"Y"字母，然后单击"下一步"按钮，系统会显示月末结账检查结果，如图 11-38 所示，如果要查看处理类型的详细情况，则双击要查看的类型，打开"月末处理详细"进行查看，最后单击"完成"系统进行自动结账。系统提示"结账成功"，则单击"确定"按钮。

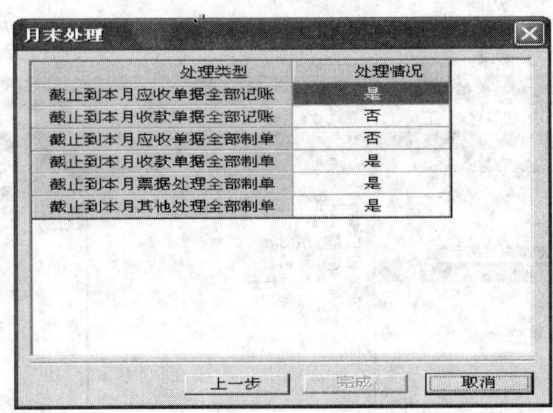

图 11-38　月末处理情况

第二节　应付款管理

在用友 ERP-U8 8.61 版企业应用平台窗口中单击左侧的"财务会计"选项，进入"财务会计"设置界面，单击"应付款管理"选项，即可进入"应付款管理"设置界面，如图 11-39 所示。

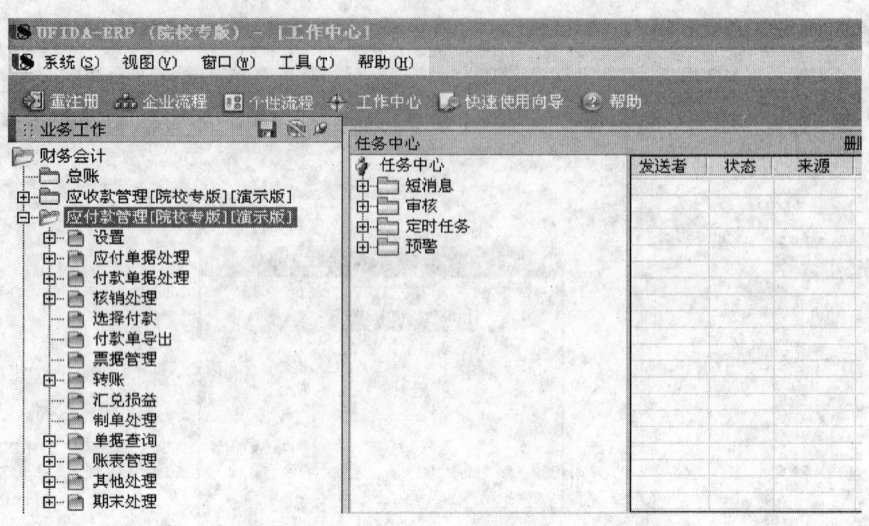

图 11-39　应付款管理

一、应付款管理系统初始化

应付款管理系统的初始设置主要是指用户在应用应付款管理系统之前对系统各项参数进行的初始化设置，其作用是为了建立应付款管理的基础数据，确定使用哪些单据模板处理应付业务，确定需要进行账龄管理的账龄区间及凭证科目。用户在此可以选择使用自定义的单据类型，进行业务的处理、分析、制单等，使应付业务管理更加适合用户自身的需要。

1. 账套参数设置

具体操作步骤如下：

（1）选择"应付款管理/设置/选项"菜单项，打开"账套参数设置"，如图 11-40 所示。

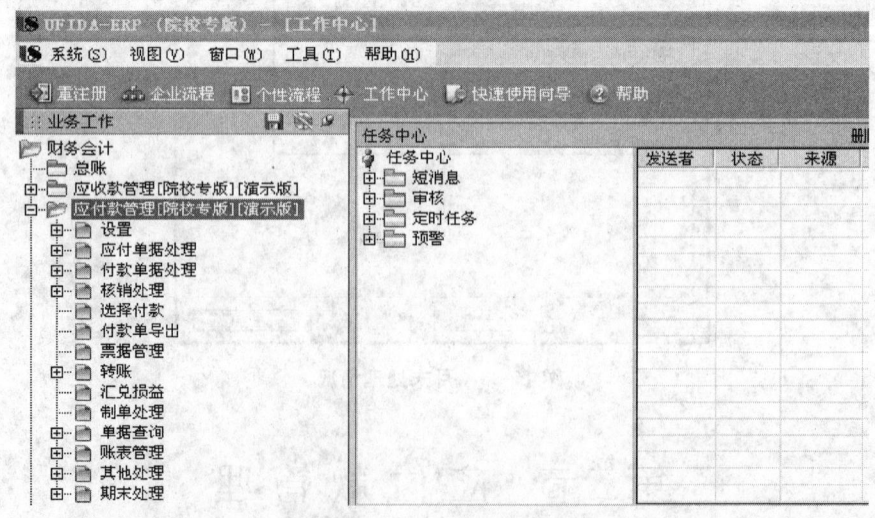

图 11-40　账套参数设置

（2）单击"设置"选项下的"初始设置"子选项，用户可以进行科目的设置、账龄区间设置、报警级别设置、单据类型设置等操作（其中参数的详细设置操作与应收系统的参数设置大致相同，这里不再赘述）。

2. 录入期初余额

启用应付系统之前,需要将以前未处理完毕的单据全部录入到系统中,作为应付系统的期初余额。具体的操作步骤如下:

(1) 选择"应付款管理/设置",双击"期初余额"选项,打开"期初余额——查询"对话框,如图 11-41 所示。

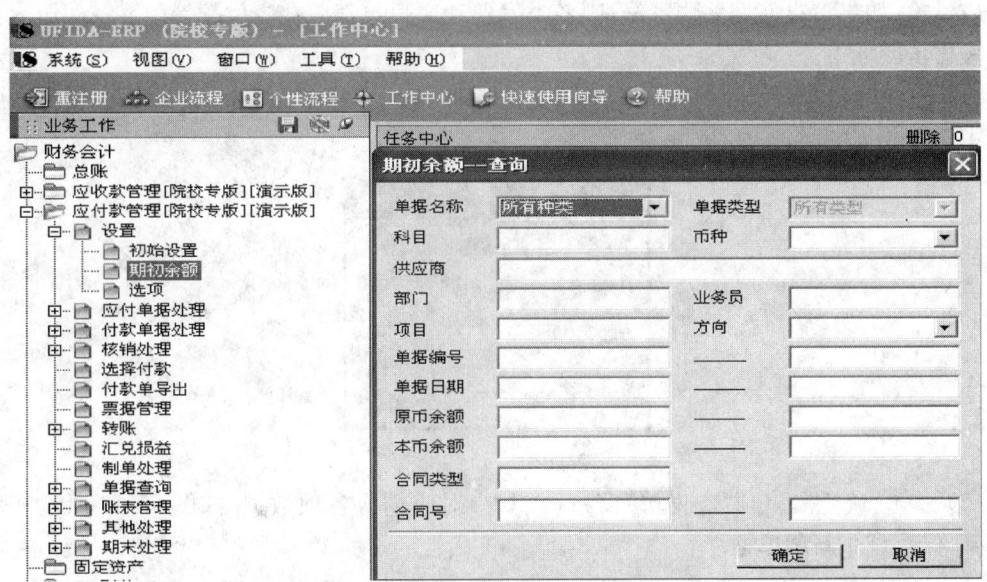

图 11-41　期初余额——查询

(2) 和应收系统的操作步骤一样,打开"单据类型",在其中选择需要增加的期初余额单据类型,包括"采购发票"、"应付单"、"预付款"和"应收票据",选定类型后单击"确定"进入相应的窗口。其窗口和应收系统的窗口相同,设置方法也类似,这里不再赘述。在对全部的期初余额票据录入完毕后,单击"对账",进行期初对账工作,查看应付款系统与总账系统的期初余额是否平衡。

二、日常业务

往来款项的结算与往来业务的发生是相对应的,有往来款项的增加,必然伴随着往来款项的结算与核销。在应收/应付款管理系统中,往来款项生成的单据处理与往来款项结算的单据处理是分开的。

在填制单据时,必须分清所填单据属于何种业务类型,两种单据的主要区别是:往来款项结算的时候,会生成收款单或付款单据,涉及具体的结算方式和资金的实际增减;而往来款项发生的时候,不涉及银行结算,但是会有往来科目的发生额。

应收款结算单据是以收款单的形式录入的,日常业务中收到货款、预收货款按应收款结算单据录入;应付款结算单据是以付款单的形式录入的,日常业务中支持采购货款、预付采购货款按应付款结算单据录入。

往来款项的结算分成两个阶段:一是收款单或者付款单的录入,把实际发生的银行结算业务数据录入到系统中;二是对往来款项进行核销,指定所录入的收/付款单是对哪笔往来业务款项进行结算的。

1. 增加应付款

单据录入是应付款管理系统的起点，用户可以录入采购业务中的各类发票，以及采购业务之外的应付单。根据用户单位业务模型的不同，用户可以处理的单据类型也不同。如果同时使用应付款管理系统和采购管理系统，则发票由采购系统录入，在应付款管理系统中可以对这些单据进行审核、弃审、查询、核销、制单等操作，此时，在应付款管理系统中需要录入的单据仅限于应付单；如果没有使用采购系统，则各类发票和应付单都应在应付款管理系统中录入。具体的操作步骤如下：

(1) 在应付款管理系统中，选择"应付单据处理/应付单据录入"，打开"单据类别"对话框，在其中选择单据的类别，如图 11-42 所示。

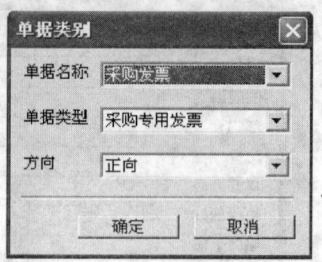

图 11-42　单据类别

(2) 单击"确定"，打开"应付单"窗口，在其中对应输入各项数据，如图 11-43 所示。单击"保存"，保存该张新增单据。

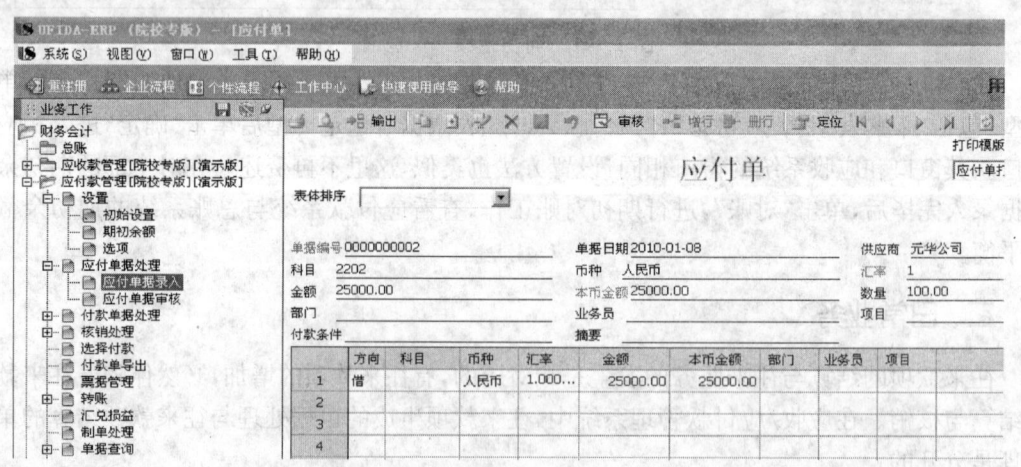

图 11-43　应付单

采购发票与应付单都是应付款日常核算的原始单据，在 ERP-U8 8.61 版中，如果应付款管理模块可以与采购模块同时启用，则采购发票将在采购管理模块填制，并传递至应付款管理模块中，在应付款管理模块中增加应付款单据只能增加应付单，而不能增加采购发票，但可以进行查询、核销、制单等操作。如果该账套只是启用了应付管理模块，而没有启用采购管理模块，在应付款管理模块中增加应付款单据则既可以增加应付单，也可以增加采购发票。

2. 应付款单据的修改及审核

应付款单据审核主要用来提供用户的批量审核。系统提供用户手动审核、自动批量审核的功能。在"应付单据审核"中显示的单据包括全部已经审核、未审核的应付单据,以及从采购管理系统传入的单据。做过后续处理如核销、制单、转账等单据在"应付单据审核"中不能被显示。对这些单据的查询,用户可在"单据查询"中进行。在批量审核中也可以进行新增单据、单据修改、批量删除等操作,其约束条件与应付单据录入相同。具体的操作步骤如下:

(1) 在应付款管理系统中,选择"应付单据处理/应付单据审核",打开"应付单过滤条件"对话框,在其中根据需要选择相应的条件,单击"确定"按钮,打开"应付单据列表"窗口,如图11-44 所示。

图 11-44　应付单据列表

(2) 单击"单据",打开"应付单"窗口,通过"定位"、"首张"、"上张"、"下张"、"末张"等按钮,查找到需要修改的单据。单击"修改",对当前单据进行修改;如果要删除当前的单据,可以单击"删除"。

(3) 找到需要审核的单据,单击"审核",则系统将提示"是否立即制单?",同时在"审核人"处显示当前操作员的名称。对于已经审核的单据,在没有生成凭证之前,如果需要取消审核,可以在需要取消审核的单据中单击"弃审"按钮。如果应付单据在审核后已经生成了记账凭证,那么应在删除凭证之后再取消审核。

3. 单据结算

应付单用于记录企业采购业务之外所发生的各种其他应付业务,其实质是一张凭证,如核算所欠供应商的购入固定资产款项。应付单表头中的信息相当于凭证中一条分录的信息,表头科目应该为核算所欠该供应商款项的一个科目。应付单表头科目必须是应付系统的受控科目。表头科目的方向即为用户所选择的单据方向。

应付单表体信息可以不输入,不输入的情况下单击"保存"按钮,系统会自动形成一条方向相反、金额相同的记录,用户可以对其进行修改。表体中的一条记录也相当于凭证中的一条分录。当输入了表体内容之后,表头、表体中的金额合计借、贷方应相等。具体的操作步骤如下:

(1) 在应付款管理系统中,选择"付款单据处理/付款单据录入",打开一个空白付款单,如图11-45 所示。单击"增加",填制付款单,最后单击"付款单保存",将新增收款单保存到系统中。

(2) 如果需要修改已经保存过的付款单,选择"付款单据处理/付款单据审核",打开"付款

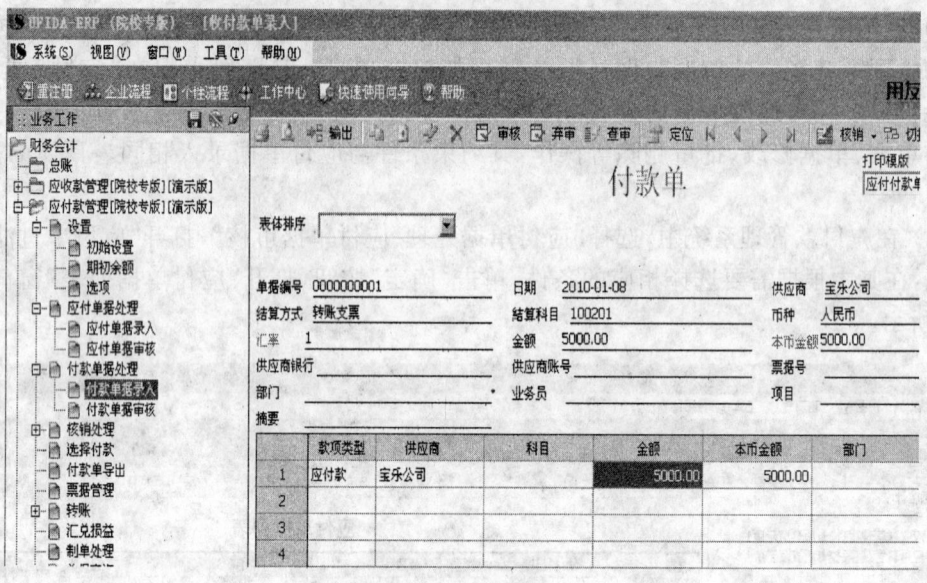

图 11-45　付款单据录入

单过滤条件"对话框。输入相应的条件之后,单击"确定",进入"收付款单列表"。

(3)单击"数据",打开"付款单"窗口,从中查找到需要修改的单据。单击"修改",对当前选定的单据进行修改,如果要删除当前数据,则单击"删除"。单击"切换",将该笔付款金额转换为预收款处理。

(4)单击"核销",打开"核销条件"对话框,如图 11-46 所示。输入相应的核销条件并单击"确定",进入"单据核销"窗口,如图 11-47 所示。

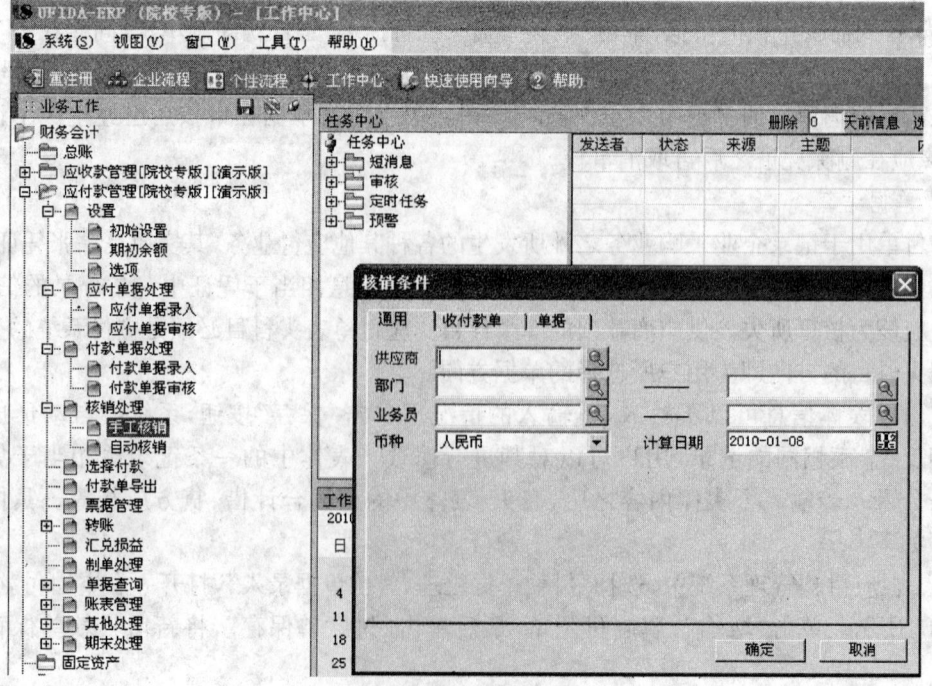

图 11-46　核销条件

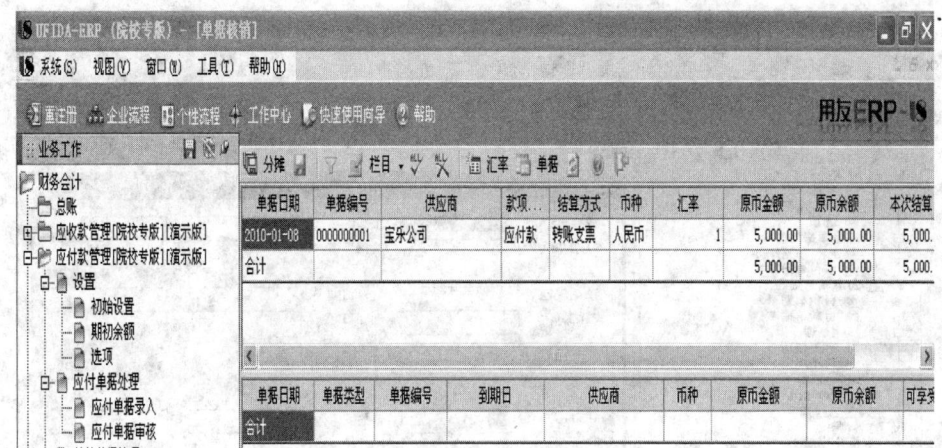

图 11-47 单据核销

（5）在上述列表中显示了对应客户可以核销的结算单记录,下边列表中显示该客户符合核销条件的对应单据,单击"保存",即可将核销操作保存起来。用户也可以在手动输入本次结算金额之后,单击"保存",系统将当前结算单列表中的本次结算金额合计自动分摊到被核销单据列表的本次结算栏中。

核销的顺序依据的是被核销单据的排列顺序。用户可以更改当前被核销单据的排列顺序,打开"栏目"菜单,选择"单据",即可对单据列表的顺序进行设置。另一种核销方法是：选择"核销处理/自动核销",打开"核销条件"对话框,输入相应的核销条件,系统自动进行核销操作,并且自动返回核销报告,如果要取消核销操作,选择"其他处理/取消操作",打开"取消操作条件"对话框。输入要取消核销的相关信息并单击"确定",即可列出符合条件的数据。

在列表中选择需要取消操作的数据,单击"确定",即可完成相应的操作。

 特别提醒

结算单据录入时结算方式、结算科目以及金额不能为空；结算单据被删除之后,系统将保留被删除单据的编号,结算单据的编号不能重新整理,所以填制结算单据必须谨慎；对结算单据进行核销处理之后,将不能直接删除或者修改,只能在对其取消核销后再进行删除或者修改操作。

4. 票据管理

在应付款系统中可以对银行承兑汇票和商业承兑汇票进行管理,包括记录票据详细信息、记录票据处理情况等。如果要进行票据登录簿管理,必须将应付票据科目设置成为带有客户往来辅助核算的科目。而如果要进行票据科目的管理,必须将应付票据科目设置为应付受控科目。具体的操作步骤如下：

（1）在应付款管理系统中,双击"票据管理"选项,打开"票据查询"对话框,如图 11-48 所示。输入相应的查询条件并单击"确定",打开"票据管理"窗口,如图 11-49 所示。

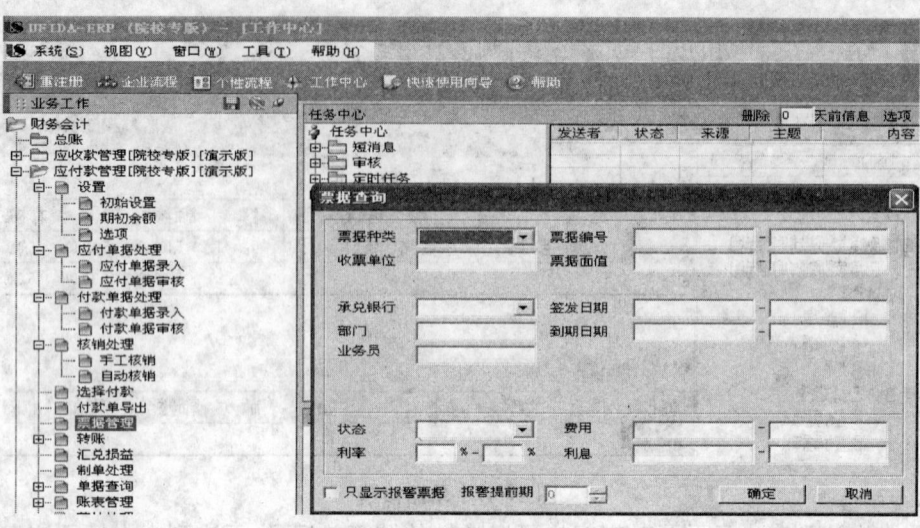

图 11-48 票据查询

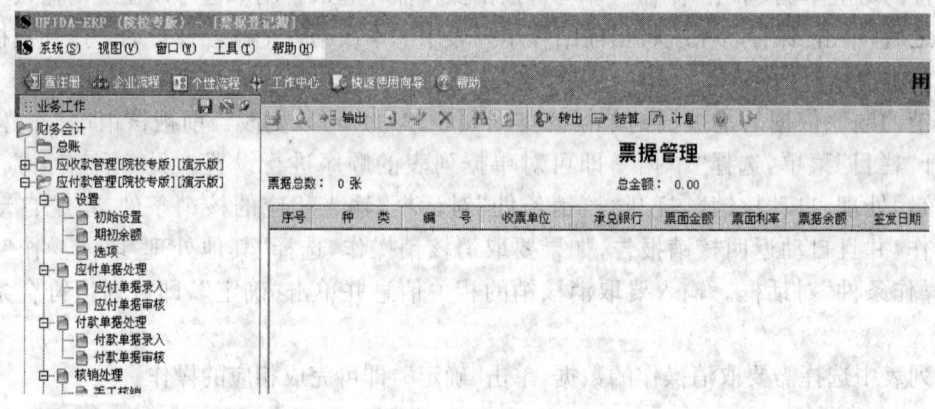

图 11-49 票据管理

(2)单击"增加",进入"票据输入",并根据提示输入相应的内容,单击"保存",一张新票据就增加成功了,如图 11-50 所示。

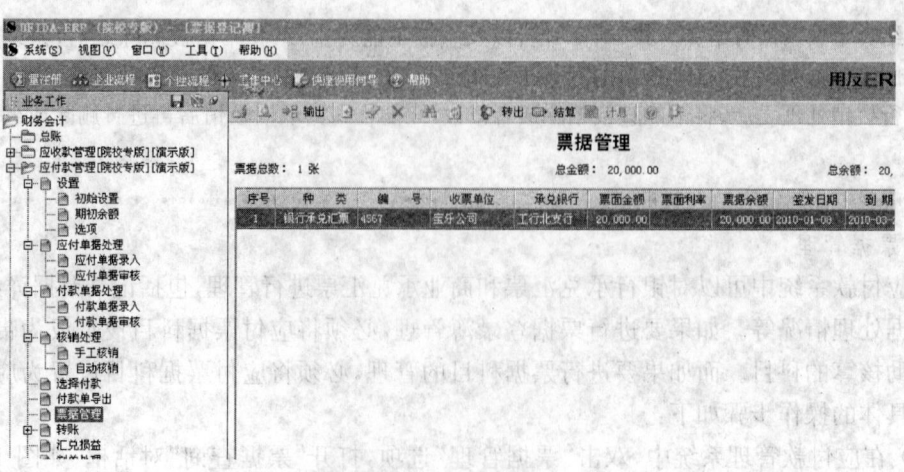

图 11-50 票据输入

(3) 单击"转出"、"结算"、"计息"等按钮,即可进行相应的操作。

5. 转账处理

系统在转账中可以进行应付冲应付、预付冲应付、应付冲应收、红票对冲等操作。

(1) 应付冲应付是指将某一供应商的应付账款转入另外一个供应商账中。通过这个功能将应付款项在供应商之间进行转入、转出,实现对应付业务的调整,解决应付款业务在不同供应之间入错户、合并户的问题。

(2) 预付冲应付可以将预付供应商款项和所欠供应商的货款进行转账核销处理。

(3) 应付冲应收用对某一个供应商的应付账款,冲抵对某一个客户的应收账款。

(4) 红票对冲则是指将相同供应商的红字发票和蓝字发票进行冲销。

以预付冲应付作为实际例子来讲解,具体的操作步骤如下:

(1) 在应付款管理系统中选择"转账/预付冲应付",打开"预付冲应付"对话框,如图11-51所示。

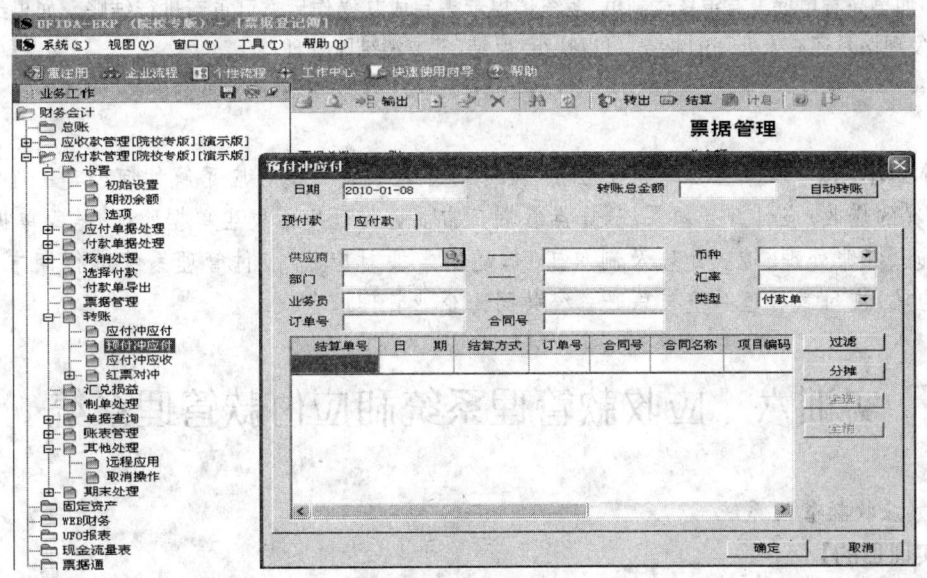

图11-51 预付冲应付

(2) 输入供应商的名称,单击"过滤",系统自动列出该客户的预付款,在需要处理的单据后输入转账金额并选择"应付款"选项卡,进入"应付款"设置界面。

(3) 输入供应商的名称和转账金额,单击"确定",系统提示是否立即制单。单击"是",系统立即制单;单击"否",则系统暂时放弃制单。

6. 制单

制单的操作步骤同"应收管理系统",这里不再赘述。但应注意以下几点:

(1) 系统将制单日期均默认为当前业务的日期,制单日期应该大于或者等于所选单据的最大日期,小于或者等于当前业务的日期,如果同时使用了总账系统,那么所输入的制单日期应该满足总账制单日期的要求。例如,制单序时控制,需要大于或者等于同月同类别凭证的日期。

(2) 原始单据经过制单之后,将不能再次制单。

(3) 由于一张单据在制单成为凭证的时候可能有多行分录,系统会在凭证字旁边标明此凭证的总页数以及当前页的页码。拖动窗口中的纵向滚动条,可以拖动屏幕,逐项录入和查看凭证。

（4）外部凭证在总账中不能进行修改、删除、作废处理,在应付款管理系统生成的凭证只能在应付款管理系统中进行删除处理,再重新添置单据和制单。

三、期末处理

应付系统期末处理与应收系统一样,包括账表查询与分析与月末结账处理,操作步骤也大致相同,这里不再赘述。

特别提醒

如果尚有单据没有审核或制单,系统将提示需完成其操作后方可重新进行结账。如果结账后,发现该月还有未处理的业务,可以执行"反结账"取消结账处理。

【本章小结】 本章主要介绍了应收/应付款管理系统。读者应了解如何创建一个适合本企业情况的应收/应付款管理系统,重点掌握日常业务处理中的发生单据处理、结算单据处理、票据处理、坏账处理、转账处理及制单工作,还应掌握对应收/应付管理系统进行期末处理工作,使应收/应付款管理系统与总账系统共同为企业管理服务。

实训六　应收款管理系统和应付款管理系统

一、应收款管理系统

【实训目的】

掌握软件中有关应收款管理的相关内容,掌握应收款管理系统初始化、日常业务处理、月末处理的操作。

【实训内容】

1. 应收款管理系统参数设置,设置科目、坏账准备设置、账龄区间设置、报警级别设置、录入期初余额。

2. 日常业务:录入应收单据(其他应收单)并在审核后制单、录入收款单据并在审核后制单、核销收款单据、处理坏账、转账处理。

3. 月末处理:计提坏账准备、结账。

【实训准备】

引入实训一账套数据。

【实训资料】

将系统日期修改为"2010年1月1日",由201号操作员刘远注册进入666账套"应收款管理"。

1. 控制参数(如表 11-1 所示)。

表 11-1　　　　　　　　　　　　控 制 参 数

控 制 参 数	参 数 设 置
坏账处理方式	应收余额百分比法
是否启用客户权限	是
报警方式	按信用方式根据单据提前 7 天自动报警
是否自动计算现金折扣	是

2. 科目设置(如表 11-2 所示)。

表 11-2　　　　　　　　　　　　科 目 设 置

科目类别	设 置 方 式
基本科目设置	应收科目：应收账款(1122)
	预收科目：预付账款(2203)
	销售收入科目：主营业务收入(6001)
	应交增值税科目：应交税费——应交增值税(销项税额)(22210102)
	商业承兑科目：应收票据(1121)
控制科目设置	所有客户的控制科目：应收账款(1122)
	预付账款(2203)
结算方式科目设置	现金结算方式科目：库存现金(1001)
	现金支票结算方式科目：库存现金(1001)
	转账支票结算方式科目：工行存款(100201)

3. 坏账准备设置(如表 11-3 所示)。

表 11-3　　　　　　　　　　　　坏账准备设置

控 制 参 数	参 数 设 置
提取比率(%)	0.5%
坏账准备期初余额(元)	0
坏账准备科目	坏账准备(1231)
坏账准备对方科目	管理费用(660206)

4. 账期内账龄区间(如表 11-4 所示)。

表 11-4　　　　　　　　　　　　账期内账龄区间

序　号	起 止 天 数	总 天 数
01	1~90 天	90 天
02	91~120 天	120 天
03	121 天以上	

5. 报警级别(如表11-5所示)。

表11-5 报警级别

设 置 级 别	总 比 率
A	10%
B	20%
C	20%以上

6. 计量单位组(如表11-6所示)。

表11-6 计量单位组

计量单位组编号	计量单位组名称	计量单位组类别
01	无换算关系	无换算

7. 计量单位(如表11-7所示)。

表11-7 计量单位

计量单位编号	计量单位名称	所属计量单位组名称
01	件	无换算关系
02	匹	无换算关系
03	袋	无换算关系

8. 存货分类(如表11-8所示)。

表11-8 存货分类

存货分类编码	存货类别名称
1	原材料
101	棉纱
10101	棉花
2	产成品

9. 存货档案(如表11-9所示)。

表11-9 存货档案

单位:元

存货编码	存货名称	所属类别	主计量单位	税率(%)	存货属性	参考成本	参考售价
001	长绒棉花	棉花10101	件	17	外购、生产耗用、销售	300	400
002	一级棉纱	棉纱101	袋	17	外购、生产耗用、销售	800	1 200

10. 期初余额(如表11-10所示)。

表11-10 "其他应收单"期初余额

开票日期	科目编码	客户名称	销售部门	价税合计	方 向
2009-12-25	1122	宏达公司	销售处	20 000	正

11. 2010年1月份发生的经济业务如下：

（1）1月4日，收到宏达公司签发并承兑的商业承兑汇票一张，票据号6615，面值为20 000元，到期日为2010年5月20日。

（2）1月11日，经三方同意，将1月15日形成的应向兴旺贸易公司收取的应收款余款10 000元转为向新艺公司的应收账款。

（3）1月15日，向兴旺贸易公司销售产品，形成应收款共计58 000元；向华夏公司销售产品，形成应收款共计33 000元。

（4）1月20日，收到兴旺贸易公司转账支票一张，还款共计48 000元。

（5）1月31日，将1月15日形成的应向华夏公司收取的应收账款33 000元转为坏账。

【实训要求】

以"201刘远"的身份进入应收款管理系统，根据以上资料操作。

1. 应收款管理系统参数设置、科目设置、坏账准备设置、账龄区间设置、报警级别设置、录入期初余额。

2. 录入其他应收单，并在审核后制单；录入收款单据，并在审核后制单；处理坏账；转账处理。

3. 计提坏账准备、结账。

二、应付款管理系统

【实训目的】

掌握软件中有关应付款管理的相关内容，掌握应付款管理系统初始化、日常业务处理、月末处理的操作。

【实训内容】

1. 应付款管理系统参数设置，基础设置、报警级别设置、录入期初余额。

2. 日常业务：录入应付单据（其他应付单）并在审核后暂不制单、录入付款单据并在审核后制单、核销付款单据、转账处理、将未制单的单据制单。

3. 月末处理：结账。

【实训准备】

引入实训一账套数据。

【实训资料】

将系统日期修改为"2010年1月1日"，由201号操作员刘远注册进入666账套"应付款管理"。

1. 设置系统参数（如表11-11所示）。

表11-11　　　　　　　　　　设置系统参数

控 制 参 数	参 数 设 置
是否启用供应商权限	是
报警方式	按信用方式根据单据提前7天自动报警
是否自动计算现金折扣	是

2. 科目设置(如表11-12所示)。

表 11-12　　　　　　　　　　科 目 设 置

科目类别	设 置 方 式
基本科目设置	应付科目：应付账款(2202) 预付科目：预付账款(1123) 采购科目：在途物资(1402) 采购税金科目：应交税费——应交增值税(进项税额)(22210101) 商业承兑科目：应付票据(2201)
控制科目设置	所有客户的控制科目：应付账款(2202)，预付账款(1123)
结算方式科目设置	现金结算方式科目：库存现金(1001) 现金支票结算方式科目：库存现金(1001) 转账支票结算方式科目：工行存款(100201)

3. 报警级别(如表11-13所示)。

表 11-13　　　　　　　　　　报 警 级 别

设 置 级 别	总 比 率
A	20%
B	40%
C	40%以上

4. 期初余额(如表11-14所示)。

表 11-14　　　　　　　　　预付款期初余额表

开票日期	科目编码	供应商名称	采购部门	价税合计(元)	方　向
2009-12-23	1123	华远公司	采购部	8 000	正

5. 2010年1月份发生的经济业务：

(1) 1月15日，从中达公司采购10件原材料，单价为500元/件，增值税税率为17%，原材料已验收入库，货税款尚未支付。

(2) 1月15日，从泛美商行采购20匹原材料，单价为1 600元/匹，增值税税率为17%，原材料已验收入库，货税款尚未支付。

(3) 1月18日，发现2010年1月15日从中达公司采购10件原材料的单价应为550元/件。

(4) 1月22日，以转账支票向中达公司支付采购10件原材料的货税款6 345元。

(5) 1月22日，向华远公司签发并承兑商业承兑汇票一张，票据号56591，面值为30 000元，到期日为2010年4月22日。

(6) 1月28日，经双方同意，将向华远公司2010年1月15日购买20匹原材料货税款的余款7 440元与预付款冲抵。

(7) 删除1月22日填制的签发并承兑商业承兑汇票的记账凭证。

(8) 取消对华远公司的转账操作。

【实训要求】

以"刘远"的身份进入应付款管理系统,根据以上资料操作。

1. 进行应付款管理系统参数设置,基础设置,报警级别设置,录入期初余额。
2. 录入应付单据,并在审核后暂不制单;录入付款单据,并在审核后制单;核销付款单据;转账处理;将未制单的单据制单。
3. 结账。

【操作指导】

一、应收款管理系统

引入实训一账套数据,以"201刘远"的身份注册进入"企业应用平台",在"设置/基本信息/系统启用"中选择"AR应收款管理",启用会计期间为2010年1月,启用自然日期为2010年1月1日,确认退出。选择"业务/财务会计/应收款管理"菜单项,运行应收款管理系统。

(一)账套初始化

1. 账套参数设置。具体操作步骤如下:

进入"应收款管理/设置"选项,在此可分别选择"常规"、"凭证"、"权限与预警"选项卡,然后单击"编辑"按钮进行设置修改。坏账处理方式:应收余额百分比法;是否启用客户权限:是;报警方式:按信用方式根据单据提前7天自动报警;是否自动计算现金折扣:是。

2. 科目设置。具体操作步骤如下:

在"应收款管理/设置/选项"界面中选择"初始设置"选项,进入"初始设置"窗口,双击"基本科目设置"选项,在此进行各科目的设置,可单击"参照"按钮进行科目选择。如应收科目:应收账款(1122);双击"控制科目设置"选项,进入"控制科目设置"录入各控制科目,进行应收科目、预收科目的设置,如应收账款(1122)、预付账款(2203);双击"结算方式科目设置"选项,进行结算方式科目的设置,如库存现金(1001)。

3. 坏账准备设置。具体操作步骤如下:

打开"初始设置"窗口,选择"坏账准备设置"项,输入实训资料提供的各项内容,单击"确定"按钮。

4. 账期内账龄区间设置。具体操作步骤如下:

打开"初始设置"窗口,选择"账期内账龄区间设置",单击"增加"按钮,系统新增一个账龄区间,在该空项中的"总天数"栏中填入该账龄区间的总天数90天、120天。

5. 报警级别设置。具体操作步骤如下:

打开"初始设置"窗口,选择"报警级别设置",单击"增加"按钮,系统新增一个级别,在该空项中的"总比率"栏中填入该级别的总比率10%、20%。

6. 计量单位组设置。具体操作步骤如下:

打开"设置/基础档案/存货/计量单位",进入"计量单位组",单击"分组",系统弹出"计量单位组"界面,单击"增加",输入计量单位组编号:01,计量单位组名称:无换算关系,计量单位组类别:无换算,单击"保存"。

7. 计量单位。具体操作步骤如下:

打开"设置/基础档案/存货/计量单位",进入"计量单位组",选择上一步生成的计量单位组,单击"单位",系统弹出"计量单位"界面,单击"增加",输入计量单位编码:01,计量单位名称:件,所属计量单位组名称:无换算关系,单击"保存"。

8. 存货分类设置。具体操作步骤如下：

打开"设置/基础档案/存货/存货分类"，进入"存货分类"，单击"增加"，分类编码输入：01，分类名称输入原材料等，输入实训材料单击"保存"。

9. 存货档案设置。具体操作步骤如下：

打开"设置/基础档案/存货/存货档案"，进入"存货档案"，单击"增加"，输入实训材料单击"保存"。

10. 录入期初余额。具体操作步骤如下：

展开"设置"菜单中的"期初余额"选项，系统弹出"期初余额——查询"对话框，单击"确认"，系统打开"期初余额明细表"窗口。单击"增加"，系统弹出"单据类别"对话框，选择需增加的期初余额单据类型：应收单，单击"确认"按钮。系统进入"应收单"窗口，新增一张期初其他应收单，录入客户名、金额等，录入完毕，单击"保存"按钮，保存新增的单据，在录入完成应收款的期初余额后，应进行"期初对账"工作，在"期初余额明细表"中，单击"对账"按钮，系统弹出"期初对账"窗口。查看应收款管理系统与总账系统的期初余额是否平衡。如果不平衡，需再检查是否录入有误，若有误，则修改，直至达到平衡。

（二）日常业务

1. 票据管理（业务1）。具体操作步骤如下：

应收款管理系统中，双击"票据管理"，打开"票据查询"，单击"确定"，打开"票据管理"窗口，单击"增加"，进入"票据输入"窗口，并根据提示输入实训资料提供的内容：商业承兑汇票一张，票据号6615，面值为20 000元，到期日为2010年5月20日，单击"保存"。

2. 转账处理（业务2）。具体操作步骤如下：

在应收款管理系统中选择"转账/应收冲应收"，打开"应收冲应收"对话框，在其中输入客户名称：兴旺贸易公司，单击"过滤"，系统自动列出该客户的应收款，选择"转出户"选项卡，选择转出客户：兴旺贸易公司，进入"转入户"选项卡，输入转入客户名称：新艺公司，转账金额10 000元，单击"确定"。

3. 增加应收款（业务3）。具体操作步骤如下：

展开"应收款管理"菜单，单击"应收单据处理"，选择"应收单录入"选项，系统弹出"单据类别"对话框，选择新增单据名称、单据类型、方向，单击"确定"按钮，系统弹出"应收单"窗口，增加一张所选类型的空白单据，录入该张新增单据的内容：兴旺贸易公司58 000元；华夏公司33 000元。然后单击"保存"。

4. 收款结算（业务4）。具体操作步骤如下：

展开"应收款管理"菜单，单击"收款单据处理"，选择"收款单录入"选项，系统弹出"收款单"对话框，选择客户名称：兴旺贸易公司；结算方式：转账支票；日期：2010年1月20日，金额：48 000元。单击"保存"按钮。

5. 坏账处理（业务5）。具体操作步骤如下：

在应收款管理系统中，选择"坏账处理——坏账发生"，打开"坏账发生"对话框，在其中输入客户名称：华夏公司，单击"确定"，打开"坏账发生单据明细"窗口，在"本次发生坏账金额"列表框中输入坏账发生的金额：33 000元。单击"确定"。

6. 制单。具体操作步骤如下：

在应收款管理系统中双击"制单处理"选项，打开"制单查询"对话框，单击"确定"，打开记录列表,单击"全选",系统将所有单据都分别制单。双击选择需要制单的单据,单击"制单",出现"填制凭证",对生成的凭证进行检查,如果没有错误,单击"保存",凭证的左上角将出现"已生成"三个字,并且直接传递到总账系统中。

(三) 期末处理

具体操作步骤如下:

双击"期末处理/月末结账"选项,打开"月末处理"对话框,出现"月份选择",双击需要结账月份的"结账标志"栏,出现"Y"字母,然后单击"下一步"按钮,系统会显示月末结账检查结果,如果要查看处理类型的详细情况,则双击要查看的类型,打开"月末处理详细"进行查看,最后单击"完成"系统进行自动结账。系统提示"结账成功",则单击"确定"按钮。

二、应付款管理系统

引入实训一账套数据,以"201 刘远"的身份注册进入"企业应用平台",在"设置/基本信息/系统启用"中选择"AP 应付款管理",启用会计期间为 2010 年 1 月,启用自然日期为 2010 年 1 月 1 日,确认退出。选择"业务/财务会计/应付款管理"菜单项,运行应付款管理系统。

(一) 账套初始化

1. 账套参数设置。具体操作步骤如下:

选择"应付款管理/设置/选项"菜单项,打开"账套参数设置",单击"设置"选项下的"初始设置"子选项,用户可以进行科目的设置、账龄区间设置、报警级别设置、单据类型设置等操作。单击"编辑"按钮进行以下设置修改,是否启用供应商权限:是;报警方式:按信用方式根据单据提前 7 天自动报警;是否自动计算现金折扣:是。

2. 科目设置。具体操作步骤如下:

在"应付款管理/设置/选项"界面中选择"初始设置"选项,进入"初始设置"窗口,双击"基本科目设置"选项,在此进行各科目的设置,可单击"参照"按钮进行科目选择。例如,应付科目:应付账款(2202);双击"控制科目设置"选项,进入"控制科目设置"录入各控制科目,如应付账款(2202)、预付账款(1123);双击"结算方式科目设置"选项,进行结算方式科目的设置,如现金(1001)。

3. 报警级别设置。具体操作步骤如下:

打开"初始设置"窗口,选择"报警级别设置",单击"增加"按钮,系统新增一个级别,在该空项中的"总比率"栏中填入该级别的总比率 20%、40%。

4. 录入期初余额。具体操作步骤如下:

选择"应付款管理/设置",双击"期初余额"选项,打开"期初余额——查询",打开"单据类型",在其中选择需要增加的期初余额单据类型"预付款",单击"确定"。系统进入"预付单"窗口,新增一张期初预付单,录入供应商:华远公司,金额 8 000 元,开票日期:2009-12-23,采购部门:采购部,录入完毕,单击"保存"按钮,保存新增的单据,在录入完成应付款的期初余额后,应进行"期初对账"工作,在"期初余额明细表"中,单击"对账"按钮,系统弹出"期初对账"窗口。查看应付款管理系统与总账系统的期初余额是否平衡。如果不平衡,需再检查是否录入有误,若有误,则修改,直至达到平衡。

(二) 日常业务

1. 增加应付款(业务 1、2)。具体操作步骤如下:

在应付款管理系统中,选择"应付单据处理/应付单据录入",打开"单据类别",在其中选择单据的类别：采购发票，单击"确定"，打开"应付单"窗口，在其中对应输入实训资料业务1、2的各项数据，单击"保存"。

2. 应付款单据的修改（业务3）。具体操作步骤如下：

在应付款管理系统中，选择"应付单据处理/应付单据审核"，打开"应付单过滤条件"对话框，选择元华公司，单击"确定"按钮，打开"应付单据列表"窗口，单击"单据"，打开"应付单"窗口，查找到需要修改的单据。单击"修改"，对当前单据进行修改，把单价500元/件改为550元/件。

3. 单据结算（业务4）。具体操作步骤如下：

在应付款管理系统中，选择"付款单据处理/付款单据录入"，打开一个空白付款单，单击"增加"，填制付款单，结算方式：转账支票，供应商：中达公司，金额：6 345元，最后单击"保存"，将新增付款单保存到系统中。

4. 票据管理（业务5）。具体操作步骤如下：

在应付款管理系统中，双击"票据管理"选项，打开"票据查询"对话框，输入查询条件：华远公司，单击"确定"，打开"票据管理"窗口，单击"增加"，进入"票据输入"，并根据提示输入相应的内容：商业承兑汇票，票据号56591，面值30 000元，到期日2010年4月22日。单击"保存"，系统提示"是否生成凭证"，单击"是"，系统自动生成会计凭证。

5. 转账处理（业务6）。具体操作步骤如下：

在应付款管理系统中，选择"转账/预付冲应付"，打开"预付冲应付"对话框，输入供应商的名称：华远公司，单击"过滤"，系统自动列出该客户的预付款，在需要处理的单据后输入转账金额7 440元，并选择"应付款"选项卡，进入"应付款"设置界面。输入供应商的名称和转账金额，单击"确定"，系统提示是否立即制单。单击"否"，系统暂时放弃制单。

6. 取消转账（业务8）。具体操作步骤如下：

在应付款管理系统中，选择"其他处理/取消操作"，进入取消操作条件对话框，输入供应商名称：华远公司，操作类型：转账，单击"确认"，进入取消操作列表，双击"选择标志"，出现"√"，单击"确认"，即可取消转账处理。

7. 制单。具体操作步骤如下：

在应付款管理系统中，双击"制单处理"选项，打开"制单查询"对话框，单击"确定"，打开记录列表，单击"全选"，系统将所有单据都分别制单。双击选择需要制单的单据，单击"制单"，出现"填制凭证"，对生成的凭证进行检查，如果没有错误，单击"保存"，凭证的左上角将出现"已生成"3个字，并且直接传递到总账系统中。

8. 删除凭证（业务7）。具体操作步骤如下：

在应付款管理系统中，双击"单据查询/凭证查询"选项，打开"凭证查询条件"对话框，输入查询条件：华远公司，单击"确定"，打开记录列表，选择需要删除的单据，单击"删除"，系统将提示"确定要删除此凭证吗"，单击"是"。

（三）期末处理

具体操作步骤如下：

双击"期末处理/月末结账"选项，打开"月末处理"对话框，出现"月份选择"，双击需要结账月份的"结账标志"栏，出现"Y"字母，然后单击"下一步"按钮，系统会显示月末结账检查结果，如果要查看处理类型的详细情况，则双击要查看的类型，打开"月末处理详细"进行查看，最后单击"完成"，系统进行自动结账。系统提示"结账成功"，则单击"确定"按钮。

第一至第五章习题答案

第 一 章

一、填空题
1. 基本核算型、局部管理型、决策分析型、业务整合型、财税协同型
2. 文字、图表、图像、声音
3. 资产、负债、所有者权益
4. ERP
5. 数据
6. 财经法规与会计职业道德、会计基础、初级会计电算化

二、单项选择题
1. A 2. C 3. D 4. D 5. A 6. A 7. D

三、多项选择题
1. CD 2. ABCD 3. AC 4. ABC 5. ABCD

四、判断题
1. √ 2. √ 3. × 4. √ 5. × 6. × 7. √ 8. ×

第 二 章

一、填空题
1. 兆赫(HMz)
2. 键盘、鼠标、扫描仪
3. 存储、交流
4. 应用软件
5. 局域网、广域网
6. 因特网(Internet)\广域网

二、单项选择题
1. A 2. C 3. B 4. B 5. C 6. C 7. C 8. B

三、多项选择题
1. AC 2. ABC 3. ACD 4. ABCD 5. BCD 6. ABC 7. ABD 8. ACD

四、判断题
1. √ 2. √ 3. √ 4. √ 5. √ 6. × 7. × 8. √

第 三 章

一、填空题
1. 会计凭证
2. 主管会计

3. 连续性
4. 会计账套
5. 会计制度

二、单项选择题
1. A 2. C 3. D 4. C 5. B

三、多项选择题
1. ABCD 2. ABCD 3. ABCD 4. ABC 5. ABC

四、判断题
1. × 2. √ 3. × 4. × 5. √

第四章

一、单项选择题
1. A 2. A 3. A 4. A 5. D 6. A 7. A 8. D 9. B 10. B 11. A 12. D 13. B 14. C 15. A 16. A 17. B 18. C 19. C 20. D 21. B 22. C 23. D 24. B 25. A 26. B 27. C 28. B 29. A 30. C

二、多项选择题
1. ABD 2. ABCD 3. ABD 4. AD 5. CD 6. BC 7. ACD 8. AD 9. ABC 10. ABD 11. ABCD 12. AC 13. ABCD 14. AD 15. ABCD

三、判断题
1. √ 2. √ 3. √ 4. √ 5. √ 6. × 7. × 8. √ 9. √ 10. √ 11. √ 12. √ 13. √ 14. √ 15. × 16. × 17. √ 18. √ 19. √ 20. × 21. × 22. √ 23. × 24. √ 25. ×

第五章

一、填空题
1. 总账管理、应收款管理、应付款管理、薪资管理、固定资产管理
2. 系统效率与安全性、硬件投资成本

二、判断题
1. × 2. ×

三、单项选择题
1. A 2. C 3. B

四、多项选择题
1. ABCD 2. ABC

账务处理综合实训

【实训目的】

要求掌握用友财务软件账务处理系统、UFO报表管理系统的基本操作步骤和方法,学会根据实训资料编制记账凭证,生成账簿数据;掌握如何利用报表模板生成报表数据及如何自定义报表的操作。

【实训要求】

由系统管理员进行系统初始化设置,总账会计编制记账凭证,出纳执行出纳签字,账套主管审核凭证并记账以及编制会计报表。

【实训资料】

一、操作员及其权限(见表1)

表1　　　　　　　　　　操作员及其权限

编号	姓名	角色	权限	备注
01	考生姓名	账套主管	账套主管	要求:不设置密码
02	李伟	总账会计	凭证处理、查询凭证、记账、期末	
03	王冬	出纳	出纳签字、出纳的所有权限	

二、建立单位账套(见表2)

表2　　　　　　　　　　单位账套

账套号	由指导老师现场提供
账套名称	幸逸灯具厂
启用会计日期	2010年1月1日
行业性质	2007年新会计制度科目
基础信息设置要求	对客户、供应商进行分类,其余采用系统默认
编码方案	科目编码级次 4—2—2—2—2,其余采用系统默认
系统启用	仅启用总账系统,不启用薪资和固定资产系统

三、基础档案设置

1. 部门档案(见表3)

表3　　　　　　　　　　部门档案

部门编码	部门名称	部门属性
1	管理部	综合管理
2	财务部	财务管理
3	销售部	市场销售
4	生产部	生产制造

2. 职员档案（见表4）

表4　　　　　　　　　　　　　职员档案

编号	姓名	部门	职员类别
001	王明	管理部	管理人员
002	考生本人	财务部	管理人员
003	李伟	财务部	管理人员
004	高志	财务部	管理人员
005	连星	销售部	销售人员
006	曾碧	生产部	车间管理人员
007	韩丹	生产部	生产人员
008	联棠	生产部	生产人员

3. 客户及供应商分类（见表5）

表5　　　　　　　　　　　客户供应商分类

客户类别编码	客户类别名称	供应商类别编码	供应商类别名称
01	华北地区	01	原材料供应商
02	西南地区	02	半成品供应商

4. 客户档案（见表6）

表6　　　　　　　　　　　　　客户档案

客户编号	客户名称	简称	所属分类
01	华洋有限责任公司	华洋公司	华北地区
02	华海有限责任公司	华海公司	西南地区

5. 供应商档案（见表7）

表7　　　　　　　　　　　　供应商档案

客户编号	客户名称	简称	所属分类
01	大地有限责任公司	大地公司	原材料供应商
02	大明有限责任公司	大明公司	原材料供应商

四、设置凭证类型：记账凭证

五、增加和修改会计科目，并录入期初余额（见表8）

表8　　　　　　　　　　　　期初余额表

科目代码	科目名称	辅助核算	借方余额	贷方余额
1001	库存现金	日记账	1 200.00	
1002	银行存款		65 400.00	
100201	交通银行北京分行	日记账,银行账	65 400.00	

(续表)

科目代码	科目名称	辅助核算	借方余额	贷方余额
1122	应收账款	客户往来	24 000.00	
1123	预付账款	供应商往来	13 000.00	
1221	其他应收款		3 200.00	
122101	王明		3 200.00	
1403	原材料		18 500.00	
140301	A 材料	数量核算(1 500 千克)	7 500.00	
140302	B 材料	数量核算(1 100 千克)	11 000.00	
1405	库存商品		59 100.00	
140501	甲产品	数量核算(400 件)	46 800.00	
140502	乙产品	数量核算(300 件)	12 300.00	
1601	固定资产		258 100.00	
1602	累计折旧			51 620.00
2001	短期借款			14 000.00
2202	应付账款	供应商往来		23 900.00
2203	预收账款	客户往来		28 000.00
2211	应付职工薪酬			4 903.00
2221	应交税费			
222101	应交增值税			
22210101	进项税额			
22210102	销项税额			
22210103	转出未交增值税			
222102	未交增值税			
222103	应交城市维护建设税			
222104	应交教育费附加			
222105	应交所得税			
2231	应付利息			6 600.00
4001	实收资本			306 000.00
4101	盈余公积			4 780.00
4103	本年利润			
4104	利润分配			2 697.00
5001	生产成本			
500101	甲产品	数量核算(件)		

(续表)

科目代码	科目名称	辅助核算	借方余额	贷方余额
500102	乙产品	数量核算(件)		
5101	制造费用			
510101	水电费			
510102	折旧费			
510103	工资			
510104	物料消耗			
6001	主营业务收入			
600101	甲产品	数量核算(件)		
600102	乙产品	数量核算(件)		
6401	主营业务成本			
640101	甲产品	数量核算(件)		
640102	乙产品	数量核算(件)		
6403	营业税金及附加			
6601	销售费用			
660101	广告费			
6602	管理费用			
660201	办公费			
660202	差旅费			
660203	水电费			
660204	工资			
660205	物料消耗			
660206	折旧费			
6801	所得税费用			
	合计		442 500.00	442 500.00

其中:(1) 应收账款期初余额(见表9)。

表9　　　　　　　　　　　应收账款期初余额

日　期	客　户	摘　要	方　向	金额(元)
2009-12-02	华洋公司	销售商品,款未收	借	24 000.00

(2) 预付账款期初余额见表10。

表10　　　　　　　　　　　预付账款期初余额

日　期	客　户	摘　要	方　向	金额(元)
2009-12-08	大地公司	预付购买材料款	借	13 000.00

(3) 应付账款期初余额见表11。

表11　　　　　　　　　　　应付账款期初余额

日　　期	供 应 商	摘　　要	方　　向	金额(元)
2009-12-12	大明公司	购入材料,款未付	贷	23 900.00

(4) 预收账款期初余额见表12。

表12

日　　期	供 应 商	摘　　要	方　　向	金额(元)
2009-12-12	华海公司	销售产品预收款	贷	28 000.00

六、结算方式设置
1. 现金结算
2. 支票　201　现金支票　202　转账支票　203
3. 其他结算方式

七、凭证处理

1月份发生如下经济业务,要求由总账会计根据经济业务编制凭证,由出纳进行出纳签字,由账套主管审核凭证并记账。

(1) 1月1日,幸逸灯具厂向京华公司购入材料,A材料1500千克,单价4.80元,B材料1400千克,单价9.50元,支付搬运费1015元,按材料重量分配,税款3485元,款项以银行存款支付。

(2) 1月4日,幸逸灯具厂收到大地公司发来的A材料1000千克,单价5元,B材料500千克,单价10元,价款合计10 000元,增值税进项税额1700元,大地公司扣除价款、税金和代垫的搬运费225元,预付13 000元的余款1075元以现金的形式退回。

(3) 1月4日,幸逸灯具厂从银行提现8 000元备发工资。

(4) 1月5日,幸逸灯具厂收到银行通知,华洋公司前欠货款14 000元已到账。

(5) 1月6日,幸逸灯具厂向华美公司销售甲产品500件,单价150元,乙产品700件,单价66元,价款合计121 200元,增值税销项税额20 604元,款项经银行收讫。

(6) 1月6日,幸逸灯具厂以现金100元购买办公用品给行政管理部门使用。

(7) 1月9日,幸逸灯具厂从银行借入期限为半年的借款,金额50 000元。

(8) 1月10日,幸逸灯具厂支付本月销售部广告费3 000元,签发转账支票给电视台。

(9) 1月16日,幸逸灯具厂职工王明出差回来报销差旅费820元,预借款800元,不足部分20元出纳以现金支付。

(10) 1月20日,幸逸灯具厂以银行存款支付水电费2 000元,增值税进项税额340元(其中车间负担1 160元,行政管理部门负担840元)。

(11) 1月31日,幸逸灯具厂本月应计提固定资产折旧总额为25 810元,其中,车间用固定资产应计提15 970元,行政管理部门用固定资产应计提9 840元。

(12) 1月31日,幸逸灯具厂发放职工工资8 000元。

(13) 1月31日,幸逸灯具厂,经过计算,本月全厂职工工资总额为8 000元,其中:甲产品生产工人工资3 600元,乙产品生产工人工资2 400元,车间管理人员工资1 000元,行政管理人员工资1 000元。

(14) 1月31日,幸逸灯具厂收到仓库发来的发料汇总表,内容如表13所示(本期企业采用月末一次加权平均法计算领料成本)。

表 13 领料汇总表

项目	材料	A材料	B材料	A材料	B材料	合计 A材料	合计 B材料	小计
甲产品	数量(千克)	1 400.00	400.00	800.00	400.00	2 200.00	800.00	
	单价(元)	5.09	9.96	5.09	9.96			
	金额(元)	7 126.00	3 984.00	4 072.00	3 984.00	11 198.00	7 968.00	19 166.00
乙产品	数量(千克)	100.00	600.00	100.00	600.00	200.00	1 200.00	
	单价(元)	5.09	9.96	5.09	9.96			
	金额(元)	509.00	5 976.00	509.00	5 976.00	1 018.00	11 952.00	12 970.00
车间一般领用	数量(千克)	40.00		40.00	200.00	80.00	200.00	
	单价(元)	5.09	9.96	5.09	9.96			
	金额(元)	203.60	0.00	203.60	1 992.00	407.20	1 992.00	2 399.20
管理部门	数量(千克)			20.00	200.00	20.00	200.00	
	单价(元)	5.09	9.96	5.09	9.96			
	金额(元)			101.80	1 992.00	101.80	1 992.00	2 093.80
合计	数量(千克)	1 540.00	1 000.00	960.00	1 400.00	2 500.00	2 400.00	
	单价(元)	5.09	9.96	5.09	9.96			
	金额(元)	7 838.60	9 960.00	4 886.40	13 944.00	12 725.00	23 904.00	36 629.00

(15) 按本月生产工人工资比例,将发生的制造费用分配给甲、乙两种产品。其中:甲产品负担12 317.52元,乙产品负担8 211.68元。

(16) 甲、乙两种产品均全部完工入库,结转其实际生产成本。其中:甲产品负担35 083.52元,乙产品负担23 581.68元。

(17) 计算结转本月已销售产品成本。其中:甲产品负担58 472.53元,乙产品负担27 511.96元。

(18) 结转本月未交增值税15 079元。

(19) 按本月增值税税额15 079元的7%和3%计提城市维护建设税和教育费附加。

(20) 月末,将损益类有关收入类账户的余额结转"本年利润"账户。其中:主营业务收入121 200元(甲产品75 000元,乙产品46 200元)。

(21) 月末,将损益类有关成本、费用账户的余额结转"本年利润"账户。其中:主营业务成本85 984.49元(甲产品58 472.53元,乙产品27 511.96元),营业税金及附加1 507.90元,管理费用(工资)1 000元,管理费用(物料消耗)2 093.80元,管理费用(折旧费)9 840元,管理费用(办公费)100元,管理费用(差旅费)820元,管理费用(水电费)840元,销售费用(广告费)3 000元。

(22) 月末,按25%计提所得税费用为4 003.45元。

(23) 结转所得税费用4 003.45元到本年利润。

八、由账套主管编制报表

(一) 利用模板生成资产负债表(见表14)

表14　　　　　　　　　　　　　　资产负债表

编制单位：　　　　　　　　　　　　年　月　日　　　　　　　　　　　　　　单位：元

项　目	年初数	期末数	项　目	年初数	期末数
货币资金			短期借款		
应收账款			应付账款		
预付账款			预付账款		
其他应收款			应付职工薪酬		
存货			应交税费		
固定资产净值			应付利息		
			实收资本		
			盈余公积		
			未分配利润		
资　产　总　计			权　益　总　计		

（二）自定义利润表（见表15）

表15　　　　　　　　　　　　　自定义利润表

单位：元

项　目	本　月　数	本　年　数
一、营业收入		
减：营业成本		
营业税金及附加		
销售费用		
管理费用		
财务费用		
二、营业利润		
三、利润总额		
减：所得税费用		
四、净利润		

九、建立文件夹保存数据在指定盘符下建立以"班级＋学号＋姓名"命名的文件夹，将账套数据和报表保存到该文件夹下。

【实训指导】

（一）系统管理操作

1. 启动系统管理

执行"开始"→"程序"→"用友ERP-U8"→"系统服务"→"系统管理"命令，启动系统管理。

2. 以系统管理员admin身份登录系统管理

（1）执行"系统"→"注册"命令，打开"登录"系统管理对话框。

（2）系统中预先设定了一个系统管理员admin，第一次运行时，系统管理员密码为空，选择系统默认账套

（default），单击"确定"按钮，以系统管理员身份进行系统管理。

3. 增加操作员

（1）执行"权限"→"用户"命令，打开"用户管理"窗口。

（2）单击工具栏上的"增加"按钮，打开"增加用户"对话框，根据实训资料输入操作员。

（3）最后单击"取消"按钮结束，返回"用户管理"窗口，所有用户以列表方式显示。再单击工具栏上的"退出"按钮，返回"系统管理"窗口。

4. 建立账套

（1）创建账套。执行"账套"→"建立"命令，打开"创建账套"对话框。

（2）根据实训资料输入相应的账套信息、单位信息；确定核算类型、基础信息、编码方案和数据精度定义等内容。

5. 财务分工

（1）执行"权限"→"权限"命令，进入"操作员权限"窗口。

（2）在窗口右上角选择"幸逸灯具厂"账套及相应的年度。

（3）从窗口左侧操作员列表中选择账套主管，选中"账套主管"复选框，确定账套主管的权限。

（4）选择"李伟"，选择"幸逸灯具厂"账套。单击工具栏上的"修改"按钮，打开"增加和调整权限"对话框，选中"GL总账"前的"+"图标，展开"总账"、"凭证"项目，选中"凭证处理、查询凭证、记账"权限，再选中"总账"下的"期末"权限，单击"确定"按钮返回。

（5）选择"王冬"，选择"幸逸灯具厂"账套。单击工具栏上的"修改"按钮，打开"增加和调整权限"对话框，选中"GL总账"前的"+"图标，展开"总账"、"凭证"项目，选中"出纳签字"权限，再选中"总账"下的"出纳"权限，单击"确定"按钮返回。单击工具栏上的"退出"按钮，返回系统管理。

（二）账务处理系统初始化设置

1. 登录企业应用平台

执行"开始"→"程序"→"用友ERP-U8"→"企业应用平台"命令，打开"登录"对话框。输入操作员"账套主管"；在"账套"下拉列表框中选择"幸逸灯具厂"；更改"操作日期"为"2010-01-01"；单击"确定"按钮，进入"UFIDA-ERP-[工作中心]"窗口。

2. 系统启用

在企业应用平台，单击"设置"→"基本信息"→"系统启用"选项，打开"系统启用"对话框。启用总账，启用日期为"2010-01-01"。

3. 基础档案设置

在企业应用平台中，单击"设置"→"基础档案"选项，展开其中包含的项目，选择要设置的基础档案，即进入相应项目的设置界面。根据实训资料依次输入数据。

（1）单击"设置"标签，执行"基础档案"→"机构设置"→"部门档案"命令，进入"部门档案"窗口。根据实训资料依次输入部门档案的信息。

（2）执行"基础档案"→"机构设置"→"职员档案"命令，进入"职员档案"窗口。根据实训资料依次输入职员档案的信息。

（3）执行"基础档案"→"客商信息"→"客户分类"命令，进入"客户分类"窗口。根据实训资料依次输入客户分类的信息。

（4）执行"基础档案"→"客商信息"→"供应商分类"命令，进入"供应商分类"窗口。根据实训资料依次输入供应商分类的信息。

（5）执行"基础档案"→"客商信息"→"客户档案"命令，进入"客户档案"窗口。根据实训资料依次输入客户档案的信息。

（6）执行"基础档案"→"客商信息"→"供应商档案"命令，进入"供应商档案"窗口。根据实训资料依次输入供应商档案的信息。

(7) 执行"财务"→"凭证类别"命令，进入"凭证类别预置"窗口，选择"记账凭证"，单击"确定"按钮。在"凭证类别"窗口中单击工具栏上的"退出"按钮返回。

4. 会计科目设置

(1) 修改会计科目。执行"财务"→"会计科目"命令，进入"会计科目"窗口，选中"库存现金"，单击"修改"按钮，进入"会计科目—修改"对话框，单击"修改"按钮，选择"日记账"，单击"确定"。同理，根据实训资料将"应收账款"、"预付账款"、"应付账款"、"预收账款"等科目设置为相应的辅助核算。

(2) 增加会计科目。在"会计科目"窗口中单击"增加"按钮，进入"会计科目—新增"对话框，输入科目编码"100201"，科目名称"交通银行北京分行"，选择辅助核算为"日记账"和"银行账"，单击"确定"按钮。同理，根据实训资料增加"其他应收款"、"原材料"、"库存商品"、"应交税费"、"生产成本"、"制造费用"、"主营业务收入"、"主营业务成本"、"销售费用"、"管理费用"等科目的明细科目。

(3) 指定会计科目（只有指定会计科目后，才能执行出纳签字）。

首先，在"会计科目"窗口中，执行"编辑"→"指定科目"命令，进入"指定科目"对话框。

其次，选择"现金总账科目"单选按钮，将"1001 库存现金"由"待选科目"列表框选入"已选科目"列表框中。

再次，选择"银行总账科目"单选按钮，将"1002 银行存款"由"待选科目"列表框选入"已选科目"列表框中。然后单击"确认"按钮。

5. 结算方式设置

(1) 在企业应用平台的"设置"选项卡中，执行"基础档案"→"收付结算"→"结算方式"命令，进入"结算方式"窗口。

(2) 单击"增加"按钮，输入结算方式编码"1"；结算方式名称"现金结算"，单击"保存"按钮。

(3) 依次输入其他结算方式。对于"现金支票"和"转账支票"要选中"票据管理标志"。

(4) 设置完成后，单击"退出"按钮。

6. 录入期初余额

(1) 在"企业门户"窗口中，执行"业务"→"财务会计"→"总账"→"设置"→"期初余额"命令，进入"期初余额录入"窗口。

(2) 直接输入末级科目（底色为白色）的期初余额，上级科目的期初余额由系统自动填列。

(3) 设置了辅助核算的科目（底色为浅黄色），其期初余额的录入要到相应的辅助账中进行。其操作方法为：双击设置了辅助核算属性的科目的期初余额栏，进入相应的辅助窗口，按实训资料给出的明细录入每笔业务的金额，完成后单击"退出"按钮，辅助账余额自动转入总账中。以"应收账款（客户往来）"为例，双击"应收账款"行的"期初余额"栏处，打开"客户往来期初"窗口，单击"增加"按钮，按实训资料填入数据。

(4) 输入完所有科目余额后，单击"试算"按钮，打开"期初余额试算平衡表"对话框。若期初余额不平衡，则修改期初余额；若期初余额试算平衡，单击"退出"按钮。

(三) 日常经济业务处理

1. 填制凭证

(1) 更换操作员，由总账会计"李伟"填制凭证。执行"凭证"→"填制凭证"命令，进入"填制凭证"窗口。

(2) 单击"增加"按钮，增加一张空白凭证。

(3) 选择凭证类型"记账凭证"；输入制单日期、摘要、科目名称及金额。

(4) 单击"保存"按钮，系统弹出"凭证已成功保存！"信息提示框，单击"确定"按钮。

幸逸灯具厂1月份经济业务的会计分录如下：

业务(1) 借：原材料——A材料　　　　　　　　　　　　　　　　　7 725
　　　　　　——B材料　　　　　　　　　　　　　　　　　　　13 790
　　　　应交税费——应交增值税（进项税额）　　　　　　　　　　3 485
　　贷：银行存款——交通银行北京分行　　　　　　　　　　　　　25 000

业务(2) 借：原材料——A材料　　　　　　　　　　　　　　5 150
　　　　　　　——B材料　　　　　　　　　　　　　　　5 075
　　　　应交税费——应交增值税(进项税额)　　　　　　　1 700
　　　　库存现金　　　　　　　　　　　　　　　　　　　1 075
　　　贷：预付账款——大地公司　　　　　　　　　　　　　13 000
业务(3) 借：库存现金　　　　　　　　　　　　　　　　　　8 000
　　　贷：银行存款——交通银行北京分行　　　　　　　　　8 000
业务(4) 借：银行存款——交通银行北京分行　　　　　　　　14 000
　　　贷：应收账款——华洋公司　　　　　　　　　　　　　14 000
业务(5) 借：银行存款——交通银行北京分行　　　　　　　　141 804
　　　贷：主营业务收入——甲产品　　　　　　　　　　　　75 000
　　　　　　　　　　——乙产品　　　　　　　　　　　　46 200
　　　　应交税费——应交增值税(销项税额)　　　　　　　20 604
业务(6) 借：管理费用——办公费　　　　　　　　　　　　　100
　　　贷：库存现金　　　　　　　　　　　　　　　　　　　100
业务(7) 借：银行存款——交通银行北京分行　　　　　　　　50 000
　　　贷：短期借款　　　　　　　　　　　　　　　　　　　50 000
业务(8) 借：销售费用——广告费　　　　　　　　　　　　　3 000
　　　贷：银行存款——交通银行北京分行　　　　　　　　　3 000
业务(9) 借：管理费用——差旅费　　　　　　　　　　　　　820
　　　贷：库存现金　　　　　　　　　　　　　　　　　　　20
　　　　其他应收款——王明　　　　　　　　　　　　　　　800
业务(10) 借：制造费用——水电费　　　　　　　　　　　　1 160
　　　　管理费用——水电费　　　　　　　　　　　　　　840
　　　　应交税费——应交增值税(进项税额)　　　　　　　340
　　　贷：银行存款——交通银行北京分行　　　　　　　　　2 340
业务(11) 借：制造费用——折旧费　　　　　　　　　　　　15 970
　　　　管理费用——折旧费　　　　　　　　　　　　　　9 840
　　　贷：累计折旧　　　　　　　　　　　　　　　　　　　25 810
业务(12) 借：应付职工薪酬　　　　　　　　　　　　　　　8 000
　　　贷：库存现金　　　　　　　　　　　　　　　　　　　8 000
业务(13) 借：生产成本——甲产品　　　　　　　　　　　　3 600
　　　　　　　　——乙产品　　　　　　　　　　　　　　2 400
　　　　制造费用——工资　　　　　　　　　　　　　　　1 000
　　　　管理费用——工资　　　　　　　　　　　　　　　1 000
　　　贷：应付职工薪酬　　　　　　　　　　　　　　　　　8 000
业务(14) 借：生产成本——甲产品　　　　　　　　　　　　19 166.00
　　　　　　　　——乙产品　　　　　　　　　　　　　　12 970.00
　　　　制造费用——物料消耗　　　　　　　　　　　　　2 399.20
　　　　管理费用——物料消耗　　　　　　　　　　　　　2 093.80
　　　贷：原材料——A材料　　　　　　　　　　　　　　　12 725.00
　　　　　　　——B材料　　　　　　　　　　　　　　　　23 904.00

业务(15) 借：生产成本——甲产品　　　　　　　　　　　　　　　12 317.52
　　　　　　　　　　——乙产品　　　　　　　　　　　　　　　8 211.68
　　　　　贷：制造费用——水电费　　　　　　　　　　　　　　　1 160.00
　　　　　　　　　　——折旧费　　　　　　　　　　　　　　　15 970.00
　　　　　　　　　　——工资　　　　　　　　　　　　　　　　1 000.00
　　　　　　　　　　——物料消耗　　　　　　　　　　　　　　2 399.20
业务(16) 借：库存商品——甲产品　　　　　　　　　　　　　　　35 083.52
　　　　　　　　　　——乙产品　　　　　　　　　　　　　　　23 581.68
　　　　　贷：生产成本——甲产品　　　　　　　　　　　　　　　35 083.52
　　　　　　　　　　——乙产品　　　　　　　　　　　　　　　23 581.68
业务(17) 借：主营业务成本——甲产品　　　　　　　　　　　　　58 472.53
　　　　　　　　　　——乙产品　　　　　　　　　　　　　　　27 511.96
　　　　　贷：库存商品——甲产品　　　　　　　　　　　　　　　58 472.53
　　　　　　　　　　——乙产品　　　　　　　　　　　　　　　27 511.96
业务(18) 借：应交税费——应交增值税(转出未交增值税)　　　　　15 079
　　　　　贷：应交税费——未交增值税　　　　　　　　　　　　15 079
业务(19) 借：营业税金及附加　　　　　　　　　　　　　　　　1 507.90
　　　　　贷：应交税费——应交城市维护建设税　　　　　　　　1 055.53
　　　　　　　　——应交教育费附加　　　　　　　　　　　　　452.37

2. 出纳签字

(1) 更换操作员，由出纳执行出纳签字操作。在"企业门户"窗口中，执行"系统"→"重注册"命令，打开"登录"对话框。

(2) 以出纳"王冬"的身份登录企业门户，再进入总账管理系统。

(3) 执行"财务会计"→"总账"→"凭证"→"出纳签字"命令，打开"出纳签字"查询条件对话框。

(4) 输入查询条件：选择"全部"单选按钮，输入月份"2010.01"。

(5) 双击某一张要签字的凭证或单击"确定"按钮，进入"出纳签字"对话框。

(6) 单击"签字"按钮，凭证底部的"出纳"处自动签上出纳人的姓名。

(7) 单击"下张"按钮，对其他凭证签字，最后单击"退出"按钮。也可以执行"签字"→"成批出纳签字"命令，对所有凭证进行出纳签字。

3. 审核凭证

(1) 更换操作员，以账套主管的身份重新登录总账管理系统。执行"财务会计"→"总账"→"凭证"→"凭证审核"命令，打开"凭证审核"查询条件对话框。

(2) 输入查询条件，单击"确认"按钮，进入"凭证审核"的凭证列表对话框。

(3) 双击要审核的凭证或单击"确定"按钮，进入"审核凭证"对话框。

(4) 检查要审核的凭证，无误后，单击"审核"按钮，凭证底部的"审核"处自动签上审核人的姓名。

(5) 单击"下张"按钮，对其他凭证签字，最后单击"退出"按钮。也可以执行"凭证"→"成批审核凭证"命令，对所有凭证进行审核。

4. 凭证记账

(1) 以账套主管的身份执行"财务会计"→"总账"→"凭证"→"记账"命令，进入"记账"对话框。

(2) 第一步选择要进行记账的凭证范围。本例单击"全选"按钮，选择所有凭证，再单击"下一步"按钮。

(3) 第二步显示记账报告。单击"下一步"按钮。

(4) 第三步记账，单击"记账"按钮，打开"期初试算平衡表"对话框，单击"确认"按钮，系统开始登记有关的总账、明细账和辅助账，登记后，系统弹出"记账完毕!"信息提示对话框。单击"确定"按钮，记账完毕。

（四）期末业务处理

1. 期间损益结转设置与转账生成

（1）更换操作员，由总账会计"李伟"进行期间损益结转设置与转账生成。执行"期末"→"转账定义"→"期间损益"命令，进入"期间损益结转设置"对话框。

（2）选择凭证类别"记账凭证"，本年利润科目"4103"，单击"确定"按钮。

（3）执行"期末"→"转账生成"命令，进入"转账生成"对话框。

（4）选择"期间损益结转"单选按钮，单击"全选"按钮，再单击"确定"按钮。

（5）生成记账凭证，单击"保存"按钮，系统自动将当前凭证追加到未记账凭证中。

幸逸灯具厂1月份期末业务的会计分录如下：

业务(20) 借：主营业务收入——甲产品　　　　　　　　　　75 000
　　　　　　　　　　——乙产品　　　　　　　　　　46 200
　　　　　　贷：本年利润　　　　　　　　　　　　　　　121 200

业务(21) 借：本年利润　　　　　　　　　　　　　　　　105 186.19
　　　　　　贷：主营业务成本——甲产品　　　　　　　　58 472.53
　　　　　　　　　　——乙产品　　　　　　　　　　　27 511.96
　　　　　　　　营业税金及附加　　　　　　　　　　　　1 507.90
　　　　　　　　管理费用——工资　　　　　　　　　　　1 000.00
　　　　　　　　　　——物料消耗　　　　　　　　　　　2 093.80
　　　　　　　　　　——折旧费　　　　　　　　　　　　9 840.00
　　　　　　　　　　——办公费　　　　　　　　　　　　　100.00
　　　　　　　　　　——差旅费　　　　　　　　　　　　　820.00
　　　　　　　　　　——水电费　　　　　　　　　　　　　840.00
　　　　　　　　销售费用——广告费　　　　　　　　　　3 000.00

业务(22) 借：所得税费用　　　　　　　　　　　　　　　4 003.45
　　　　　　贷：应交税费——应交所得税　　　　　　　　4 003.45

业务(23) 借：本年利润　　　　　　　　　　　　　　　　4 003.45
　　　　　　贷：所得税费用　　　　　　　　　　　　　　4 003.45

2. 审核凭证并记账

更换操作员，以账套主管的身份执行凭证审核并记账的操作，对所有期末业务所生成的凭证进行审核并记账。

3. 账簿查询

执行"账表"→"科目账"→"余额表"命令，可以查询发生额及余额表。

（五）UFO报表

1. 利用报表模板生成资产负债表

（1）以账套主管的身份执行"财务会计"→"UFO报表"→"新建"命令，系统建立一张空白报表。

（2）在"格式"状态下执行"格式"→"报表模板"命令，打开"报表模板"对话框。

（3）选择所在行业"2007年新会计制度科目"，财务报表为"资产负债表"。

（4）单击"确认"按钮，系统弹出"模板格式将覆盖本表模式！是否继续？"信息提示对话框。单击"确定"按钮，即可打开资产负债模板。

（5）在"数据"状态下下执行"数据"→"关键字"→"录入"命令，打开"录入关键字"对话框。

（6）输入单位名称"幸逸灯具厂"，年为"2010"，月为"1"，日为"31"。单击"确认"按钮，系统弹出"是否重算第1页？"信息提示对话框。

（7）单击"是"按钮，系统会自动根据单元公式计算1月份数据。单击工具栏上的"保存"按钮，将生成的报表数据保存到指定的路径。

2. 自定义生成利润表

(1) 以账套主管的身份执行"财务会计"→"UFO报表"→"新建"命令,系统建立一张空白报表。

(2) 输入利润表的报表项目。

(3) 画表格线。选中报表中需要画线的单元区域,执行"格式"→"区域画线"命令,选择"网线"单选按钮,单击"确认"按钮,将所选区域画上了表格线。

(4) 定义单元公式。在定义公式时,可以直接录入单元公式,也可以利用函数向导定义单位公式。

以利用函数向导录入"营业收入"单元公式为例:

第一步,选中"营业收入"单元格,执行"数据"→"编辑公式"→"单元公式"命令,或者单击工具栏上的"fx"按钮,或者按键盘上的"="键,即可打开"定义公式"对话框。

第二步,单击"函数向导"按钮,打开"函数向导"对话框。在左侧的"函数分类"列表框中选择"用友账务函数",在右侧的"函数名"列表框中选择函数名"发生(FS)",然后单击"下一步"按钮,打开"用友账务函数"对话框。

第三步,单击"参照"按钮,打开"账务函数"对话框。输入会计科目"6001",期间:"月",方向:"贷",单击"确定"按钮,返回"定义公式"对话框。

第四步,单击"确认"按钮,在"定义公式"对话框中FS("6001",月,"贷",,,,)后输入"+"号,再次单击"函数向导"按钮,打开"函数向导"对话框。在左侧的"函数分类"列表框中选择"用友账务函数",在右侧的"函数名"列表框中选择函数名"发生(FS)",然后单击"下一步"按钮,打开"用友账务函数"对话框。

第五步,单击"参照"按钮,打开"账务函数"对话框。输入会计科目"6051",期间:"月",方向:"贷",单击"确定"按钮,返回"定义公式"对话框。

第六步,单击"确认"按钮,生成"营业收入"项目的单元公式。

利润表中的单元公式如表16所示:

表16   利润表中的单元公式

位置	单元公式
B4	FS("6001",月,"贷",,年)+FS("6051",月,"贷",,年)
B5	FS("6401",月,"借",,年)+FS("6402",月,"借",,年)
B6	FS("6403",月,"借",,年)
B7	FS("6601",月,"借",,年)
B8	FS("6602",月,"借",,年)
B9	FS("6603",月,"借",,年)
B10	FS("6701",月,"借",,年)
B11	FS("6111",月,"贷",,年)
B12	B4−B5−B6−B7−B8−B9−B10+B11
B13	FS("6301",月,"贷",,年)
B14	FS("6711",月,"借",,年)
B15	B12+B13−B14
B16	FS("6801",月,"借",,年)
B17	B15−B16

(5) 设置关键字。①选中需要设置关键字的单元 A2,执行"数据"→"关键字"→"设置"命令,打开"设置关键字"对话框。②选择单位名称单选按钮,单击"确定"按钮。同理,对单元 B2、C2 分别设置"年"、"月"关键字。③执行"数据"→"关键字"→"偏移"命令,可对关键字进行偏移。

(6) 生成报表。执行"数据"→"表页重算"命令,系统弹出"是否重算第 1 页信息"提示对话框,单击"是"按钮,系统会根据单元式计算生成报表数据。

(7) 保存报表。执行"文件"→"保存"命令,或单击工具栏上的"保存"按钮,打开"另存为"对话框。选择要保存的文件夹,输入报表文件名"资产负债表"或"利润表";选择保存类型"*.REP"。单击"保存"按钮完成报表保存的操作。

3. 资产负债表和利润表的报表数据(见表 17 和表 18)

表 17　　　　　　　　　　　　　　　资 产 负 债 表

编制单位:幸逸灯具厂　　　　　　2010 年 1 月 31 日　　　　　　　　　　　　　单位:元

项　　目	年　初　数	期　末　数	项　　目	年　初　数	期　末　数
货币资金	66 000	235 019	短期借款	14 000	64 000
应收账款	24 000	10 000	应付账款	23 900	23 900
预付账款	13 000		预付账款	28 000	28 000
其他应收款	32 200	2 400	应付职工薪酬	4 903	4 903
存货	77 600	45 391.71	应交税费		20 590.35
固定资产净值	206 480	180 670	应付利息	6 600	6 600
			实收资本	306 000	306 000
			盈余公积	4 780	4 780
			未分配利润	2 697	14 707.36
资产总计	390 880	473 480.71	权益总计	390 880	473 480.71

表 18　　　　　　　　　　　　　　　利　润　表

编制单位:幸逸灯具厂　　　　　　2010 年 1 月　　　　　　　　　　　　　　　单位:元

项　　目	本　月　数	本　年　数(略)
一、营业收入	121 200.00	—
减:营业成本	85 984.49	—
营业税金及附加	1 507.90	—
销售费用	3 000.00	—
管理费用	14 693.80	—
财务费用		—
资产减值损失		—
加:公允价值变动收益(损失以"—"号填列)		—
投资收益(损失以"—"号填列)		—
其中:对联营企业和合营企业的投资收益		—

(续表)

项　　目	本 月 数	本 年 数(略)
二、营业利润(亏损以"－"号填列)	16 013.81	—
加：营业外收入	—	—
减：营业外支出	—	—
其中：非流动资产处置损失	—	—
三、利润总额(亏损总额以"－"号填列)	16 013.81	—
减：所得税费用	4 003.45	—
四、净利润(净亏损以"－"号填列)	12 010.36	—

教学课件索取单

敬爱的老师：

  感谢您使用21世纪中职教育规划教材。为了方便您的教学，本书配有相关的教学课件。如果您需要，请您填写下面表格中的相关信息，并以电子邮件的形式发到我社，我们在核对您的信息后，会免费向您提供教学课件。

我们的联系方式：
地址：上海市中山西路2230号立信会计出版社　　邮编：200235
电子邮件：victoria_tysx@yahoo.com.cn　　　　　电话：(021) 64411223

姓　名		性别		身份证号			
学　校				学院、系		教研室	
学校地址						邮　编	
职　务				职　称		办公电话	
E-mail				手　机		宅　电	
通信地址						邮　编	
教材用量			册	委托订购单位			

您对本书的使用有什么意见和建议？

_____

_____

_____